"十三五"应用型本科规划教材

创新创业实践与能力开发

蒋 雯　张晓芳 / 主　编
朱甜甜　吴延洁　金　喆 / 副主编

上海财经大学出版社
SHANGHAI UNIVERSITY OF FINANCE & ECONOMICS PRESS

图书在版编目(CIP)数据

创新创业实践与能力开发/蒋雯,张晓芳主编. —上海:上海财经大学出版社,2017.12
("十三五"应用型本科规划教材)
ISBN 978-7-5642-2887-3/F·2887

Ⅰ.①创… Ⅱ.①蒋… ②张… Ⅲ.①大学生-创业-高等学校-教材 Ⅳ.①G647.38

中国版本图书馆 CIP 数据核字(2017)第 300642 号

□ 责任编辑　黄　荟
□ 封面设计　杨雪婷

CHUANGXIN CHUANGYE SHIJIAN YU NENGLI KAIFA
创 新 创 业 实 践 与 能 力 开 发
蒋　雯　张晓芳　主　编
朱甜甜　吴延洁　金　喆　副主编

上海财经大学出版社出版发行
(上海市中山北一路369号　邮编 200083)
网　　址:http://www.sufep.com
电子邮箱:webmaster @ sufep.com
全国新华书店经销
上海同济印刷厂有限公司印刷
上海叶大印务发展有限公司装订
2017年12月第1版　2017年12月第1次印刷

787mm×1092mm　1/16　21.25 印张　544 千字
印数:0 001—4 000　定价:45.00 元

"十三五"应用型本科规划教材
编委会

主　任　陈学华（国脉科技股份有限公司总裁）

副主任　茹政吉（福州理工学院副校长）
　　　　隋榕华（慧翰微电子股份有限公司董事长）
　　　　谷振宇（国脉（福建）生物科技有限公司总经理）

编　委（按姓氏拼音为序排列）
　　　　蔡声镇（福州理工学院）
　　　　陈　麓（福州理工学院）
　　　　陈　新（福州理工学院）
　　　　陈幼敏（福州理工学院）
　　　　程伟熙（国脉科技股份有限公司）
　　　　冯　静（国脉科技股份有限公司）
　　　　金大明（国脉科技股份有限公司）
　　　　王龙村（国脉科技股份有限公司）
　　　　占德荣（华信邮电咨询设计研究院有限公司）
　　　　张承耀（华信邮电咨询设计研究院有限公司）

本书主编　蒋　雯　张晓芳

前　言

"青年一代不能是精致的利己主义者，要有点血性和狼性。血性是什么？就是有家国情怀。狼性是什么？就是有团队精神，敢于面对挫折和失败。"

这是教育部高等教育司司长吴岩对创新创业教育的理解。我国大学生毕业的创业率已经达到3%，超过发达国家1.6%的创业率将近一倍。社会各界对此有不同的声音。吴岩司长认为，创新创业教育和相关大赛不仅仅是培养明星式的学生或者公司，更重要的是让数以千万计的大学生能有这样一次人生宝贵的经历，不但是成功的经历，还要敢于面对失败和挫折。这是无比宝贵的财富，大学生有了这样的历练，在社会上将走得越来越快，也将飞得越来越高。我们认为，这是对创新创业教育最好的诠释。

"大众创业、万众创新"已上升为国家战略。因为创新的本质是进取，是推动人类文明进步的激情；而创业不仅可以加速科技成果的转化，还可以创造更多的就业机会，促进经济发展与社会和谐。所以李克强总理说，"不同时代有不同时代的英雄，创业创新者就是今天这个时代的英雄"，我们迎来了创业的最好年代。

《创新创业实践与能力开发》一书，是为了培养和开发当代青年尤其是大学生的创新创业实践能力而编写的一部专用教材。张丰乾博士提过："就整体而言，创新能力在一定的知识积累的基础上，可以训练出来、启发出来，甚至可以'逼出来'，大多数人毕竟不是天才，我们仍然要强调高等教育和专业训练的重要性，没有受过高等教育和专业训练的创新只能是工匠式的创新，不可能找到科学意义上的空白点，当然更谈不上占领制高点。所以说，'教'的能力会影响到学生的创新能力；换言之，'学'的能力也直接影响到创新能力。"而目前绝大多数大学在创新创业教育上存在一些问题，其中最突出的包括创新创业教育培养目标及定位模糊、创新创业教育实践教学环节薄弱等，因此，如何有效开发大学生的创新思维和创新能力，并积极引导创新创业实践，尤其是突出实践教学环节，就显得尤为关键。

相比于其他同类教材，本书最大的特点是注重创新与创业实践：(1)精心设计各项"创新实验"，结合理论循序渐进地对创新能力进行有效开发；(2)精准把握各项"创业实践"，结合有关政策和多方面资源进行实战演练；(3)全书贯穿创新与创业，结合大学生群体特性进行思维开拓；(4)深度融合"互联网＋"，涵盖互联网＋商务服务、现代农业、信息技术服务、公共服务、制造业和公益六个方向，把握时代创新，分类进行专项实践。我们希望通过本书的学习，能帮助大学生激发更好的创新思维，树立科学的创业观，主动适应国家经济社会发展和人类的全面发展需求，正确理解创业与职业生涯发展的关系，自觉遵循创业规律，积极投身创业实践。

作为符合大学生群体特性的特色教材，本书结构分为"创新创意篇"、"创业理论篇"、"创业实践篇"3篇，共有12章。以学习者创新能力和创业素质培养为主线，依照创新创业教育活动的基本过程和规律，首先从创新创意的本质入手，着重对大学生的创新思维和创新能力进行多个维度的开发;其次系统介绍创业者与创业团队、创业的政策与环境、识别与评估创业机会、创新商业模式、创业计划书、创业融资等多块创业必备理论;最后则是创立企业、新创企业经营管理与"互联网+"创新创业实践等创业实践章节。各章大致包含【学习内容与目标】、【创新实验指南】、【活动导入】、【先导案例】、【案例分享】、【拓展阅读】、【自由思考】、【创新实验】和【创业实践】等多个环节,结构完整,论述严谨,文字浅白,内容丰富有趣,可读性很强,尤其注重创新与创业实践以及同学生和读者的互动。因此,本书既可以作为普通高等院校、高职高专院校大学生创新创业教育的首选教材,也可以作为广大青年创新创业的指导手册,还可以为广大社会待业人员提供有益的参考和借鉴。

本教材由蒋雯进行总体方案策划并具体组织,蒋雯和张晓芳为主编,朱甜甜、吴延洁、金喆为副主编。作者分工:蒋雯(前言、第二章、第三章、第七章),张晓芳(第四章、第六章、第九章、第十章),吴延洁(第八章、第十一章),朱甜甜(第五章、第十二章),金喆(第一章)。

在教材编写过程中,我们参阅了大量有关大学生创新创业教育等方面的最新书刊资料,引用了国家和教育部历年颁布实施的与大学生创新创业就业相关的法律法规、通知文件及管理规定,并得到有关专家教授的具体指导,在此一并致谢。因作者水平有限,书中难免存在疏漏和不足,故恳请同行和读者批评指正。

编 者
2017 年 10 月

目 录

前言/1

创新创意篇

第一章 创意、创新、创业/3
 第一节 创意点亮生活/5
 第二节 创新改变世界/9
 第三节 创业实现梦想/12

第二章 激发创新思维/20
 第一节 创新思维概述/21
 第二节 创新思维障碍/37
 第三节 创新思维开发训练/44

第三章 开发创新能力/58
 第一节 创新能力概述/60
 第二节 创新能力的几个子系统/62
 第三节 创新能力的开发/71

创业理论篇

第四章 创业者与创业团队/87
 第一节 创业者/88
 第二节 组建创业团队/100
 第三节 打造高效创业团队的基本策略/107

第五章 创业的政策与环境/113
 第一节 "双创"时代/115
 第二节 创业扶持和优惠政策/120
 第三节 与创业密切相关的法律法规/127
 第四节 借东风:巧用天时地利/129

第六章　识别与评估创业机会/135
第一节　创业机会的特征和来源/136
第二节　创业机会的识别和评估/140
第三节　学会把握创业机会/147
第四节　预见商机/151

第七章　创新商业模式/155
第一节　商业模式概述/156
第二节　"互联网＋"经典商业模式/158
第三节　创新商业模式/165

第八章　创业计划书/181
第一节　创业计划书给谁看/183
第二节　创业计划书撰写指南/184
第三节　如何展示你的创业计划/190

第九章　创业融资/197
第一节　创业资金/198
第二节　创业融资渠道及注意事项/201
第三节　创业各阶段的资金需求和融资方式/208
第四节　大学生创业融资现状与建议/212

创业实践篇

第十章　创立你的企业/217
第一节　创业项目的选择和深度评估/219
第二节　新创企业的设立/223
第三节　明星企业法则/232

第十一章　新创企业经营管理/239
第一节　市场调研的价值/241
第二节　新创企业营销管理/247
第三节　新创企业"人"和"财"的管理/260
第四节　新创企业风险管理/265

第十二章　"互联网＋"创新创业实践/275
第一节　"互联网＋"商务服务：跨境电商/社区O2O/余额宝/物联网/途牛/278
第二节　"互联网＋"信息技术服务：支付宝/快手/爱奇艺/289
第三节　"互联网＋"现代农业：褚橙/三只松鼠/福建农产品的"互联网＋"/294
第四节　"互联网＋"制造业：智能家居/互联网汽车/基因＋互联网/301

第五节 "互联网+"公共服务：在线教育/共享单车/BOSS直聘/云医院/308
第六节 "互联网+"公益：公益众筹/316
第七节 互联网创业者的万花筒式出路/319
第八节 未来互联网产品的诞生、发展、演变和创新/323

参考文献/328

创新创意篇

第一章 创意、创新、创业

● 学习内容与目标

1. 了解创意在生活中如何迸发、如何打破"创意谬见"、如何获得"创意自信";
2. 了解创新对世界发展的巨大推动作用,感受创新的社会效应力;
3. 了解经典创业历程,直观体会创业者的梦想如何照进现实。

● 创新实验指南

1. 通过发现和分享身边的创意、创新与创业故事,深入了解"三创"的内涵和重要意义;
2. 通过创意视频赏析、创新产品介绍等,直观认识创意与创新;
3. 通过收集和分析案例,观看视频,采访老师、学长和创业人士,切身感受创意、创新与创业。

● 活动导入

一盒曲别针加一卷胶带,能够制作怎样时尚酷炫的配饰?

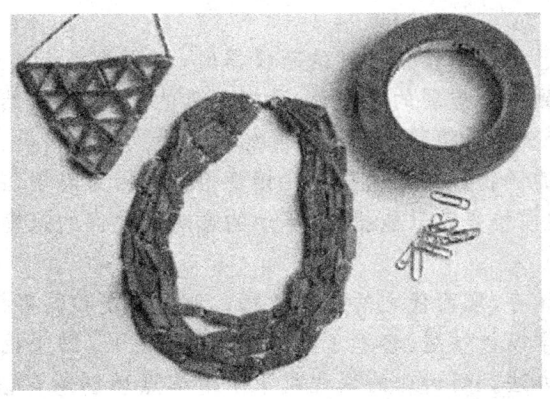

图 1—1

每个小组 6 名同学协作完成,发挥创意,自行商议配饰类型、配饰造型及胶带选色等,并在 10 分钟内完成创作。制作完成后,选派"麻豆"上台展示创意饰品。各小组展示完成后,互相票选最 IN 饰品(限时 15 分钟)。

先导案例

核磁共振室的"奇妙探险"

在通用电气工作了 24 年的道格·迪亚斯是核磁共振成像仪的研发者。他和他的团队历时两年半,将通用电气价值数百万美元的核磁共振成像(MRI)系统研发升级为外观简洁大气的核磁共振成像扫描仪,一设计出就被提交参评"设计界的奥斯卡奖"——国际杰出设计大奖(IDEA)。

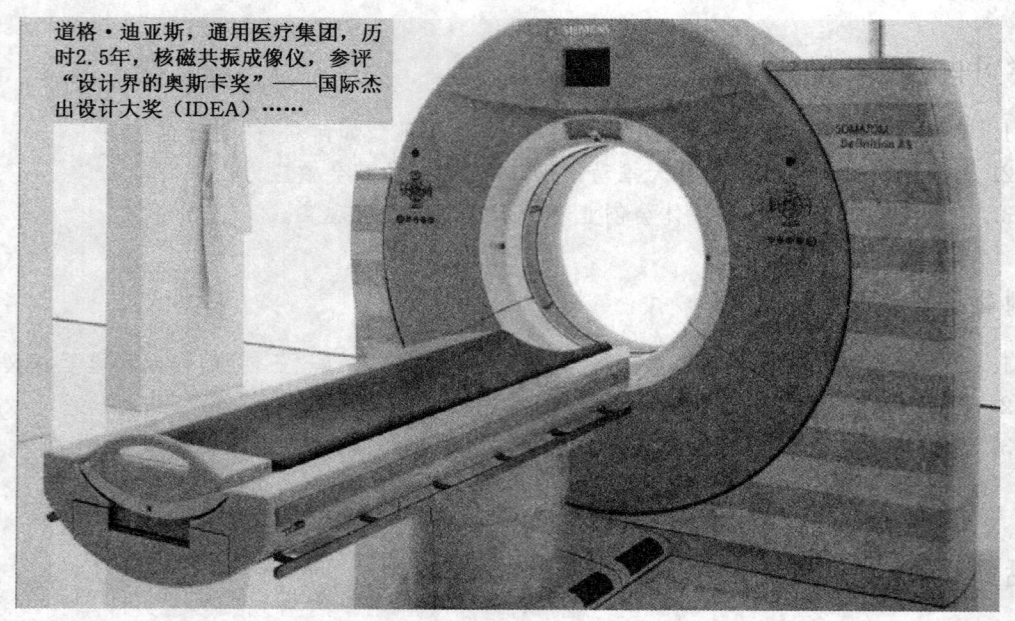

图 1—2

正当道格自得于自己团队所设计开发的新仪器时,却因为一个小女孩的泪水而陷入了沉思——道格在医院偶遇到一个虚弱的小女孩,她在父母的陪同下,依然因为害怕检查而瑟瑟发抖地抽泣,医师只能给女孩注射镇静剂。道格开始反思大人眼中精美、简洁、流畅的设计,在孩子眼中就是个冰冷可怕的怪物。80%的孩子在接受检查时因为恐惧,都必须注射镇静剂,如果麻醉师不能及时赶来,扫描检查就只能推迟,年幼的患者和他们的家庭还要再经历一番焦虑的煎熬。

道格的自豪感荡然无存,取而代之的是挫败感。他向朋友和同事征求意见后,飞往位于加利福尼亚州的斯坦福大学设计学院,参加了为期一周的研讨班,渴望找到让核磁共振成像仪不再成为孩子眼中怪物的办法。研讨班的课程赋予了道格点燃创意自信的新工具,他决定从重新设计用户体验入手。道格把核磁共振成像扫描室改造成一个又一个儿童历险主题公园,由患病的孩子作为其中的主人公。他并没有对扫描仪复杂的内部技术做任何改变,而是与临时团队一起改造地板、墙壁和仪器的外部,通过转印上彩色图案以及为操作技师创作剧本,引导患病的孩子在检查过程中完成"海盗寻宝"、"丛林历险"、"海底总动员"等各种"奇妙探险"。

新的创意检查室让道格倍感欣慰,因为自己创意的点亮,驱散了这些孩子患病生活中的恐惧。

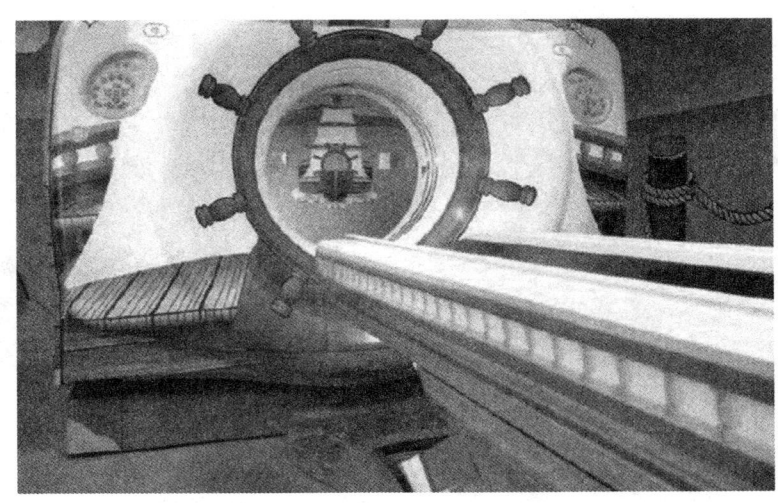

图 1—3

"世界对于想象力而言,只是一块画布。"

——亨利·戴维·梭罗

第一节　创意点亮生活

听到"创意"这两个字,你会想到什么?如果你的脑海中立刻闪现出大卫的雕塑、蒙娜丽莎的微笑、杨丽萍的舞蹈,如果你认为这两个字是设计师、建筑家才需要的,那么,你也许把"创意"误解成"艺术"了。

"创意远比人们通常认为的'美学'领域更为宽泛,它无处不在。"创意,实际就是运用你的想象力,创造过去没有的新事物。

一、创意无处不在

创意是对传统的叛逆,是打破常规的哲学,是破旧立新的创造与毁灭的循环,是思维碰撞、智慧对接,是具有新颖性和创造性的想法,是不同于寻常的解决方法。

创意是一种通过创新思维意识,从而进一步挖掘和激活资源组合方式进而提升资源价值的方法。

创意从来就不是艺术家们的专有属性,每个人的 DNA 里都藏着惊人的创造力;创意也从来不会只藏在硅谷或是某一个隐秘的地方,生活的每个角落里都能迸发出人意料的惊喜;创意更不是局限在某一天某一刻苹果砸在脑袋上的时候才发生,生命长河抑或是历史洪流中都会闪着粼粼微光。一旦你开始相信自己是一个"艺术家",一旦你愿意摈弃常规地去发现真我,你就会发现世界每一天的不同,发现周遭每一处的变化,从而拥有了超脱的改变。所谓"创造天才",从来都是怀抱着对万物的好奇,有勇气发现并发掘自身的潜能。创意如同一盏明灯,让枯燥晦暗的生活被点亮。没错,"生活"总是比"生存"更迫切需要安上这样一盏明灯。

6　创新创业实践与能力开发

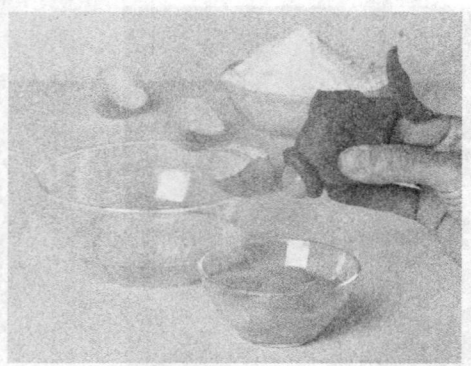

图 1—4

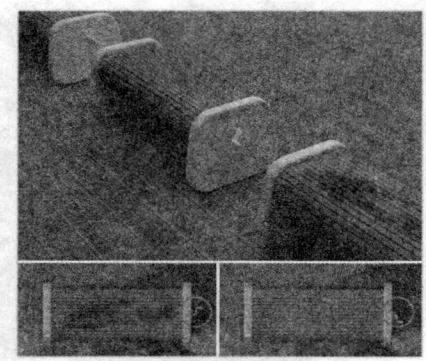

图 1—5

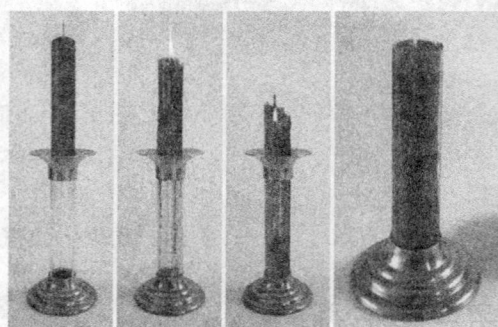

图 1—6

图 1—7

图 1—8

图 1—9

看到这，你可能会回忆起过去十多年的生活，好像也不太需要创意——按部就班地学习知识、消化知识、记忆知识，然后在一张试卷上展现你所掌握的知识。是的，这样循规蹈矩的行为模式，你曾经几乎要和"好学生"画上等号。可请你回头看看，儿时天马行空的想象力还剩多少？你还记得天空中那座巨大的棉花糖城堡消散时，大声挥手和它告别的感伤吗？十年前随处拾起一件器物，就能想象出拥有一件绝世兵器的快乐，你还能否找回？关于这些记忆，我们都不能用"幼稚"两字简单评判后就粗暴地打入冷宫。永远不要去怀疑创意对生活的重要性，更不要把自己无限、无畏的想象力消磨殆尽。

请释放你心中的童趣"艺术家"，去体会创意的加入给我们的生活所带来的乐趣吧！

【案例分享】　　　　　　　　**谷歌 Logo 的童趣涂鸦**

作为一家全世界市值最高的公司，仍然保持一颗"童心"，被誉为"最可爱"的公司，这一点在谷歌主页上一览无遗。从最早的"节日彩蛋"到"名人诞辰"再到"电影发布"，从静态 Logo 到二维动画再到近几年基于 HTML5 Canvas 和 JavaScript 的交互性作品（一个小动画、一段视频和各种小游戏），从一开始只是随手涂鸦的 Google Doodle，到现在加州总部的 Google Doodle Team，1998 年至今，Google 已经创作了 2 000 多个 Doodle，每天打开 Google 都会有一份期待，因为你永远不知道下一个 Doodle 会是什么。

世界上最可爱的公司

拿起手机扫一扫，感受谷歌充满童趣的 Logo 涂鸦吧！

（资料来源：凤凰艺术．设计头条．为什么说 Google 是世上最可爱的公司．http://art.ifeng.com/，2016—02—15．）

二、用创意看世界

（一）平凡需求见创意真章

日常生活中的不便其实随处可见：阴天无法晾晒的衣物，杂乱难找的小物件，蜗居拥挤的空间，甚至早起的困乏、切洋葱的眼泪，以及开车时难以解放的双手……只要细心观察，找到这些不便，便能让创意井喷。

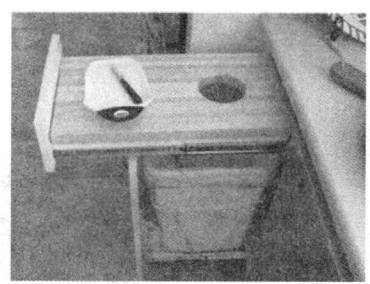
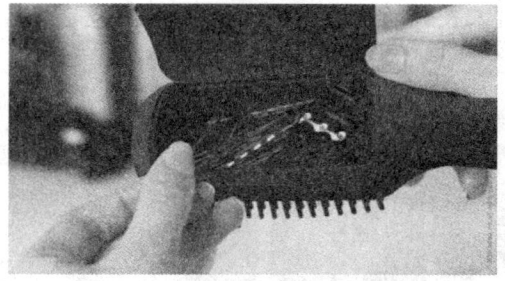

图 1—10　砧板组合橱柜　　　　　　图 1—11　带收纳功能的梳子

我们不难发现，创意的释放让生活越来越便利、越来越高效、越来越有趣。而这些创意的呈现，所需要的"硬技术"指标其实并不会太高。在这些设计产品面前，大多数人往往感慨万分："怎么我就没有想到呢？"请从此刻开始观察身边吧！

图 1—12　切洋葱神器　　　　　　　　图 1—13　情侣座椅

(二)奇妙自然焕发奇趣创意

翻开《国家地理》杂志,迎面而来的便是大自然"鬼斧神工"式的创造力,让人敬佩自然造物的神奇。在这样的创意中,人类显得渺小。但也正因如此,我们能够借鉴大自然,萌发创意。

【案例分享】　　　　仿生学——大自然的生物启示

看见烈日暴晒下海滩上的比基尼美女,你不会联想到河马身上的"臭汗"有着高效无毒、杀菌驱虫的防晒效果;看到家里壁橱上的吸盘挂钩,你不会联想起壁虎是如何漫步在笔直的墙壁上;你大概也很难想象,芯片过热的降温技术来源于仿效贝壳……大自然给了我们壮阔山河的同时,也为我们创造了奇妙物种来激发我们的创意。而这些来自大自然恩赐的创意,在美国自然学家、帕克斯科技集团及其下属企业的创始人和首席执行官杰伊·哈曼的运用下,设计了包括制冷系统、涡轮机、轮船、风扇、搅拌机、水泵等多种工业设备。掌握仿生学原理并将其与工程学有机结合,令哈曼成为这一行业的先驱。哈曼不仅是一名企业家,也是一位作家,他的目标是告诉业界同仁,提高工业设备效率不仅能够节约成本,还能保护地球。他在2015年出版的《创新启示:大自然激发的灵感与创意》一书中,对有志于科技创业的年轻人提出了许多忠告,具有很好的实践操作性。

大自然的智慧有时候不仅体现在科技进步上,更体现在设计创新上。来自MUJI的设计师深泽直人设计的果汁盒,依照口味对应地在外层模仿香蕉、草莓、猕猴桃的色泽和质地,大获好评。

图 1—14　　　　　　　　　　图 1—15　　　　　　　　　图 1—16

除了这种肌理仿生设计之外,还有形态仿生设计、功能仿生设计等,让人感慨自然给人类提供无限的创意可能。只要你愿意打开"创意之眼",就肯定能发现处处皆创意。

创意好像一颗高悬夜空的星星,你在白天看不到它,你在雨夜看不到它,你不抬头同样看不到它。创意一直都在,不要把自己限定在脑子里的鸟笼中,要时刻保持着童心,开启充满好奇的眼,发现随处可拾起的"奇思妙想"。

【创新实验】　　　　用眼睛看 vs. 用创意看

图1—17中有什么?

用眼睛看:石砾?一簇簇枯叶?杂乱的土地?玉米地里割剩的玉米秆?冬季里光秃秃的玉米地?

用创意看:图幅以及当中的各个细节,可以想象成什么?又可以通过添加点什么元素创造更多的画面可能?

独立思考1分钟——我们会发现,创意无限大。

我们用眼观察周遭、感受世界,但在这个过程中,我们常常被习得的知识束缚,变成了"泛泛之辈",而世界也在我们的眼中变得"中规中矩"。如果不能带着善于发现细节的创意视角看待世界,那么你就无法看到潜藏于四处的可能性,你也无法成为一个富有创造力的人。其实,创意的灵感往往是被生活的需求和自然的奇妙所激发的。

图1—17

第二节　创新改变世界

一、创新——人类文明进步的激情

创新的本质是进取,是推动人类文明进步的激情;从猿到人,我们经历了直立行走、使用工具、找到了火、有了语言……一步又一步,我们进化成今天的模样,这当中经历了一次又一次的创新。大约在7万年前到3万年前间,我们的祖先"智人"陆续发明了船、油灯、弓箭以及将毛皮缝起抵御严寒的针。所有的创新,让人类的生活越来越文明,人类逐渐开始有了宗教、商业和社会的分层。

很难想象,如果没有创新,人类的祖先将如何开发自己的大脑,这个世界又将是怎样的模样。创新印刻在人类的DNA中,不停地刺激人们向着更舒适、更便捷、更富足的生活努力。

【案例分享】　　　　水蒸气意想不到的推动力

在瓦特的家乡——格林诺克,家家户户都是生火烧水做饭。对这种司空见惯的事,瓦特却特别留了心,观察到开水在沸腾时推动了壶盖的跳动。通过多次尝试与观察,瓦特终于弄清楚让壶盖跳动的推动力来自水蒸气。这一物理现象的发现,成为瓦特发明蒸汽机的认识源泉。

1776年,瓦特制造出第一台有实用价值的蒸汽机。经过不断地创新改造,瓦特使其成为发动力更大的单动式发动机。1782年,瓦特进一步创新,在机器上安装了联动装置,将单式运动变成了旋转运动,终于完成了新型蒸汽机的试制工作。至此,"万能的原动机"发明成功,并被广泛地应用在工厂中,成为几乎所有机器的动力,改变了人们的工作生产方式,极大地推动了技术进步并拉开了工业革命的序幕,人类进入了新能源时代。而瓦特也被命名为"工业革命

之父",后人为了纪念这位伟大的发明家,把功率的单位定为"瓦特"(简称"瓦",符号 W)。

图 1—18

图 1—19

瓦特蒸汽机发明的重要性是难以估量的,它使得工厂的选址不再需要依赖煤矿,而可以建在更经济、更有效的地方,也不必再依赖水能才可以保证常年运转。这种改变直接促进了规模化经济的发展,在大大提高生产率的同时使得商业投资更有效率。蒸汽机还为一系列精密加工的工艺革新提供了可能,更高的工艺水平又反过来保证了各种机器(包括蒸汽机)本身性能的提高。经过不断努力,蒸汽的气压不断升高、动力不断提升,蒸汽火车、蒸汽轮船很快相继问世,世界的固定格局被打破,沟通联系越发紧密,变化也更为迅猛。

(资料来源:https://zhidao.baidu.com/question/171617447.html.)

创新推动社会生产力的发展,继而推动生产关系和社会制度的变革,进一步推进了人类思维和文化的发展,社会得以文明进步。人类历史上的四次工业革命所造成的巨大社会变革,很好地体现了这一点。从 18 世纪第一次由技术创新带来深刻的社会变革开始,到 19 世纪最后 30 年"电气时代"新纪元的开启,到 20 世纪 40~50 年代以来自动化"信息时代"的产生,再到今天的"互联网+"时代,人类社会经历了机械化、电气化、自动化、智能化的更迭,生活方式发生着翻天覆地的变化。而身处智能化社会,有太多创新的可能在等着我们去实现。

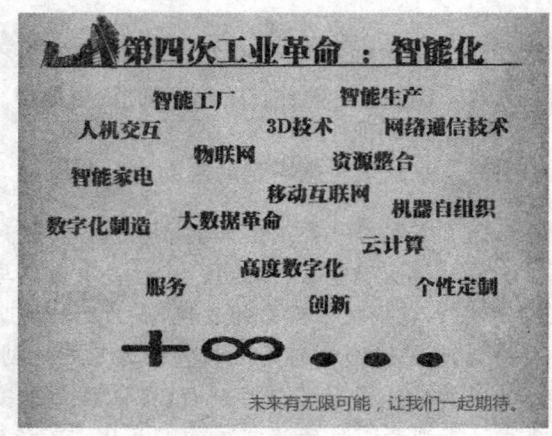

图 1—20

二、创新——终将改变世界

大家可以想象一下这样的场景：水泥像海绵一样吸收二氧化碳；居民免费享用太阳能电池板；人造电弧可以处理垃圾并产生电能；人们能够实时了解世界的一切，并非在网络世界，而是在供人类生存的物质世界；医生可以提前数年预测某种疾病的侵袭；那些被干旱或过度灌溉破坏的土地可以种植咸水作物……如果这些都成为现实，世界会发生怎样的变化？那些改变世界的计划将为我们揭开谜底。一系列构想组成了简单而又雄心勃勃的图景，以至于我们现在不可能预言全部影响。《科学美国人》杂志的顾问及编辑委员团挑选出来自能源、运输、环境、电子和机器人以及医学健康这五大领域的多项计划，凸显了科技改变生活的无穷力量。其中一些计划正在实施，其他的尚在科研转化阶段，毋庸置疑的是，这些创新计划当属最有希望为人类排忧解难的锦囊妙计。

或者我们再想想更贴近生活的这样一个场景：学生们进入食堂，在餐盘里盛满饭菜后，径直走向收银机，对它挥挥手，便可放心地与同学们一起享用午餐了。学校已经在收银机里安装了仅有1平方英寸大的传感器，它可以根据学生手掌静脉血管的分布模式来识别每一位学生。这样买午饭既不用卡，也不用现金了，学生的手就成了他们唯一的钱包。

怎么样？这样的未来世界，你是否喜欢？而根源，在于创新。

【案例分享】　　2016年可能改变世界的十项年度创新

美国布鲁金斯学会网站2016年4月21日发表题为《可能改变世界的十项创新》的报道，并公布了美国麻省理工学院《技术评论》杂志评选出的2016年最重要的十项技术创新名单。自2001年以来的入选名单包括农用无人机、超私密智能手机、脑电图、神经形态芯片、无线传感器网络、格网计算、增材制造、智能手表和移动3D技术等已经改变人们生活的创新技术。而2016年的技术创新名单一样令人兴奋：可挽救癌症患者的"万能通用"T细胞免疫工程、可提高农业生产率的精确编辑植物基因技术、可让智能手机更"智能"的由百度公司研发出的强大语音交互技术、可垂直着陆且重续燃料后再升空的可回收式火箭、可将知识传送到云端共享的互教互学式机器人、让人更便利掌握健康风险的DNA应用商店、节能减排的高功率太阳能屋顶发电板、提高办公效率的斯莱克办公通信系统、减少人为交通风险的特斯拉自动驾驶仪、通过无线电信号便捷充电的空中取电技术。而这些技术的创新，将在未来给人类的生产、生活方式带来飞跃性改变。

（资料来源：参考消息网．科技头条．美媒评出可能改变世界的十项年度创新．http://www.cankaoxiaoxi.com.2016—04—23.）

【案例分享】　瑞士物理学家拟以10亿欧元打造超级机器预测未来

如果你将有关这个世界的所有数据输入一个黑盒子，这个黑盒子能否变成一个水晶球，可以让你窥见未来，甚至还可以根据你的选择来测试将要发生什么？至少有一个人认为可以，而且他即将获得10亿欧元的资金来打造这个黑盒子。

德克·赫尔宾（Dirk Helbing）是一位物理学家，同时也是瑞士苏黎世联邦理工大学的社会学教授，他试图花费10亿欧元来打造一个计算机系统，用以对世界上将要发生的事情作出有效预测。

赫尔宾的系统绝不仅限于用来预测金融、政策或环境等某一方面。他的目标非常明确，那就是要预测一切，即这个世界上的所有事情，从而找到决策者面临的最棘手问题的解决方案。这个项目的核心部分被称为"活地球模拟器"（Living Earth Simulator），它试图模拟一个全球尺度的系统。

（资料来源：http://tech.sina.com.cn/z/teninnovation/.)

【案例分享】　　　　　计算：像人脑一样思维的芯片

传统电脑在面对许多任务时会累得上气不接下气，而神经元计算机则可以轻松应对这些任务。

微芯片设计师达门德拉·S. 莫达（Dharmendra S. Modha）的团队里竟有一名精神病医生。当然，这并不是因为莫达想让手下保持精神健康，而是因为他的合作者正在对一种模拟神经元的微芯片进行攻关，其中包括5所大学和IBM的5个实验室。

他们把自己的研究称为"认知计算"，首批产品已在2011年8月亮相。眼下这些芯片所能做的还只是在游戏Pong中击败对手，或者穿越简单的迷宫，不过他们雄心勃勃的最终目标却是把人脑的神经元计算功能塞进小小的硅组件中。这个名为SyNAPSE的项目正在打造一种由100亿个神经元和100万亿个突触构成的微处理器，规模大致与人脑的一个半球相当。研究者预计它的体积不超过2升，功耗约1 000瓦。

纵观历史，创新，一直是世界向前迈进的重要引擎。它改变了世界的经济格局，更改变了人们认知世界的理念。

第三节　创业实现梦想

"一个人可以非常清贫、困顿、低微，但是不可以没有梦想。只要梦想存在一天，就可以改变自己的处境。"

——奥普拉·温弗莉

什么是创业？在学校门口摆个煎饼摊子是创业，在淘宝上卖家乡特产是创业，投资建厂买设备生产饼干和牛奶是创业。改革开放30多年后的今天，对于当代大学生和广大年轻人来说，创业可能让人更多想到的是"成为马云"，搞个网站开发个手游、O2O或者P2P等。似乎今天的"创业"成了网络经济的代名词，很有"泛互联网化"的含义。

创业能让你获得什么？从收入角度来说，可以让你和你的家人过上比较舒适的生活，能够赡养你的父母，能够抚养你的孩子，全家还能够出去旅游、去娱乐等；从名誉角度来说，在社会阶层中，你至少进入了中产阶层，你将获得名望、受人尊敬。当然，前提是你创业成功了，并且是取得巨大的成功。可事实又是怎样的呢？

一、创业是什么？

关于创业，有不同的意见。霍华德·H. 斯蒂芬（Howard H. Steven）认为："创业是一种管理方式，即对机会的追踪和捕获的过程，这一过程与其当时控制的资源无关。"同时他还进一步指出："创业可由以下七个方面的企业经营活动来理解，即发现机会、战略导向、致力于机会、资源配置过程、资源控制的概念、管理的概念和回报政策。"

科尔(Cole,1965)提出:"把创业定义为发起、维持和发展以利润为导向的企业的有目的性的行为。"史蒂文森(Stevenson)、罗伯茨(Roberts)和苟斯拜客(Grousbeck)提出:"创业是一个人——不管是独立的还是在一个组织内部——追踪和捕捉机会的过程,这一过程与当时控制的资源无关。"杰弗里·A. 蒂蒙斯(Jeffry A. Timmons)则认为:"创业是一种思考、推理和行为方式,这种行为方式是机会驱动、注重方法以及与领导相平衡。创业导致价值的产生、增加、实现和更新,不只是为所有者,也为所有参与者和利益相关者。"

美国学者帕尔特·D. 维罗斯(Paud D. Reynolds)教授把创业概念延伸为从人们创业意识产生之前到企业成长的全过程。他认为,创业应该分为四个阶段:(1)未成年;(2)创业行动开始之前;(3)开始创办企业;(4)企业成长。未成年就是创业意识萌芽阶段,创业者心里有创业的冲动,只是还没有找到合适的机会。当机会出现后,创业欲望加强,开始进行各种准备活动,就进入了第二个阶段。接着,创业者或者独自一人,或者组建创业团队,开始进行市场调研,并拟订创业方案、融资、注册登记、建厂生产、提高产品或者服务质量。最后,企业进入发展期,进入第二次创业阶段。

综上所述,创业是一个人们发现和捕捉机会并由此创造出新颖的产品或服务和实现其潜在价值的复杂过程,即从人们创业意识产生之前到企业成长的全过程。创业必须要投入时间和付出努力,承担相应的财务、精神和社会风险,并获得金钱的回报、个人的满足和独立自主。

二、创业关乎什么?——成功?金钱?地位?

在国家不断推出扶持创业政策的当下,大学生创业人数突飞猛进。近年来,中国创新创业教育改革呈现星火燎原之势,大学毕业生创业率已达到3%,超过发达国家近一倍。有人说,现在是大学生创业最好的时代!因为现在有不少成功的大学生创业案例。

【案例分享】　　　　　　　　创业,腾飞

2017年3月,因为共享单车而被社会关注的"ofo"公司公布了约合31亿元人民币的D轮融资规模。此时,距离该公司创立才3年。更让人惊喜的是,这个庞大公司的主要负责人是一个刚走出学校一年多的90后大学生。

仅在江西南昌理工学院上完大一就退学进行创业的成都小伙周刚,在他创业的第10个年头,发明了FS绝缘连电技术,解决了传统裸露连电技术"漏电、短路、电弧"三大安全难题,实现了既绝缘又通电。

胡忠怀大学毕业后独自创办了浙江安德电器有限公司。在经过了无数个没日没夜、忙忙碌碌的打拼日子之后,公司斩获了不少荣誉:国家高新技术企业、浙江名牌、浙江出口名牌、浙江著名商标等。在担任自己公司董事长的同时,他还荣幸地当选为浙江省永康市留学生联谊会会长。在接受《中国经济周刊》记者采访时,他不无感慨:"苦尽甘来,那些苦日子都过去了。"

这些仅是大学生创业成功的个案。他们在实现个人梦想的同时,也在影响和改变着社会。接下来我们来看几组数据:

(一)中国大学毕业生创业率5年翻了一番

麦克思研究院联合中国社科院日前发布的《2017年中国大学生就业报告》(下称《就业报告》)数据显示,近5年来,大学生毕业即创业连续从2013届的1.6%上升到2017届的3.0%,

接近翻了一番。以 2017 年 795 万名应届毕业生的总量计算,年创业大学生数量超过 20 万名。

(二)大学生创业平均成功率不足 5%

《就业报告》显示,毕业半年后自主创业的 2013 届本科生中,有 46.2% 的人 3 年后还在继续自主创业;毕业半年后自主创业的 2013 届高职高专生中,有 46.8% 的人 3 年后还在继续自主创业。甚至有数据指出,即使在浙江等创业环境较好的省份,大学生创业成功率也只有 5% 左右。

中国青年报社会调查中心之前对 2 004 人进行的一项调查显示,11.5% 的受访者表示大学生创业效果非常好,44.9% 的受访者表示比较好,认为一般和不好的受访者分别占 32.3% 和 11.3%。浙江社科院调研中心主任杨建华表示,近年来浙江大学生初次创业成功率为 5% 左右,远高于全国平均水平,但与国际平均水平及欧美发达国家之间的差距犹如鸿沟,欧美国家大学生创业成功的平均水平为 20%;国内横向比较,大学生创业成功率也低于社会创业平均成功率,大部分"大创牌"企业夭折于初创期,熬不过 3 年。

由此不难看出,创业容易,成功很难。即便国家推出了一系列扶持政策,教育部也在高校开展创新创业教育,但大学生创业资金缺乏、管理能力弱、社会资源不足的"短板"暴露无遗。对待"大众创业、万众创新"这一社会热潮,我们鼓励、我们参与,但我们更要理性。参与创业及创业教育,更重要的是让数以千万计的大学生能有这样一次人生宝贵的经历,不但具有成功的经历,还要敢于面对失败和挫折。这是无比宝贵的财富,大学生有了这样的历练,在社会上将走得越来越快,也将飞得越来越高。

三、创业实现梦想

"等到在创业的路上越走越远的时候,我发现自己的梦想越来越大,也越来越现实。每个人都有梦想,梦想未必要很大,但一定要真实。"

——马云

大学生应该树立科学的创业观、名利观,主动适应国家经济社会发展和人类的全面发展需求,正确理解创业与职业生涯发展的关系,自觉遵循创业规律,积极投身创业实践。你的无畏,给了你更多炽热的梦想和奋斗的目标;你的年轻,给了你更多试错的时间和反思的空间;你的活力,给了你激发创意和实现创新的无限可能;甚至在此时此刻,你的一无所有与孤独迷茫,都将让你有机会在夜空中沉思——如何成为最亮的星。

Impossible,只要添上一撇,就会变成 I'm possible。而这一撇,我们把它叫做梦想。梦想是心中的一簇火苗,没有它的跃动,生命就会了无生趣;梦想是前行的一面风帆,有了它,就能够改变人生的航向;梦想对于今天的青年人来说,更像是一剂强心针,在平凡的日子中寻找不平凡的自我。

也许你怀疑梦想太虚幻,不切实际,但要知道,这只是因为你没有区分梦想与空想、妄想的区别。对于 20 岁左右的年纪,没有富一代的爷爷、富二代的爹,你指望认上一个腰缠万贯且愿意在遗嘱上注明继承人只有你的干爹的狗血故事发生在自己身上吗?我们说的梦想,其实就是一个个尚未达成但通过奋斗努力便有了实现可能的想法。

【案例分享】　　　　　　　　拯救生命的"拥抱"

每年全球大约有2 000万个早产儿诞生,而其中的400万条生命会在出生的当月离我们而去,究其原因却简单得惊人——冷。刚出生的婴儿,还没有发展出足够的体脂保持体温,离开母体后,体温很快下降。假如不及时保暖,这些小生命很容易就会死去。因此,很多早产婴儿出生后,会被放进医院的恒温箱中延续生命。

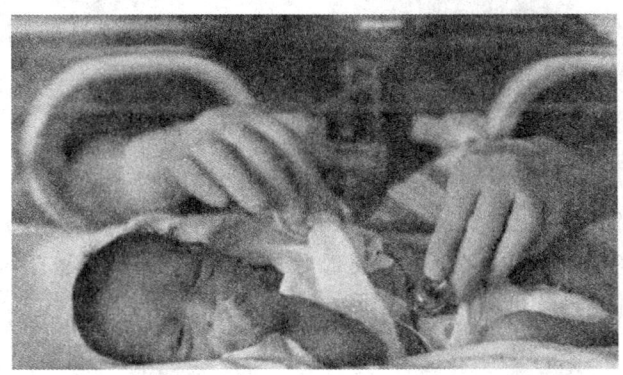

图1—21

这样一个恒温箱,设备售价高达2万美金,需要其他设备持续供电支持。对于大城市医院,这是习以为常的事情。然而,对于多数贫穷地区,这样的设施条件却几乎毫无能力承担。在那里,他们只能用加热灯、热水袋等原始的方式为早产儿保温。这种不恒温的条件,容易导致婴儿的器官发育不正常,诱发各种慢性病、弱智等;同时,恒温灯的照射还会让不少婴儿的眼睛受损。公益机构Embrace的出现,改变了这一令人痛心的现状。而Embrace的创始人便是华裔女孩Jane Chan,一个斯坦福+哈佛的双料高材生。

Jane的这个想法,还得追溯到当年斯坦福大学的一个课程。当时的一个课程作业里,教授要求他们设计一个产品,要求能改善早产儿的保暖问题,但成本必须是医用恒温箱的1%(也就是200美金)。Jane和几个同学开始了他们的调研,而这5个人也组成了日后Embrace的创始团队。有意思的是,创始团队当中有电气工程师、计算机专家、化学专家、MBA,却没有一个医疗专家。

他们去了贫困国家做调研,也用母婴产品做了各种测试,设计出了他们作品的原型:用人造黄油做储热层的保温袋。最后他们顺利完成了设计,在这堂课上取得了不错的成绩。课程结束后,这个团队的5个人一致决定,继续推动这个项目。他们成立了非营利机构Embrace,争取到了赞助,把总部设在印度进行实地研究。

在经历无数的修改后,Embrace研究出他们的成品——"拥抱"保暖袋。这个保暖袋由加热器、恒温包、睡袋三部分组成。它的保温材料用一种特殊的蜡制成,这种蜡的熔点正好是37℃,一旦把蜡包加热熔化后放进保暖包里,蜡包会逐渐凝固,在凝固过程中缓慢放热,便可以把37℃维持整整6个小时。而蜡包的加热,可以用电,也可以干脆直接泡在热水里,使用便捷。保温睡袋推出后,投放到各个国家,已经在印度、乌干达等国家拯救了数以万计的婴儿。

特别值得一提的是,他们的团队依旧做到了当时课程作业里的承诺:这个保温袋的售价是200美金,是恒温箱的1%的价格。他们更进一步,除了购买之外,人们还可以租用,租用的

图1—22

费用只要25美元。作为公益组织,这几年Embrace的团队不断扩大,为11个国家带来了帮助,而这个数字还在不断增加中。2014年美国时任总统奥巴马接见了Jane,表彰她对社会的贡献。

图1—23

现在,Embrace正在获得越来越多的社会力量。而谁曾想到,这数百万条生命,被当年的一个大学作业所改变!

【案例分享】　　　　　　学历,不该成为梦想的包袱

如果你认为梦想都是高学历精英们学有所成才有资格拥有,那你太看轻自己了。

美国《时代》周刊于2010年公布了当年10名最著名却没拿到毕业证书的成功人士:世人熟知的比尔·盖茨高居榜首,Facebook创始人马克·扎克伯格位居第六,这些都算在意料之内。然而,其他上榜人物却不免让人惊讶地感慨:原来这位大红人居然也是辍学成才!包括苹果CEO史蒂夫·乔布斯、美国史上最牛设计师弗兰克·赖特、在节能设计上有突出贡献的巴吉明斯特·富勒、奥斯卡最佳导演詹姆斯·卡梅隆、奥斯卡影帝汤姆·汉克斯、好莱坞影星哈里森·福特、好莱坞"当红炸子鸡"Lady Gaga以及高尔夫球"第一人"老虎伍兹,他们因为各种原因辍学,然而却丝毫没有影响人生的精彩。

放眼国内的名人圈,也不乏这样的例子:只有高中学历的冯小刚,论学历比不过北影导演系的张艺谋,论家世不像陈凯歌出身电影世家,但就是这么一个既无高学历也无好背景、土生土长的普通北京人,因为对电影的热爱与梦想,从美工开始,到编剧,到制片人,再到梦寐以求

的导演,一步一步奋斗成为"票房之王"导演。文艺界这样的例子更是不胜枚举,如从"抬柱子"变成"台柱子"的汪涵、仅高中文凭的"色彩性格"创始者乐嘉、高中辍学独闯"三重门"的韩寒……学历,没有桎梏他们的创造力;梦想,才是他们的动力源泉。

在现今企业家中,2017年已是连续19年蝉联香港首富、曾经17年登上全球华人富豪榜的"超人"李嘉诚,他的白手起家励志故事可以说激励了一代又一代人,是全球华人公认的骄傲,而他实际上只有小学学历。霍英东、宗庆后、鲁冠球、杨国强、何享健、曹德旺、牛根生……这些如雷贯耳的名字,同样不以学历论英雄。学历,没有束缚他们的吸金力;梦想,让他们更加脚踏实地却勇于创新。

(资料来源:信息时报.十大辍学成功人士:成功不看学历.http://www.xxsb.com/.2010—10.)

【案例分享】　　身边的励志 M9——痴迷电子电器的"疯子"

如果说,有人认为有些"大人物"虽然辍学,但辍的都是名牌大学,而有些"大人物"是时势造英雄归功于野蛮式增长的改革浪潮,这些梦想实现的故事离我们太远了,他们的成功都是唯一且无法复制的,那来听听魅族黄章的故事,可能就是现实版励志故事了。

出生于梅州市丰顺县汤西镇农村的黄章,连高中都没有读完,从小就是不知天高地厚的技术狂人。在很小的时候,黄章就喜欢拆东西,尤其喜欢拆电子设备这类特殊机器。一次,他居然拆了村里的第一台电视机。当时,电视机是村里的宝贝,黄章一下成为村里的"名人"。由于对电子电器过于痴迷,黄章的父亲狠下心把他"赶出"家门,让他自己养活自己。于是,黄章从自家地里挖了一些"农产品"换来路费,前往大城市打工。事实上,黄章在进入电子行业之前,他承认自己干过收入很低的工作,像码头搬运工。最终,黄章没有在搬运工领域崭露头角,而是进入电子行业,从此,他如鱼得水。

图1—24

魅族从名不见经传,到成为国内 MP3 随身听领域的第一品牌,黄章只用了3年时间。黄章转战智能手机市场,一直勇于在产品上挑战世界一流的高科技公司,他的魅族 M8 曾一度受到国内手机迷的追捧,狂热程度丝毫不亚于对 iPhone 的痴迷。魅族 M9 首发当天,更是在北、上、广、深地区引发了上千人的排队购买场景。他经营产品从不做广告,不注重在媒体上的宣传,也被看成是违背现代市场经营经典的疯狂行为。但是,黄章天天都泡在互联网上,他把互联网当成沟通魅族和用户最重要的桥梁。在他看来,自己就掌握了互联网这个当今最厉害的媒体,其他媒体的桥梁作用就没有那么重要了。

所谓光脚不怕穿鞋的,低学历者不容易得到一份稳定的收入和工作,更容易"穷则思变";也不会被那些因为接受了更多教育而带来的理性框框所束缚,思考问题更有突破余地,且容易通过实干获得回报。

所以,不要因为学历去妄自菲薄你的能力。梦想不会主动远离任何一个人,除非你丢弃它。

【创新实验】　　　　　定制私人梦想清单

Step1:准备

准备一本空白的笔记本,封面随自己喜好,但内页一定要全白。

Step2:罗列

写下此刻你心中在新的一学年里特别想做的事情。数量不限,完全跟着自己的心走,想做就写上去;想做的事,想认识的人,想要去旅游的地方,想要学习的技能,你可以尽情写!

当然,通常第一次写的人不会写很多,因为初次写梦想清单都是抱着试试看的心理,对自己的潜能还不是很了解,也没有足够大的信心,而且大部分人之前很少花时间去想自己内心需要什么、喜欢什么。不过这没关系,哪怕你只写了几条也不要紧。

Step3:剔除

写完梦想清单后,看看有没有需要划掉的内容,划掉的标准就是,这件事情是你真正喜欢的还是为了与别人攀比或是做给别人看的。就好比我们"断舍离"衣服的标准是,"这件衣服是不是凑合"。梦想清单也是一样,一个很重要的步骤就是要问问自己,一定要确定那是不是你真正喜欢的、真正想要去做的事情,是不是你心中真正想要实现的愿望。

请认真严肃地对待这个环节,就像对待你自己一样。到这个步骤,梦想清单就已经写完了。

Step4:拆解

请逐一对照你的梦想清单,进行步骤的细化。要完成这个梦想,你要怎么做,需要哪些步骤,一天内为此安排的时间有多少,一月内又有哪些资源支持。把梦想拆解成可以一步步完成的小目标,你会发现,遥远宏大的理想可能并不像你想的那么难。

当你把实现的步骤跃然纸上时,就如同你自云端俯瞰自己的梦想迷宫再去行走,一定比你置身迷宫之中苦寻出路更容易——站在梦想之上,俯视梦想,梦想的实现速度便会以光速缩短。

Step5:观想

如果你有时间,请静下心来,想象一下你正在完成梦想清单中的细化步骤。想考六级证的你,可以想象一下清早起来边晨跑边听英语单词;想认识一个新朋友的你,可以想象一下你鼓足勇气打招呼时,对方给了你一个善意的回复;想尝试潜水的你,可以想象一下你正在穿紧身潜水服准备下水时的激动和兴奋。

观想之后,你可能会迫不及待地去用行动来验证观想过程中那种践行梦想时难以言喻的快感。

【创业实践】

与身边的创业人士进行访谈,收集创业故事,选择最具代表性的一个案例(成功或失败皆可),以自己最直观的感受分析具体原因,同时谈谈对创业的理解。

第二章 激发创新思维

● 学习内容与目标

1. 了解创新思维的内涵和特点；
2. 掌握创新思维的几种基本形式，并有意识地加以训练和运用；
3. 了解创新思维的障碍，避免不利影响，从而更好地开发创新思维；
4. 掌握各类创新技法的应用。

● 创新实验指南

1. 通过发现和分享创新故事、身边事物的创新之处，深入了解创新思维的内涵和重要意义；
2. 通过头脑风暴、联想游戏、创意视频赏析、案例讨论、逻辑推理游戏等，测试及训练创新思维的几种形式；
3. 通过分析常见思维定势和思维偏见现象，对其进行分类，再通过具体的创新实验任务，弱化各种障碍的负面影响，从而更好地开发创新思维；
4. 通过收集和分析案例，观看视频，采访老师、学长和创业人士，了解创新技法的种类，掌握各种技法的运用。

● 活动导入

盒子里放着印有○和△记号的卡片各3张。卡片的大小、形状完全一样。盒子当中空出了1张卡片的位置，这6张卡片可以自由地在盒内滑动。

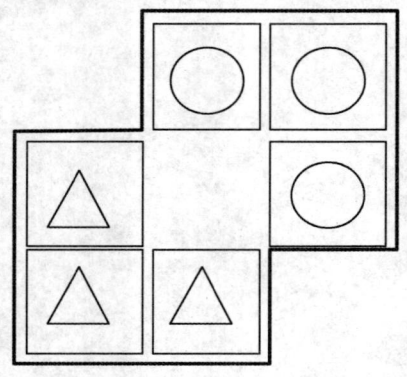

图 2—1

请问：能否将这6张卡片的位置彻底对调？要求是既不能将卡片从盒内取出，也不能损坏盒子。解答时请尽量拓宽思路，不要仅限于移动卡片这一条思路（限时10分钟）。

先导案例

肉毒杆菌的发明

1987年，那时人们发现肉毒杆菌毒素具有麻痹神经的能力，常用来治疗因为神经异常而引起的眼部、面部、颈部的肌肉痉挛。

一天，加拿大眼科教授珍·卡卢瑟与其丈夫阿拉斯泰·卡卢瑟（皮肤科教授）想治疗由"斗鸡眼"引起的眼皮痉挛和其他眼部肌肉的紊乱，自然而然地想到了肉毒杆菌毒素，因为忌惮其毒性，他们只注射了小剂量的毒素，结果病情很快被控制住了，连带着一起消失的竟然还有眼部的皱纹！这一发现被传出后，聪明的人们便想到将其运用到美容中。2002年，肉毒杆菌毒素被正式应用于整形美容中，利用肉毒杆菌毒素除皱、瘦脸的整容手术随之产生，并且由于显著的疗效而走俏，在很短的时间内风靡整个美国乃至全球。

这一偶然发现不仅让夫妇俩青史留名，更是让肉毒杆菌从无人知晓的"药物甲"摇身一变成为美容界的新宠。随着人们爱美意识的提高，肉毒杆菌的使用呈现平民化趋势，使用者不仅有好莱坞女星、名媛，更有普通民众。据美国数据统计，仅在2012年，全美就已消费了600万支肉毒杆菌毒素美容针。

第一节 创新思维概述

一、创新思维的内涵

（一）创新思维的定义

创新思维是指以新颖独创的方法解决问题的思维过程，通过这种思维能突破常规思维的界限，以超常规甚至反常规的方法、视角去思考问题，提出与众不同的解决方案，从而产生新颖的、独到的、有社会意义的思维成果。

一切需要创新的活动都离不开思考，离不开创新思维，可以说，创新思维是一切创新活动的开始。创新思维是思维的高级形态，因而既有一般思维的基本性质，又有其自身特征。与常规思维相比，创新思维的最大特点在于它的普遍性、变通性、新颖性和实践性，而这些特性的产生在于巧妙地发挥了人脑思维的潜能，特别是与右半脑的功能密切相关。凡是能想出新点子、创造出新事物、发现新路子的思维，都属于创新思维。

（二）创新思维的特征

1. 普遍性

著名教育家陶行知于1943年在《新华日报》上发表《创造宣言》时倡言："处处是创造之地，天天是创造之时，人人是创造之人。"创新思维并不是个别天才人物所独有的神秘之物，也不是创造发明等较大的新思想的产生，而是每个正常人都具备的能力。不管是日常学习、工作、生产、经商、经营家庭，还是政府决策，都在使用创新思维解决问题。穆勒曾说过："现在的一切美好事物，无一不是创新的结果。"因此，不要把自己排除在创新之外，而要提高创新意识，努力从创新思维中受益,开发这座人类大脑的宝藏。

【案例分享】　　　　　　　母亲的爱心便当

一位来自新加坡的两位孩子的母亲,以其最具有创意的便当使其他妈妈们自叹不如。李丽明的 Instagram 上有粉丝 18.5 万之多,她还在自己的网站上展示自己所做的便当,她为两个孩子——12 岁的伊凡·泰伊和 9 岁的卢卡斯·泰伊——做过 200 多种不同造型的便当。

创意之书:来自新加坡的李丽明,每天为她的两个孩子制作令人惊叹的学校午餐。

日常灵感:李女士主要是从她孩子们在午餐时想看到的角色中获得灵感。

兴趣转为热情:当李女士的儿子从 2011 年开始上托儿所时会时常想念母亲,李女士就开始做便当(安抚在学校的孩子)。

精彩网站:李女士在 2011 年开通博客,分享食谱、图片教程以及制作便当的工具和小贴士。

名声大噪:在粉丝达 18.5 万之多的 Instagram 上以及博客里,她展示了超过 200 种创意便当。

她周围的世界:这位极具创造力的母亲也从周围的生活中获得灵感。

崭露头角的便当艺术家:李女士的博客是激励便当艺术家的绝妙指南。

成名史:这位两个孩子的母亲非常成功,她还出版了一本书,名为《美味可爱的便当》。

图 2—2

图 2—3

图 2—4

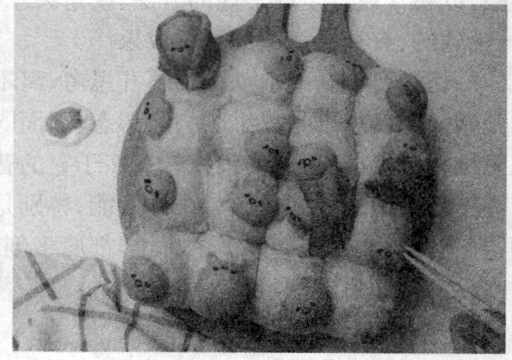
图 2—5

(资料来源:Sophie Haslett. Mom cooks creative lunches for children. 每日邮报:http://www.dailymail.cn/,2016 年 2 月 24 日.)

2. 变通性

变通性是指思维的灵活性,也就是思维活动能触类旁通、举一反三,往往形成超常构思,提出不同寻常的新方案。变通,有变而通,不变不通,不论万变,目的要通,若还不通,只是设想。通是相对于以前的方法,通是变的标准,通向的是目标。司马光砸缸就是变通性的应用。

【案例分享】　　　　　司马光砸缸

司马光,字君实,陕州夏县人也。父池,天章阁待制。光生七岁,凛然如成人,闻讲《左氏春秋》,爱之,退为家人讲,即了其大指。自是手不释书,至不知饥渴寒暑。群儿戏于庭,一儿登瓮,足跌没水中,众皆弃去,光持石击瓮破之,水迸,儿得活。

——《宋史》

图 2—6

3. 新颖性

新颖性是指无论是在思路的选择上、在思考的技巧上、在思维的方法上,还是在思维的结论上,具有独到之处,具有新的见解、新的突破,具有首创性、开拓性。

【案例分享】　　　　如何把生鸡蛋立在桌面上

1492 年,哥伦布发现了新大陆。从海上回来后,他成了西班牙人民心目中的英雄。国王和王后也把他当作上宾,封他做海军上将。可是有些贵族瞧不起他,他们用鼻子一哼,说:"这有什么稀罕? 只要坐船出海,谁都会到那块陆地的。"哥伦布便在一次宴会上用竖立鸡蛋的游戏证明了他发现新大陆并非是凭运气。

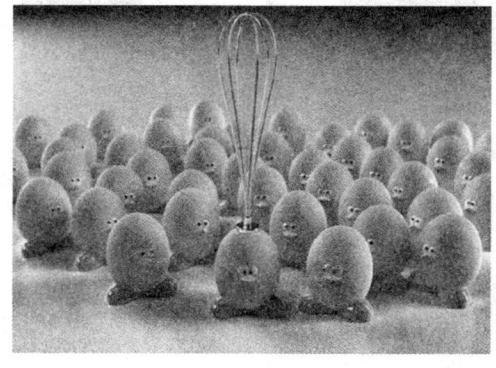

图 2—7

大家都知道,哥伦布把鸡蛋的一头在桌上轻轻一敲,敲破了一点儿壳,鸡蛋就稳稳地直立在桌子上了。那么,是不是只有这个方法呢?

【创新实验】

各位同学回家试试:拿一个新鲜鸡蛋在手中使劲摇晃几次,越使劲越好,使鸡蛋的重心改变了,我们就更容易找到鸡蛋的重心,就可以轻松地把鸡蛋立起来了(限时10分钟)。

4. 实践性

创新思维建立在大量的实践之上,需要人们付出艰苦的脑力劳动,并不是漫无边际、轻轻松松就能即兴提出一个好的创意,也不是偶尔运用几次创新技法就能造就。一项创新思维成果往往要经过长期的探索甚至多次的挫折才能取得,而培养创新思维能力也要经过长期的知识积累、实践磨砺,充分发挥主观能动性。创新思维需要跳出事物内部,大量、广泛地吸收外界各种信息,如观察、收集资料、思想的交流碰撞等,在与外界各种信息交换和反馈中汲取养分,甚至直接获得解决问题关键点的灵感。因此,要开放思维空间,多角度、宽领域地吸取各种信息,创造出新的成果。

【案例分享】　　　　人类牙齿结构与航空科技

人类牙齿的强度只和玻璃差不多,但为什么它们能够在几十年中经受各种坚硬食物的磨砺?以色列特拉维夫大学研究人员对数千颗人类牙齿进行了深入研究并发现,在压力下牙齿的外层拥有一种特殊的结构,这种结构形成了一个微裂纹网络,而不会产生巨大的裂缝。一段时间后,这些细微的裂纹又可以自动愈合。如果工程师们能够在某种合成材料中找到这种不稳定的多层结构,并以某种方式进行复制,就可以研制出一种更轻、抗撞击能力更强的航空材料。当然,这种自愈合的过程可能需要很长时间才可以实现。

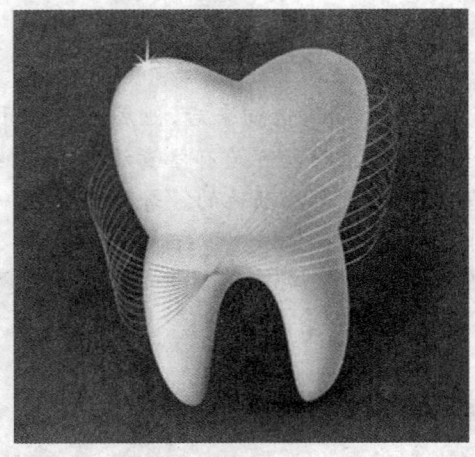

图 2-8

(资料来源:新浪科技. 14大仿生发明:声波手杖源自蝙蝠声波导航. http://www.sina.com.cn,2011年1月20日.)

二、创新思维的基本形式

构成创新思维的内在要素主要有知识、非逻辑思维能力、逻辑思维能力。

首先，要具有产生新思想的思维能力，就必须具有一定的知识。没有或缺少知识作为原材料的思维是贫乏的、空洞的。康德说："无内容之思维，成为空虚；无概念之直观，则成为盲目。"因此，一个人的知识储备越丰富，可供调动的知识越多，运用起来就可能越灵活，产生新思想的可能性就越大，创新思维能力也就越强。而要在某一领域产生较高层次的新思想，就必须具有较高层次的相关领域知识。

其次，要具有产生新思想的思维能力，还必须具有一定的非逻辑思维能力。直觉、灵感、想象等是其主要表现形式。一般认为，它在创造思维的关键阶段起着重要作用。特别是许多有高度创造体验的科学家，往往认为思维由经验材料到理论的飞跃环节并不是通过逻辑的桥梁，而是通过直觉、灵感等非逻辑思维来实现。许多人之所以不能超越自己，打不破自身已有的思维框架，原因在于悟性不足，难以前进。悟性往往来自非理性和非逻辑，通俗来讲，就是"不按常理出牌"。当然，这里需要指出的是，所谓非逻辑思维作为人类理性的表现，并不是无规律的或不符合逻辑的。非逻辑之名意指它不能用传统的形式逻辑来解释和说明，但它却可用以辩证法为基础的辩证逻辑来解释。这一点还有待进一步确证。

最后，要具有产生新思想的思维能力，还必须具有一定的逻辑思维能力。逻辑思维是人的理性认识阶段，是人运用概念、判断、推理等思维类型反映事物本质与规律的认识过程。如果没有逻辑思维能力，新思想被提出后就不会得到论证，也不会得到别人的认可，对人的言行也没有多少指导作用。

（一）非逻辑思维

非逻辑思维是指用通常的逻辑程序无法说明和解释的那部分思维活动。直觉、灵感、想象等是其主要表现形式。非逻辑思维仿佛是思维的雷达，没有它，我们就不能捕捉到未知的对象。

1. 直觉思维

直觉思维是指不受某种固定的逻辑规则约束而直接领悟事物本质的一种思维形式。直觉思维具有迅捷性、直接性、本能意识等特征。直觉作为一种心理现象贯穿于科学研究之中，也贯穿于日常生活之中。

诺贝尔奖获得者、著名物理学家玻恩说："实验物理的全部伟大发现，都是来源于一些人的'直觉'。"伊恩·斯图加特说："直觉是真正的数学家赖以生存的东西。"的确，许多重大的发现是基于直觉。

欧几里得几何学的五个公设都是基于直觉，从而建立起欧几里得几何学这栋辉煌的大厦；哈密顿在散步的路上迸发了构造四元数的火花；阿基米德在浴室里找到了辨别皇冠真假的方法；凯库勒发现苯分子环状结构更是一个直觉思维的成功典范。

而在生活中，小孩亲近或疏远一个人凭的是直觉；男女"一见钟情"凭的是各自的直觉；军事将领在紧急情况下下达命令首先凭直觉；足球运动员临门一脚，更是毫无思考余地，只能凭直觉。

直觉是一种非逻辑思维形式。对其所得出的结论，没有明确的思考步骤，主体对其思维过程没有清晰的意识。美国化学家普拉特和贝克曾对许多化学家进行填表调查，在收回的232张调查表中，有33%的人说在解决重大问题时有直觉出现，有50%的人说偶尔有直觉出现，只有17%的人说没有这种现象。

【案例分享】　　　　　　　居里夫人的直觉

　　居里夫人在深入研究铀射线的过程中,凭直觉感到,铀射线是一种原子的特性,除铀外,还会有别的物质也具有这种特性。想到了就立刻做! 她马上扔下对铀的研究,决定检查所有已知的化学物质,不久就发现另外一种物质——钍——也能自发地发出射线,与铀射线相似。居里夫人提议把这种特性叫做放射性,铀和钍这些有这种特性的元素就叫做放射性元素。这种放射性使居里夫人着了迷,她检查全部的已知元素,发现只有铀和钍有放射性。

　　她又开始测量矿物的放射性,突然她在一种不含铀和钍的矿物中测量到了新的放射性,而且这种放射性比铀和钍的放射性要强得多。凭直觉,她大胆地假定:这些矿物中一定含有一种放射性物质,它是今日还不知道的一种化学元素。有一天,她用一种勉强克制着的激动的声音对布罗妮雅说:"你知道,我不能解释的那种辐射,是由一种未知的化学元素产生的……这种元素一定存在,只要去找出来就行了! 我确信它存在! 我对一些物理学家谈到过,他们都以为是实验的错误,并且劝我们谨慎。但是,我深信我没有弄错。"在这种信念的驱使下,居里夫人终于和她丈夫一起发现了新的放射性元素:钋和镭。居里夫人还以她出色的工作,两次荣获诺贝尔奖。

2. 联想思维

联想是指在人脑内记忆表象系统中由于某种诱因使不同表象发生联系的一种思维活动。联想思维和想象思维可以说是一对孪生姐妹,在人的思维活动中都起着基础性的作用。

(1)接近联想

时间或空间上的接近都可以引起不同事物之间的联想。科学发现的例子有不少,如门捷列夫发现元素周期表对未知元素位置的判断,卢瑟福研究原子核时提出质量与质子相同的中性粒子的存在。诗歌中时空接近的联想的佳句也有很多,如"春江潮水连海平,海上明月共潮生;滟滟随波千万里,何处春江无月明",将春江、潮水、大海与明月(既相远又相近)联系在一起。

(2)相似联想

从外形或性质上的、意义上的相似引起的联想,都是相似联想,如"春蚕到死丝方尽,蜡炬成灰泪始干"和"床前明月光,疑是地上霜"等。

(3)对比联想

由事物间完全对立或存在某种差异而引起的联想,就是对比联想(即相反特征的事物或相互对立的事物间所形成的联想)。文学艺术的反衬手法,就是对比联想的具体运用,比如描写岳飞和秦桧的诗句"青山有幸埋忠骨,白铁无辜铸佞臣"。

【案例分享】　　　　　　　重新定义吹风筒

　　戴森的吸尘器鼎鼎大名,但谁能想到这家以强力吸尘器闻名遐迩的公司,居然出了个吹风筒! 戴森Supersonic吹风筒虽然体积小巧,却有着转速高达11万次的马达,而且运行的时候相当安静。Supersonic还内置了独有的温控系统,可以防止头发因为过热而造成损伤。为了研制这款小小的吹风筒,戴森投入了超过5 000万英镑,因此其自然售价不菲,一把吹风筒要卖2 990元。

【案例分享】　　　　　　　　悬浮灯泡

　　Flyte 灯泡构造非常简单,外形和普通的白炽灯灯泡没什么区别。但你只要轻轻将它放置在灯座上,便可以悬浮在那里。Flyte 榆木制的灯座里隐藏着磁铁和电感线圈,既可以让灯泡悬浮,又可以实现无线充电。生活中司空见惯的灯泡,一旦加入了点科技元素,就可以变得很炫。

图 2—9

(4)因果联想

　　由于两个事物存在因果关系而引起的联想,就是因果联想。这种联想往往是双向的,可以由因想到果,也可以由果想到因。

(5)组合联想

　　组合联想是指把几种事物联系起来,组合成新的事物,如有激光功能的签字笔、有手电功能的打火机、带电风扇的吊灯等。

【案例分享】　　　　　　　　太阳能瓦片

　　SolarCity 发布了最新的太阳能瓦片 Solar Roof,它既是太阳能电池板,也是美观坚固的屋顶。太阳能电池板上覆盖一层有色透光膜(确保美观),外层再保护以高强度的钢化玻璃,使其强度超越了当前所有的屋顶材料,既美观环保,又能省下一笔钱。

图 2—10

(6) 类比联想

类比法就是通过对一种事物与另一种（类）事物对比而进行创新的方法。其特点是以大量联想为基础，以不同事物间的相同、类比为纽带。根据不同的类比形式，可分为多种类比法。

【拓展阅读】　　　　　　　不同的类比形式

- 直接类比法：鱼骨—针，酒瓶—潜艇
- 间接类比法：负氧离子发生器
- 幻想类比法：第一台电子计算机的诞生
- 因果类比法：气泡混凝土
- 仿生类比法：抓斗、电子蛙眼、蜻蜓翅痣与机翼振动

【创新实验】

请你说说看，纸上密密麻麻的黑点，你会想到什么（限时 5 分钟）？

3. 想象思维

想象思维是人脑通过形象化的概括作用对脑内已有的记忆表象进行加工、改造或重组的思维活动。它是形象思维的具体化，是人脑借助表象进行加工操作的最主要形式。

（1）无意想象

无意想象是不受意识主体支配的想象。思维主体没有特定的目的性，可以让思维的翅膀任意飞翔，达到一种非常自由的状态。

（2）有意想象

有意想象是受主体意识支配的思维活动。在这种状态下，思维总是在创新者的目的需要系统的支配下进行。

有意想象又可分为再造型想象、创造型想象和幻想型想象。

【拓展阅读】　　　　　　　有意想象的几种类型

- 再造型想象：根据他人的描述而在自己的头脑中产生形象的心理过程。
- 创造型想象：创造主体有目的地对自己已有的记忆表象进行加工、改造和重组而产生新形象的思维操作过程。
- 幻想型想象：是创造型想象的一种极端形式，其特点是，以现实世界为出发点，但其范围不受拘束，其结果又往往超出现实太远，有的一时难以实现。

【创新实验】

请班级内 12 名同学各自提出 1 个名词，全班同学以这 12 个名词作一段联想、讲一个故事，必须将 12 个词全部运用，要求符合逻辑并富有新意。

4. 灵感思维

所谓灵感思维，是指凭借直觉而进行的快速、顿悟性的思维。灵感思维活动本质上就是一种潜意识与显意识之间相互作用、相互贯通的理性思维认识的整体性创造过程。因此，它不是一种简单逻辑或非逻辑的单向思维运动，而是逻辑性与非逻辑性相统一的理性思维整体过程。

在人类历史上,许多重大的科学发现和杰出的文艺创作,往往是灵感这种智慧之花闪现的结果。灵感与创新可以说是休戚相关的。灵感不是神秘莫测的,也不是心血来潮,而是人在思维过程中带有突发性的思维形式长期积累、艰苦探索的一种必然性和偶然性的统一。

灵感思维的运用方法有如下几种:

(1) 急中生智

利用此种方法的例子,在社会活动中数不胜数。即情急之下做出了一些行为,结果证明,这种行为是正确的。

【案例分享】　　　　　　蛋卷冰淇淋

以前的冰淇淋是用纸碟子装的,吃起来很不方便。1904年的美国圣路易斯博览会上,组委会允许商贩在会场外摆摊设点。一个卖的是冰淇淋,另一个叫汉威的先生卖的是煎饼。由于天气非常炎热,很多人来买冰淇淋吃。很快,装冰淇淋的纸碟子就用完了,有很多顾客要等别人吃完退了碟子之后才能一饱口福。卖冰淇淋的商贩不知该怎么办,汉威灵机一动,决定与他合作。于是,就用汉威的煎饼卷起冰淇淋充当纸碟来继续卖,受到了人们的热烈欢迎。

(2) 久思而至

久思而至是指思维主体在长期思考竟日不就的情况下,暂将课题搁置,转而进行与该研究无关的活动,恰好是在这个"不思索"的过程中,无意中找到答案或线索,完成久思未决的研究项目。

【案例分享】　　　　　　沃尔特与米老鼠

当沃尔特21岁的时候,一直希望创作一个可爱的卡通形象。有一天,当他苦思冥想的时候,看见一只小老鼠爬出来偷吃面包屑,他忽然有了灵感。于是立刻付诸行动,他画了几张老鼠的草图,从此以后,一只可爱的小老鼠走遍了世界,那就是动漫中超可爱的米老鼠,沃尔特也获得了巨大的成功。

(3) 自由遐想

科学上的自由遐想是指研究者自觉放弃僵化的、保守的思维习惯,围绕科研主题,依照一定的随机程序对自身内存的大量信息进行自由组合与任意拼接,经过数次乃至数月、数年的意境驰骋和间或的逻辑推理,完成一项或一系列课题的研究。

(4) 梦中惊成

梦是以被动的想象和意念表现出来的思维主体对客体现实的特殊反映,是大脑皮层在整体抑制状态下,少数神经细胞兴奋进行随机活动而形成的戏剧性结果。并不是所有人的梦都具有创造性的内容。梦中惊成,同样只留给那些"有准备的科学头脑"。如德国化学家凯库勒宣称梦见一条正在吞食自己尾巴的蛇,而悟出苯环的分子结构。

(5) 另辟蹊径

思维主体在科学研究过程中,课题内容与兴奋中心都没有发生变化,但寻解定势却由于研究者灵机一动而转移到与原来解题思路相异的方向。

【案例分享】 卫生纸是怎么发明的

1903年,美国史古脱纸业(Scott Paper)公司买下一大批纸,可员工心术不正,想从这笔大买卖中捞一把,便通过中间人介绍,购进了一批便宜纸张,并租用普通货船承运这批货物。因运送过程中的疏忽,造成纸面潮湿产生皱褶而无法使用。

面对一仓库无用的纸,大家都不知如何是好,在主管会议中,有人建议将纸退回供应商以减少损失,这个建议获得所有人的附议。该公司负责人亚瑟·史古脱却不这么想,他想到在卷纸上打洞,使其容易撕成一小张一小张。史古脱将这种纸命名为"桑尼"卫生纸巾,卖给火车站、饭店、学校等放置于厕所中,因为相当好用而大受欢迎,并慢慢普及到一般家庭中,为公司创下了巨大利润。如今卫生纸已经成为你我生活中不可或缺的物品,给我们生活上带来许多的便利。

(6) 原型启示

在触发因素与研究对象的构造或外形几乎完全一致的情况下,已经有充分准备的研究者一旦接触到这些事物,就能产生联想,直接从客观原型推导出新发明的设计构型。

【案例分享】 可口可乐的 S 形玻璃瓶

可口可乐是人们喜爱的饮料,同学们一定非常熟悉它的玻璃瓶的形状。但你知道这种瓶形是怎么来的吗?最早,美国可口可乐所用的是圆柱式玻璃瓶,很笨重。1923年的某天上午,美国一家玻璃瓶厂的工人路透久别的女朋友来看望他。他的女友当时穿着流行的紧腿裙,这种裙子在膝部附近变窄,强调了人体的线条美。见到女友的裙子后,路透突发奇想:为什么不将笨重的可口可乐瓶设计成这种紧腿裙的式样呢?于是,他迅速按裙子式样设计了一种流线型的新瓶子,申请了专利,并拿到可口可乐公司去推销。没想到,可口可乐公司的老板史密斯看到后大为赞赏,当即与路透签订了一份合同,答应每12瓶付给5美分。这就是可口可乐饮料现在所用的瓶样。到目前为止,已生产800多亿个可乐瓶子。这样,路透所得的专利金额,据说约值20亿美元之巨。其实,只要我们在生活中多留心,处处皆学问,处处都有激发发明的源泉和灵感。路透的成功靠什么?

(7) 触类旁通

人们偶然从其他领域的既有事实中受到启发,进行类比、联想、辩证升华而获得成功。他山之石,可以攻玉。触类旁通往往需要思维主体具有更深刻的洞察能力,能把表面上看起来完全不相干的两件事情沟通起来,进行内在功能或机制上的类比分析。

【案例分享】 壁虎眼睛与未来隐形眼镜

壁虎的足垫并不是让工程师们获得发明灵感的唯一器官。科学家们发现,壁虎的眼睛中拥有一系列截然不同的中心区,这使得它们能够在夜间看清颜色。这种能力很少在其他动物身上发现。这些区域分别拥有不同的折射率,这使得壁虎的眼睛成为一个多焦点光学系统,不同波段的光线可以同时聚焦于视网膜上。因此,壁虎眼睛的灵敏度比人类的眼睛高出350倍,它们可以聚焦不同距离的各种物体。根据这一发现,科学家们可以研制更高效的相机,甚至可能研制出多焦点隐形眼镜。

图 2—11

(资料来源：新浪科技.14 大仿生发明：声波手杖源自蝙蝠声波导航.http://www.sina.com.cn,2011 年 1 月 20 日.)

(8)豁然开朗

这种顿悟的诱因来自外界的思想点化。主要是通过语言表达的一些明示或隐喻获得。豁然开朗这种方法中的思想点化，一般来说，要有这样几个条件：一是"有求"；二是"存心"；三是"善点"；四是"巧破"。

(9)见微知著

从别人不觉得稀奇的平常小事上，敏锐地发现新生事物的苗头，并且深究下去，直到做出一定创建为止。见微知著必须独具慧眼，也就是在用眼睛看的同时，配合敏捷的思维。

【案例分享】　　　　　　　　鲁班与锯子

相传有一次鲁班进深山砍树木时，一不小心，手被一种野草的叶子划破了，他摘下叶片轻轻一摸，原来叶子两边长着锋利的齿，他的手就是被这些小齿划破的；他还看到在一棵野草上有条大蝗虫，两颗大板牙上也排列着许多小齿，所以能很快地磨碎叶片。鲁班就从这两件事上得到了启发。他想，要是有这样齿状的工具，不是也能很快地锯断树木了吗？于是，他经过多次试验，终于发明了锋利的锯子。

(10)巧遇新迹

由灵感而得到的创新成果与预想目标不一致，属意外所得。许多研究者把这种意外所得看作"天赐良机"，也有的称之为"正打歪着"或"歪打正着"。譬如，伟哥被发明之初是为了治愈心脏疾病的，却歪打正着地产生了现在这个功能。

【案例分享】　　　　　　　　微晶玻璃

在 1952 年的一天，康宁玻璃厂(Corning Glass Works)化学家唐·斯图基(Don Stookey)将一块光敏玻璃的样本放到火炉中，将温度设定在 600℃。在加热过程中的某个时刻，因为操作错误，将温度提升到了 900℃。斯图基原本以为自己把实验搞砸了，这块玻璃将会熔化，火炉也将被烧毁，但当他打开炉门时却奇怪地发现，这块锂硅酸盐玻璃已经变成了一块奶白色的薄板。当他试图拿出这块薄板的时候，由于钳子未能夹紧的缘故，导致这块玻璃样本滑落在地,却没有摔碎,而是弹了起来。"这是怎么回事?"当时他并不知道自己偶然间发明了第一块有机"微晶玻璃"(Pyroceram)。

【创新实验】

请从"黑板"开始联想,要求后一样事物与前一样必须有关联,最终联想至"金字塔",不得少于 40 个词,不要多于 60 个词(限时 15 分钟)。

5. 发散思维

发散思维又称"辐射思维"、"放射思维"、"多向思维"、"扩散思维"或"求异思维",是指从一个目标出发,沿着各种不同的途径去思考,探求多种答案的思维,与聚合思维相对。不少心理学家认为,发散思维是创新思维的最主要特点,是测定创造力的主要标志之一。

发散思维是大脑在思维时呈现的一种扩散状态的思维模式,比较常见,它表现为思维视野广阔,思维呈现出多维发散状。可以通过从不同方面思考同一问题,如"一题多解"、"一事多写"、"一物多用"等方式,培养发散思维能力。

(1)立体思维

立体思维是一种要求人们跳出点、线、面的限制,有意识地从多层次、多侧面、多维度认识事物的思维方式。这里的"立体"既指空间上的立体,也指抽象意义上立体、全方位、更高的视角。

【案例分享】 如何立体养鱼

立体养鱼是指混养在水中的鱼,如草鱼、鲢鱼、鳙鱼、鲮鱼等,投入的各种饲料,先被生活在水面上层的草鱼吃了;草鱼的排泄物和剩余的饲料经由水中的微生物分解后,养殖了藻类和浮游生物,成为水塘中层鲢鱼、鳙鱼的主要食物。

▶ 立体绿化:屋顶花园增加绿化面积、减少占地、改善环境、净化空气。
▶ 立体农业、间作:玉米地里种绿豆、高粱地里种花生等。
▶ 立体森林:高大乔木下种灌木,灌木下种草,草下种食用菌。
▶ 立体开发资源:煤、石头、开发产品。

你还能想出什么样的立体思维形式?

(2)平面思维

以构思二维平面图形为特点的发散思维,形式如用一支笔、一张纸来一笔画出圆心和圆周。这种不连续的图形是难以一笔画出的。

(3)逆向思维

即背逆通常的思考方法,从相反方向思考问题的方法,也叫做反向思维。客观世界上许多事物之间,甲能产生乙,乙也能产生甲。如化学能可以产生电能,据此意大利科学家伏特于 1800 年发明了伏特电池。反过来,电能也可以产生化学能,通过电解,英国化学家戴维于 1807 年发现了钾、钠、钙、镁、锶、钡、硼七种元素。再如,说话声音高低能引起金属片相应的振动,相反,金属片的振动也可以引起声音高低的变化。爱迪生在对电话的改进中,发明制造了世界上第一台留声机。

【拓展阅读】　　　　　　如何进行逆向思维？

反转型逆向思维法，是指从已知事物的相反方向进行思考，产生发明构思的途径。"事物的相反方向"常常从事物的功能、结构、因果关系三个方面作反向思维，如"反复印机"。

转换型逆向思维法，是指在研究问题时，由于解决这一问题的手段受阻，而转换成另一种手段，或转换思考角度，以使问题顺利解决的思维方法，如"司马光砸缸"。

缺点逆用思维法，是指利用事物的缺点，将缺点变为可利用的东西，化被动为主动、化不利为有利的思维发明方法。这种方法并不以克服事物的缺点为目的，相反，它是将缺点化弊为利，找到解决方法，如"金边凤尾裙"。

【创新实验】

请写出"牙刷—刷牙"这类反向词，越多越好。

(4) 侧向思维（旁通思维）

从与问题相距很远的事物中受到启示，从而解决问题的思维方式。19世纪末，法国园艺学家莫尼哀从植物的盘根错节中，想到水泥加固的例子。当一个人为某一问题苦苦思索时，在大脑里形成了一种"优势灶"，一旦受到其他事物的启发，就很容易与这个"优势灶"产生相联系的反应，从而解决问题。

(5) 横向思维

相对于纵向思维而言的一种思维形式。纵向思维是按逻辑推理的方法直上直下的收敛性思维。而横向思维是当纵向思维受挫时，从横向寻找问题答案。正如时间是一维的、空间是多维的一样，横向思维与纵向思维则代表了一维与多维的互补。最早提出横向思维概念的是英国学者德博诺。他创立横向思维概念的目的是，针对纵向思维的缺陷提出与之互补的、对立的思维方法。

(6) 多路思维

解决问题时不是一条道走到黑，而是从多角度、多方面思考，这是发散思维最一般的形式（逆向、侧向、横向思维是其中的特殊形式）。

(7) 组合思维

从某一事物出发，以此为发散点，尽可能多地与另一（或一些）事物联结成具有新价值（或附加价值）的新事物的思维方式。在科学界、商业和其他行业都有大量组合创造的实例。当然，组合不是随心所欲的拼凑，必须是遵循一定的科学规律的有机最佳组合。

【案例分享】　　　　　　三次大组合

第一次大组合是牛顿组合了开普勒的天体运行三大定律和伽利略的物体垂直运动与水平运动规律，从而创造了经典力学，引起了以蒸汽机为标志的技术革命；第二次大组合是麦克斯韦组合了法拉第的电磁感应理论和拉格朗日、哈密尔顿的数学方法，创造了更加完备的电磁理论，因此引发了以发电机、电动机为标志的技术革命；第三次大组合是狄拉克组合了爱因斯坦的相对论和薛定谔方程，创造了相对量子力学，引起了以原子能技术和电子计算机技术为标志的新技术革命。所以，爱因斯坦说过："组合作用似乎是创造性思维的本质特征。"

【自由思考】

某警局招聘侦探,为考察应聘人员的应变能力,特设计考题如下:将应聘人员关入一间没有窗户而仅有一扇门的房间内,门外有荷枪实弹的军人把守,要求应聘人员逃离该房间。如果你前来应聘,你能走出这个房间吗(限时8分钟)?

6. 收敛思维

收敛思维也叫做"聚合思维"、"求同思维"、"辐集思维"或"集中思维",是指在解决问题的过程中,尽可能利用已有的知识和经验,把众多的信息和解题的可能性逐步引导到条理化的逻辑序列中去,最终得出一个合乎逻辑规范的结论。

收敛思维也是创新思维的一种形式,与发散思维不同,发散思维是为了解决某个问题,从这一问题出发,想的办法、途径越多越好,总是追求还有没有更多的办法;而收敛思维也是为了解决某一问题,在众多的现象、线索、信息中,向着问题的一个方向思考,根据已有的经验、知识或发散思维中针对问题的最好办法去得出最好的结论和最好的解决办法。

【案例分享】　　　　洗衣机的发明

洗衣机的发明就是如此,首先围绕"洗"这个关键问题,列出各种各样的洗涤方法,如洗衣板搓洗、用刷子刷洗、用棒槌敲打、在河中漂洗、用流水冲洗、用脚踩洗等,然后再进行收敛思维,对各种洗涤方法进行分析和综合,充分吸收各种方法的优点,结合现有的技术条件,制订出设计方案,接着再不断改进,结果成功了。

【案例分享】　　　　机器为什么不转了?

问:机器为什么不转动了?
答:因为保险丝断了。
问:保险丝为什么会断?
答:因为超负荷而造成电流增大。
问:为什么会超负荷?
答:因为轴承不够润滑。
问:为什么轴承不够润滑?
答:因为油泵吸不上来润滑油。
问:为什么油泵吸不上来油?
答:因为抽油泵产生了严重的磨损。
问:为什么抽油泵会产生严重的磨损?
答:因为抽油泵未装过滤器而使铁屑混入。

(1)目标确定法

这个方法要求我们首先要正确地确定搜寻的目标,进行认真的观察并作出判断,找出其中关键的现象,围绕目标进行收敛思维。目标的确定越具体越有效,不要确定那些各方面条件尚不具备的目标,这就要求人们对主、客观条件有一个全面、正确、清醒的估计和认识。目标也可以分为近期的、远期的、大的、小的。开始运用时,可以先选小的、近期的,熟练后再逐渐扩大。

(2)求同思维法

如果有一种现象在不同的场合反复发生,而在各场合中只有一个条件是相同的,那么这个条件就是这种现象的原因,寻找这个条件的思维方法就叫做求同思维法。

(3)求异思维法

如果有一种现象在第一场合出现,第二场合不出现,而这两个场合中只有一个条件不同,那么这个条件就是这种现象的原因,寻找这个条件的思维方法就是求异思维法。

(4)聚焦法

聚焦法就是围绕问题进行反复思考,有时甚至停顿下来,使原有的思维浓缩、聚拢,形成思维的纵向深度和强大的穿透力,在解决问题的特定指向上思考,积累一定量的努力,最终达到质的飞跃,顺利解决问题。

(二)逻辑思维

1. 逻辑思维的含义

逻辑思维是人们在认识过程中借助于概念、判断、推理反映现实的过程。它与形象思维不同,是用科学的抽象概念、范畴揭示事物的本质,表达认识现实的结果。逻辑思维是一种确定的而不是模棱两可的,前后一贯的而不是自相矛盾的,有条理、有根据的思维。在逻辑思维中,要用到概念、判断、推理等思维形式和比较、分析、综合、抽象、概括等方法,而掌握和运用这些思维形式和方法的程度,也就是逻辑思维的能力。

逻辑思维是分析性的,是按部就班。在做逻辑思维时,每一步必须准确无误,否则无法得出正确的结论。我们所说的逻辑思维,主要指遵循传统形式逻辑规则的思维方式,常称它为"抽象思维"或"闭上眼睛的思维"。在逻辑思维中,是使用否定来堵死某些途径。比如说,逻辑思维是在深挖一个洞,它就是为了把一个洞挖得更深的工具。逻辑思维是人脑的一种理性活动,思维主体把在感性认识阶段获得的对于事物认识的信息材料抽象成概念,运用概念进行判断,并按一定逻辑关系进行推理,从而产生新的认识。逻辑思维具有规范、严密、确定和可重复的特点。

2. 形式逻辑思维的规律

(1)同一律

在同一个思维过程中,反映同一个对象的思想是确定的,必须始终保持同一个含义,不能偷换它的含义。同一律要求思维必须具有确定性。如在《韩非子》中有这样一则故事:郑县有一位姓卜的,他常常在外鬼混。一天,他的裤子弄出了一个洞。他买了新布,回家让妻子为他做一条新的裤子。妻子问他如何做,他说"照原样"。于是,他妻子把裤子照原来的样式做好后,照样在裤子原来的地方剪了一个洞。这当然是一个笑话,但从逻辑的角度来说,他的妻子是有意或无意地违反了同一律。"原样"在丈夫那里指的是原来样式和尺寸,绝不是有破洞的原样。在使用语词表达词项、指称对象时,如果是无意地违反了同一律的要求,所犯的错误就称为"混淆词项"或者"混淆概念";如果是故意违反同一律要求以达到某种目的,就称为"偷换词项"或者"偷换概念"。

(2)矛盾律

矛盾律也称为不矛盾律。它的内容是:在同一思维过程中,关于同一对象的思想必须始终保持一致,不能自相矛盾。矛盾律要求思维必须具有一致性。

就命题而言,由于在同一时间、同一关系上一个事件不可能既存在又不存在,因此,我们不可能对同一命题作出不同的断定,不能既断定它真,又断定它假。由此矛盾律要求:两个互相否定的命题不可能都真,必有一个是假的。例如,我们不能既断定"这个证人的所有话都是真的",同时又断定"这个证人的有些话不是真的"。就词项而言,矛盾律的要求可用公式"a≠-a"表示。即要求不能用两个相互否定的词项指称同一个对象,并且同一个词项不能包含自相矛盾的东西。例如,"方的圆"、"可以溶化一切的溶液"等都是违反矛盾律的。

【创新实验】

小王、小张、小赵三个人是好朋友,他们中间其中一个人下海经商,一个人考上了重点大学,一个人参军了。此外,还知道以下条件:小赵的年龄比士兵大;大学生的年龄比小张小;小王的年龄和大学生不一样。请推论出这三个人的身份。

(3)排中律

在同一思维过程中,关于同一事物的两个相互矛盾的思想不可能都是假的,必有一个为真。因此,对于两个互相矛盾的命题,我们必须作出明确的选择,必须肯定其中之一为真。例如,命题"这个报告提供的数据有些是真实的"与"该报告提供的数据有些不是真实的",这两个命题不可能都是假的,必有一个为真。我们否定其中的一个真,就必须肯定另一个为真。

【创新实验】

警察抓了五个嫌疑人,他们各自交代了一句话,分别是:
A:有一个人说谎;
B:有两个人说谎;
C:有三个人说谎;
D:有四个人说谎;
E:有五个人说谎。
只有一个人说的是真的,如果你是警察,会放走哪个人?为什么?

3. 辩证逻辑思维

辩证逻辑思维的基本规律有三条:对立统一规律(矛盾的规律)、质量互变规律、否定之否定规律。

(1)对立统一规律

事物以及事物之间都包含着矛盾性,事物矛盾双方既统一又斗争,推动事物的运动、变化和发展。例如,理想与现实的矛盾使人奋斗,从而把理想转化为现实。

(2)质量互变规律

事物、现象由于内部矛盾所引起的发展是通过量变和质变的互相转化而实现的。例如,吹气球,一点一点地吹(量变),吹到一定程度,气球就爆炸了(质变)。

(3)否定之否定规律

作为辩证法三大规律之一的否定之否定规律,它在辩证法发展史上经历的过程恰恰与这一规律的本质完全吻合,真正体现出了"言行一致、表里如一"的特点。换句话说,在哲学史上,否定之否定规律自身发展过程的特点就是否定之否定。具体来说,整个发展过程经历了肯定、否定、否定之否定(肯定)的过程,这一特点与否定之否定规律自身具有的规定性恰好保持了一致性。

事物的发展是通过自身的辩证否定实现的。事物是肯定方面与否定方面的统一。当肯定方面居于主导地位时,事物保持现有的性质、特征和倾向;当事物内部的否定方面战胜肯定方面并居于矛盾的主导地位时,事物的性质、特征和趋势就发生变化,旧事物就转化为新事物。否定是对旧事物的质的根本否定,但不是对旧事物的简单抛弃,而是变革与继承相统一的扬弃。事物发展过程中的每一阶段都是对前一阶段的否定,同时它自身也被后一阶段再否定。经过否定之否定,事物运动就表现为一个周期,在更高的阶段上重复旧的阶段的某些特征,由此构成事物从低级到高级、从简单到复杂的周期性螺旋式上升和波浪式前进的发展过程,体现出事物发展的曲折性。

【案例分享】　　　　　　　　辩证的罢工

澳大利亚墨尔本市的公共汽车司机曾因不满公司的待遇,与资方谈判不成要举行罢工,可又担心影响民众的正常出行引起民愤,一旦这样,不但利益争取不到,还极有可能弄得里外不是人。工会的领导者们运用辩证逻辑思维的方法,做到了既罢工又不罢工,从而取得了胜利。他们照常出车,而且对乘客热情服务,且坚决不收乘客的车费,乘客高兴得奔走相告。司机们既在罢工,又在工作岗位上。然而,资方的运营成本一分不少,车钱却一分也收不上来,不得不退让求和。

第二节　创新思维障碍

【案例分享】　　　　　　　　乔的鸟笼

一位心理学家曾和乔打赌说:"如果给你一个鸟笼,并挂在你房中,那么你就一定会买一只鸟。"乔同意打赌。因此,心理学家就买了一个非常漂亮的瑞士鸟笼给他,乔把鸟笼挂在起居室桌子边。结果大家可想而知,当人们走进来时就问:"乔,你的鸟什么时候死了?"

乔立刻回答:"我从未养过一只鸟。"

"那么,你要一个鸟笼干什么?"

乔无法解释。后来,只要有人来乔的房子,就会问同样的问题。乔的心情因此被搞得很烦躁,为了不再让人询问,乔干脆买了一只鸟装进了空鸟笼里。心理学家后来说,去买一只鸟比解释为什么他有一个鸟笼要简便得多。人们经常是首先在自己头脑中挂上鸟笼,最后就不得不在鸟笼中装上些什么东西。

(资料来源:周秦汉唐.创新的思维障碍:定势思维、偏见思维.360个人图书馆,http://www.360doc.com/content/15/0518/00/7090_471334444.shtml,2015年5月18日.)

一、创新的思维障碍——思维定势

(一)思维定势的定义

思维定势(Thinking Set)又称为"习惯性思维",是指人们按习惯的、比较固定的思路去考虑问题、分析问题,表现为在解决问题过程中做特定方式的加工准备。它阻碍了思维开放性和灵活性,造成思维的僵化和呆板。这使得人们不能灵活运用知识,创造性思维的发展受到阻碍。

从另一个角度讲,也可以说思维定势是思维的惯性,或思维的惰性。它在人的思维能力上是一种重要的表现,是人通过不断学习和实践累积下来的经验以及形成自己独有的对世界、对客观认识、认知的规律和途径。所以,思维定势具有明显的个体性。

【创新实验】

心理学家 Karl Duncker 于 1945 年设计了一个心理学实验,即给你一堆火柴、一盒大头钉、一根蜡烛,请问如何将燃烧的蜡烛固定在墙上,从而让它燃烧的时候蜡烛油不至于滴到桌上?

图 2—12

(二)思维定势的类型

1. 书本定势

所谓书本定势,就是认为书本上的一切都是正确的、动不得的,必须严格按照书本上说的去做,不能有任何怀疑和违反。这是一种把书本知识夸大化、绝对化的片面、有害的观点。

【案例分享】　　　　　　天王星的发现

18 世纪 50~60 年代,英国的天文工作者勒莫尼亚曾经先后 12 次观察到天王星,但是因为受当时人类认识水平的局限,天文著作中都说土星是太阳系中最外边缘的一颗星。勒莫尼亚受这种观点的禁锢,没有认识到它也是太阳系内的一颗新行星。直到十几年以后的 1781 年,才有英国天文学家赫歇尔突破了这种局限,发现了天王星,这不仅使勒莫尼亚失去了天王星的发现权,也使天王星的发现推迟了近 20 年。两者的差别就在于,后者突破了书本定势。

2. 经验定势

经验定势是在理解、处理问题时往往不由自主地按照以往的经验去办的一种思维习惯,实际上是把经验绝对化、夸大化的表现,忽视、忘记了经验的相对性和片面性。

【案例分享】　　　　　　灯泡的体积

一次,正在研制电灯泡的爱迪生想知道灯泡的体积,便让从大学数学系毕业的助手阿普拉去测量。阿普拉又是量直径,又是量周长,然后列出公式进行计算。由于灯泡不是球形,计算起来十分复杂,算了密密麻麻几张纸仍没有结果。

过了个把小时,爱迪生催问结果,阿普拉还没有算好。爱迪生一看,算得太复杂了,便拿起灯泡沉在水里,让灯泡中灌满了水,然后把灯泡中的水倒在量筒中,看完量杯的读数,便轻而易举地算出了灯泡的体积。

3. 权威定势

权威定势就是在处理一切问题时都必须以权威作为判断是非唯一标准的思维习惯、程式,是思维惰性的表现,是对权威的迷信、崇拜与夸大,属于权威的泛化。

【案例分享】　　　　　　弯曲的腿骨

公元前2世纪古罗马时代的医学家盖伦,医术精湛,对后来医学发展产生了巨大影响。但是在以后1000多年时间里,他的成就被严重夸大化、绝对化成为至高无上的经典,任何人都不能怀疑和违反。他说,人的腿骨也像狗的腿骨一样是弯曲的。后来,人们从解剖实践中发现,人的腿骨并不是弯曲的,而是直的。按说应该根据实际发现纠正盖伦的说法,但人们仍然对他的理论深信不疑,为此,对新发现的事实作了这样的解释:盖伦时代人们穿长袍,腿骨的弯曲得不到纠正,后来穿裤子了,狭窄的裤腿箍住了腿骨,几百年后人们的腿骨也就变直了。这种可笑的解释说明,对盖伦盲目崇拜、迷信多么严重地束缚、禁锢了创新思维和认识的发展。

4. 从众定势

从众定势指个人受到外界人群行为的影响,而在自己的知觉、判断、认识上表现出符合公众舆论或多数人的行为方式。通常情况下,多数人的意见往往是对的。少数服从多数,一般是不错的,但缺乏分析、不作独立思考,不顾是非曲直地一概服从多数而随大流走,则是不可取的,是消极的"盲目从众心理"。

生活中有不少从众的人,骑着自行车来到十字路口,正好赶上红灯,本应停下来,但是看到大家都骑着车往前冲,自己也毫不迟疑地跟着往前冲,这样一种"随大流,别人怎么做,我也怎么做,别人怎么想,我也怎么想"的思维模式,就是从众定势。也有一些专门利用人们从众心理来达到某种目的的人,某些商业广告就是利用人们的从众心理,把自己的商品炒热,从而达到目的。生活中也确实有些震撼人心的大事会引起轰动效应,群众竞相传播、议论、参与。但也有许多情况是人为宣传、渲染而引起大众关注的,常常是舆论一"炒",人们就容易跟着"热"。广告宣传、新闻媒介报道本属平常之事,但有从众心理的人常常就会跟着"凑热闹",不加分析地"顺从"某种宣传效应,随大流跟着众人走以至发展到"盲从",这已经是不健康的心态了。

【案例分享】　　　　　　猴子与香蕉

有科学家曾做过一个实验:将4只猴子关在一个密闭的房间里,每天喂很少食物,让猴子饿得吱吱叫。数天后,实验者在房间上面的小洞放下一串香蕉时,1只饿得头昏眼花的大猴子一个箭步冲向前,可是当它还没拿到香蕉时,就被预设机关所泼出的热水烫得全身是伤,当后面3只猴子依次爬上去拿香蕉时,一样被热水烫伤。于是,猴子们只好望"蕉"兴叹。

又过了几天,实验者换1只新猴子进入房内,当新猴子肚子饿得也想尝试爬上去吃香蕉时,立刻被其他3只猴子制止,并告知有危险,千万不可尝试。实验者再换1只猴子进入,当这只猴子想吃香蕉时,有趣的事情发生了:这次不但剩下的2只老猴子制止它,连没被烫过的半新猴子也极力阻止它。

实验继续,当所有的猴子都已换过之后,仍没有1只猴子敢去碰香蕉。上面的热水机关虽然取消了,而热水浇注的"组织惯性"束缚着进入笼子的每一只猴子,使它们对唾手可得的盘中美餐——香蕉——避而远之,谁也不敢前去享用。

5. 惯性思维定势

所谓惯性思维,就是思维沿着前一思考路径以线性方式继续延伸,并暂时地封闭了其他的思考方向。贝弗里奇在其《科学研究的艺术》一书中解释了惯性思维:"我们的思想多次采取特定的一种思路,下一次采取同样思路的可能性就很大。在一连串的思想中,一个个观念之间形成了联系,这种联系每利用一次,就变得愈加牢固,直到最后,这种联系紧紧地建立起来,以至于它们的连接很难被破坏。这样,正像形成条件反射一样,思考受到了条件的限制。我们很可能具备足够的资料来解决问题,然而,一旦采用了一种不利的思路,问题考虑得越多,采取有利思路的可能性就越小。"

【案例分享】　　　　　　　猴王的心愿

神对一只猴子说:"可怜的猴子,你在猴王争霸中被打败,我要将你点化成人。"猴子很感激。神问:"成人后你第一件事想干什么?"猴子说:"拿一杆枪打死现在的猴王,夺回王位,所有母猴都归我。"

思维定势决定了人性的悲哀,有些人你可以给他更高级的身体、更高级的职位,却给不了他更高级的思想。

【案例分享】　　　　　　　阿西莫夫的智商

阿西莫夫是美籍俄国人,世界著名的科普作家。他曾经讲过这样一个关于自己的故事。阿西莫夫从小就很聪明,年轻时多次参加"智商测试",得分总在160左右,属于"天赋极高"之人。有一次,他遇到了一位汽车修理工,是他的老熟人。

修理工对阿西莫夫说:"嗨,博士,我来考考你的智力,出一道思考题,看你能不能正确回答。"阿西莫夫点头同意。修理工便开始出题:"有一位聋哑人,想买几枚钉子,就来到五金商店,对售货员做了这样一个手势——左手食指立在柜台上,右手握拳做出敲击的样子。售货员见状,先给他拿来一把锤子,聋哑人摇摇头。于是,售货员明白了,他想买的是钉子。"

"聋哑人买好了钉子,刚走出商店,接着进来一位盲人。这位盲人想要一把剪刀,请问,盲人将会怎么做?"阿西莫夫顺口答道:"盲人肯定会这样——"他伸出食指和中指,做出剪刀的形状。

听了阿西莫夫的回答,汽车修理工开心地笑起来:"哈哈,答错了吧!盲人想买剪刀,只需要开口说'我买剪刀'就行了,他干吗要做手势啊?"阿西莫夫只得承认自己回答得很愚蠢。

(资料来源:周秦汉唐. 创新的思维障碍:定势思维、偏见思维. 360个人图书馆, http://www.360doc.com/content/15/0518/00/7090_471334444.shtml, 2015年5月18日.)

【自由思考】

一位公安局长同一位老人谈话,这时跑过来一个小孩,急促地对公安局长说:"你爸爸和我爸爸吵起来了!"这孩子是公安局长的儿子。

想一想:这两个吵架的人和公安局长是什么关系?

6. 麻木定势

麻木定势其实就是一种惰性思维,是指人类思维深处存在的一种保守的力量,人们总是习惯用老眼光来看新问题,用曾经被反复证明有效的旧概念去解释变化世界的新现象。不去尝试,不敢冒险,因循守旧,大好的时机和自身无限的潜能被白白地葬送,挫折和失败的悲剧肯定不可避免。比如说看魔术表演,不是魔术师有什么特别高明之处,而是我们大伙儿思维过于因袭习惯之势,想不开,想不通,所以上当了。比如人从扎紧的袋里奇迹般地出来了,我们总习惯于想他怎么能从布袋扎紧的上端出来,而不会去想想布袋下面可以做文章,下面可以装拉链。

在生活的旅途中,我们总是经年累月地按照一种既定的模式运行,从未尝试走别的路,这就容易生出消极厌世、疲沓乏味之感。所以,不换思路,生活也就乏味。很多人走不出思维定势,所以他们走不出宿命般的可悲结局;而一旦走出了思维定势,也许可以看到许多别样的人生风景,甚至可以创造新的奇迹。

【案例分享】　　　　　　　点金石

一个穷人在一本书里发现了寻找点金石的秘密,点金石是一块小小的石子,它能将任何一种普通的金属点化成纯金。点金石就在黑海的海滩上,和成千上万与它看起来一模一样的小石子混在一起,但秘密就在这儿:真正的点金石摸上去很温暖,而普通的石子摸上去是冰凉的。

所以,当他摸着石子是冰凉的时候,就将它们扔到大海里。他这样干了一整天,却没有捡到一块是点金石的石子,然后他又这样干了一星期、一个月、一年、三年,可他还是没有找到点金石。然而,他继续这样干下去,捡到一块石子,是凉的,将它扔到海里,又去捡起一块,还是凉的,再把它扔到海里,又一块……但是,有一天上午,他捡起了一块石子,而且这块石子是温暖的,他却把它随手就扔进了海里。他已经形成了一种习惯,把他捡到的所有石子都扔进海里。他已经习惯于做扔石子的动作,以至于当他真正想要的那一块到来时,他还是将其扔进了海里。

二、创新的思维障碍——思维偏见

(一)思维偏见的定义

思维偏见指以不客观或不全面的信息为根据,形成对人或事物的一种片面甚至错误的看法。我们每个人的判断都打上了自己的经验、地位、利益、知识、文化甚至阶层、宗教信仰等印记。"疑人窃斧,越看越像"就是这个道理。因此,要留心各种思维偏见,从而减少思维上的偏差。

(二)思维偏见的类型

1. 经验偏见

经验偏见指人们在自己的经验里生活和思考,不愿接受经验以外的事实或超出经验想象而形成的偏见。正是经验使我们昂首否定,还是经验又让我们低头认错,人们总是跳不出经验,它甚至将一切最大胆的幻想都打上了个人经验的偏见,就像作家贾平凹所津津乐道的某一个农民的最高理想:"我当了国王,全村的粪一个不给拾,全是我的。"这似乎就是人们说的"乡村维纳斯效应"。

德波诺在《实用思维》一书中饶有兴味地描述了一种常见的社会现象:"在僻静的乡村,村里最漂亮的姑娘会被村民当作世界上最美的人（维纳斯），在看到更漂亮的姑娘之前，村里的人难以想象出还有比她更美的人。"在村里，它是真理；在全世界，它就是偏见。

【自由思考】

请在头脑中想一想以下这个问题：你面前有一张很大很大的红色正方形普通打字纸，你把它从正中折叠一次，纸的面积减小一半，而厚度则增加一倍。然后，再从正中折叠第二次，红色的面积又减小一半，而厚度又增加一倍。如此连续不断地进行下去，一直折叠50次。请问，这张红纸的厚度将达到多少？

【案例分享】 　　　　　　　　被经验淹死的驴子

一头驴子背盐渡河，在河边滑了一跤，跌在水里，盐溶化了。驴子站起来时，感到身体轻松了许多。驴子非常高兴，获得了经验。后来有一回，它背了棉花，以为再跌倒，可以同上次一样，于是走到河边的时候，便故意跌倒在水中。可是棉花吸收了水，驴子非但不能再站起来，而且一直向下沉，直到淹死。

驴子为何死于非命？每一个人都能够看得出，很重要的一个原因是它机械地套用了经验，受了经验偏见思维的影响，未能对经验进行改造和创新。

2. 利益偏见

所谓利益偏见，不是指由于你的利益关系会导致你立论的有意识的明显偏颇，而是指一种无意识的偏斜——对公正的微妙偏离。其主要特征，一为无意识性，二为微妙的偏离。但是，如果因存在利害关系而有意识地作出明显不公的判断，即与公正产生明显的偏差，则不属于利益偏见，且可以看作有意识地争取权益、规避风险。

利益偏见更普遍的情况则是所谓的"鸡眼思维"，也就是马克思所说的："愚蠢庸俗、斤斤计较、贪图私利的人总是看到自以为吃亏的事情。譬如，一个毫无修养的粗人常常只是因为一个过路人踩了他的鸡眼，就把这个人看作世界上最可恶和最卑鄙的坏蛋。他把自己的鸡眼当作评价人们行为的标准。"

再更简单地引申一下，大多数恋人都认为自己找到了世上最好的人，所谓"情人眼里出西施"；大多数孩子也都会得出结论说自己的父母是世界上最好的父母，所谓"王婆卖瓜，自卖自夸"。这些都是典型的利益偏见思维模式。

3. 位置偏见

每个人都生活在一定社会的坐标系中，各种思想无不打上其鲜明的烙印。处于什么样的年龄、位置，就会有什么样的感受。正如宋代蒋捷在《虞美人·听雨》中所述："少年听雨歌楼上，红烛昏罗帐。壮年听雨客舟中，江阔云低、断雁叫西风。而今听雨僧庐下，鬓已星星也。悲欢离合总无情，一任阶前、点滴到天明。"

连老黑格尔也不忘说："同一句格言，出自青年人之口与出自老年人之口是不同的，对一个老年人来说，也许是他一辈子辛酸经验的总结。"这与"站在什么样的物理位置，就会得出什么样的认知"是一样的。在一些企业里，老板总抱怨员工出工不出力、磨洋工，员工总抱怨老板发的钱太少、心太黑。这其实就是各自所处的位置不同，才导致双方似乎无法弥合思维差距。

4. 文化偏见

我们所有人都受到自己所在地域、国家、民族长期积淀的文化的影响，看待问题的角度不可避免地打上文化、宗教、习俗的烙印。著名华裔人类学家许烺光(曾任美国人类协会主席)在《美国人与中国人》一书中十分严肃地举了一个例子:"在一部中国电影中,一对青年夫妇发生了争吵,妻子提着衣箱怒冲冲地跑出公寓。这时,镜头中出现了住在楼下的婆婆,她出来安慰儿子:'你不会孤独的,孩子,有我在这儿呢。'看到这儿,美国观众爆发出一阵哄笑,中国观众却很少会因此发笑。"

这两种截然不同的反应所透出的文化差异是明显的,在美国人的观念中,婚姻是两个人的私事,其间的性关系是任何别的感情无法替代的,而中国观众却能恰当地理解母亲所说的含义。这正如一些美国留学生在读了《红楼梦》后,总是不解地问中国教授:"为什么宝玉和黛玉不偷些金银财宝然后私奔呢?"中国教师知道这不是一个工具性问题,很难用一两句话解释得清。

5. 沉锚效应

沉锚效应,心理学名词,指的是人们在对某人某事做出判断时,易受第一印象或第一信息支配,就像沉入海底的锚一样把人们的思想固定在某处。作为一种心理现象,沉锚效应普遍存在于生活的方方面面。第一印象和先入为主是其在社会生活中的表现形式。

通常来讲,人们在作决策时,思维往往会被得到的第一信息所左右,就像沉入海底的锚一样,把你的思维固定在某处。而用一个限定性的词语或规定做行为导向、达成行为效果的心理效应,称为"沉锚效应"。

【案例分享】　　　　加一个鸡蛋还是两个?

两家卖粥的小店,每天顾客的数量和粥店的服务质量都差不多,但结算的时候,总是一家粥店的销售额高于另一家。探其究竟,原来效益好的那家粥店的服务员为客人盛好粥后,总问:"加一个鸡蛋还是两个?"而另一家粥店的服务员总问:"加不加鸡蛋?"接收到第一个问题的客人考虑的是加几个鸡蛋的问题,而接收到第二个问题的客人考虑的是加不加鸡蛋的问题。考虑的问题不同,答案自然也不同。通过不同的提问方式,第一家粥店不知不觉地多卖了鸡蛋,增加了销售额。

6. 刻板印象

刻板印象,又称刻板效应,它是指对某个群体产生一种固定的看法和评价,并对属于该群体的个人也给予了这一看法和评价。刻板印象虽然可以在一定范围内进行判断,不用探索信息,迅速洞悉概况,节省时间与精力,但是往往会形成偏见,忽略个体差异性。人们不仅会对接触过的人产生刻板印象,还会根据一些不是十分真实的间接资料对未接触过的人产生刻板印象。例如,老年人是保守的,年轻人是爱冲动的;北方人是豪爽的,南方人是善于经商的;英国人是保守的,美国人是热情的;农民是质朴的,商人是精明的;等等。

刻板印象一经形成,就很难改变,因此,在日常生活中,一定要考虑到刻板印象的影响。例如,市场调查公司在招聘入户调查的访员时,一般都应该选择女性,而不应该选择男性。因为在人们心目中,女性比较善良、攻击性较少,力量也比较单薄,因而入户访问对主人的威胁较小;而男性,尤其是身强力壮的男性如果要求登门访问,则很容易被拒绝,因为他们更容易使人联想到一系列与暴力攻击有关的事物,使人们增强防卫心理。

【创新实验】

如图 2—13 所示,要求一笔画经过所有的 9 个点,不重复描线,不多于 4 条线段。

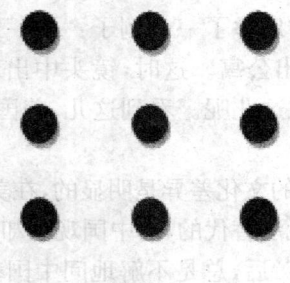

图 2—13

第三节　创新思维开发训练

创新技法是指创造学家收集大量成功的创造和创新的实例后,研究其获得成功的思路和过程,经过归纳、分析、总结,找出规律和方法以供人们学习、借鉴和仿效。简言之,创新技法就是创造学家根据创新思维的发展规律而总结出来的一些原理、技巧和方法。本节介绍几种主要的创新技法,以此来进行创新思维开发训练。

一、头脑风暴法

(一)头脑风暴法的定义

头脑风暴法(Brain Storming,BS)又称智力激励法或自由思考法(畅谈法、畅谈会、集思法),是由美国创造学家亚历克斯·奥斯本提出的一种激发性思维的方法。此法经各国创造学研究者的实践和发展,至今已经形成了一个发明技法群,如奥斯本智力激励法、默写式智力激励法、卡片式智力激励法等。

图 2—14

头脑风暴法又可分为直接头脑风暴法(通常简称为头脑风暴法)和质疑头脑风暴法(也称反头脑风暴法)。前者是让专家群体决策尽可能激发创造性,产生尽可能多的设想的方法;后者则是对前者提出的设想、方案逐一质疑,分析其现实可行性的方法。

(二)头脑风暴法的分类

1. 三菱式智力激励法(MBS法)

奥斯本智力激励法虽然能产生大量的设想,但由于它严禁批评,这样就难以对设想进行评价和集中。日本三菱树脂公司对此进行改革,创造出一种新的智力激励法——MBS法,又称三菱式智力激励法。

MBS法延伸自头脑风暴法。活动进行时,首先要求出席者预先将与主题有关的设想分别写在纸上,然后轮流提出自己的设想,接受提问或批评,接着以图解方式进行归纳,再进入最后的讨论阶段。

2. "635"法

"635"法,又称默写式智力激励法、默写式头脑风暴法,是德国人鲁尔巴赫根据德意志民族习惯于沉思的性格提出来的,并针对数人争着发言易使点子遗漏的缺点而对奥斯本智力激励法进行改造所创立的。与头脑风暴法原则上相同,其不同点是把设想记在卡上。头脑风暴法虽规定严禁评判,自由奔放地提出设想,但有的人对于当众说出见解犹豫不决,有的人不善于口述,有的人见别人已发表与自己的设想相同的意见就不发言了。而"635"法可弥补这种缺点。具体做法如下:

每次会议有6人参加,坐成一圈,要求每人5分钟内在各自的卡片上写出3个设想(故名"635"法),然后由左向右传递给相邻的人。每个人接到卡片后,在第二个5分钟内再写3个设想,然后再传递出去。如此传递6次,半小时即可进行完毕,可产生108个设想。

3. 卡片式智力激励法

卡片式智力激励法,也称卡片法,这种技法又可分为CBS法和NBS法两种。CBS法由日本创造开发研究所所长高桥诚根据奥氏智力激励法改良而成,特点是对每个人提出的设想可以进行质询和评价。NBS法是由日本广播电台开发的一种智力激励法。

(三)实施步骤

1. 会前准备

会议要明确主题:会议主题提前通报给与会人员,让与会者有一定准备。选好主持人:主持人要熟悉并掌握该技法的要点和操作要素,摸清主题现状和发展趋势。参与者要有一定的训练基础,懂得该会议提倡的原则和方法;会前可进行柔化训练,即对缺乏创新的锻炼者进行打破常规思考、转变思维角度的训练活动,以减少思维惯性,从单调的紧张工作环境中解放出来,以饱满的创造热情投入激励设想活动。

2. 设想开发

由主持人公布会议主题并介绍与主题相关的参考情况;突破思维惯性,大胆进行联想;主持人控制好时间,力争在有限的时间内获得尽可能多的创意性设想。

3. 设想的分类与整理

一般分为实用型和幻想型两类。前者是指目前技术工艺可以实现的设想,后者是指目前技术工艺还不能完成的设想。

4. 完善实用型设想

对实用型设想,再用脑力激荡法去进行论证、进行二次开发,进一步扩大设想的实现范围。

5. 幻想型设想再开发

对幻想型设想,再用脑力激荡法进行开发,通过进一步开发,就有可能将创意的萌芽转化为成熟的实用型设想。这是脑力激荡法的一个关键步骤,也是该方法质量高低的明显标志。

(四)头脑风暴法的四大原则

1. 自由思考

即要求与会者尽可能解放思想,无拘无束地思考问题并畅所欲言,不必顾虑自己的想法或说法是否"离经叛道"或"荒唐可笑";不准参加者私下交流,以免打断别人的思维活动。

2. 延迟评判

禁止与会者在会上对他人的设想评头论足,排除评论性的判断。至于对设想的评判,留在会后进行。

3. 以量求质

鼓励与会者尽可能多地提出设想,以大量的设想来保证质量较高的设想的存在,设想多多益善。

4. 组合改善

鼓励与会者积极进行智力互补,善于利用别人的思想开拓自己的思路,在自己提出设想的同时,注意思考如何把两个或更多的设想组合成另一个更完善的设想。

【案例分享】　　　　　　　　"坐飞机扫雪"

有一年,美国北方格外严寒,大雪纷飞,电线上积满冰雪,大跨度的电线常被积雪压断,严重影响通信。过去,许多人试图解决这一问题,但都未能如愿以偿。后来,电信公司经理应用奥斯本发明的头脑风暴法,尝试解决这一难题。他召开了一次能让头脑卷起风暴的座谈会,参加会议的是不同专业的技术人员,按照以上四大规则,大家七嘴八舌地议论开来。有人提出设计一种专用的电线清雪机;有人想到用电热来化解冰雪;也有人建议用振荡技术来清除积雪;还有人提出能否带上几把大扫帚,乘直升机去扫电线上的积雪。对于这种"坐飞机扫雪"的想法,大家心里尽管觉得滑稽可笑,但在会上也无人提出批评。相反,有一位工程师在百思不得其解时,听到用飞机扫雪的想法后,大脑突然受到冲击,一种简单可行且高效率的清雪方法冒了出来。他想,每当大雪过后,出动直升机沿积雪严重的电线飞行,依靠调整旋转的螺旋桨即可将电线上的积雪迅速扇落。于是,他马上提出"用直升机扇雪"的新设想,顿时又引起其他与会者的联想,有关用飞机除雪的主意一下子又多了七八条。不到一小时,与会的 10 名技术人员共提出 90 多条新设想。会后,公司组织专家对设想进行分类论证。专家们认为,设计专用清雪机、采用电热或电磁振荡等方法清除电线上的积雪,在技术上虽然可行,但研制费用大、周期长,一时难以见效。而那种由"坐飞机扫雪"激发出来的设想,倒是一种大胆的新方案,如果可行,将是一种既简单又高效的好办法。经过现场试验,发现用直升机扇雪真能奏效,一个久悬未决的难题终于在头脑风暴会中得到了巧妙的解决。随着创造活动的复杂化和课题涉及技术的多元化,单枪匹马式的冥思苦想将变得软弱无力,"群起而攻之"的战术则显示出攻无不克的威力。

二、奥斯本检核表法

(一)检核表法的定义

奥斯本的检核表法是针对某种特定要求制定的检核表,主要用于新产品的研制开发。奥斯本检核表法是指以该技法的发明者亚历克斯·奥斯本命名、引导主体在创造过程中对照 9 个方面的问题进行思考,以便启迪思路、开拓思维想象空间、促进人们产生新设想和新方案的方法。主要面对的 9 个大问题包括能否他用、能否借用、能否改变、能否扩大、能否缩小、能否代用、能否调整、能否颠倒、能否组合。

图 2—15

奥斯本检核表法是一种产生创意的方法。在众多的创造技法中,这种方法是一种效果比较理想的技法。由于它突出的效果,被誉为"创造之母"。人们运用这种方法产生了很多杰出的创意以及大量的发明创造。

表 2—1　　　　　　　　　　　　　　奥斯本检核表法

检核项目	含　义	示　例
能否他用	现有的东西(如发明、材料、方法等)有无其他用途?保持原状不变,能否扩大用途?稍加改变,有无别的用途?	橡胶有什么用处?有家公司提出了成千上万种设想,如用它制成床毯、浴盆、人行道边饰、衣夹、鸟笼、门扶手、棺材、墓碑等。炉渣有什么用处?废料有什么用处?边角料有什么用处?当人们将自己的想象投入这条宽阔的"高速公路"上时,就会以丰富的想象力产生出更多的好设想。
能否借用	能否从别处得到启发?能否借用别处的经验或发明?外界有无相似的想法,能否借鉴?过去有无类似的东西,或有什么东西可供模仿?谁的东西可供模仿?现有的发明能否引入其他的创造性设想之中?	当伦琴发现"X光"时,并没有预见到这种射线的任何用途,因而当他发现这个发现具有广泛用途时,他感到吃惊。通过联想借鉴,现在人们不仅已用"X光"来治疗疾病,外科医生还用它来观察人体的内部情况。同样,电灯在开始时只用来照明,后来改进了光线的波长,发明了紫外线灯、红外线加热灯、灭菌灯等。
能否改变	现有的东西是否可以做某些改变?改变一下会怎么样?可否改变一下形状、颜色、音响、味道?是否可以改变一下意义、型号、模具、运动形式?改变之后,效果又将如何?	如汽车,有时改变一下车身的颜色,就会增加汽车的美感,从而增加销售量。又如面包,给它裹上一层芳香的包装,就能提高嗅觉诱力。据说妇女穿的游泳衣是婴儿衣服的模仿品,而滚柱轴承改成滚珠轴承就是改变形状的结果。
能否扩大	现有的东西能否扩大使用范围?能不能增加一些东西?能否添加部件、延长时间、增加长度、提高强度、延长使用寿命、提高价值、加快转速?	"为什么不用更大的包装呢?"——橡胶工厂大量使用的黏合剂通常装在 1 加仑的马口铁桶中出售,使用后便扔掉。有位工人建议把黏合剂装在 50 加仑的容器内,容器可反复使用,节省了大量马口铁。 "能使之加固吗?"——织袜厂通过加固袜头和袜跟,使袜子的销售量大增。 "能改变一下成分吗?"——牙膏中加入某种配料,成了具有某种附加功能的牙膏。

续表

检核项目	含 义	示 例
能否缩小	缩小一些怎么样？现在的东西能否缩小体积、减轻重量、降低高度、压缩、变薄？能否省略？能否进一步细分？	袖珍式收音机、微型计算机、折叠伞等就是缩小的产物。没有内胎的轮胎、尽可能删去细节的漫画就是省略的结果。
能否代用	可否由别的东西代替，或由别人代替？可否用别的材料、零件代替，用别的方法、工艺代替，用别的能源代替？可否选取其他地点？	如在汽车中用液压传动来替代金属齿轮。又如用充氩的办法来代替电灯泡中的真空，使钨丝灯泡提高亮度。通过取代、替换的途径也可以为想象提供广阔的探索领域。
能否调整	即从调换的角度思考问题。能否更换一下先后顺序？可否调换元件、部件？是否可用其他型号？可否改成另一种安排方式？原因与结果能否对换位置？能否变换一下日程？更换一下会怎么样？	飞机诞生的初期，螺旋桨安排在头部，后来将它装到了顶部，成了直升机，喷气式飞机则把它安放在尾部，说明通过重新安排可以产生种种创造性设想。商店柜台的重新安排、营业时间的合理调整、电视节目的顺序安排、机器设备的布局调整，都有可能促成更好的结果。
能否颠倒	即从相反方向思考问题，通过对比也能成为萌发想象的宝贵源泉，可以启发人的思路。倒过来会怎么样？上下是否可以倒过来？左右、前后是否可以对换位置？里外可否倒换？正反是否可以倒换？可否用否定代替肯定？	这是一种反向思维的方法，它在创造活动中是一种颇为常见和有用的思维方法。第一次世界大战期间，有人就曾运用这种"颠倒"的设想建造舰船，建造速度也有了显著的加快。还有不用干电池的手电筒，用磁电机发电的新型手电筒。
能否组合	即从综合的角度分析问题。组合起来怎么样？能否装配成一个系统？能否把目的进行组合？能否将各种想法进行综合？能否把各种部件进行组合？	例如，把铅笔和橡皮组合在一起成为带橡皮的铅笔，把几种部件组合在一起变成组合机床，把几种金属组合在一起变成种种性能不同的合金，把几件材料组合在一起制成复合材料，把几个企业组合在一起构成横向联合。

（二）实施步骤及注意事项

1. 实施步骤

（1）根据创新对象明确需要解决的问题。

（2）根据需要解决的问题，参照表中列出的问题，运用丰富的想象力，强制性地一个个核对讨论，写出新设想。

（3）对新设想进行筛选，将最有价值和创新性的设想筛选出来。

2. 注意事项

（1）要联系实际一条一条地进行检核，不要有遗漏。

（2）要多检核几遍，效果会更好，或许会更准确地选择出所需创新、发明的方面。

（3）在检核每项内容时，要尽可能地发挥自己的想象力和联想力，产生更多的创造性设想。进行检索思考时，可以将每大类问题作为一种单独的创新方法来运用。

（4）检核方式可根据需要，1人检核也可以，3～8人共同检核也可以。集体检核可以互相激励，产生头脑风暴，更有希望创新。

【创新实验】

根据自身的兴趣和实践需要，选择某一典型产品，使用奥斯本检核表法的9个问题进行联想。

三、和田十二法

(一)和田十二法的定义

和田十二法,又叫"和田创新法则"(和田创新十二法),即指人们在观察、认识一个事物时,是否可以考虑十二个"一"。和田十二法是我国学者许立言、张福奎在奥斯本检核表法的基础上,借用其基本原理加以创造而提出的一种思维技法。它既是对奥斯本检核表法的一种继承,又是一种大胆的创新。比如,其中的"联一联"、"定一定"等,就是一种新发展。同时,这些技法更通俗易懂、简便易行,以便于推广。

(二)和田十二法的具体步骤

1. 加一加:加高、加厚、加多、组合等。
2. 减一减:减轻、减少、省略等。
3. 扩一扩:放大、扩大、提高功效等。
4. 缩一缩:压缩、缩小、微型化。
5. 变一变:变形状、颜色、气味、音响、次序等。
6. 改一改:改缺点、改不便、改不足之处。
7. 联一联:原因和结果有何联系,把某些东西联系起来。
8. 学一学:模仿形状、结构、方法,学习先进。
9. 代一代:用别的材料代替,用别的方法代替。
10. 搬一搬:移作他用。
11. 反一反:能否颠倒一下。
12. 定一定:定个界限、标准,能提高工作效率。

【案例分享】　　　　和田十二法的具体应用

1. 加一加

南京的小学生丛小郁发现,上图画课时,既要带调色盘,又要带装水用的瓶子很不方便。她想,要是将调色盘和水杯"加一加",变成一样东西就好了。于是,她提出了将可伸缩的旅行水杯和调色盘组合在一起的设想,并将调色盘的中间与水杯底部刻上螺纹,这样,可涮笔的调色盘便产生了。

2. 减一减

台湾少年于实明见爸爸装门扣时要拧六颗螺丝钉,觉得很麻烦。他想减少螺丝钉数目,于是提出了这样的设想:将锁扣的两边弯成卷角朝下,在中间拧上一颗螺丝钉便可固定。这样的门扣只要两颗螺丝钉便可固定了。

3. 扩一扩

在烈日下,母亲抱着孩子还要打伞,实在不方便,能不能特制一种母亲专用的长舌太阳帽,这种长舌太阳帽的长舌扩大到足够为母子二人遮阳使用呢?现在已经有人发明了这种长舌太阳帽,很受母亲们的欢迎。

4. 缩一缩

石家庄市第一中学的王学青同学发现地球仪携带不方便,便想到,如果地球仪不用时能把它压缩、变小,携带就方便了。他想,若应用制作塑料球的办法制作地球仪就可以解决这个问题。用塑料薄膜制的地球仪，用的时候把气吹足，放在支架上，可以转动；不用的时候把气放掉，一下子就缩得很小，携带很方便了。

5. 变一变

河南省洛阳市第二中学的王岩同学看到圆口的漏斗在灌水时常常水流不畅，若将漏斗下端口由圆变方，那么往瓶里灌水时就能流得很畅快，也用不着总要提起漏斗了。

6. 改一改

一般的水壶在倒水时，由于壶身倾斜，壶盖易掉，而使水蒸气逸出烫伤手。成都市的中学生田波想了个办法克服水壶的这个缺点。他将一块铝片铆在水壶柄后端，但又不太紧，使铝片另一端可前后摆动。灌水时，壶身前倾，壶柄后端的铝片也随着向前摆，而顶住了壶盖，使它不能掀开。水灌完后，水壶平放，铝片随着向后摆，壶盖又能方便地打开了。

7. 联一联

澳大利亚曾发生过这样一件事：在收获季节，有人发现一片甘蔗田里的甘蔗产量提高了50%。这是由于甘蔗栽种前一个月，有一些水泥洒落在这块田地里。科学家们分析后认为，是水泥中的硅酸钙改良了土壤的酸性，从而导致甘蔗的增产。由于硅酸钙可以改良土壤的酸性，于是人们研制出了改良酸性土壤的"水泥肥料"。

8. 学一学

江苏省的学生臧荣华做了一个十分有趣的实验，让猫和狗怕小鸡。这里十分巧妙地运用了学一学的方法。事情经过是这样的：村子里许多人养了猫和狗，这些猫和狗总是想偷吃小鸡。臧荣华的妈妈也买来了小鸡，但放在哪里都不放心。臧荣华想，要是能让猫和狗自动不来就好了。一天，他上学时，看到一群飞舞的蜜蜂。他想，人比蜜蜂大多了，可是人怕蜜蜂，因为怕被蜇。那么，我们能不能学一学蜜蜂的办法，让猫和狗怕小鸡呢？他做了别出心裁的实验，他右手抓起一只小鸡，让鸡头从手的虎口处伸出来，拇指与食指捏着一枚缝衣针，针尖在鸡的嘴尖处稍露出一点。然后，他抓来猫和狗，用藏在鸡嘴下的针尖去扎猫或狗的鼻子、嘴，每天扎十几次。连扎三四天后，他发现猫和狗见到小鸡就怕，他成功了。

9. 代一代

山西省阳泉市小学生张大东发明的按扣开关正是用代一代的方法发明的。张大东发现家中有许多用电池做电源的电器没有开关，使用时很不方便。他想出一个"用按扣代替开关"的办法。他找来旧衣服和鞋上面无用的按扣，将两片分别焊上两根电线头。按上按扣，电源就接通了；掰开按扣，电源又切断了。

10. 搬一搬

上海市大同中学的刘学凡同学在参加夏令营时，感到带饭盒不方便，他很想发明一种便于携带的新式饭盒。他看到家中能伸缩的旅行茶杯，又想到了充气可变大、放气可缩小的塑料用品。他想按照这些物品制造的原理，设计一个旅行杯式的饭盒，或是充气饭盒。可是，他又觉得这些设想还不够新颖。他陷入了冥思苦想之中。一天，他偶然看到一个铁皮匣子，是由十字状铁皮将四壁向上围成的。他想，也可以将五块薄板封在双层塑料布中，用时将相邻两角用按扣撤上，五块板就围成了一个斗状饭盒。这样，一个新颖的折叠式旅行饭盒便被创造出来了。

11. 反一反

反一反为逆向思考法，前面有较多的论述，请参见奥斯本检核表法中逆向思考部分。

12. 定一定

例如，药水瓶印上刻度、贴上标签，注明每天服用几次、什么时间服用、服几格；城市十字路口的交通信号灯,红灯停、绿灯行;学校规定上课时学生发言必须先举手,得到教师允许才能起立发言。这都是一些规定,有了这些规定,我们的行为才能准确而有序。我们应该运用定一定的方法,发现一些有益的规定及执行规定。

简单的十二个字"加"、"减"、"扩"、"缩"、"变"、"改"、"联"、"学"、"代"、"搬"、"反"、"定",概括了解决问题的12条思路。

(资料来源:于丽荣,郭艳红. 大学生创新教育[M]. 武汉:武汉大学出版社,2012.)

四、心智图法

(一)心智图法的定义

心智图法是一种刺激思维及帮助整合思想与信息的思考方法,也可以说是一种观念图像化的思考策略。此法主要采用图志式的概念,以线条、图形、符号、颜色、文字、数字等各种方式,将意念和信息快速地摘要下来,成为一幅心智图(Mind Map)。心智图在结构上具备开放性及系统性的特点,既能让使用者自由地激发扩散性思维,发挥联想力,又能有层次地将各类想法组织起来,以刺激大脑做出各方面的反应,从而得以发挥全脑思考的多元化功能。

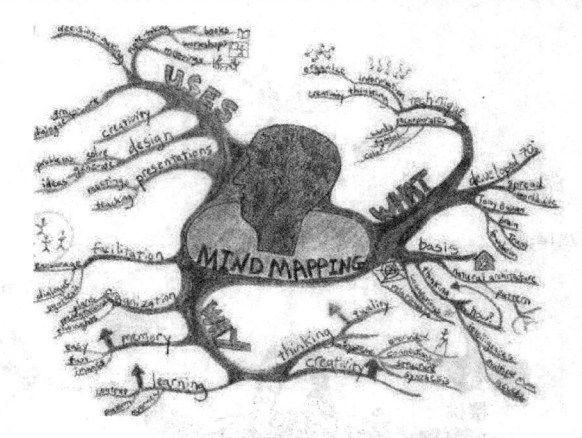

图 2—16

(二)心智图法的绘图规则

1. 第一阶段

先拿出一张白纸和一些水彩笔。把这张纸横过来放,这样宽度比较大一些。在纸的中心画出能够代表你心目中"水果"的图像。使用水彩笔,尽可能地任意发挥。现在,给这幅图贴上标签:"水果"。

2. 第二阶段

先从"水果"图形中心开始,画一些向四周放射出来的粗线条。每一条线都使用不同的颜色,这些分支代表你关于"水果"的主要想法。在绘制思维导图的时候,你可以添加无数根线,但是,因为我们现在只是在做练习,所以我们把分支数量限制在五根以内。

3. 第三阶段

现在,让我们用联想来扩展这幅思维导图。回到你绘制的思维导图上,看看你在每一个主要分支上所写的关键词。这些词是不是让你想到了更多的词?例如,假如你写下了"橘子"这个词,你会想到颜色、果汁、佛罗里达、维生素 C 等。根据你联想到的事物,从每一个关键词上发散出更多的分支。分支的数量取决于你所想到的事物的数量,可能有无数个。但是,在这个

52 创新创业实践与能力开发

练习当中,请画出三个分支。然后完成与第一阶段相同的工作:在这些等待填充的线上清楚地写下每个关键词。用上一级关键词来触发灵感,别忘了在这些分支上再次使用颜色和图形。

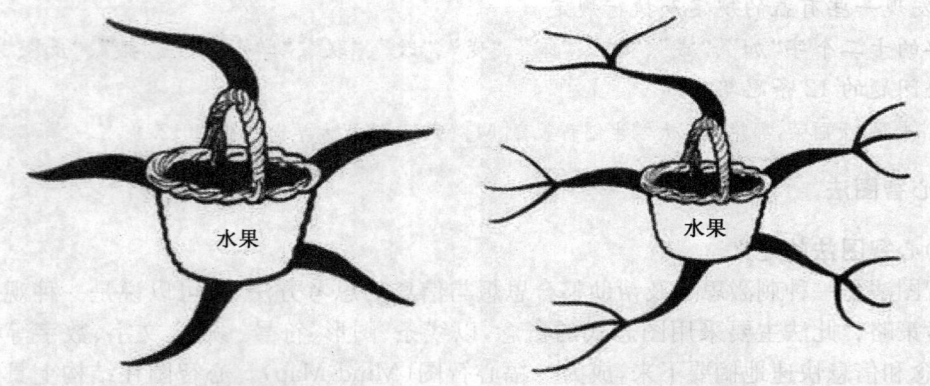

图 2—17 你的第一幅思维导图的基本结构(第二阶段)

图 2—18 你的第一幅思维导图的基本结构(第三阶段)

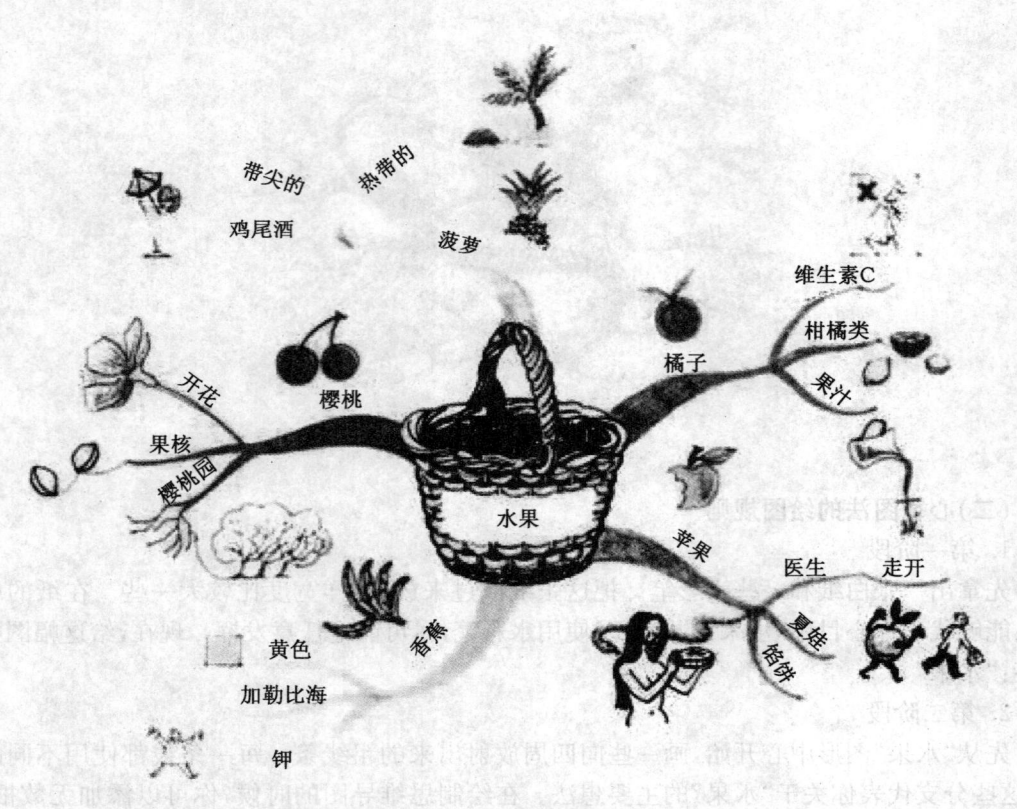

图 2—19 你的第一幅思维导图成品

【拓展阅读】　　　　　　绘图注意事项

1. 准备
- 没有画上线条的空白纸张。
- 彩色水笔和铅笔。
- 你的大脑。
- 你的想象！

2. 使用联想
- 在分支之间进行连接时可使用箭头。
- 使用代码。
- 使用各种相关的色彩、图示、符号。

3. 突出重点
- 一定要用中央图，次主题3～7个。
- 尽可能用色彩丰富的图形。
- 中央图形上要用3种或者更多的颜色。
- 图形要有层次感，可以用3D图。
- 字体、线条和图形尽量多一些变化。

4. 形成个人风格
- 布局合理，层次分明。
- 条理顺序，使用数字。
- 图形简洁，清楚易懂。
- 夸张手法，有趣。
- 颜色搭配和谐，总体效果好。

【创新实验】

绘制一幅心智导图，主题由授课老师自定或由学生自由选题发挥。

五、曼陀罗法

(一)曼陀罗法的定义

曼陀罗法是一种有助于扩散性思维的思考策略，利用一幅类似九宫格图，将主题写在中央，然后把由主题所引发的各种想法或联想写在其余的8个圈内，此法也可配合"六何法"从多方面进行思考。

曼陀罗艺术原本起源于佛教，最早推行曼陀罗思考法的是日本的今泉浩晃博士，他从日本空海法师处带回胎藏界曼陀罗和金刚曼陀罗，成功解开隐藏在曼陀罗中的智慧密码。其以九宫矩阵为基础，以8×8辐射发散式快速产生八次方的idea。利用曼陀罗思考法，可跳脱出平日想不到好构想的直线思考，而将思绪向四面八方拓展，从而得到很多好灵感。

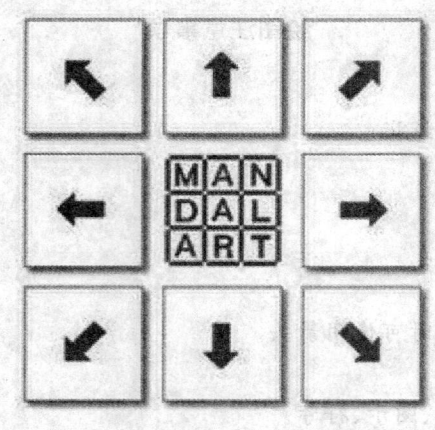

图 2—20

(二)曼陀罗法的使用方式

1. 四面八方扩展型

四面八方扩展型是一种没有设限的模式,特别适合用来收集灵感进行创意思考。只要使用者在九宫格的中间填上想要发挥的主题,便会自然地想要把其他周围的 8 个空格填满,而这种填满的过程也正是创意发挥的时候。

图 2—21

如果点子不断,也可以把九宫格当中周围 8 个格子的想法继续向外扩散,变成中心九宫格外围的 8 个九宫格当中的中心主题,然后再次运用向四面八方扩展的方式把空格填满,如此,8 个 idea 可以生出 64 个 idea,如果真的创意无限,还可以生出 512 个 idea,最后再把这些想法加以精简,得到自己所要的结果。而这样的思维模式是一般条列式的 memo 所难以达到的,你能想象自己在列出一个主题以后,可以在纸上条列出 512 个 idea 吗?

2. 围绕型

另一种形式是围绕型,围绕型比较适合用来作为流程性质的思考与安排,这是一种顺时针的思考顺序,在中心格中列出主题以后,便可以开始以顺时针的方式安排行程。这样的形式可以与四面八方扩展型搭配使用,即围绕型中的任何一个空格都可以被拿出来当作四面八方扩展型中的中心议题,然后再加以发挥。将难懂的文章,分句放入各区,即可明白哪儿不懂,只要针对不懂的部分加以查询就好。按这个方法制定一天时间表,当然也可以制定一周时间表。

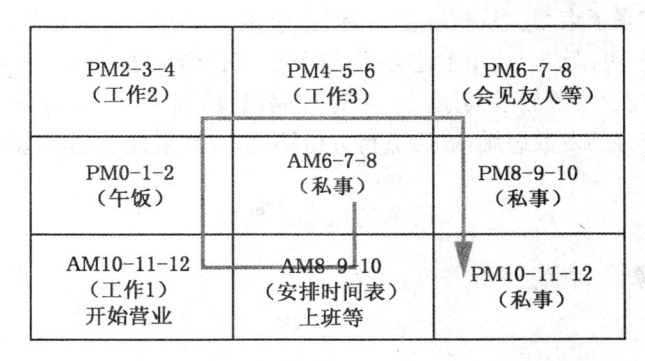

PM2-3-4 （工作2）	PM4-5-6 （工作3）	PM6-7-8 （会见友人等）
PM0-1-2 （午饭）	AM6-7-8 （私事）	PM8-9-10 （私事）
AM10-11-12 （工作1） 开始营业	AM8-9-10 （安排时间表） 上班等	PM10-11-12 （私事）

图 2—22

(三)注意事项

1. 随时随处记下灵感，重要的事往往隐藏在理所当然的事当中。
2. 句子尽可能简洁，不要记让自己觉得事情已完结的句子。
3. 直视自己完成的 memo，利用视觉思考引发潜能，并掌握问题特征与重点。
4. 将完成的 80% memo 丢弃，是有效选择并运用资讯的秘诀。

六、列举法

(一)列举法的定义

列举法是一种借助对某一具体事物的特定对象（如特点、优缺点等）从逻辑上进行分析并将其本质内容全面地一一罗列出来的手段，再针对列出的项目一一提出改进的方法。

(二)列举法的类型

列举法基本上有四种：属性列举法、希望点列举法、缺点列举法和综合列举法。

1. 属性列举法

属性列举法是由 Crawford 于 1954 年所提倡应用的思考策略。属性列举法是偏向物性、人性的特征来思考，主要强调在创造过程中观察和分析事物的属性，然后针对每一项属性提出可能改进的方法，或改变某些特质（如大小、形状、颜色等），使产品产生新的用途。属性列举法的步骤是：条列出事物的主要想法、装置、产品、系统，或问题的重要部分的属性，然后改变或修改所有的属性。其中，我们必须注意一点，不管多么不切实际，只要是能对目标的想法、装置、产品、系统或问题的重要部分提出可能的改进方案，都是可以接受的范围。

2. 缺点列举法

缺点列举法是通过会议的形式收集新观点、新方案、新成果来分析公共政策的方法。这种方法的特点是从列举事物的缺点入手，找出现有事物的缺点和不足之处，然后再探讨解决问题的方法和措施。

3. 希望点列举法

希望点列举法是偏向理想型设定的思考，是通过不断地提出"希望可以"、"怎样才能更好"等理想和愿望，使原本的问题能聚合成焦点，再针对这些理想和愿望提出达成的方法。希望点列举法的步骤是：先决定主题，然后列举主题的希望点，再根据选出的希望点来考虑实现方法。

4. 综合列举法

属性列举法、缺点列举法和希望点列举法都只偏重于某一方面来开展创造性思维，因而在一定程度上也给创造带来了束缚。从根本上讲,创造应该是没有任何限制的,因此,我们在开展发散性创造思维的时候,可以综合运用上述方法,这就是综合列举法。综合列举法是针对所确定的研究对象,从属性、缺点、希望点或其他任意创造思路出发,列举出尽可能多的思路方向,然后对每一思路方向开展充分的发散思维,最后进行分析筛选,寻找最佳的创新思路的创造技法。

【案例分享】　　　　　　　雨伞的列举法创新

1. 确定研究对象

尼龙绸折叠花伞。

2. 特征举例

(1)名词性特征:伞把、伞架、伞尖、伞面、弹簧、开关结构、伞套、尼龙绸面、铝杆、铁架。

(2)动词性特征:折叠、手举、打开、闭合、握、提、挂、放、按、晒、遮雨。

(3)形容词性特征:圆柱形的(伞把)、曲形的(伞把)、直的(伞架)、硬的(伞架)、尖的(伞尖)、花形的(伞面)、圆的(伞面)、不发光的雨伞等。

3. 进行特征变换

(1)将直的、硬的、铁的伞架变换为软的充气管式伞架以便于携带。将同种材料、不透明的伞面变换为应用两种不同材料的、带透明伞边的伞面,以扩大视线。

(2)将用手举的伞变换为用肩固定的伞、用头固定的伞,以方便骑车者、提物者、抱婴儿者。

(3)将无声响的伞变换为带音乐的、带收音的、带电筒的伞,以方便人们的使用。

(4)还可增加一些新特征,如带香味、能发光、能代替太阳灶、透风不透雨等。

4. 提出新产品设想

将变换后的新特征与其他特征组合,可得到以下新产品:

(1)由硬塑伞把、铝杆、充气式伞架组成的花面折伞。

(2)普通型带透明伞边的伞及充气型带透明伞边的伞。

(3)戴在头上的无杆、普通支架、小伞面伞,戴在头上的充气型小伞面伞,能背在肩上的伞。

(4)伞把与伞中内藏收音机的、带电筒的、花面金属架的伞。

(5)旅游用太阳能伞。

七、组合创新法

(一)组合创新法的定义

组合创新法是以两个或多个事物为基础,按照一定的原理或目的,进行有效组合而产生的创新方法。巧妙的组合就是创新,组合在创新活动中极为常见并被广泛运用。组合创新法的特点就是:以组合为核心,把表面来看似乎不相关的事物有机地结合在一起,合多为一,从而产生意想不到、奇妙新颖的创新成果。

【案例分享】　　　　　　　中国龙的形象

自古以来,龙一直是中华民族的图腾和象征,我们常常以自己是龙的传人而自豪。然而,龙的形象也一直是中国文化最古老的难解之谜之一。学者们经过千百年的考证研究后认为,龙是古代人们想象出来的,是将种种象征美好生活的动物加以组合而成的神物。闻一多认为,今天所见到的龙的形象,是由大蛇演变而来的,是蛇加上各种动物而形成的。龙以蛇身为主体,"接受了兽类的四脚、马的头、鬣的尾、鹿的角、狗的爪、鱼的鳞和须,便成为我们现在所知道的龙了。这样看来,龙与蛇实在是可分而又不可分"。龙的形象经过历代人民的不断美化和神化,终于演化成为中华民族独特的徽记。

(二)组合创新法的类型

组合创新的机会无穷无尽,组合创新法也多种多样。形式主要有以下几种:

1. 功能组合

功能组合就是把不同物品的不同功能、不同用途组合到一个新的物品上,使之具有多种功能和用途。比如,按摩椅就是按摩功能和椅子功能的结合体,具有计算功能的闹钟也是一种新的组合。

2. 意义组合

这种组合功能不变,但组合之后赋予了新的意义。比如,在文化衫上印上旅游景点的标志和名字,就变成了具有纪念意义的旅游商品。同样,一本著作有了作者的亲笔签名,其意义也会不同。

3. 构造组合

把两种东西组合在一起,它便有了新的结构并带来新的实用功能。比如,房车就是房屋与汽车的组合,它不仅可以作为交通工具,还可以作为居住的场所。电脑桌也是一种构造组合的结果。

4. 成分组合

两种物品成分不相同,组合在一起后,就构成了一种新的产品。比如,柠檬和红茶组合在一起,就开发出了柠檬茶。调酒师调制鸡尾酒采用的也是一种不同的成分组合。

5. 原理组合

把原理相同的两种物品组合在一起,产生一种新产品。比如,将几个相同的衣服架组合在一起,就可构成一个多层挂衣架,以分别挂上衣服和裤子,从而达到充分利用衣柜空间的目的。

6. 材料组合

不同材料组合在一起,不仅可以改善原物品的功能,还能带来新的经济效益。比如,现在电力工业使用的远距离电缆,其内芯用铁制造,而外层则用铜制造,由两种材料组合制成的新电缆,不仅保持了原有材料的优点(铜的导电性能好,铁硬、不下垂),还大大降低了输电成本。

【自由思考】

1. 成熟的蒸汽技术被衍生用到蒸汽轮船、蒸汽机车等;
2. 自行车从代步功能到载货,再到添加发动机衍生成三轮、四轮机车;
3. 在婴儿奶瓶的基础上增加温度显示功能;
4. 随着科技发展,数码相机比传统照相机更便携且更智能,不仅能通过蓝牙上传照片到电脑,还能通过 wifi 分享到社交网络;
5. 手表不仅可以看时间,还可以打电话、发信息、与手机蓝牙连接。

请思考以上几项都是基于什么类型的组合创新?你还有没有更好的例子?

【创业实践】

请在校园里找出 12 种物品,将其中至少 6 种进行组合,并写出组合的结果及其功用。

第三章 开发创新能力

◧ 学习内容与目标

1. 了解创新能力的含义和特性；
2. 理解创新能力的几个子系统，学会自主培养创新能力；
3. 掌握创新能力开发的方法与途径，并加以学习运用，同时理解创新能力开发的小技巧，辅助培养创新能力。

◧ 创新实验指南

1. 通过创新案例、故事和资料分享，深入了解创新能力的含义和特性，同时发现和分享创新故事、身边事物的创新之处，深入了解创新思维的内涵和重要意义；
2. 通过创新实验、训练和测试、案例讨论、联想游戏、创意视频赏析等，掌握创新能力的几个子系统能力，学会自主培养创新能力；
3. 通过演讲、角色扮演、模仿、辩论和敏感性训练等，掌握创新能力开发的途径与方法，通过冥想、思维导图、流程图、头脑风暴等开发技巧，以及具体的创新实验任务，从而更好地开发创新能力。

◧ 活动导入

有8个形状和外表完全相同的物体，而且其中7个的重量是完全一样的，只有1个稍微轻一些。刚好手边就有一个天平秤，但是只允许使用两次，要求你把略轻的那一个挑选出来，该怎么做（限时10分钟）？

图 3—1

先导案例

孙正义——日本唯一一位勇于打破常规的企业家

软银集团创始人孙正义不仅仅是日本首富,也不仅仅是一位科技界投资家,他更是日本唯一一位勇于打破常规的企业家。

日本的决策者们通常在财政上持非常保守的态度,而在孙正义的领导下,软银经常对各种公司投资数百万甚至数十亿美元,其中一些投资甚至与软银的核心盈利业务没有直接关系。交易基金和资产管理公司 WisdomTree 日本主管 Jesper Koll 这样评价孙正义:"站在日本人的角度看,他正在做的事情独一无二。我们也很遗憾地看到,他是日本唯一一位在科技界开创新前沿的企业家。"不断出现的新技术让一家又一家知名公司惨遭淘汰。精明的企业会投入重金搞研发,或者进行投资和并购,以求跟上时代。在孙正义掌舵下的软银则是两者兼而为之。

一、投资顶级企业

软银的核心业务是电信业务,其电信业务主要分布在日本国内,软银还控股了美国三大电信营运商之一的 Sprint,但同时也通过投资其他科技公司赚取利润。软银最近进行了一系列大手笔投资。比如,软银去年以 320 亿美元收购英国芯片制造商 ARM,今年获得美国芯片制造商 Nvidia 的 40 亿美元股份,不久之前又向印度最大电商 Flipkart 投资了 25 亿美元。

上述投资的资金来源是(或者可能是)软银领导的科技基金 Vision Fund。Vision Fund 的资金来源包括软银、沙特阿拉伯的主权财富基金以及苹果、富士康、高通和夏普等大型科技公司。5 月份,Vision Fund 宣布完成 930 亿美元的融资,并表示希望在年底前筹集 1 000 亿美元。除此之外,软银还单独进行了多项投资。比如,在 2012~2013 年间投资 360 亿美元购得美国电信运营商 Sprint 的控股权。孙正义还是雅虎和阿里巴巴的早期投资人。根据全球数据处理公司 Dealogic 的数据显示,在 2012 年至今年 8 月期间,软银公布了 383 笔交易,投资总额约为 1 257.6 亿美元,这其中包括 Vision Fund 的投资。所有这些投资可以分为两类:投资尖端技术和投资领域内数一数二的科技公司。

纪源资本的管理合伙人童士豪告诉 CNBC:"他们知道,如果他们不断投资颠覆性领域最有钱的公司,回报是无比巨大的。他们善于投资已经在成熟市场被证明切实可行的点子,但他们也会投资新兴市场中的当地头号竞争对手。"

例如,在网约车市场,软银投资了东南亚的打车巨头 Grab 和印度最大的打车应用 Ola。最近,软银又表示有兴趣投资 Uber 或 Lyft。

童士豪表示,软银会偶尔投资某个行业的第二大公司,目的是为了让其投资的公司能够与该行业的第一大公司合并。举个例子,软银投资的快的打车后来与滴滴打车合并成一家公司——滴滴出行。

虽然日本国内和美国 Sprint 的电信业务为软银贡献了很大一部分收入,但分析师认为,软银并不认为自己是一家电信公司。研究机构 New Street Research 的新加坡分析师 Kirk Boodry 告诉 CNBC:"软银并不认为自己是一家电信公司,不过,软银利用电信业务所获得的现金流推动自己在科技领域的野心。"他还表示,如果软银认为其电信业务能卖出高价,它甚至可能会出售 Sprint 业务。Boodry 说:"我们认为,软银想要涉足整个价值链。"

二、预先规划

1981 年创建软银集团的孙正义对未来的科技发展有着宏大的构想。他喜欢制订中长期计划来实现他的目标。在他19岁的时候,他为他的创业梦想制订了一个为期50年的计划,要求自己每10年完成一个小目标。最终,软银成为今天的科技巨头。此外,他还为公司制订了一个为期300年的计划。

2010年,孙正义为软银提出了一个为期30年的计划。该计划的重点主题是"信息革命",使用新技术推动科学研究。比如,心灵感应通信可将人类的预期寿命提高到200岁。

虽然这些目标仍然远未实现,但软银的子公司及其投资的公司正在推动物联网、人工智能和深度学习等领域的技术进步。例如,软银研发了能够识别人类情感并能与人类互动的情感机器人Pepper,并与阿里巴巴和富士康合作将这款机器人推向全球市场。今年7月,软银联合其他企业向硅谷汽车科技初创公司Nauto投资1.59亿美元。Nauto生产的一款摄像头能够实时追踪司机行为,并能分析出司机有无分心。软银持有中国打车巨头滴滴出行的股份。滴滴出行在硅谷设立了一个新的实验室,专门研究与安全和智能驾驶技术相关的人工智能。由于科技正在以非常快的速度颠覆整个科技行业,没人知道下一个业务模式会是什么。Koll称,孙正义正在努力发现它。

即便如此,孙正义的梦想和野心也差点在本世纪初的互联网泡沫中破灭。CNN当时报道称,孙正义在一夜之间损失了700亿美元。仅在2000年一年,孙正义的身家就蒸发了99%。

三、投资以实现憧憬

2016年,软银第一次向外界公布其大型科技基金Vision Fund。成立该基金的一个目的是为了实现孙正义对未来的憧憬。Vision Fund将长期投资物联网、人工智能、机器人、移动应用、消费者互联网业务等技术领域的公司。软银已承诺,将利用ARM的股份和手头的现金,向该基金注资280亿美元。Boodry认为:"Vision Fund的创立对软银股东来说应该是一件好事,因为它将投资风险转移给一个独立的无追索权实体。"但部分投资者怀疑,软银可能会引发科技行业新的估值泡沫。不过Boodry称:"总的来说,孙先生有着良好的投资记录,所以他应该不会出现大差错。"

(资料来源:日本唯一一位勇于打破常规的企业家.CNBC.http://tech.qq.com/a/20170821/056362.htm.2017-8-21.)

第一节 创新能力概述

一、创新能力的定义

创新能力是指在前人发现或发明的基础上,通过自身努力创造性地提出新的发现、发明或改进革新方案的能力,也是指怀疑、批判和调查的能力,是研究者运用知识和理论,在科学、艺术、技术和各种实践活动领域中,不断提供具有经济价值、社会价值、生态价值的新思想、新理论、新方法和新发明的能力。

【案例分享】 澳洲餐厅推出"精灵宝可梦Go"汉堡

据外媒报道,为满足"精灵宝可梦Go"玩家的饥饿需求,近日悉尼一家名为Down N' Out的餐厅推出一系列逼真的宠物小精灵汉堡包——"Pokeburgs"。宠物小精灵汉堡分为三种经典造型,包括皮卡丘、小火龙和妙蛙种子,一经推出便受到热烈追捧。每个汉堡的单价为15澳元(约合人民币77元)。这家餐厅专门针对宠物小精灵造型挑选了特定的汉堡面粉颜色和配料。黄色的皮卡丘为芝士汉堡,红色的小火龙口味偏辣,而绿色的妙蛙种子主打绿色蔬菜。Down N'Out 餐厅此前主要销售奶酪炸肉饼、通心粉及巨大炸鸡三明治。

图 3—2

二、创新能力的特性

(一)普遍性

创新能力是一种人人时时处处皆有的能力,即创新能力具有普遍性。它不分年龄大小、不分性别,也不分智商高低,更没什么内行外行、条件好坏之分。它不受时间和空间的限制,每个时期每个人的创新能力表现都不一样。我国古代就已经对什么时间是最佳的创意时间有了深刻研究,古代欧阳修认为,骑在马上、睡在枕上、坐在厕上这三个时间阶段为最佳创意时间。创新表现在各个领域、各个行业,它涵盖了社会的方方面面,无一例外。

【拓展阅读】　　　　　　十大最佳创意时间

美国创意顾问集团主席查理斯·奇克·汤姆森,他不仅为通用电气、IBM、时代华纳、惠普科技等大公司,还为美国太空总署、联邦调查局、中央情报局等政府机构的高级职员开设培训班进行创造力的训练指导。很多濒临破产的企业因为他的好主意而扭转乾坤,创造出惊人的财富。他是美国最具权威的创造力提升专家之一。他做了一个权威的测试,结果位居前10位的最佳创意时间是:(1)坐在马桶上时;(2)洗澡或刮胡子时;(3)上下班坐公交汽车时;(4)快睡着或者刚睡醒时;(5)参加无聊会议时;(6)休闲阅读时;(7)进行体育锻炼时;(8)半夜醒来时;(9)在教堂听布道时;(10)从事体力劳动时。

(二)综合性

创新能力具有综合性,是创新者应具备的各类能力的综合,包括探索问题的敏锐力、统摄思维活动的能力、转移经验的能力、形象思维的能力、联想的能力、侧向思维的能力、灵活思维的能力、评价综合的能力、联结和反联结的能力、产生新思想的能力、预见未来的能力、运用语言的能力和完成目标的能力。但是,就这13项能力来看,不可能均衡发展,其中有的强些、有的弱些,正因为如此,才形成了特点各异、不同领域的杰出创新者。

(三)可开发性

人的创新与创新能力是可以通过教育、训练、实践激发出来和不断提升的,即创新的可开发性。创新能力的差异是客观存在的,也是开发的前提。它的差异不是表现在人的潜能上,而是表现在后天的差异上。把创新能力由弱变强,迅速提升人的创新能力,只能通过教育、培训、开发、激励和实践。然而,由于每个人的素质不同、能动的作用不同,这种潜能的发挥和运用也不尽相同。

【案例分享】 10位"天才"

有个心理学家到一个小学做个实验,在所有六年级学生中随机抽取出10名学生,并告诉老师们这10名学生经过心理测试,拥有非常大的潜能成为天才,希望好好培养,但不要告诉学生。而这批学生中有一些成绩很差,只有个别的成绩很好。所有老师都相信这个心理学家的预测,在学生学习过程中,一直关注着这10名学生。一年之后,心理学家再次来到这个小学,询问老师这10名学生的情况怎样。老师说:"你太厉害了,预测得太准了,全年级300多名学生中你挑选的10名学生占了前15名。"但实际上,这个心理学家只是随机挑选而已,每个人智商都差不多,但老师的心理期待不一样,对于那些被随机选中的学生心理产生了不一样的想法,但该想法却让这10名学生成为"天才"。为什么讲这个故事,因为心理认知很重要,它会影响你的看法。

(四)乘数效应

大量的实践证明,开发和提升人的创新能力可以创造比传统经济时代超出多倍的效益。知识经济学家龚建华指出:"在知识经济时代,进行管理或进行经营分析的时候,1+1不一定等于2,其结果可能是0、-10、-100、-1 000、-10 000,或是10、100、1 000、10 000,甚至更大。因为产生了除或乘的效应。这是由于其投入的成本包括一种特殊的成本因素,这就是创新或者说是智意。技术上的革新固然重要,但其获利不会增加很多,但在产品品种、市场拓展等方面的创新,则可以获得高附加值的回报,知识经济的动力就来源于此。那种传统的'成本+利税=价格'的理论已站不住脚了。与传统经济理论不同之处在于,新理论的经营成本包括一种特殊的内容,这就是创新和智能成果的成本,它与技术和管理成本不一样,它是技术和管理的发展与创新,是所有投入中最有价值和附加值最高的部分。"

【案例分享】 香港船王包玉刚

香港船王包玉刚先生在谈及他的成功之道时说:"仅靠经营船运是赚不了大钱的,因为当今世界船运业竞争激烈,利润十分少。我是靠灵活的脑子,想出很多新点子,如用经营所得的利润或银行所贷的款来买船,用船抵押贷款,再将船出租还贷,而且收购有发展潜力的项目,如香港九仓。"通过这个从一般经营者发展到世界级船王的案例,不得不使我们得出一个结论:在知识经济时期,不是仅靠有资金就能获得成功,更重要的是,要靠创新意识和智能,这一点就是知识经济社会经商的成功秘诀所在。

第二节 创新能力的几个子系统

如前所述,创新能力具有综合性,是创新者应具备的各类能力的综合,包含了13项能力。

一、探索问题的敏锐力

任何人都有创新的禀赋。善于发现问题、提出问题的能力首先表现为敏锐力。爱因斯坦说过:"提出一个问题,往往比解决一个问题更重要,因为解决一个问题也许仅仅是一个数学上或实验上的技能而已,而提出新的问题、新的可能性,从新的角度去看旧的问题,都需要有创新性的想象力,而且标志着科学的真正进步。"因此,我们应当具有良好的发现问题和提出问题的能力。

【案例分享】　　　　　　　　人类眼睛与宽视野相机

人类眼睛的曲面比任何相机都拥有更宽的视野。对于工程师们来说,挑战在于如何将微电子元件安装到一个曲面上,同时又要保护不损坏它们。美国西北大学科学家黄永刚和伊利诺伊大学科学家约翰·罗杰斯发明了一种曲形相机,这部相机与人类眼睛的大小、形状和原理几乎一样。科学家们同时研制了一种类似网丝一样的材料,将电子元件固定在曲面之上。这一技术将摄影技术推向一个新高度,新型相机将使得镜头中的全部场景更清晰,不像现有相机所拍摄的照片那样中心清晰而两旁景物较为模糊。此外,该技术还有可能推动未来人造视网膜和仿生眼睛的研制。

二、统摄思维活动的能力

创新思维过程是一个不断从一个环节过渡到另一个环节、由浅入深或由少到多的认识过程。在这种思考认识过程中,需要借助创新思维来把握事物的整体和全貌及其发展的全过程。所谓统摄思维能力,就是通过综合和概括,借助概念反复把握事物整体及其发展全过程的思考方式。把大量的事实综合在一起形成科学概念,再把更多的概念、事实和观察概括为内涵更集中的概念,并用清晰而简洁的符号加以标识,这是科学发展的形式。

【案例分享】　　　　　　　　统摄思维的运用

以"氧化"概念为例,1877年,法国化学家拉瓦锡在他的著名论文《燃烧通论》中首次提出这个概念。当时的含义是指某物质与氧的化合。100年来,随着人类化学知识的增长,这个概念的含义也在不断扩充,不仅包括与氧化合,还包括某物质在反应中失去氢。今天,氧化又一般地被定义为元素失去电子。这个概念的内涵在近两个世纪中有了很大发展,这个发展过程在目前的中学生化学课本中有很好的体现。由于人类能够掌握和运用统摄思维,现代学生才有可能仅用数小时就掌握人类花费数百年积累的有关氧化的知识。

三、转移经验的能力

人们可以从已发生的事件中获取知识,任何人只要做一点有用的事,总会有一点收获,这种收获就是经验,这是最有价值的东西,也是人家抢不去的东西。哲学中的经验有两种:来源于感官知觉的观念和来源于反思即我们由内省而知道的那些观念。人都有点儿经验,如果将关于此事的经验用到彼事上,就可以叫做经验转移。

【案例分享】　　　　　　　　摩涅的水泥盆

19世纪法国有一个工匠叫摩涅,他十分热衷于种植花草。花园里的花盆有土烧的、有木制的,也有水泥浇注的。特别是水泥盆,式样新颖,还装饰花草图案。但在使用中,水泥花盆虽耐压但很脆,经不起冲击。怎样才能使它牢固起来呢?一次,摩涅到郊外游玩,发现当地农民都有一个小院子,小院子用竹篱笆围着。他走上前观看,发现这些竹篱笆都用石灰、沙石等混合后涂抹而成。篱笆墙虽然很薄,却很坚固。摩涅心头一震,马上想到,我做的水泥盆如果也像这个篱笆墙一样,先用铁丝扎成骨架,再浇注上水泥和沙石的混合物,问题不就解决了吗?想到了就立即行动,摩涅用铁丝一圈一圈地把花盆缠起来,再涂上一层水泥。等水泥干了,他发现这种水泥盆特别结实,用锤子敲也不会裂开。

摩涅取得了极大的成功,因为他将制作特别结实的水泥盆的知识经验再一次有效转移到了更广泛的钢筋混凝土建筑材料上,为人类的建筑事业作出了划时代的贡献。

【案例分享】　　　　　　阿基米德定律的创立

著名的阿基米德定律的创立,也借助了这种经验转移的思考方法。叙拉古王国的国王命金匠做了一项金冠,虽然金冠与金匠领去的金子重量相等,但国王仍怀疑金匠在金冠中掺进了银。怎样才能检验出来呢?国王找来了阿基米德。阿基米德想到了洗澡的情景:人体进入浴缸,水面开始上升,进入越多,上升越高。他想:金冠若掺进了银,它的体积一定大于等重量的金,这一看排水量不就知道了吗?就这样,阿基米德将洗澡的经验转移到了似乎不相干的金冠之谜上。后又经多次实验,得出了"物体浸入液体所受到的浮力,等于它所排开液体的重量"的重要结论。

四、形象思维的能力

所谓形象思维,主要是指用直观形象和表象解决问题的思维,其特点是具体性、完整性和跳跃性。形象思维的基本单位是表象。它是用表象来进行分析、综合、抽象、概括的过程。当人利用已有的表象解决问题时,或借助于表象进行联想、想象,通过抽象、概括构成一种新形象时,这种思维过程就是形象思维。所以,利用表象进行思维活动、解决问题的方法,就是形象思维法。例如,一个人要外出,他要考虑环境、气候、交通工具等情况,分析比较走什么路线最佳、带什么衣物合适,这种利用表象进行的思维就是形象思维。在文学作品中,典型形象的创造、画家的绘画、建筑师设计规划的建筑蓝图等也是形象思维的结果。在学习中,不管哪一学科,不管是多么抽象的内容,如果得不到形象的支持,如果没有形象思维的参与,都很难顺利进行。

五、侧向思维的能力

侧向思维与正向思维是不一样的,正向思维遇到问题,是从正面去想,但侧向思维是要你避开问题的锋芒,从侧面去想,是在最不起眼的地方,即次要的地方,多做文章,把它挖掘出来,并把它的价值扩大。这样往往会有意想不到的效果,会更简单、更方便。侧向思维又称"旁通思维",是发散思维的一种形式,这种思维的思路和方向不同于正向思维、多向思维或逆向思维,它是沿着正向思维旁侧开拓出新思路的一种创造性思维。通俗地讲,侧向思维就是利用其他领域里的知识和资讯,从侧向迂回地解决问题的一种思维形式。

侧向思维富有浪漫色彩,看似问题在此,其实"钥匙"在彼;似乎瞄着问题的焦点,答案却在远离焦点的一侧。侧向思维的要义在于"他山之石,可以攻玉",借助系统之外的信息、知识、经验来解决面临的难题。侧向思维是利用事物间的相互关联性,经由常人始料不及的思路达到预定的目标,这就要求思维的主体头脑灵活,善于另辟蹊径。

【案例分享】　　　　　　　　无心插柳

100多年前,奥地利的医生奥恩布鲁格想解决怎样检查出人的胸腔积水这个问题,他想来想去,突然想到了自己的父亲,他的父亲是酒商,在经营酒业时,只要用手敲一敲酒桶,凭叩击声,就能知道桶内有多少酒。奥恩布鲁格想:人的胸腔和酒桶相似,如果用手敲一敲胸腔,凭声音,不也能诊断出胸腔中积水的病情吗?"叩诊"的方法就这样被发明出来了。历史上甚至有这样的现象,一些人在自己的领域内未见有什么大的进展,而在别的行业却成绩斐然。例如,美国画家莫尔斯发明了电报,美国自行车修理工莱特兄弟发明了飞机,学医的鲁迅、郭沫若却成为文学、史学领域的"大家"。

【案例分享】　　　　　　　"十八元八角八分"

周恩来总理在他的政治生涯中,思路活泼多变的事例不胜枚举。20世纪50年代,在一次中外记者招待会上,一个外国记者问周总理中国发行的人民币有多少。显然这是一个带挑衅、嘲讽性的问题,讽刺我国发行的人民币没有黄金储备。如果直接说我们的黄金储备不多,有失国人、国家的尊严;如果硬说我们有充足的黄金储备,又不符合事实。回答好这个问题,确实有很大难度,周总理采取迂回的方法从容不迫地回答:"十八元八角八分。"(当时人民币票面值是十元、五元、二元、一元、五角、二角、一角、五分、二分、一分,加起来共十八元八角八分。)

六、灵活思维的能力

思维能迅速、敏捷地从一类对象转变到另一类内容相隔很远的对象的能力,称为灵活思维的能力,主要表现为思路开阔、文思泉涌。

【综合测验】　　　　　　　右脑开发情况自测题

1. 以下三门课程中,你最喜欢的是哪一门?(　　)
   A. 图画　　　　　B. 语文　　　　　C. 数学
2. 你喜欢参加各种竞赛吗?(　　)
   A. 从不参加　　　B. 偶尔参加　　　C. 经常参加
3. 离睡觉还有半个小时,可偏偏这时电视机出了故障,你会怎么度过睡前这段时间?(　　)
   A. 画画　　　　　B. 看书　　　　　C. 提前睡觉
4. 作文课上,老师出了三个题目,你会选择哪一个作答?(　　)
   A. 写一个科幻故事　　　　　　B. 写暑假里做的有意义的一件事
   C. 就制作某种玩具写一篇说明文
5. 你的职业理想是什么?(　　)
   A. 音乐家或画家　　　　　　　B. 作家或摄影师
   C. 科学家或工程师
6. 一首歌唱过几遍后,你通常会怎样?(　　)
   A. 记住了曲调,没记住歌词　　B. 曲调和歌词都记住了
   C. 记住了歌词,没记住曲调

7. 捏住铅笔的一端，另一端竖直向上，伸直手臂，将铅笔上端瞄准窗框，先闭上左眼，看铅笔移动多少，然后睁开左眼，再闭上右眼，看铅笔移动多少。比较一下，你闭上哪只眼睛时铅笔的移动距离小？（　　）

　　A. 左眼　　　　　　B. 没有什么区别　　　C. 右眼

8. 当你醒来时，能记住你所做的梦吗？（　　）

　　A. 记得很清楚　　　B. 偶尔记住一些　　　C. 几乎记不得

9. 你要去一个陌生的地方，向别人问路时，你是怎么做的？（　　）

　　A. 不用笔记录，只要在脑中将别人的指点描绘成沿途景象

　　B. 画一张路线图

　　C. 用笔记下来

10. 你写字时常用工整的字体(如宋体、楷体)吗？（　　）

　　A. 经常用　　　　　B. 偶尔用　　　　　　C. 几乎不用

11. 同别人谈话时，你是否用手势强调你的观点？（　　）

　　A. 经常用　　　　　B. 偶尔用　　　　　　C. 几乎不用

12. 你猜测时间的准确度如何？（　　）

　　A. 误差大于15分钟　　　　　　　　　　B. 误差小于15分钟

　　C. 误差在5分钟之内

13. 找个舒服的地方坐下，两手自然交叉放于膝盖上，看一下你的两个拇指的位置如何？（　　）

　　A. 右手拇指在左手拇指上　　　　　　B. 并排

　　C. 左手拇指在右手拇指上

14. 见过一个人后，他的面孔与名字哪个更容易记住？（　　）

　　A. 面孔好记　　　　B. 没有区别　　　　　C. 名字好记

15. 你愿意做什么性质的工作？（　　）

　　A. 没有或很少例行活动的工作　　　　B. 既有例行活动又有新挑战的工作

　　C. 有熟悉的例行程序可循的工作

评分规则：

选A得5分，选B得3分，选C得1分。总分越高，说明你的右脑开发得越好。

七、联结和反联结的能力

"联结"和"反联结"这两种人所固有的能力正是建立在上述认识心理的基础上的。所谓联结的能力，就是人在知觉的时候，把所感知到的对象联结起来，并且把这些新的信息同以前的知识和经验迅速地结合起来；否则，所感知到的信息就不能变成知识，不能转化成智能的一部分。

【案例分享】　　　　　　星座的联结

古人在知觉和描述星空方面明显地表现出这种结合的能力。在天文学发展的萌芽时期，人们就已经把在天穹上观察到的星星联结成群体，就是星座。我国古代把星空分为三垣和二十八宿。古埃及人把天球赤道带的星星分为三十六群。古巴比伦人和古希腊人也是这样。现

被国际公认的星座共有八十八座。

与此同时,为了认识的目的,我们每个人也都在不同程度上具有反联结的能力。这种能力就是知觉与以前积累的知识相对抗,避免"先存知识"的压力,把观察到的东西同夹杂在其中的解释分开。它竭力使观察"纯净化",可以称为反联结的能力。当然,任何人都无法把知觉同它的解释完全分开来。这种反联结的能力对于科学家具有重要意义。从以下这个案例可以看出,如果过分热衷于把观察到的东西同既有理论和观念联结起来,常常会使研究者受到无情的捉弄,导致他对观察做出荒谬的解释。联结的能力是重要的,但是必须用反联结的能力同它相抗衡,加以调节,才能正确地寻求真理、把握真理。

【案例分享】　　　　　　　生命进化之谜

达尔文在1859年提出生物进化论以后,19世纪60年代,许多达尔文主义的支持者错误地掀起了一股建立"普遍进化论"的热潮。这种进化论企图囊括全部生命和非生命物质:在这个"普遍进化"过程中,先"从原始星云发展成恒星和行星",然后产生"原生态生命",最后进行到"高级形态",就是产生了人类。

这方面影响比较大的是19世纪德国进化论者、生物学家耐格里。他主张植物的细胞不是生命的基本单位,细胞由他所称的"分子团"这种更小单位组成,"分子团"类似无机物的晶体。因此,无机物质和有机物质之间不存在真正的差别。"分子团"通过吸引力互相聚合在一起,并且在有水存在的时候形成活的细胞。生命就是用这样的方式在自然中发生着。人类是从简单的、自然发生的单细胞动物借助于一种机械性质的内在完善力进化过来的。其实,耐格里等人的"生命自然发生论"并不是什么新鲜事。早在科学还不发达的古代,无论是在东方还是西方,人们都对生物大量产生感到惊奇,就自然而然地认为"生物是从无生命物质中产生的",并且传说什么"从人体排泄的汗水中产生虱子"、"从腐败的肉类中产生蛆"、"从沙漠岩石中产生狮子"等。

生命起源之谜虽然到现在还没有完全解开,但是最近几十年已经取得了重大进展。1972年,成立了国际生命起源研究学会。现代科学资料表明,有45亿年历史的地球,在头10亿到15亿年间,经过化学演化产生了生命物质,并且发展出原始生命体。这证明了恩格斯关于"生命的起源必然是通过化学的途径实现的"这一论断。科学家今天面临的关键问题是,要弄清楚原始细胞究竟是怎样形成的,以及化学进化是怎样转化为生物进化的。今天已经提出了种种假说。特别要指出的是,我国科学工作者在1965年首先人工合成了有生命活力的结晶牛胰岛素,还测定了它的空间结构,为生命物质蛋白质的研究作出了重要贡献。1981年,我国又首次用人工方法合成了具有与天然分子相同化学结构和完整生物活性的一种核糖核酸——酵母丙氨酸转移核糖核酸。这标志着人类在探索生命的征途中又跨出了重要的一步。

1857年,法国科学家巴斯德用他的著名实验打破了"自然发生论"的最后据点——微生物自然发生论。自然发生论者援引肉汁腐败会产生微生物当做证据。巴斯德设计了一个实验:他把肉汁放入一个玻璃烧瓶里,把瓶口加热拉长,弯成U字形。然后把肉汁煮沸,冷却后放在实验室里,看肉汁会不会发臭。玻璃瓶与外界相通,空气可以自由进出,可是由于瓶口弯曲,微生物却不能进入。经过许多日子,肉汁还是清新的,不会发臭。如果把那根U字管弄断,情形就改变了。不久,肉汁就发臭了。这就清楚地回答了问题:肉汁发生腐败,是因为细菌之类的微生物从空气中落到肉汁上了。原来连最低级的生物也有"母亲",不能自然发生。虽然巴斯德有力地解决了当时法国科学院悬赏解决的"自然发生论"问题,但是"普遍进化论"的拥护者对这件事不加理睬,仍旧一心寻找生命从死物中发生的环节,以便证实他们的理论。

1866年传来了"福音",著名德国进化论者、生物学家海克尔声称,他用显微镜在用酒精处理过的深海软泥中发现了由原生质构成的原始生命有机体。其他科学家如获至宝,纷纷出来证实这个发现,甚至"证明"在全世界一片汪洋的时候,到处都是这种原生质。这样热闹了10年才真相大白,原来这个发现是虚假的:所谓"原生态生命",其实是包含在海水中的硫酸钙在酒精作用下形成的胶体。海克尔由于完全让"头脑里的理论"来支配自己的知觉,终于闹出了"捕风捉影"的大笑话。顺便提一下,海克尔写过一本名著《宇宙之谜》,在宣传达尔文进化论和唯物主义上做过很大的贡献。但是正像列宁所说的,由于他还不懂得历史的唯物主义,因而成了社会达尔文主义者和"普遍进化论"的拥护者。就在《宇宙之谜》这本书里,海克尔写着:"我完全赞同他(指耐格里)的'否认自然发生就是宣布奇迹'这句话。"

(资料来源:http://www.docin.com/p-734594870.html.)

八、评价综合的能力

评价综合的能力,在创新活动中主要体现为从许多可能的方案中选定一个最优越的方案的能力,而不是对某一个方案的优缺点作列举,是对诸方案进行综合、比较的评价综合能力。

九、联想的能力

所谓联想,是人们在观察的基础上,由当前的某一事物回忆起或想到另一有关事物的思维活动。世上不存在不相联系的事物,创新的本质在于发现原以为没有联系的两个或两个以上事物之间的联系。创新思维的本质在于发现这种联系,联想在其中起着极其重要的作用。

【案例分享】　　　　　未若柳絮因风起

我们先来看《世说新语》中一个故事:东晋著名的政治家谢安有一次和他的家人一起吃午饭,窗外纷纷扬扬下起了雪,这么大的雪在南国还是少见的,孩子们都瞪大眼睛向外看着。谢安乘机问道:"你们看这飘飘的雪花像什么?"他的侄子谢朗说:"撒盐空中差可拟。"他的侄女谢道韫说:"未若柳絮因风起。"这里谢朗把飘飘而落的雪花比作盐粒,谢道韫则把它比作柳絮。无论是盐粒还是柳絮,都是他们因看到眼前的雪花而想到的,这就是联想。那么,谢朗与谢道韫的联想哪一个更好一些呢?相信很多同学都感觉到了,沉甸甸的盐粒除了形状、颜色与雪花相似以外,再无共同之处,谢朗的联想非常一般。而"柳絮因风起"则传神地描绘出了雪花轻柔飞旋之状,轻灵而美丽,谢道韫的联想的确深刻独到。所以说,联想人皆有之,但深度、广度、强度、层次很不一样,人们对生活感悟力的不同决定了这一点。

十、产生新思想的能力

思考是人生命的重要部分,要获取创新的成果,就要学习、研究和探索,就必须有形成新思想的能力。评价思想的首要准则是其思想的现实可行性,另一准则就是新思想的广度和深度,即能够概括和解释各种各样的大量事实的能力。

【案例分享】　　　　　　　　让车平移的球形轮胎

今年 3 月份，Goodyear 公司推出了一款概念轮胎——Eagle-360。和传统车胎相比最大的不同就是，这款轮胎是球形的，通过磁悬浮技术与车身连接。球形轮胎最大的好处在于，可以实现 360°旋转，以往汽车只能前进后退，有了球形轮胎之后，甚至还能左右平移！尽管只是一款概念产品，但球形轮胎的出现，似乎让汽车又有了全新的进化方向。

图 3—3

十一、预见未来的能力

预见是根据普遍的科学规律预先料到事物可能的变化过程及大致结果，当然也可以是人通过想象来推测未来的能力，对未来的发展趋势能进行预测。马云在演讲中讲道："你 10 年以后的成就，取决于今天的思考和行动。"孙正义讲过："迷茫之时考虑遥远的未来，越是迷茫就越要往远处看，就越能看清洪流中的未来。我们考虑长远一些，彻底考虑一下 300 年后人类的生活状态、社会和技术的进化。"

【案例分享】　　　　　　　　预见未来？

Bill Gross 在 TED 作演讲，他在 20 年前创立了 idealab，在过去的 20 年间创立了 100 余家公司。他总结出决定企业成败的关键五个因素分别是创意、团队合作、商业模式、资金、时机。排在首位的最重要因素是时机，将成功和失败公司的差异进行比较，时机因素占到了 42%；第二是团队和执行力；想法的可辨性和独特性则排在第三。行动力很重要，想法也很重要，但时机更重要。对于创业的成功，时机是最重要的因素。有些人仿佛拥有预知未来的能力，他们能够抓住时机，成就一番事业，比如马云、乔布斯；而有些人，一步慢，步步慢，因为没有赶上好时机，与成功失之交臂。

假如未来是可预见的，投资人会播下财富的种子，等待收获确定性的利润；创业者会调整业务方向，等待下一个风口的准时到来……对于投资人、创业者来说，时机影响着成败；对于个人而言，时机又何尝不影响着我们的命运呢？我们的生活中充斥着这样的抱怨："早知道……，我就……"有些人甚至因为错失良机而抱憾终身。有些人靠直觉把握时机，有些人靠经验把握时机，那这种把握时机的预见能力可以学习吗？

我想，你也许和我一样对预见能力充满好奇，并且非常希望自己能够拥有这样的能力。拥有预见能力，仿佛有了超能力一般，可以预测未来，先发制人。

十二、运用语言的能力

美国医药学会的前会长大卫·奥门博士曾经说过,我们应该尽力培养出一种能力,让别人能够进入我们的脑海和心灵,能够在别人面前、在人群当中、在大众之前清晰地把自己的思想和意念传递给别人。当我们这样努力去做而不断进步时,便会发觉:真正的自我正在人们心目中塑造一种前所未有的形象,产生前所未有的震击。总之,语言运用能力是我们提高素质、开发潜力的主要途径,也是我们创新与创造的必要途径。

【拓展阅读】　　　　　语　商

语商(LQ)是指一个人学习、认识和掌握运用语言能力的商数。具体地说,它是指一个人语言的思辨能力、说话的表达能力和在语言交流中的应变能力。语言能力并不是与生俱来的,而是人们通过后天学习获得的技能。虽然有遗传基因或脑部构造异常而存在着语能优势或语能残缺,但在现实生活中,由于每个人的主客观条件、花费时间和学习需求的不同,我们获得语商能力的快慢和高低也是不同的。这就表明,人的语商能力主要还是依赖在后天的语言训练和语言交流中得到强化和提升。语言是人类分布最广泛、最平均的一种能力。在人的各种智力中,语言智力被列为第一种智力。事实表明,语言在人的一生中都占据着重要地位,是人们发展智力和社交能力的核心因素。

十三、完成目标的能力

完成目标的能力,是指按照预定的目标,不畏艰难险阻,达到目标获取成果的能力。

【自由思考】　　　　　我的过去和未来

回答以下10个问题,看看自己对于自我的剖析是否明确清晰,了解自己是什么样的、想要变成什么样的,这是你制定目标的前提;而同时也要了解自己是否具有执行力,即完成任务并实现目标的能力。对每个问题都要仔细思考,并给予最充分的回答。认清自己过去的行为,但不要评价或批评自己。从过去的经历中吸取经验,这样才能充分利用现状,拓展自己的创新能力。

1. 我生活中最有意义的10次经历是什么?
2. 我的哪些早期经历对我的行为产生了影响?是什么影响?
3. 我生活中做得最好的12件事是什么?
4. 我生活中做得最坏的12件事是什么?
5. 对我的观念和行为的形成产生最大影响的12个人是谁?
6. 我生活中什么时候最幸福?为什么此时比其他时候幸福?
7. 我生活中什么时候最悲哀?为什么此时比其他时候悲哀?
8. 我自己最有意义的事是什么?
9. 我想在哪些方面改变自己?
10. 我怎样计划未来才能掌握自己的命运?我对未来有什么要求?

综上所述,就创新能力来看,它是一种综合性的能力,把创新能力作为一个能力系统来看,它是由众多子系统构成的。创新能力具有综合性,是创新者应具备的各类能力的综合。但是,就这13项能力来看,不可能均衡发展,其中有的强些、有的弱些,正因为如此,才形成了特点各异、不同领域的杰出创新者。

第三节 创新能力的开发

当前,应该特别强调创新能力开发的重大意义。这是提升中华民族整体创新能力的客观需要,是参与世界政治经济大竞争的必然选择,也是战胜人类生存危机的唯一对策。创新思维可以激发,创新能力也可以通过一些方法与途径进行开发。

一、创新能力开发的方法与途径

(一)演讲

演讲又叫讲演或演说,是指在公众场所,以有声语言为主要手段,以体态语言为辅助手段,针对某个具体问题,鲜明、完整地发表自己的见解和主张,阐明事理或抒发情感,进行宣传鼓动的一种语言交际活动。

做好演讲提纲是关键的一步:演讲的题目、逐渐深化的论点、论据、结论和提议都是重要的环节。要想演讲吸引听众、煽动听众情绪、让听众与演讲人产生共鸣,就要注意以下几点:

1. 尽量使用听众觉得与众不同的词语,如古诗、名句、名言或者网络、社会等切中时代利弊的新词,做到引人入胜。

2. 尽量使用排比句和循环句,可以达到事半功倍的效果,吸引听众。

3. 尽量使用首尾呼应的方法,突出重点,推出理想的效果。

4. 整个演讲要讲究思维的逻辑性,由浅入深、有条有理地把论点、论据讲明白、讲清楚。

5. 事先要进行准备,包括背诵;不带稿纸的演讲要比带上草稿的效果高明得多,要读熟练。

6. 内心要有一个预案,考虑在演讲中听众可能有的异议和提问。万一一时回答不了的,也可以用"没听明白,请再讲一遍好吗?"来延长自己思考回复的时间;还可以用一些托词(时间问题、不便于在此回答、下面面议等),立即回绝。

7. 懂得托物起兴,有一个好的开头很重要;同时,结尾也要有力而精练,令人回味无穷。

8. 随时了解听众动态,懂得适可而止和趁热打铁等。

在一切准备就绪时,应注意手稿,如果是一般例会就无所谓了,如果是比较重要的场合,建议使用质地优越的合同专用纸作为手稿,这样手里的东西比较有分量,不至于那么寒酸。

【创新实验】 主题演讲

每位同学请准备一次生动的班级演讲,题目自拟,参照上述要求呈现最佳演讲状态。

(二)角色扮演

角色扮演(Role-playing),也叫扮装游戏,是一种人与人之间的社交活动,可以以任何形式进行(游戏、治疗、培训)。在活动中,参与者在故事世界中通过扮演角色进行互动。参与者通过对角色的扮演,可以获得快乐、体验以及宝贵的经历。角色扮演可以是游戏娱乐、表演、实景练习、心理引导、自我思考等。

1. 互动角色扮演活动；
2. 即兴表演（舞台戏剧、影视剧）；
3. 实景角色扮演（Cosplay，应该是这种形式的一个分支）；
4. 角色扮演疗法（心理学）；
5. 角色扮演法（企业管理）；
6. 电子角色扮演游戏；
7. 服饰角色扮演（角色装扮 Cosplay）。

【创新实验】

由教师任意指定几位同学，给出人物、时间、地点、剧情梗概等基本要素，即兴表演一个故事情节。这是直觉与智商的游戏，也是思维之间的碰撞和互动，通过表演者快如闪电的思维，产生的逻辑联系会令你对人类大脑的极限惊叹不已。

（三）敏感性训练

敏感性训练是使我们更多地认识自己及自己对他人影响的一种技术。它与传统的训练方式十分不同，传统方式强调的是对一套预定概念的学习。

敏感性训练是以提高以下几方面的能力作为其目标的：
1. 对参加者行为及其在社会关系中的意义的自我意识和洞察；
2. 对他人行为的敏感性；
3. 对促进或约束群体功能发挥的过程类型及不同群体间的相互作用的认识和理解；
4. 对社会、人与人之间及不同群体间情况的判断能力；
5. 参加者成功地干涉群体间或群体内的情况，以提高成员的满足感、效率和产出的能力；
6. 参加者不断分析其人际交往行为，以获得更有效、更满意的人际关系的能力。

开始敏感性训练时，没有领导、没有权威、没有权力地位。参加者开始谈话之前要处于一种真空状态，这是必需的。通过对话，人们开始深入认识自己和他人。应鼓励参与者在别人看他们时，他们也要看看自己。如果他们想改变，就要试着去做。虽然敏感性训练的目的（帮助个人学会怎样更多地与他人相处）不会受到怀疑，但这种方法却受到严厉的批判。很明显，敏感性训练经常要使人处于焦躁的状态以促进学习。

（四）辩论

辩论，指彼此用一定的理由来说明自己对事物或问题的见解，揭露对方的矛盾，以便最后得到共同的认识和意见。辩论的过程一般有开始、展开、终结这三个阶段，缺少其中任何一个阶段都不是一场完整的辩论。因此，一场完整的辩论一般应由论题、立论、驳论、结辩四个部分组成。

辩论具备的优点如下：
1. 开阔学生思维，锻炼辩者的口头表达能力、查找资料的能力、搜索的能力、统筹分析的能力等。
2. 让辩者开动脑筋，从多方面去考虑问题，发散思维。
3. 加强辩论团体之间的默契、团结协助能力，增加友谊。
4. 对辩论问题有一个新的看法，追求真理。
5. 比较胆小的辩者在辩论中可以锻炼自己的勇气，在大众面前可以侃侃而谈。

【创新实验】　　　　　　　　辩论赛

辩题自拟，成员自组，展开一场班级辩论。

（五）模仿

说起模仿，人们会想到"东施效颦"、"邯郸学步"、"照葫芦画瓢"的例子，很多人对此不屑一顾，认为东施、邯郸学步的人、照葫芦画瓢的人都很笨，没有创新，没有出息。其实不然，模仿是学习最简单的方法。每个人从孩提开始就有模仿的本能，从降生到咿呀学语，从幼童到长大成人，在人生的每个阶段都离不开模仿。尤其对于初学者而言，模仿是一种最简单的学习方法，是提高水平的最佳捷径，通过模仿学习可以减少探索过程中的成本消耗。

譬如训练新营销人员，不要直接打电话拜访客户，如果那样，接到拜访电话的客户再也不来了，即使换了其他优秀的营销人员也无法挽回。因为新员工在基本功都没有练好的情况下，对于客户需要解答的问题，例如产品的性能是什么、该产品和别人的产品有什么区别、最大的优势是什么，如果销售人员对这些情况一问三不知，客户肯定会流失。那么，一个比较好的方法就是给新营销人员提供学习的范例，让他们通过模仿学习打电话的谈判技巧，这是一个最简单的学习方法，也是一个比较方便快捷的学习路径。所以，要打造一支高效创新的团队，就要训练团队中的每一个人先从模仿开始，创新是模仿的最终目的。

因此，模仿是一种重要的学习能力，是人类进步的手段。当然，我们要明确模仿不能是全盘抄袭，模仿是善于借鉴，要在模仿中创造，在创新中前进。

【案例分享】　　　　　　日本中小企业中的"字帖"

在日本中小企业中，大部分雇员的素质并不高，工作环境和软硬件设施也不比国内同行好，但效率却很高，很有活力，其中一个原因就是模仿。比如，在日本从事铁路、桥梁设计，日本公司雇员素质远不及国内设计院的同事，但设计图和设计计算书的质量却很高。原因是日本企业选用的样本比较标准，雇员也照样本认真做，因而做出的东西质量很高。每当新设计规范发行时，日本铁道综合技术研究所就会发行相应的设计算例或范本。设计算例都是由专家做的，并且经过了反复检查审核，覆盖了可能出现的各种问题，堪称精品。这些精品说穿了就是为了教大家模仿用的"字帖"。每当要进行设计工作时，设计人员便选出相应的算例，然后基本上按照相同的步骤展开工作。通常情况下，按部就班就能完成80%~90%的工作，剩下很小的一部分才请教专家或通过集体讨论解决。一个工程下来，不管是新手还是老手都进步显著，几个工程下来就会在头脑中形成一整套设计思路，并且通过总结还可以提出一些改进的建议和措施。几年下来，大部分人已在某个领域有所建树了，变为优秀者甚至已成了专家。所以，模仿是执行训练中一种很好的学习方法，应该提倡模仿。

（六）切割重组

切割重组方法是指通过改变（切割、分解）物（群）体构成，然后将分割元素重新组合，借以创造新事物、提高群体创新力的方法。

本法受七巧板启示，故也叫七巧板法。七巧板是中国古代的一项发明，拿破仑用它训练想象力。将一个普通的正方形板块切割成七块，然后用它重新组合，就能拼出上千种形态各异的图案。切割有分解、离开的意思，广义可理解为去掉、选取、排出等。从重组素材的来源分，可分为同系事物切割和异域事物切割。

【案例分享】　　　　　　　　公司的"切割重组"

目前企业普遍开展的优化组合、调整产品与产业结构,就其本质而言,就是"切割重组"。例如,从办公室、工会、生产技术科、产品销售科各抽调一名员工,并请一名创新学者当顾问,组建一个创新力开发机构,也是"切割重组"的产物。一个群体由于知识雷同、思维和组织行为定势会逐渐丧失创新能力,若把群体切割重组,则可使群体复原或增强创新力。应用这种方法,日本有意将大公司分解成若干个小群体,或在公司内部设置"开发区",使群体的创新力获得提高。出于同样的目的,德国把研究所拆散,向社会开放,重组有活力的科室。企业新制度、新技术、新产品、新文化,无一不是原有"组件"通过切割重组再创新的结果。

切割重组是一种提高群体创新能力的方法,也是一种生产创新成果的方法。例如,论文可说是参考文献与实验结果的"切割重组";电视剧是人、景、故事情节和艺术风格的"切割重组";工业产品是机械组件、结构、电子组件、电路和功能材料等的"切割重组"。

【创新实验】　　　　　　　　3 堆核桃

有 3 堆核桃,每堆各有 22 个、14 个和 12 个。要求移动 3 次核桃,使每堆的数量相等,同时必须遵守以下条件:这堆核桃有多少,那么从另一堆移过来的核桃也只能是这个数。

(七)类比法

类比法(Analogic Invention),就是一种确定两个以上事物间同异关系的思维过程和方法。类比就是在两个以上的事物(既可以是同类,也可以是不同类)之间进行比较,找出其类似的地方,再据此找出其他地方的类似处,从异中求同,从同中求异,不断产生新的设想,获得更多的创造成果。类比发明法是一种富有创造性的发明法。

1. 拟人类比法。即将创造对象加以"拟人化",从人体某一部分的动作得到启发收到创造效果的一种方法。

2. 直接类比法。即从自然界或已有的创造成果中寻找与创造对象相类似的东西进行发明创造的方法。由鸟设计出飞机即为此法。

3. 间接类比法。即运用非同类产品类比进行创造的方法。

4. 因果类比法。即根据两个事物的各个属性之间有可能存在同一种因果关系,由一事物的因果关系推出另一事物的因果关系进行发明创造的方法。如日本人铃木根据在合成树脂(塑料)中加入发泡剂,合成树脂上便布满无数微小的孔洞,使泡沫塑料用料省、重量轻又有良好的隔音和隔热性能,从而联想到在水泥中加入一种发泡剂,由此发明了具有隔热、隔音性能的气泡混凝土。

5. 对称类比法。即根据许多事物具有对称性,通过这种对称的关系进行类比发明创造出新东西的方法。如英国物理学家狄拉克从描述自由电子运动的方程中,得出正负对称的两个能量解。一个能量解对应着电子,那么另一个能量解对应着什么呢?狄拉克运用此法从电荷正负的对称性,提出了存在正电子的见解,结果被证实了。另外,还有象征类比法、综合类比法等。

【案例分享】　　　　　　　"上天入海的科学家"

著名的瑞士科学家阿·皮卡尔是位研究大气平流层的专家,他不仅在平流层理论方面很有建树,而且还是一位非凡的工程师。他设计的平流层气球,飞到过15 690米的高空。后来,他又把兴趣转到了海洋,研究起深潜器来了。

尽管海和天是两个完全不同的世界,然而海和空气都是流体,因此,皮卡尔在研究深潜器时,首先想到利用平流层气球的原理来改进深潜器。在此前,深潜器都是靠钢缆吊入水中的,它既不能在海底自由行动,潜水深度也受钢缆强度的限制,由于钢缆越长,自身重量越大,从而也容易断裂,所以一直无法突破2 000米大关。平流层气球由两部分组成:充满比空气轻的气体的气球和吊在气球下面的载人舱。利用气球的浮力,使载人舱升上高空。如果在深潜器上加一只浮筒,不也像一只"气球"一样可以在海水中自行上浮了吗?皮卡尔和他的儿子小皮卡尔设计了一艘由钢制潜水球和外形像船一样的浮筒组成的深潜器,在浮筒中充满比海水轻的汽油,为深潜器提供浮力;同时,又在潜水球中放入铁砂作为压舱物,使深潜器沉入海底。如果深潜器要浮上来,只要将压舱的铁砂抛入海中,就可借助浮筒的浮力升至海上。再给深潜器配上动力,它就可以在任何深度的海洋中自由行动,再也不需要拖上一根钢缆了。

皮卡尔父子的这一设计获得了很大的成功。第一次试验就下潜到1 380米深的海底,后来又下到4 042米深的海底。他们设计的另一艘深潜器"的里雅斯特号"下潜到世界上最深的洋底——10 916.8米,成为世界上潜得最深的深潜器。皮卡尔父子也因此获得了"上天入海的科学家"的美名。

皮卡尔的这种创造发明方法叫做类比发明法。气球和深潜器本来是两个完全不同的东西,一个升空,一个入海,但是它们都可以利用浮力原理,因此,气球的飞行原理同样可以应用到深潜器中去。

(资料来源:上天入海的科学家——类比发明法.中国少年科学院,2013-05-14.)

(八)六顶思考帽

六顶思考帽,是指使用六种不同颜色的帽子代表六种不同的思维模式,是英国学者爱德华·德·博诺(Edward de Bono)博士开发的一种思维训练模式,或者说是一个全面思考问题的模型。它提供了"平行思维"的工具,避免将时间浪费在互相争执上。它强调的是"能够成为什么",而非"本身是什么",是寻求一条向前发展的路,而不是争论谁对谁错。运用德·博诺的六顶思考帽,将会使混乱的思考变得更清晰,使团体中无意义的争论变成集思广益的创造,使每个人变得富有创造性。"六顶帽子"的方法是指从六个不同的视角来看问题。通过这样做,你就可以产生更多的想法,而不是像以往那样你可能只从一两个视角看问题。

任何人都有能力使用以下六种基本思维模式:

1. 白色思考帽:白色是中立而客观的。戴上白色思考帽,人们思考的是关注客观的事实和数据。

2. 绿色思考帽:绿色代表茵茵芳草,象征勃勃生机。绿色思考帽寓意创造力和想象力。它具有创造性思考、头脑风暴、求异思维等功能。

3. 黄色思考帽:黄色代表价值与肯定。戴上黄色思考帽,人们从正面考虑问题,表达乐观的、满怀希望的、建设性的观点。

4. 黑色思考帽:戴上黑色思考帽,人们可以运用否定、怀疑、质疑的看法,合乎逻辑地进行批判,尽情发表负面的意见,找出逻辑上的错误。

5. 红色思考帽:红色是情感的色彩。戴上红色思考帽,人们可以表现自己的情绪,还可以表达直觉、感受、预感等方面的看法。

6. 蓝色思考帽:蓝色思考帽负责控制和调节思维过程。它负责控制各种思考帽的使用顺序,规划和管理整个思考过程,并负责做出结论。

【案例分享】　　　　　　　　六顶思考帽的广泛运用

作为思维工具,六顶思考帽已被美、日、英、澳等50多个国家政府在学校教育领域内设为教学课程,同时也被世界许多著名商业组织所采用,作为提升组织合力和创造力的通用工具,这些组织包括微软、IBM、西门子、诺基亚、摩托罗拉、爱立信、波音、松下、杜邦以及麦当劳等。例如,德国西门子公司有37万人学习德·博诺的思维课程,随之产品开发时间减少了30%;英国Channel 4电视台说,通过接受培训,他们在2天内创造出的新点子比过去6个月里想出的还要多;英国的施乐公司反映,通过使用所学的技巧和工具,他们仅用不到1天的时间就完成了过去需1周才能完成的工作;芬兰的ABB公司曾就国际项目的讨论花了30天的时间,而今天,通过使用平行思维,仅用了2天;J. P. Morgan通过使用六顶思考帽,将会议时间减少80%,并改变了他们在欧洲的文化;麦当劳日本公司让员工参加六顶思考帽思维训练,取得了显著成效——员工更有激情,坦白交流减少了"黑色思考帽"的消极作用;在杜邦公司的创新中心,设立了专门的课题探讨用德·博诺的思维工具改变公司文化,并在公司内广泛运用六顶思考帽。

二、创新能力开发的小技巧

除了上述创新能力开发的方法与途径,这里再简单介绍几种有助于开发创新能力的技巧。

(一)"剥洋葱"——接近最核心的问题

想对最棘手的问题有新的解决思路,关键在于要认识到,摆在眼前的并不是我们面临的真正问题,它们可能只是来干扰我们视线的,真正的问题则隐藏在这些被错认为是问题的背后。跳出你面临的最大问题,就是指走出既有的情境来获得更清晰的视角,这往往会触发远见力,从而带来新思维、新机会。像剥洋葱一样一层一层剥开,接近最核心的问题,而不是仅专注于解决最表面的问题,这样你就可以找到最能发挥力量的支点,形成一定的创新能力。

【创新实验】　　　　　　　　剥洋葱

1. 闭上眼睛,问自己:"目前,在我的学习/工作中面临的最大问题是什么?"紧闭眼睛,直到你想出答案。

2. 像剥洋葱一样思维,不断问自己:"为什么这是一个问题?"当你找到一个问题,要反问自己:"为什么这是一个问题?"最终你会发现自己真正的问题,这个过程往往会比你想象得更快。

(二)反其道而行

触发创新能力有个很有效的办法:看看人们关注的方向,然后向相反的方向寻找。关注没有人关注的领域,能使你看到没有人注意到的机遇,也就能做到没有人做过的事。其实这也是上一章已经提到过的逆向思维。逆向思维这一策略往往能以惊人的速度揭示实际问题的解决方案,化无形为有形,甚至能解决你浑然不觉的问题。

【自由思考】

由老师指定某一行业,假设你是该行业居于市场挑战者地位的某企业负责人,请收集充分的信息数据,进行逆向思考,回答以下三个问题:

1. 列出你的竞争对手正在做的事情,逐一检视,自问:"我怎样反其道而行才能抢占先机?"

2. 你所在行业的主流思想是什么?反向思考,寻找机会。

3. 列出你所在的领域里所有人都在从事的关键要素或步骤,逐一检查是否有创新的方式,有没有办法做与其他人完全相反的事?

(三)克服失败的恐惧

担心你可能会犯错或者你的能力将会失败,这将阻碍你的进步。每当你发现自己有这样的感觉时,提醒自己:错误只是过程的一部分。虽然你可能偶尔会在创新的道路上跌倒,但是你最终会达到自己的目标。

【案例分享】 "为了发现王子,你必须与无数只青蛙接吻"

3M公司可能是除了火星以外最容易引起人们探险欲望的地方。从Post-it报事贴便条纸、道路上的交通标识到汽车的太阳膜,再到口罩,3M拥有的6万多种产品似乎在生活中无处不在。更令人惊奇的是,这家公司的新产品数量正以每年500种以上的速度递增。在3M公司内部,流传着这样一句话:"为了发现王子,你必须与无数只青蛙接吻。"什么意思呢?传说王子被施巫术变成了一只青蛙,而化解巫术的唯一办法便是公主对这只青蛙施以香吻。然而,香吻易施,王子难寻,芸芸众蛙,究竟哪一只才是王子所变的呢?公主没有选择,只能见一只吻一只,见两只吻一双。终于在吻过千百只青蛙后,才把王子吻了出来。

"亲吻青蛙"形象地描述了3M的创新过程:每一次成功之前,通常会经历无数次失败。根据媒体的相关报道,在3M,有超过60%的新产品最终都失败了,而且这个数字还不包括产品研发出来前,在其研发实验室中经历的不计其数的失败。追究失败的原因,不外乎包括无法克服的科技障碍及发现想象的市场并不存在等。

为3M赢得巨大利益和声誉的"Post-it报事贴便条纸",就是一个拯救失败产品的最佳案例。1968年,3M的科学家斯宾塞·西尔弗在新产品实验中弄出了一种胶,但这种胶粘什么都粘不牢,随便一撕就会掉。3M以粘接剂技术闻名于世,该工程师却弄出了这样一种粘不牢的胶带,无疑是一项巨大的失败。西尔弗却不这么认为,他拼命尝试着将这种胶用到各种东西上,但一直未获成功。西尔弗一直未放弃,他多次在公司内部宣传这个技术,希望得到其他员工的共鸣。

五年后,一位负责产品开发的研究员艾特·佛莱在教堂做礼拜的时候,看到唱诗班的人会把一条纸片放在《圣经》里做书签,但是纸片常常滑落下来。这激发了佛莱的灵感:西尔弗的胶不正是可以用在这里吗?于是,报事贴便条纸的创意在教堂的唱诗班诞生了。1980年,报事贴便条纸正式走向了市场。

在面世之初,报事贴便条纸的销量还不尽如人意。"心急"的发明者佛莱先把样品拿到公司14楼,给公司领导们的秘书使用,同时他又请当时3M的CEO给美国500强的CEO每人写封信,请他们的秘书试用,不可思议的是,3M的CEO果真不厌其烦地在500封信上签上自己的大名。没过多久,报事贴便条纸便在美国500强公司风靡起来,随之,全美小型公司也开始使用。如今,报事贴便条纸每年可以为3M带来超过3亿美元的收入。

(四)保持并奖励你的好奇心

发展创新能力的一个常见的障碍是:感觉好奇是一种胡思乱想。当你对某事感到好奇时,不要斥责自己,而是奖励自己。给自己一个机会去探索新的课题。

【案例分享】　　　　　比尔·盖茨的好奇心

好奇心是一个人取得成功、展示智慧的先决条件。比尔·盖茨小时候就是一个电脑迷,好奇心强烈,在13岁时就写出了第一个软件程序。好奇心使他对电脑充满了浓厚兴趣,使他通宵达旦地钻研电脑知识,让他专心地为首部商用微型电脑Altair编出了Basic语言软件。可以说,是强烈的好奇心成就了他的事业。从比尔·盖茨成功的经历中可以看出,好奇心常常促使一个人深入研究、探索,因而能发现许多前所未有的东西。比尔·盖茨在《优秀员工的10大准则》一文中说:"一个好员工,必须首先对自己所在公司或部门的产品具有起码的好奇心。"比尔·盖茨认为,好奇心是产品研发的驱动力,是新员工最重要的素质。因为好奇心可以引发员工的专注力与热情,并使这一热情始终保持较高的水平。好奇心与兴趣是分不开的,面对你的产品,好奇心促使你总是在问:"为什么产品要这样设计?""产品还有什么地方可以改进?""还能生产出比这个产品更好的吗?"由于有这种探求心理的指向,便激发了你对产品的探求欲望,并对产品产生了浓厚的兴趣。有了兴趣,自然就会去研究、去开发,最终就会找到自己所期待的答案。大胆怀疑,勇于追根求源,是科学创造的先导。

(五)敢于且乐于冒险

当开始发展你的创新技能时,为了提升自己的能力,你必须愿意承担风险。你的努力可能不会每次都最终成功,但依然会增强你的创新才能和发展未来可用的技能。

【拓展阅读】　　　　　创业者的心声

我们来听听一个创业者的心声:创业本身就是一项有风险的活动。常常有人会问:"究竟什么样的人最适合创业?"答案是:赌徒。道理很简单,只有敢于冒险、乐于冒险的人,才敢下赌注——赢得起,更输得起。每一个企业家的身上都有赌徒的影子,他们无时无刻不想要赢得更多,只是他们更明白冒险不是冒进。

千万不要试探别人,任何试探都可能让人反感。经常有人问我一天赚多少钱、开的什么车子,我总回答不赚钱,也没买车,我就是一个闲人。他们就笑笑走开了。稍微有点儿智商的人,不会问类似的问题。赚钱是有秘密的,男人的收入、女人的年龄,永远都属于个人隐私。

宝马很贵,开的人越来越多;夏利很便宜,就要被淘汰了。诺基亚很实惠,已经不复当年了;苹果太贵,用苹果的人越来越多。为什么?因为客户买的永远不是便宜,而是产品价值!所以今天我们要经营好的产品,不是因为它便宜就好卖,而是要看产品所带来的价值,如今单凭低价换市场的,只能走向不归路!真正创业者并非希望大富大贵,而是发自内心的兴趣和理想,体会人生路上的点点滴滴,留恋曾经的拥有与失去,在磨炼中完善自己。创业路上靠的是毅力和坚持,不要祈求国家的大力扶持,也不要奢望风险投资的点石成金。没有人会可怜弱者,只有人会尊重强者,创业者唯一可做的就是每天自强!

优柔寡断,是人生最大的负能量。人生没什么好优柔的。从生命角度去看,你人生路径上的任何一种选择都是错误的,无论你怎么选,都有差错。因此,当选择来临,A 和 B,拿一个便走就是。人生没有对错,只有选择后的坚持,不后悔,走下去,就是对的。我最喜欢的一句诗就是——走着走着,花就开了。

(资料来源:只有敢于冒险、乐于冒险的人才适合创业. http://bbs. tianya. cn/post-enterprise-1327650-1. shtml. 2015—12—13.)

(六)寻找灵感的源泉

绝对不要期望创新偶然地产生。寻找新的灵感来源,这将给你提供新的思路,并激励你给出问题的独特答案。读一本书,参观一个博物馆,听你自己喜欢的音乐或者与朋友进行一次热烈的辩论——利用任何最适合你的策略或方法。

【案例分享】　　　　　　私人博物馆带来的灵感

Cooper Hewitt(Smithsonian Design Museum)位于纽约,它始建于 1897 年,是一家私人博物馆,由实业家 Peter Cooper 的三个孙女共同创办。1967 年,Cooper Hewitt 经过几次迁址,将馆址定在了纽约第五大道上。这是一家致力于展现设计作品的博物馆,通过办展览、出书籍来激发人的灵感,博物馆内还时常有一些与设计有关的讲座和课程。最近,博物馆发布了"2016 设计奖",这个奖项始于 2000 年,全称是"2016 National Design Award",当年他们共选出了十几个领域的获奖者。其中,最佳产品设计奖由 Ammunition 公司获得。设计公司 Ammunition 的创始人是 Robert Brunner、Matt Rolandson 和 Brett Wickens。其中,大名鼎鼎的 Robert Brunner 是苹果前工业设计总监。在 Beats 被苹果收购前,Ammunition 曾设计过 Beats by Dr. Dre 耳机。他们的设计作品还包括宝丽来 C3 相机、巴诺书店的 Nook 阅读器等知名品牌。

(资料来源:石玉. 这 11 个得奖的设计,或许会给你探索世界一些线索. http://www. qdaily. com/articles/26508. html. 2016—5—8.)

(七)洞察先机

我们要预测明天会发生什么问题,然后采取行动,抢先一步解决,也就是先发制人。先发制人,需要洞察先机。生活不应该只是处理危机,更应该把握契机。随着生活节奏加快,压力越来越大,我们自然而然想赶上变化,但这么做其实行不通。我们不能只想着要加快脚步,而是应该放慢速度,停下来思考。人生何时不忙,正因为如此,大家都会觉得未来忙、茫、盲。我们必须自问:"为了加快速度,我们愿意放慢脚步吗?"

【自由思考】

1. 问问自己:"什么是我将要遇到的问题?我在未来几周、几月、几年后会遇到什么问题?我的父母、恋人、朋友会有什么问题?"不要等待这些问题发生,要发挥创意先行解决。

2. 另外也应该自问:"我 10 年、15 年甚至 20 年后想要的生活是怎样的?要通过哪些步骤才能达到?"

(八)建立自信,克服阻碍创新的消极态度

对自己能力的不自信会抑制你的创造力,这就是为什么建立自信是如此重要。记录下你

已经取得的进展,表扬自己做出的努力,并且总是设法来奖励你的创意。根据在《美国国家科学院院报》上发表的一项 2006 年研究指出,积极的情绪能提高你创造性的思考能力。据这一项研究报告的首要作者亚当·安德森博士说:"如果你正在做需要有创意的工作,或者在一个智囊团,你会想待在一个有好心情的地方。"着重消除那些可能会损害你发展创新能力的消极想法和自我批评,又或者说,创新本就是一种积极的心态,会给人带来生机和活力,超越自己。

(九)其他一些技巧

1. 时间和身心的投入。第一步就是要全身心投入地去发展创新能力,不要放弃你的努力。设定目标,争取别人的帮助,每天花点时间发展你的创新能力。如果你不为创新投入时间,你将无法发展自己的创新才能。每周安排一些时间,集中花在某些类型的创意项目上。

2. 奖励自己很重要,但同样重要的是发展内在的动力。有时,创新的真正奖励在于其过程本身。

3. 认识到大多数问题都有多个解决方案。下次处理问题的时候,尝试寻找各种解决方案。不要简单地依赖你最初的想法,花时间去思考下其他可能的办法来处理这种情况。这个简单的举动对于培养你解决问题的能力和创造性思维都是一个很好的方式。

4. 写创新日记。开始写日记,记录你的创新过程,跟踪你的创意。日记是反思你已完成工作并寻求其他可能解决办法的一种非常好的方式。日记可用于保存想法,以便可能成为未来的启示。

5. 挑战自己。当你已经有了一些基本的创新技能,重要的是不断地挑战自己,以进一步提高自己的能力。寻找更困难的解决方法,尝试新的事物,避免总是使用你在过去使用的相同的解决方案。

6. 为创新创造机遇。除了寻找灵感,你还需要为创新给自己创造机会。这可能包括接手一个新项目,或者在你当前的项目中寻找新的工具。

7. 考虑替代方案。当解决一个问题时,利用"如果"假设来考虑每种可能的方案。如果你使用一种特别的方案,会出现什么结果呢?通过预先注意这些替代方案,你就能更好地构想出有创造性的解决方案。

8. 创建流程图。当你正在开发一个新项目,首先创建一个流程图来追踪该项目从开始到结束的全过程。寻找各种途径或者可能发生的一系列事件。一个流程图可以帮助你将最终产品直观化,消除潜在的问题,产生独特的解决方案。

9. 尝试"滚雪球"技巧。你有没有注意到,一个好的想法常常直接引出另一个好想法?当你正在为你的项目构思的时候,你可以使用"滚雪球"技巧。如果这个想法不是很适合你现在的工作,那就把它放一边,等待在日后的工作中使用或者实施在未来的项目中。

另有一些技巧包括头脑风暴、思维导图等方法已在第二章创新思维方法中阐述过。

【综合测验】   情商测试

哈佛心理学系博士戴尼尔·高尔曼为情商测试做了一些努力,尝试出了一些问题,通过对这些问题的回答,你可以获得一个关于自己 EQ 的粗略的感性印象。

现在,请静下心来,诚实地回答下面的测试题。一定要按照你真正的想法去回答,而不要试图用在学校里获取的做选择题的技巧去猜哪一项才是对的。好,下面开始!

1. 坐飞机时,突然受到很大的震动,你开始随着机身左右摇摆。这时候,你会怎样做呢?

(   )

  A. 继续读书或看杂志,或继续看电影,不太注意正在发生的骚乱
  B. 注意事态的变化,仔细听播音员的播音,并翻看紧急情况应对手册,以备万一
  C. A 和 B 都有一点
  D. 不能确定,根本没注意到

2. 你带一群 4 岁的孩子去公园玩,其中一个孩子由于别人都不和他玩而大哭起来。这个时候,你该怎么办呢?(   )

  A. 置身事外,让孩子们自己处理
  B. 和这个孩子交谈,并帮助他想办法
  C. 轻轻地告诉他不要哭
  D. 想办法转移这个孩子的注意力,给他一些其他的东西让他玩

3. 你是一个大学生,想在某门课程上得优秀,但是在期中考试时却只得了及格。这时候,你该怎么办呢?(   )

  A. 制订一个详细的学习计划并按计划执行
  B. 决心以后好好学
  C. 告诉自己在这门课上考不好没什么大不了的,把精力集中在其他可能考得好的课程上
  D. 去拜访任课教授,试图让他给你高一点的分数

4. 你是一个保险推销员,去访问一些有希望成为你的顾客的人。可是一连 15 个人都只是对你敷衍,并不明确表态,你变得很失望。这时候,你会怎么做呢?(   )

  A. 认为这只不过是一天的遭遇而已,希望明天会有好运气
  B. 考虑一下自己是否适合做推销员
  C. 在下一次拜访时再做努力,保持勤勤恳恳工作的状态
  D. 考虑去争取其他的顾客

5. 你是一个经理,提倡在公司中不要搞种族歧视。一天你偶然听到有人正在开有关种族歧视的玩笑,你会怎么办呢?(   )

  A. 不理睬,这只是一个玩笑而已
  B. 把那人叫到办公室去,严厉斥责他一顿
  C. 当场大声告诉他,这种玩笑是不恰当的,在你这里是不能容忍的
  D. 建议开玩笑的人去参加一个有关反对种族歧视的培训班

6. 你的朋友开车时别人的车突然危险地抢到你们前面,你的朋友勃然大怒,而你试图让他平静下来,你会怎么做呢?(   )

  A. 告诉他忘掉它吧,现在没事了,这不是什么大不了的事
  B. 放一些他喜欢听的音乐,转移他的注意力
  C. 一起责骂那个司机,表示自己站在他那一边
  D. 告诉他你也曾有同样的经历,当时也一样气得发疯,可是后来你看到那个司机出了车
    祸,被送到医院急救室

7. 你和伴侣发生了争论,两人激烈地争吵,盛怒之下,互相进行人身攻击,虽然你们并不是真的想这样做。这时候,最好怎么办呢?(   )

  A. 停止 20 分钟,然后继续争论
  B. 停止争吵,保持沉默,不管对方说什么

C. 向对方说抱歉,并要求他(她)也向你道歉

D. 先停一会儿,整理一下自己的想法,然后尽可能清楚地阐明自己的立场

8. 你被分到一个单位当领导,想提出一些解决工作中繁难问题的好方法。这时候,你第一件要做的事是什么呢?(　　)

A. 起草一个议事日程,以便充分利用和大家在一起讨论的时间

B. 给人们一定的时间相互了解

C. 让每一个人说出如何解决问题的想法

D. 采用一种创造性的发表意见的形式,鼓励每一个人说出此时进入他脑子里的任何想法,而不管该想法有多疯狂

9. 你3岁的儿子非常胆小,实际上,从他出生起就对陌生地方和陌生人有些神经过敏或者说有些恐惧,你该怎么办呢?(　　)

A. 接受他具有害羞气质的事实,想办法让他避开感到不安的环境

B. 带他去看儿童精神科医生,寻求帮助

C. 有目的地让他一下子接触许多人,带他到各种陌生的地方,克服他的恐惧心理

D. 设计一系列渐进的挑战性计划,每一个相对来说都是容易对付的,从而让他渐渐懂得自己能够应付陌生的人和陌生的地方

10. 多年来,你一直想重学一种你在儿时学过的乐器,而现在只是为了娱乐,你又开始学了。你想最有效地利用时间,你该怎么做呢?(　　)

A. 每天坚持严格的练习

B. 选择能稍微扩展能力的、有针对性的曲子去练习

C. 只有当自己有情绪的时候才去练习

D. 选择远远超出你的能力但通过勤奋努力就能掌握的乐曲去练习

测试题答案及解释:

1. 除了D以外的任何一个答案都是好的

选择答案D反映了你在面临压力时经常缺少警觉性。
A=20,B=20,C=20,D=0

2. B是最好的选择

情商高的父母善于利用孩子情绪状态不好的时机对孩子进行情绪教育,帮助孩子明白是什么使他们感到不安、他们正在感受的情绪状态是怎样的,以及他们能进行的选择是什么。
A=0,B=20,C=0,D=0

3. A为最佳答案

自我激励的一个标志是能制订一个克服障碍和挫折的计划,并严格执行它。
A=20,B=0,C=0,D=0

4. C为最佳答案

情商高的一个标志是在面对挫折时,能把它看成一种可以从中学到东西的挑战,坚持下去,尝试新的方法,而不是放弃努力、怨天尤人,变得萎靡不振。
A=0,B=0,C=20,D=0

5. C为最佳答案

当有人违反时,明确告诉他你的组织规范不容许这种情况发生,这不是力图改变这种偏见(这是一个更困难的任务),而只是让人们遵照规范去行事。要想形成一种欢迎多样化的气氛,

最有效的方法就是公开挑明这一点。

A=0,B=0,C=20,D=0

6. D 是最好的选择

有资料表明,当一个人处于愤怒状态时,使他平静下来的最有效的办法是转移他愤怒的焦点,理解并认可他的感受,用一种不激怒他的方式让他看清现状,并给他以希望。

A=0,B=5,C=5,D=20

7. A 是最好的选择

中断20分钟或更长的时间,这是使由愤怒引起的生理状态平息下来的最短时间;否则,这种状态会歪曲你的理解力,使你更可能出口伤人。等平静了情绪后,你们的讨论才会更富有成效。

A=20,B=0,C=0,D=0

8. B 为最佳答案

当一个组织的成员之间关系融洽、亲善,且每一个人都感到心情舒畅时,组织的工作效率才会最高。在这种情况下,人们才能自由地做出他们最大的贡献。

A=0,B=20,C=0,D=0

9. D 为最佳答案

生来带有害羞气质的孩子,如果他们父母能安排一系列渐进的针对他们害羞的挑战,并且这种挑战是能逐个应付得了的,那么他们通常会变得外向起来。

A=0,B=5,C=0,D=20

10. B 为最佳答案

给自己适度的挑战,最有可能激发自己最大的热情,这既能使你学得愉快,又能使你完成得最好。

A=0,B=20,C=0,D=0

请把10个题目得分相加,即是你的总分。最高分数为200分,一般人的平均分是100分,如果你得了25分以下,最好另找个时间重测一下。

【创业实践】

运用创新能力开发的途径与方法,结合如今市场"痛点",提出一项产品或服务的创意构思。

创业理论篇

引水单位篇

第四章　创业者与创业团队

学习内容与目标

1. 了解创业者的基本素质和应具备的基本能力,能结合测试题对自身做一个简单的自我评估;
2. 了解创业团队的重要性、贝尔宾团队角色理论,能明确自己在团队中的角色;
3. 掌握组建创业团队的基本原则和步骤,学会寻找志同道合的合作伙伴;
4. 掌握打造高效创业团队的基本策略,有意识地提高团队创建和管理能力。

创新实验指南

1. 通过发现和分享创业者故事,深入学习创业者创业过程中的经验教训,学习优秀创业者身上的优良品质;
2. 通过测试题,客观评估自身的创业潜能和素质;
3. 收集组建创业团队的案例,采访老师、学长或行业人士,了解组建和打造创业团队的注意事项和基本策略。

活动导入

捆绑过关

活动内容:请某一个小组来完成即可,请该组同学绑在一起完成任务
道具:绳子或其他可以绑的东西
方法:
1. 该组组员围成一个圆圈,面对对方,老师帮忙把每个人的手臂与隔壁的人绑在一起。
2. 绑好后,老师布置任务要求组员完成。例如,帮每个组员倒水、打包盒子,台下同学可以现场出题并观察该组成员的配合情况。

先导案例

西安大学生苦寻创业路,学生创业困难重重

西安理工大学2007届毕业生小黄在一次次的求职中萌生出一个想法:办一个不同寻常的

求职网站。

小黄计划在网站中为企业和大学生搭建起一个长期稳定的接触平台,只要大学生和企业登录注册,双方就可以通过这个平台相互了解,企业甚至可以跟踪大学生在校期间的各方面表现,决定毕业时是否录用。

接下来的几个月,小黄开始了广泛的市场调研。他登门20多家企业,与人力资源管理部门负责人沟通了这一想法,网站的特色服务内容得到70%的人的肯定。"我会用两到三年的时间向外界推广网站,吸纳大学生和企业登录,并向企业收取一部分会员费。三年后,点击量有了一定提升,广告将成为网站盈利的又一渠道。未来,在继续完善网站服务内容的基础上,推出一系列连带产品,我相信这会有更大的发展前景。"实际上,小黄已明确了网站的盈利模式。至于网站的长远规划,小黄表示他已制订了相应的计划。

尽管制订了自己的创业计划、确立了盈利模式、进行了市场调研,也得到了父母兄长的资金支持,但小黄却忽视了创业最为关键的因素之一——组建得力的团队。

"刚开始我以为这不是问题,懂程序的人多,肯定能吸引到这样的人。"直到制订创业计划的后期,小黄才向身边好友发布信息,结果只找到一个做网站的高中好友。"人太少了,编好这个网站的程序至少要两年。"小黄说。目前高校内具备这方面技术的人太少,而有丰富经验和能力的人却不愿意放弃工作跟小黄一起创业,好比没有左膀右臂,小黄孤军奋战的结果只能是败下阵来。

"合理的创业方案、资金和团队是创业的三大要素,缺一不可,之前我却没有认识到这一点。"小黄感到有些后悔,如果当初有人能给他指导和提醒,或许就不会出现这样的错误,"学校应该开设创业指导选修课,给有创业想法的大学生一定的指引。"

目前,小黄暂时放下了自己的创业计划,开始忙于找工作。"等有了几年工作经验,我还会继续完成创业梦想。这几年,我会构建自己的生活圈,寻找创业的最佳团队。"

(资料来源:http://xian.qq.com/a/20070727/000091.htm.)

第一节 创业者

创业者是活跃在新企业创立和成长过程中的企业经营者,他们发现某种信息、资源、机会或掌握某种技术,通过合适的平台或载体,将其以一定的方式转化为相应的生产经营并创造出更多的财富和价值。创业者通过创办企业,不仅可以解决自身就业问题,还能为社会创造新的就业岗位,缓解就业压力。随着我国不断走向转型化进程以及社会就业压力的不断加剧,创业已经成为在校大学生和毕业大学生的一种职业选择方式。

一、创业者的基本素质

《2014年创业者年度报告》中提到,一名优秀的创业者应具备的基本素质和能力包括良好的心理素质和适应能力(有89.08%的受访者认为)、管理能力(66.81%)、社交能力(65.50%)和专业技能(44.10%)。结合该报告的结果,本章对创业者应具备的素质和能力做以下的阐述,旨在给创业者提供一定的参考。

(一)心理素质

良好而稳定的心理素质是创业成功的关键因素之一。心理素质主要包括自我意识、性格、气质、情感等心理构成要素。首先,创业者在创业过程中应表现出自信和独立自主的自我意

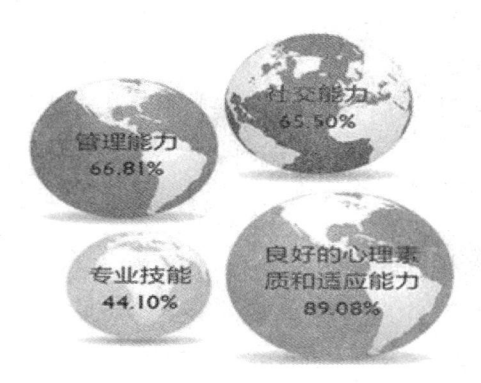

图 4—1　创业者应具备的基本素质和能力

识,能够对企业的发展战略做出独立决策,能够独立自主地处理各种复杂的局势。其次,创业者要拥有刚强、坚持不懈、果断和开朗的性格,遇事应沉着、冷静、理性地对待。最后,创业者要勇于承担风险,敢于做前人没有做过的事情,具有较高的风险承担能力,创业者在风险面前,必须要有足够的胆识和毅力,信心十足地去冒险、去奋争、去超越困境。对于大学生创业者而言,应学会用良好的心理素质来应对各种困难和挑战。在创业中遇到困难险阻的时候,不会怯场,而是大胆地站出来解决问题。

【案例分享】　　俞敏洪的坚持不懈造就新东方教育帝国

被北大开除后,俞敏洪完全没有了生活来源,为了养活老婆和孩子,他只好下海办起了培训班。开班初期生源少,为了招生,俞敏洪常常一个人骑车,拎着糨糊桶,满大街贴招生广告。冬天里,俞敏洪手中的糨糊经常冻成一块,不贴广告的时候,他就和妻子待在"教室"里虔诚守候,盼着来报名的学生。为了学校,俞敏洪曾经一口气喝下两斤白酒,送到医院抢救了 6 个小时才活过来。正是有了俞敏洪的坚持和不懈努力,才有了现在的新东方教育帝国。

(资料来源:https://www.lookmw.cn/gushi/guhonni.html。)

【综合测验】　　8 道题测试你的心理素质

请你做以下 8 道试题,每题只能有一个选择,然后根据测试结果将分数累加起来,看看总分是多少,就能大致了解你的心理素质和应付能力。

1. 你骑车闯红灯,被警察叫住,他知道你急着要赶路,却故意拖延时间,这时你(　　)。
   A. 急得满头大汗,不知怎么办才好
   B. 十分友好地、平静地向警察道歉
   C. 听之任之,不作任何解释
2. 在朋友的婚礼上,你未料到会被邀请发言,在毫无准备的情况下,你(　　)。
   A. 双手发抖,结结巴巴说不出话来
   B. 感到很荣幸,简短地讲几句
   C. 很平淡地谢绝了
3. 你在餐馆刚用过餐,服务员来结账,你忽然发现身上带的钱不够,你(　　)。
   A. 感到很窘迫,脸发红

B. 自嘲一下,马上对服务员实话实说

C. 在身上东摸西摸,拖延时间

4. 假如你乘坐公共汽车时忘了买票,被人查到,你的反应是(　　)。

A. 尴尬,出冷汗

B. 冷静,不慌不忙,接受处理

C. 强作微笑

5. 你独自一人被关在电梯内出不来,你会(　　)。

A. 脸色发白,恐慌不安

B. 想方设法自己出去

C. 耐心地等待救援

6. 有人像老朋友似的向你打招呼,但你一点也记不起他(她)是谁,此时你(　　)。

A. 装作没听见似的不搭理

B. 直率地承认自己记不起来了

C. 朝他(她)瞪瞪眼,一言不发

7. 你从超市里走出来,忽然意识到你拿着忘记付款的商品,此时一个很像保安人员的人朝你走过来,你会怎么办?(　　)

A. 心怦怦跳,惊慌失措

B. 诚实、友好地主动向他解释

C. 迅速回转身去补付款

8. 假设你从国外回来,行李中携带了超过规定的烟酒数量,海关官员要求你打开提箱检查,这时你会(　　)。

A. 感到害怕,两手发抖

B. 泰然自若,听凭检查

C. 与海关官员争辩,拒绝检查

测试结果参考:

选A得0分,选B得5分,选C得2分

0~25分:你承受压力的心理素质比较差,很容易失去心理平衡,变得窘促不安,甚至惊慌失措。

25~32分:你的心理素质比较强,性情还算比较稳定,遇事一般不会十分惊慌,但有时往往采取消极应付的态度。

32~40分:你的心理素质很好,几乎没有令你感到尴尬的事,尽管偶尔会失去控制,但总的来说,你的应变能力很强,是一个能经常保持镇静、从容不迫的人。

(资料来源:http://www.360doc.com/content/11/0518/17/1003261_117715270.shtml.)

(二)身体素质

身体是革命的本钱。在整个创业过程中,对创业者身体素质的要求也是很高的。创业者身体健康、体力充沛、精力旺盛、思路敏捷,是创业得以顺利进行的基本保障。新创企业的经营与管理活动是艰苦而复杂的,创业者要面对大量繁杂的工作,如处理文件、开会、协调企业内外诸多事情,工作时间长、精神压力大,如果创业者身体素质较差、精神状态不佳,会打击创业团队,影响公司的正常运行,身体素质过硬才能承担创业的重任。

【拓展阅读】

这些大佬们这么辛苦,都在早起坚持健身,你又有什么理由懒惰呢?

万达集团股份有限公司董事长王健林(见图4—2)每天4点起床,4:15~5:00健身。健身这件小事,他已经坚持2年了,风雨无阻,即使出国也不落空。

图4—2

联想集团董事局名誉主席柳传志(见图4—3)每天5点起床,起床之后他会先运动1个小时,之后才去工作。

图4—3

李嘉诚(见图4—4)已经有89岁高龄,却依然保持早起习惯:无论每天多晚睡,第二天6点一定会准时起床。随后听新闻,再打一个半小时高尔夫,在8点前到办公室工作。

图 4—4

苹果公司 CEO 库克（见图 4—5）每天 3:45 起床，苹果的员工会在 4:30 就收到他的电子邮件，且每日如此。当然，蒂姆·库克会在 5 点钟的时候准时出现在健身房。

图 4—5

美国通用电气公司董事长杰夫·伊梅尔特（见图 4—6）起床时间是 5:30，起床以后每天都坚持有氧锻炼，锻炼的同时还要阅读报纸、收看 CNBC 的新闻。

图 4—6

Twitter 创始人杰克·多西(见图 4—7)曾对媒体透露,他一般会在 5:30 起床,然后就开始做早课、冥想,以及 1 个小时的慢跑。

图 4—7

(资料来源:http://www.sohu.com/a/120538843_525999.)

(三)知识素质

创业者要进行创造性思维,作出正确决策,必须拥有广博的知识。作为一个成功的创业者,必须养成不断学习的习惯,不断进取。一般情况下,创业者应该具备以下几个方面的知识:

1. 专业技术知识

创业者在创业过程中要将产品商业化,这是一个技术问题,必须掌握本行业企业相关的专业技术知识来进行生产或提供服务。为了做好创业项目,创业者要熟悉某一专业的特殊性,甚至要不断深度学习该专业领域的相关知识,才能有取得成功的可能,没有深度就没有创新。

2. 经营管理等方面知识

创办企业是一个复杂的过程,这其中包括组建创业团队、市场调查、对创业项目的选择评估、融资、企业注册、市场营销、组织管理、财务管理、风险管理等多个方面的知识体系。创业者拥有科学的经营管理知识和水平,能够提高企业的管理效率。当然,创业者在前期并不是一个通才,需要在创业过程中摸爬滚打,逐渐地培养和锻炼自身的经营管理能力。

3. 其他行业相关知识

创业者在创业的过程中,还会碰到诸如法律纠纷、商务谈判、招投标等事件,这就要求创业者还要在工作之余注意补充行业其他相关知识,用足用活政策,培养自己的经营能力,不断适应创业的各种要求。当然,作为一个成功的创业者,还要在空闲时间多阅读社会生活、文学、地理等人文素养方面的知识,拓展知识面。

二、创业者应具备的基本能力

(一)组建并领导优秀团队的能力

对于一个创业者来说,善于识人和用人是优秀团队建设的基本功。创业者应该汇集与自己创业方向相同的创业人才,取长补短,合理分工,组建创业团队,发挥每一个人的优势,调动每一个人的积极性,获胜的几率才会更大。同时,建立一套合适的管人用人制度,权责相配,民主管理,让自己的团队充满激情。作为创业主力大军的年轻人,汇集志同道合的、拥有正能量的人才,不论是在工作效率上还是在创新能力上都会有一定程度的提升,保持自己的团队有着高昂的激情,是保证创业成功的基石。

【案例分享】　　雷军:小米最初找合伙人是靠"无赖"做法

"很多人都说,找合伙人太难了,但我觉得很简单,你找不到人只是因为你花的时间不够多。"雷军笑称,"如果你觉得找合伙人很难,你可以去广州火车站,那里都是人,一个个找总能找到你需要的人。"

雷军表示,当年在选择创办小米时,从来没有硬件创业的经验,因此,要搞定硬件工程师其实非常困难,而雷军当初的做法就是"用 excel 表列了很长的名单,一个个找合伙人"。当初为找到一个硬件工程师,雷军打了 90 多个电话,而为了说服一个硬件工程师加盟小米,雷军与他连续谈了 10 个小时,但他始终不相信小米能盈利。雷军就问他:"你觉得你钱多还是我钱多?"他说:"当然是您钱多。"雷军就对他说:"那就说明我比你会挣钱,不如我们俩分工,你就负责产品,我来负责挣钱。"最后这个硬件工程师选择了加入小米,正是因为雷军说的这句话。

"如果你没有我名单上那么多人可以聊,你可以先问问自己,你最希望自己的合伙人是哪个公司的人,然后就去那个公司楼下咖啡厅等着,看到人就拉进来聊,总能找到你想要的人。"雷军表示。

(资料来源:http://tech.163.com/14/0520/11/9SMESQKF000915BF.html.)

【拓展阅读】　　面相帮你挑选最佳合伙人

1. 眉毛浓重有序,眉眼间距适当

从眉毛上可以看出一个人是否重情重义。浓密的眉毛,说明主人的感情浓厚,与人交往比较重情义;而眉毛浅淡的人,大多在与人相处时不愿意付出。眉毛如果杂乱无序的话,其主人做事难免会有反复,可能还会有一些分不清好歹的倾向。如果眉眼间的距离太近,有眉毛压眼的感觉的话,主人经常感情用事,易为感情所累。所以,眉毛浓密有序、眉眼间距适当的人,才是你应该找的人。

2. 眼睛黑多白少,眼神藏而不露

黑眼球大、眼白少的人,心地比较好,没有什么坏心眼,与人交往中很乐于付出,宁可自己吃亏,也不愿意让人说不是。眼神藏而不露的人,则心中有自己的主见,不容易随波逐流,一旦选定目标,就会坚持下去。

3. 鼻梁不弯,鼻头圆润

鼻梁直的人,心术也比较正;圆润的鼻头,表示为人比较厚道,还有财运。合伙就怕遇到心术不正、太自私的合伙人。而鼻梁不弯、鼻头圆润的人,在与人合伙时,会替他人着想,既有自己的主张,也乐于接受他人的合理建议,还会给合伙人带来好财运。

4. 嘴唇棱角分明,红润肥厚

嘴唇棱角分明的人,对自己的言行比较负责,不轻然诺,但说过的话就要办到,更不会随便评价他人,在合伙过程中不用担心这个问题。红润肥厚的嘴唇,还是重情义的象征,不会为了金钱就不顾一切。

5. 下巴圆厚,腮帮子饱满

两腮饱满、下巴圆厚的人,脾气不错,性格稳重,很有容人之量;而且还很有财运,又有福泽,能够享受财富带来的好运,不会有什么横祸或飞灾,相当于为合伙人间接带来了好运。

你看明白了吗?知道怎么选合伙人了吗?

(资料来源:http://blog.sina.com.cn/s/blog_4b1c7fad0102evwn.html.)

(二)创新能力

托马斯·彼得斯曾说:"要么创新,要么死亡。"在科学技术高速发展的今天,创新意识和创新能力越来越成为一个地区或国家竞争力和地位的最重要的决定因素。创新是创业的基础,创新能力是创业者们在创造活动中表现出来的一种独特的、新颖的解决问题的能力,他们能够将知识和理论进行融会贯通,在各种实践活动中不断提供具有经济、社会、生态等价值的新思想、新发明和新方法。大学生创业者在创业过程中,一定要注重创新能力的培养和发挥,让创新为创业注入鲜活力量,让创业促进创新思维的更进一步开发。

【案例分享】 摩拜入选"新四大发明"绝非偶然,创新技术让生活更便捷

新四大发明——高铁、支付宝、摩拜单车、网购——是2017年在"一带一路"沿线20多个国家的外国青年最爱的中国生活方式调查中评选出来的。

摩拜单车此番被外国友人评为中国"新四大发明"之一,绝非偶然。摩拜单车利用移动互联网、物联网技术与智能手机相结合,打造出共享单车的"无桩"模式。

摩拜单车已经在新加坡、曼彻斯特、索尔福德、福冈、札幌等全球超过150个城市投放总数超过600万辆的单车,日订单量超过2 500万辆,市场份额已超过60%,成功跻身全球最大的互联网出行平台。

(资料来源:http://tech.china.com/article/20170722/2017072242653.html.)

(三)创业机会识别的能力

这一点对于年轻的创业者来说是很难实现的。尤其是在校大学生或刚毕业的大学生,对自身和社会的认知非常有限,对待问题过于感性和冲动。如何根据自身拥有的资源选择合适的目标市场,仅靠自己闭门造车困难重重。最好的办法就是咨询专业老师或行业中经验较丰富的前辈,这能帮助创业者们降低一定的难度和风险,当获取了一定的信息后,要有胆识和魄力识别市场机会,明确自己所要满足的目标消费者是谁、他们的需求点是什么,才能将潜在的创业机会转化为创业活动。创业者要有感知顾客潜在需求、获取市场相关信息、探索有价值的新产品或服务、打造商业模式的能力。

【案例分享】 1美分垒起的大富翁

1989年,默巴克还只是美国斯坦福大学的一名普通学生。他学习成绩很好,但他的家境却十分贫寒。为了减轻父母的工作压力,默巴克从走进大学校门起,就边读书边打工,在打扫学生公寓时,默巴克经常在墙脚、沙发缝、床铺下扫到满是灰尘的硬币,这些硬币有1美分的、2美分和5美分的。

当默巴克将这些硬币还给那些同学时,那些同学谁也没有表现出丝毫的热情。此后,默巴克分别给财政部和国家银行写信反映小额硬币被人白白扔掉的事情。财政部很快就给年轻的默巴克回信说:"每年有310亿美元的硬币在全国市场上流通,但其中的105亿美元正如你所反映的那样,被人随手扔在墙脚和沙发缝中睡大觉。"如果能有效督促这些硬币滚动起来,这里面的利润将是多么可观啊!

1991年,刚从斯坦福大学毕业的默巴克立即成立了自己的"硬币之星"公司,定制了自动换币机。顾客只要将手中的硬币倒进机器,机器会自动点数,最后打出一张收条,写出硬币的价值,顾客凭收条到超市服务台领取现金。自动换币机收取约9%的手续费,所得利润与超市按比例分成。

默巴克的"硬币之星"一开业便大获成功。全国各地的超市纷纷同默巴克的"硬币之星"公司联系,要求与默巴克合作。仅仅5年,"硬币之星"公司便在全美8 900多家主要超市、连锁店设立了10 800个自动换币机,并成为纳斯达克的上市公司。一文不名的年轻穷小子默巴克一夜暴富,旋风般地成了令人瞩目的亿万富翁,人们都称他是"1美分垒起的大富翁"。

(资料来源:http://blog.sina.com.cn/s/blog_4fb3673a01017v6c.html。)

(四)营销能力

对于创业者来说,行之有效的营销计划非常关键。在互联网时代,营销已经全面融入产品的设计、生产加工、包装、配送、售后等每一个环节。作为一个创业者,懂得营销、懂得如何借助个人魅力将企业推广到更多的人面前,比懂得做产品更重要。在一份关于美国成长性企业500强的调查中,有88%的创业者是向终端用户直接销售取得收入,另外12%则是通过中介机构获得收入。在绝大多数新创企业中,创业者多数是负责销售的中坚力量。

(五)有效沟通的能力

能够妥善处理与消费者、供应商、竞争者、工商税务部门、金融机构、行业协会、新闻媒体等之间的关系,以及能够协调好下属部门各成员之间关系的能力,是创业者沟通能力的体现。斯坦福研究中心曾做过一份调查报告显示:一个人赚的钱,12.5%依赖其掌握的知识,87.5%依赖其人际关系网。作为大学生创业者,应当学会如何处理与外界的关系,团结一切可以团结的人和事,求同存异,共同协调发展。简单地说,创业者处理好人际关系,搞好内外团结,才能营造一个有利于自己创业的和谐环境,为成功创业打好基础。在企业的初创期,创业者大多依靠自己的力量来经营自己的创业活动,但随着创业团队的不断扩大、业务内容的不断增加,这就需要创业者凝聚身边有能力、有技术的人才,在业务上赢得更多的合作伙伴,不断发展壮大自己的创业活动。

【拓展阅读】 　　　　　创业者要处理的十大关系

1. 与投资人的关系

自信、坦诚、信任,三观要正,投资人不是联合创始人,绝不能让其拥有一票否决权。

2. 与合伙人的关系

要有老大,要有心甘情愿的追随者,团队价值观一致,股权分配明晰。

3. 与技术团队的关系

初创阶段就形成一套技术文化,要重视对技术人才的培养,创业者要和做开发的技术人员做朋友。

4. 与员工的关系

把公司的价值观、使命以及机会分享给你的员工,经常表达自己,不要隐瞒情绪。

5. 与媒体的关系

不断地向公众发出一些对自己有利的声音,对你吸引人才大有帮助。再小的公司也要恰当地处理媒体关系,尽可能学会讲自己的故事。

6. 与政府的关系

要把政府当成遇到麻烦时帮你解决问题的人,而不是遇到麻烦时把你折腾死的人。想办法维护与政府的关系,让你接触的领导、公务员们能够在你遇到麻烦的时候帮你解决问题。

7. 与对外合作伙伴的关系

不要为了能够拿下供应商,就陪吃饭、陪喝酒,其实这些都没用,真正好的合作关系是怎么帮对方赚钱。

8. 与竞争对手的关系

如果一个公司老大明确指出竞争对手,还擅长上下动员,员工们都具备强烈的对手意识,把某家公司作为竞争对手,那么这个公司上上下下一定都处在兴奋的打仗状态,整个公司的员工都明确自己的方向。

9. 与家庭的关系

处理好家庭关系与处理好政府关系是一样的,不要让家庭出现纠纷,创业者应该在自己公司员工年会时,把自己的老婆和孩子叫过去,一起喝酒,一起聊聊。

10. 与自己的关系

自己和自己的关系,是最重要的关系。你不用担心别人觉得你这不懂、那不懂,重要的是你知道自己的好和不好。因为那就是你内心的东西,最终决定一切的就是你的内心有多么强大,你怎么面对不利的环境往前走。

(资料来源:http://www.sohu.com/a/159045288_811167.)

【创新实验】　　　　我说你画

1. 请一位同学拿一张纸现场作画;
2. 另外请两位同学到黑板前准备就绪;
3. 作画的同学用语言描述该如何绘出这幅画,黑板前的两位同学根据描述将其画在黑板上(第一次,描述者和倾听者不能沟通直至画完,重复第二次,描述者和倾听者可以沟通直至画完);
4. 台下同学保持安静,也可以在教室制造噪音干扰这三位同学;
5. 对比两次作画的结果。

(六)决策能力

这是一种领导能力的体现,在重大问题面前,一个人能够保持冷静,思维缜密地考虑问题,做出果断而准确的判断。这对于创业者来说也是必不可少的。无论是在创办企业时还是在经营企业的过程中,创业者都会面对诸多不同的甚至两难的选择,如企业选址、竞争策略、定价等,创业者必须根据团队的具体情况,采用科学的评估方法进行快速的决策。这种能力来源于他们在各种复杂情境中进行决策的经验积累。

(七)管理能力

管理能力从根本上考察的是创业者提高组织效率的能力,主要涉及经营管理能力、规划与统整能力、协调能力、培训能力等,大学生创业者必须要学会经营管理自己的创业团队或是企业的能力。经营管理的主要对象是人员和资金,具体包括人员的选择、分配、组合和优化,以及资金的聚集、核算、分配、使用、流动等。在经营管理过程中,创业者要学会经营、管理、用人、理财四个方面的能力。创业过程的演进要求创业者能够有效规划并协调各个职能领域的事务，团结和激励员工，以创业精神支撑和引导企业成长。

【案例分享】　　企业家如何管理团队，诸葛亮是个失败案例！

刘备和诸葛亮相比，明显是诸葛亮的个人能力更强，但是为什么刘备逝世之后，蜀国却日渐衰落？因为诸葛亮虽然拥有高智商，个人能力爆表，但是他在用人方面却远远不及刘备。诸葛亮晚年的时候，凡事亲力亲为，就连打20军棍以上的惩罚措施都要亲自盯着，有时候他甚至自己亲自上去打。其实正是因为诸葛亮太小心谨慎了，他唯恐别人做不好，所以他不能放手让他人去做事。

管理一个企业，如果管理者任何事都要亲力亲为，那么，这个企业注定是要衰败的；如果管理者比较清闲，那说明他善于用人，企业一定是兴盛的。团队一定要合理地分工，管理者不懂授权只有两个结果：一个是把自己累死，另一个是把人才埋没掉。你累得要死，又没有培养出人才，团队就危险了。

（资料来源：http://www.sohu.com/a/149535653_355061.）

（八）学习能力

生命不息，学习不止！现代社会要想取得不断的成功，必须具备持续的学习能力。市场和行业的竞争日益激烈，大到一个企业，小到个人，要想在工作岗位上有所突破和前进，就必须比竞争对手更快地掌握更多的知识，通过不断学习使自己处于不败之地。对于大学生创业者而言，除了书本上的理论知识，更要重视学习其他方面的综合能力。要从实践中总结经验，通过组织外部和内部人士学习知识和技能，提升自我能力。

【案例分享】　　李嘉诚每晚看书半小时

李嘉诚晚上睡觉前一定要看半小时的新书，了解前沿思想理论和科学技术，据他自己称，除了小说，文、史、哲、科技、经济方面的书他都读。这其实是他几十年保持下来的一个习惯。他回忆过去时说："年轻时我表面谦虚，其实内心很'骄傲'。为什么骄傲？因为当同事们去玩的时候，我在求学问，他们每天保持原状，而我自己的学问日渐增长，可以说是自己一生中最为重要的。现在仅有的一点学问，都是在父亲去世后几年相对清闲的时间内得来的，因为当时公司的事情比较少。其他同事都爱聚在一起打麻将，而我则是捧着一本《辞海》、一本老师用的课本自修起来。书看完了卖掉，再买新书。"

（资料来源：http://blog.sina.com.cn/s/blog_63e0f9a501018xwb.html.）

【综合测验】　　你是否具备创业潜能？

"创业"是一个充满成就感、诱惑力的词语，但并非每一个人都适合走创业、当老板的道路。美国创业协会设计出了一份问卷，可使你在作出决策前对自己有一个初步的了解。请根据你的实际情况在括号内填上A、B、C、D。

1. 在急需做出决策的时候，你是否在想："再让我考虑一下吧。"（　　）
　　A. 是　　　　B. 多数　　　　C. 很少　　　　D. 从不
2. 你是否为自己的优柔寡断找借口说："是得好好慎重考虑，怎能轻易下结论呢？"（　　）
　　A. 是　　　　B. 多数　　　　C. 很少　　　　D. 从不

3. 你是否为避免冒犯某个或某几个有相当实力的客户而有意回避一些关键性的问题,甚至表现得曲意逢迎呢?(　　)
　　A. 是　　　　　　B. 多数　　　　　　C. 很少　　　　　　D. 从不
4. 你是否已经有了很多写报告用的参考资料,但仍责令下属部门继续提供?(　　)
　　A. 是　　　　　　B. 多数　　　　　　C. 很少　　　　　　D. 从不
5. 你处理往来函件时,是否读完就扔进文件筐,不采取任何措施?(　　)
　　A. 是　　　　　　B. 多数　　　　　　C. 很少　　　　　　D. 从不
6. 你是否无论遇到什么紧急任务,都先处理琐碎的日常事务?(　　)
　　A. 是　　　　　　B. 多数　　　　　　C. 很少　　　　　　D. 从不
7. 你非得在巨大的压力下才肯承担重任吗?(　　)
　　A. 是　　　　　　B. 多数　　　　　　C. 很少　　　　　　D. 从不
8. 你是否无力抵御或预防妨碍你完成重要任务的干扰与危机?(　　)
　　A. 是　　　　　　B. 多数　　　　　　C. 很少　　　　　　D. 从不
9. 你在决定重要的行动计划时常忽视其后果吗?(　　)
　　A. 是　　　　　　B. 多数　　　　　　C. 很少　　　　　　D. 从不
10. 当你需要作出可能不得人心的决策时,是否找借口逃避而不敢面对?(　　)
　　A. 是　　　　　　B. 多数　　　　　　C. 很少　　　　　　D. 从不
11. 你是否总是在快下班时才发现有要紧事没办,只好晚上回家加班?(　　)
　　A. 是　　　　　　B. 多数　　　　　　C. 很少　　　　　　D. 从不
12. 你是否因不愿承担艰巨任务而寻找各种借口?(　　)
　　A. 是　　　　　　B. 多数　　　　　　C. 很少　　　　　　D. 从不
13. 你是否常来不及躲避或预防困难情形的发生?(　　)
　　A. 是　　　　　　B. 多数　　　　　　C. 很少　　　　　　D. 从不
14. 你总是拐弯抹角地宣布可能得罪他人的决定吗?(　　)
　　A. 是　　　　　　B. 多数　　　　　　C. 很少　　　　　　D. 从不
15. 你喜欢让别人替你做自己不愿做的事吗?(　　)
　　A. 是　　　　　　B. 多数　　　　　　C. 很少　　　　　　D. 从不

统计得分:
　　A. 是(记4分)　　B. 多数(记3分)　　C. 很少(记2分)　　D. 从不(记1分)

测试结果参考:
50~60分:你的个人素质与创业者相差甚远;
40~49分:你不算勤勉,应彻底改变拖沓、效率低的缺点,否则创业只是一句空话;
30~39分:大多数情况下充满自信,但有时犹豫不决,不过没关系,有时候犹豫是成熟稳重和深思熟虑的表现;
15~29分:你是一个高效率的决策者和管理者,更是一个成功的创业者,具有良好的心理素质和坚忍不拔的毅力。

(资料来源:http://3y.uu456.com/bp_4hd3s99x4m4uc568dlw4_1.html.)

第二节　组建创业团队

一、团队的定义和贝尔宾团队角色理论

创业团队是指在创业初期,由一群才能互补、责任共担、为共同创业目标而奋斗的人所组成的特殊群体。著名美国风险投资管理专家约翰·多尔曾说过:"在当今世界,不缺少技术、创业者、资金和风险资本,真正缺少的是优秀的管理团队。与拥有一流创意的二流创业团队的企业相比,我更喜欢拥有二流创意的一流创业团队。"

剑桥产业培训研究部前主任贝尔宾博士和他的同事们经过多年在澳洲和英国的研究与实践,提出了著名的贝尔宾团队角色理论,即一支结构合理的团队应该由八种角色组成,后来修订为九种角色。贝尔宾团队角色理论是,高效的团队工作有赖于默契协作。团队成员必须清楚其他人所扮演的角色,了解如何相互弥补不足,发挥优势。成功的团队协作可以提高生产力、鼓舞士气、激励创新。以下列出九种角色,供大家学习。

(一)主导者——处事冷静的领导

主导者喜欢带领团队,采用民主的方式并希望所有人都会参与,但他也知道何时需要握回大权。达到团队目标是非常重要的,他会对工作列出优先次序并确定所有队员对自己的角色有非常清晰的认识。他是一个实际且能承受压力的人,在工作方面喜欢以正统的方法进行。

(二)驱策者——精力充沛、意志坚强的领袖

驱策者喜欢支配团队的工作方式,希望队员依从他的指示,他作的决定是决断的及实际的,并会非常坚持自己的意见。他认为达到目标至关重要,因此,对于队员的表现要求非常严谨,他不太有耐心,然而队员也尊重他的积极性及魄力。

(三)创新者——团队的智囊

创新者是个充满创意的人,时常喜欢提出新意见,由于非常自信,有时候对人会欠缺交际手段,如别人批评他的意见,他会显得不高兴,因而有时他会宁愿远离其他队员,避免发生冲突。

(四)监察者——善于监察和评核团队的表现

监察者喜欢仔细分析意见,看看它们是否符合团队的目标及方向,他处事认真且精明,因而别人忽略的问题他也能看到。正因为这样,别人会觉得他很挑剔,但他认为至少这样可避免犯错误。面对复杂资料,他有能力明白个中意思,从而制定最好的决策。

(五)执行者——团队的办事人员

执行者是一个实际且非常有效率的人,能集中注意力,看清楚目标、工作及成效,对于一些前卫的意见不太感兴趣。他处事小心及果断,着重细节多于速度,当他进行一项工作时,最不喜欢的是要有很多临时的改动。

(六)资源查探者——善于向外界求助

资源查探者很有求知欲,喜欢探索团队以外的事物及其他人的工作,他建立了很多联系,也懂得善用其他人的长处。他需要很多变化,否则会觉得沉闷,有时会过于冲动,但他善于探索新方法并能说服及推动其他队员。

(七)贯彻者——确保团队赶上工作进度

贯彻者喜欢理想地完成工作,例如按时完成,否则他会变得忧虑,会不断指出别人可改善

的地方。他会较集中地看错误及细节,也由于这样,有时会触怒别人,却可以防止别人变得不小心、太自满或懒惰。

(八)专业者——专业知识、经验及技能的提供者

专业者有专业或技术上的知识,能用简单易明的方法解释复杂概念。他鼓励其他人要客观地看事物,对于不明白他的人,有时他会显得不耐烦,对于别人的批评,他会非常留意。整体来说,他是个有方向感并会为目标而奋斗的人,偶尔他会是个颇为固执的人。

(九)协调者——关心队员的需要

协调者首要关心的是别人的情绪,他很容易看到别人的长处及短处,当别人不开心时,会尝试去开解他们。他认为彼此不应存有竞争,一个团队应像一个快乐的家庭。他也喜欢发掘别人的潜能,能够与沉默寡言的人展开沟通。

【自由思考】

1. 对照上述描述,请问你在团队中适合充当哪种角色?
2. 请问你的这种认识是基于什么?回忆你曾经出色完成过的3件事,由老师从中判断你的自我认识是否客观和全面。

二、创业团队的重要性

马云曾经说过,一个人若想成功,要么组建一个团队,要么加入一个团队!在这个瞬息万变的世界里,单打独斗者,路将越走越窄;选择志同道合的伙伴,能开阔视野,走向更大的舞台。每个想创业成功的人都是梦想的追求者,通过组建团队的方式,能够加快梦想的实现。一个人的力量是微小的,当拥有一个很棒的团队,他的潜力会通过这个团队得以持续开发和利用。所以一个人是谁并不重要,重要的是在他身后站着的是一群什么样的人!

(一)团队是创业的基本保障

人才是企业发展壮大的关键因素。马云在创建阿里巴巴的时候,团队的18名罗汉毅然放弃其他就业机会,陪马云回乡创业。由各种人才组成的一个创业团队决定了创业的成功或失败。通过创业团队这一人才有机的组合,可以实现人力资源的充分利用和各种优势互补,其作用要远大于独立创业。美国一项研究表明,83.3%的高成长企业是由团队建立的,团队创业型企业的成长性明显优于独自创业型企业。所以,团队于创业者而言,就如同水之于鱼,是必不可少的因素。

(二)团队能够体现企业的凝聚力和战斗力

一个真正的团队不仅仅只是一群人的机械组合,而是一种意识的统一、激情的融合、理想的碰撞。一支优秀的创业团队,其成员之间必然是相互依存、相互影响、相互合作,共同提高企业绩效。只有一个有团队意识、团队精神且拥有共同价值观的团队,才能形成凝聚力和战斗力,才会在激烈竞争的市场环境中拼得一席之地。

(三)团队能够降低企业的经营风险

企业在经营过程中难免会遇到一些大大小小的危险。相对来说,团队的力量较能应对突发的各种风险。尤其是那些能够密切团结、协作到位、具有积极性和创造性的团队,抵御风险的能力更强。团队成员之间知识与能力互补,对新创企业的持续良好发展具有重要作用。

(四)团队能够提高企业的创新能力

创新是一个企业的生命力,提升品质、管理、素质等能力是一个企业转变发展形态的首要

任务。一个优秀的团队正是企业创新所必需的条件和动力,只有在各种人才之间进行有机、科学和不懈的磨合,才能成就更具高度的智慧,进而创造一个又一个足以克服任何困难的奇迹。

【拓展阅读】　　　　　团队中的"雁阵效应"

春来秋去的大雁在飞行时总是结队为伴,队形一会儿呈"一"字,一会儿呈"人"字。大雁为什么要编队飞行呢?

大雁编队飞行产生一种空气动力学的作用,一群编成"人"字队形飞行的大雁,要比具有同样能量而单独飞行的大雁多飞70%的路程,也就是说,编队飞行的大雁能够借助团队的力量飞得更远——协同会增加70%的力量。

管理专家们将这种有趣的雁群飞翔阵势原理运用于管理学的研究,形象地称之为"雁阵效应"。它启示我们,靠着团结协作精神,才使得候鸟凌空翱翔,完成长途迁徙。

三、组建创业团队的基本原则

(一)合伙人原则

创业初期,一个人的力量往往是有限的,而且招聘进来的员工大多只是完成本职工作,并未把工作当作一份事业来对待,责任感并不强。所以在创业准备阶段,可以通过寻求志同道合的合伙人组建创业团队,好的合伙人能在工作中互相帮助、互相学习、互相促进,在物质和精神方面给予极大的支持。在创业相对比较艰难的时期,合伙人之间抱着真诚的原则,相互信任、相互鼓励,朝着共同的目标坚持不懈地开创一片天地。

(二)优势互补原则

创业者之所以要组建创业团队,其原因在于全面型人才是很少见的,企业必须通过一个团队来弥补创业目标与自身能力之间的差距。团队成员相互间在知识、技能、经验等方面就是要互补,分工明确、各有所长、各司其职,才有可能通过相互协作发挥出"1+1>2"的协同效应。美国互动数字电视广告平台 Enplug 有五个合伙人,大家分工明确,包括设计、财务、硬件、运营、软件。事实上,如果团队成员擅长的领域相同,更容易出现分歧。

(三)精简高效原则

这是组织设计中遵循的传统原则之一。精简、统一、效率是组织设计的最重要原则。机构精简、人员精干,才能实现高效率。因此,创业者在组建创业团队的时候,为了减少创业期的运作成本、最大比例地分享成果,创业团队人员构成应在保证企业能高效运作的前提下尽量精简。

(四)激情原则

一个富有激情的团队,往往能够给初创企业带来无限的动力。组建团队的时候一定要选择对项目有高度热情的合伙人,并且这种热情能够长期存在于企业创业的整个过程,尤其是困难的时候。团队当中的成员如果比较悲观消极,对创业团队其他成员产生的负面影响可能是致命的。企业在创业初期,整个团队可能每天的工作时间都在十个小时以上,甚至还会面临各种意想不到的压力,因此,我们要求团队成员在高压的工作环境下仍能保持创业的激情。

(五)动态性原则

天下大势,合久必分,分久必合。随着企业的发展,团队成员中出现分歧乃至冲突完全是可能的,也是正常的。创业过程是一个充满了不确定性的过程,团队中可能因为能力、观念等多种原因有人离开,同时也有人要求加入。因此,在组建创业团队时,应注意保持团队的动态性,事先建立一个合理的退出和进入机制,使创业团队能保证拥有真正合适的、匹配的人员。

【自由思考】

请客观评价你们所在的小组或团队是否符合上述原则?若有不足,请思考该如何改进?

四、组建创业团队的步骤

在前面的知识点中,我们介绍了组建创业团队的原则和必备条件,这是组建创业团队的基础,接下来要做的是如何组建一个创业团队。它有哪些步骤呢?不同类型的创业项目所需的团队不同,创建步骤也不完全相同,但是,我们可以大致归纳出以下几点:

(一)明确创业目标

创业者应明确自己的创业方向和战略目标,这对于后期选择创业合作者以及制定团队章程都起着引领性的作用。总目标确定之后,再将总目标加以分解,设定若干可行的、阶段性的子目标。

(二)创业者自我评估

主要指对创业者的各项能力、素质以及现有的资源进行摸底,明确自己的优势与劣势,为后期寻找创业合作者、补充性资源提供重要的参考依据。

(三)选择创业合作者

这是组建创业团队最关键的一步。关于创业团队成员的确定,首先要考虑互补性,一般情况下,一个团队至少需要管理、技术和营销三个方面的人才,他们之间形成良好的沟通协作关系,是创业团队实现稳定高效的前提;其次要考虑适度规模,团队成员太少则无法实现团队的功能和优势,过多又可能会产生沟通交流的障碍和管理成本的增加。大学生在选择创业合作者时,可以在学校社团组织里的那些比较活跃、有理想、有抱负、有特长、有技能的学生中去寻找志同道合的合伙人,或者在日常的社交场合与身边的同学圈中有意识地去关注和结交朋友,或者通过创客空间、朋友推荐等各种渠道寻找团队合伙人。

(四)确定组织结构,明确职责与权利

首先,进行初期内部的组织结构设计,简单、高效、便于沟通交流与操作即可。其次,具体确定每个团队成员所要担负的职责以及所享有的相应权利。这里应当注意,职责的安排不应该是一成不变的,既可以在某一时间进行职责轮换,也可以指定几名成员在整个创业过程中共同承担某些职责。这是高效创业团队的具体体现。

(五)制度体系建设

制度体系是成员之间共同遵守的规定和准则,是各成员的行为规范。创业团队制度体系体现了创业团队对成员的控制和激励,主要包括团队的各种约束制度和激励制度,可以调动成员的积极性和创造性,提高经济效益。

(六)团队的调整融合

随着团队的运作,团队组建时在人员匹配、制度设计、职权划分等方面的不合理之处会逐渐暴露出来,这时就需要对团队进行调整融合,这是一个动态持续的过程。

【创新实验】　　　　　　　　迷失丛林游戏

活动形式：先个人,后小组
类型：团队建设
时间：30分钟
材料及场地：迷失丛林工作表及专家意见表,教室或会议室
适用对象：所有学员
活动目的：通过具体活动来说明团队的智慧高于个人智慧的平均组合,只要学会运用团队工作方法,可以达到更好的效果
操作程序：

1. 老师把迷失丛林游戏工作表发给每一位学生,然后讲下面一段故事:你是一名飞行员,但你驾驶的飞机在飞越非洲丛林上空时突然失事,这时你必须跳伞。与你一起落在非洲丛林中的有14样物品,这时你必须为生存作出一些决定。

2. 在14样物品中,先以个人形式把14样物品按重要顺序排列出来,把答案写在工作表的第1栏。

3. 当大家都完成之后,老师把全班学员分为5人一组,让他们开始进行讨论,以小组形式把14样物品重新按重要顺序再排列出来,把答案写在工作表的第2栏,讨论时间为20分钟。

4. 当小组完成之后,老师把专家意见表发给每个小组,小组成员把专家意见填入工作表的第3栏。

5. 用第3栏减第1栏取绝对值得出第4栏,用第3栏减第2栏取绝对值得出第5栏,把第4栏累加起来得出个人得分,把第5栏累加起来得出小组得分。

6. 老师把每个小组的分数情况记录在白板上,用于分析小组个人得分、团队得分、平均分,见表4—1。

表 4—1

小组	全组个人得分	团队得分	平均分
1			
2			
3			
4			
5			

7. 老师在分析时主要掌握两个关键的地方:(1)找出团队得分低于平均分的小组进行分析,说明团队工作的效果(1+1＞2);(2)找出个人得分最接近团队得分的小组及个人,说明该个人的意见对小组的影响力。

有关讨论：

1. 你对团队工作方法是否有更进一步的认识?
2. 你的小组是否有出现意见垄断的现象?为什么?
3. 你所在的小组是以什么方法达成共识的?

/将表4—2内容打印给学员/

表 4—2　　　　　　　　　　　迷失丛林游戏工作表

物品清单	1. 个人排序	2. 小组排序	3. 专家排序	4. 个人与专家比较（绝对值）	5. 小组与专家比较（绝对值）
药箱					
手提收音机					
打火机					
三支高尔夫球杆					
七个大的绿色垃圾袋					
指南针（罗盘）					
蜡烛					
手枪					
一瓶驱虫剂					
大砍刀					
蛇咬药箱					
一盆轻便食物					
一条防水毛毯					
一个热水瓶（空的）					
绝对值总计					

专家的选择：

1. 大砍刀。非洲丛林多野兽，有刀可以打猎，也可以救命，还能开路。
2. 打火机。火也可以用来防野兽，用来烧食物、防潮湿，点燃火堆可以求救。
3. 蜡烛。因为潮湿，生火就困难了，有了蜡烛就方便多了，可以保留火种。
4. 一条防水毛毯。晚上睡觉防潮湿、防雨淋，可以当雨披，又保温。
5. 一瓶驱虫剂。非洲丛林蚊虫多，容易传染疾病，驱虫剂可以防止被毒虫叮咬。
6. 药箱。可以治病、急救。
7. 七个大的绿色垃圾袋。打猎伪装用的，也可以取暖、蓄水；粪便的味道容易吸引野兽，垃圾袋可以包装粪便掩埋。
8. 一盆轻便食物。丛林中动植物多，所以食物比较容易获取。
9. 一个热水瓶（空的）。蓄水，林子里有很多地方的水不能直接喝；可用垃圾袋代替，热带丛林无需保存热水。
10. 蛇咬药箱。蛇多，防蛇。
11. 三支高尔夫球杆。打蛇用的，可以作为打猎武器。
12. 手枪。打猎，用处不大，火药容易受潮，枪声容易引来野兽。
13. 手提收音机。用来接收无线电信号，电池容易受潮，使用寿命也不长，且笨重。
14. 指南针（罗盘）。茫茫森林你就算知道东西南北又能如何呢？你不知道哪个方向是正确的，可用查看太阳方向等方法辨别方向，且在没有地图配合的情况下，只知道方向是无用的。

【创新实验】　　　　　　　棉花糖塔

活动类型：团队建设
活动时间：40分钟
活动道具：放在牛皮纸袋中的20根未经煮熟的意大利面条、胶带、1米长的且用手易弄断的细绳（若绳子太粗则配备剪刀）、标准尺寸的棉花糖
教师工具：测量尺、码表或倒数计时设备（最好投影在屏幕上，以便学生及时看到倒数计时，也可以在计算机上使用在线码表）
活动目的：通过具体活动来说明熟练运用团队分工协作的方法可以使创业活动达到更好的效果
游戏描述：小组竞争（建议4~6人一组），看哪一组能运用现有材料建造最高的独立结构来支撑顶端的棉花糖；所搭建的棉花糖塔从课桌表面到棉花糖顶部距离最长的小组为获胜小组（注：不能从更高结构上悬挂，如椅子、房顶或吊灯）；通过练习来例证在不确定环境中创业者采用实验和迭代学习的方法，发现有关环境的信息，强调进入新的未知环境时市场测试和实验的重要性
注意事项：
1. 整个棉花糖需位于结构的顶部，切除或吃掉部分棉花糖意味着该小组资格被取消。
2. 按照自己的选择使用工具中的材料，但是不能使用纸袋作为结构的一部分（如可以全部使用20根意大利面条，也可以不全部使用，细绳或胶带也是如此）。
3. 依据自己的选择，可自由折断意大利面条、细绳或胶带来创造新结构。
4. 挑战时长为18分钟，当时间截止后，继续搭建的小组将被取消资格。
5. 一定要确保每个人都了解规则，至少要重复3次，正式挑战活动开始前询问是否有人不明白规则。
游戏步骤：
第一步（5分钟）
将工具箱分发给每个组，介绍任务挑战，解释清楚棉花糖塔挑战的目标和规则，告诉学生们在全球范围内已经有好几万人完成这个挑战，人群分布从儿童到公司总裁。
第二步（18分钟）
1. 启动闹钟开始挑战，并在教室内走动观察不同小组采用的流程。
2. 提醒各小组时间，当时间变短后，提高提醒频率（如可在距离最终时间9分钟、5分钟、3分钟、2分钟、1分钟、30秒和之后每隔10秒提醒一次）。
3. 大声说出各小组是如何做的，让所有小组知道其余小组的进展，建立一种友好的竞争氛围，并鼓励人们环视四周。
4. 提醒各小组若对塔结构采用人工支撑的话将被取消资格，获胜的塔结构必须是稳定的（小组通常会在最后时刻将棉花糖置于塔结构顶部，往往会导致结构被压垮，因此，在最后会有强烈的愿望人工支撑他们搭建的结构）。
第三步（2分钟）
1. 闹钟计时结束后，要求所有成员在各自位置上坐好，停止挑战活动。
2. 按照从最矮到最高的顺序测量各组棉花糖塔的站立结构，大声喊出其高度并记录高度数据。

3. 确定获胜小组。

第四步(15分钟)

教师基于在挑战过程中观察到的小组活动情况,询问某些小组搭建结构的流程。

注:通常会发现有些小组花费大量时间计划,最终反而失败,而那些通过试错进行实验和学习的小组一般会做得更好,即首先从结构坍塌的小组开始,课堂效果会更好。

例如,在搭建结构时你们使用了什么流程?

——关注他们是花费大量时间进行计划和草绘,还是试错出了什么问题。

——突出与未知因素有关的问题,如意大利面能承重多少或相对于结构来说棉花糖是否过重。

又如,你如何应对这种情况?

——指出事实:缜密的计划没有给从体验中进行调整和学习留下多少空间,由此导致了"危机"。

注:在成功的团队中重复上述问题,努力捕捉各小组之间的差异和共性。

该挑战的创造者汤姆·伍捷克(Tom Wujec)对不同类型的小组展开多次挑战后发现:

1. 最佳执行者一般是工程师,他们理解结构和压力,因此,对他们而言,这是一种更为确定的环境。

2. 最差执行者一般是刚毕业的商学院学生,他们往往考虑到有限的关于结构的知识,并处于极不确定的环境中。

3. 排在工程师之后的最佳执行者是刚毕业的幼儿园孩子,他们也处于不确定的环境中,但他们更倾向于通过实验得出起作用的因素,从中学习并在原有基础上创建更有趣的结构。

关键要点:

1. 在不可知的环境中,采取行动要胜于制订计划。

2. 从小规模实验和试错中学习,可以产生更独特的方案(特别是当未来不能预测时)。

3. 失败可以为改进产品或服务提供重要的借鉴。

第三节 打造高效创业团队的基本策略

打造一个健康、有战斗力的高效创业团队,以下几个策略可供参考:

一、正确的团队合作理念

(一)团队凝聚力

正如众人拾柴火焰高,一个优秀的创业团队必然是一个充满团队凝聚力的集体。一个创业团队拥有正确的团队合作理念,必然是一个命运共同体,能够相互依赖和支持,共享收益、共担风险。陈国、费拥军、刘伟和程晨被称为史玉柱的"四个火枪手",巨人集团倒闭几次都东山再起,正是因为这四个人始终不离不弃,一直追随左右!

(二)诚实正直

在库泽斯和波斯纳进行的几乎所有调查中,诚实正直总是排在第一位的品质。它排斥纯粹的实用主义和利己主义,拒绝狭隘的个人利益和部门利益。一个团队成员只有拥有诚实正直的优良品质,才能信守承诺,忠诚于自己承担的责任和义务,忠诚于企业的核心价值观,忠诚于企业愿景和基本指导理念。

(三)着眼于未来

拥有正确团队合作理念的成员,能够把目光放在企业的未来发展而不是短期的利益上。他们把创业当作成就一番事业来努力,他们追求的是企业长远的发展,以及自身因此而获得的金钱、地位和成就感。他们会为了实现企业的长远目标而坚持不懈,会承诺为团队的各种利益相关者谋利,把企业越做越大。

二、拥有核心领军人物

柳传志曾说过,领军人物好比是阿拉伯数字中的1,有了这个1,带上一个0,它就是10,两个0就是100,三个0是1 000。创业者在组建创业团队时,经常忽视团队领军人物的个人创业素质与能力,多数情况下,将出资额、年龄、关系远近或者最早识别到商机的发起人确定为创业团队领军人物,这样导致团队的领军人物并不能真正胜任领导工作,在创业过程中一旦遇到重大问题时,他并不能迅速作出正确的决策、凝聚团队成员、带领团队走出困境。我们要确定的核心领军人物必须是团队成员在共事过程中发自内心认可的,在创业团队中有巨大的、无形的影响力,能够有一呼百应的气势和号召力的领导者。

三、明确的团队发展目标

一个团队要有战斗力,就必须制定明确的、大家充分一致认可的发展目标,这一目标的确定,会永远照亮团队前行的方向与道路,并激励着团队不畏艰难险阻地去实现预期目标。团队发展要有长远的战略目标与切实可行的短期目标,同时要制订具体的行动计划,并按人员分工、时间进度对目标进行合理的分解。同时,明确的团队发展目标能够为团队运行过程中的决策提供参照,能成为判断团队进步的标准,为团队成员提供一个合作和共担责任的焦点。

四、责、权、利统一的团队管理机制

没有规矩,不成方圆。丑话说在前头虽然看起来会得罪人,但唯有这样,才能确保出现状况时有据可依。在组建创业团队时,要把最基本的责、权、利说得明白透彻,尤其股权、利益分配更要详细罗列清楚,包括增资、融资、撤资、扩股、人事安排及解散等。对于年轻的创业者来说,这是最容易被忽视的问题。因此,可以咨询经验丰富的前辈们,制定一套相对比较齐全的责、权、利统一的团队管理机制。等企业发展壮大后,才不会因利益、股权等的分配分歧而产生团队成员之间的各种矛盾。

五、实施有效的激励机制

实施有效的激励机制,其实是以人为本的管理理念的体现。通过有效的激励机制,可以最大限度地提高团队成员的积极性,激发员工实现自我价值的热情,从而形成良好的竞争氛围,可以为后期公司治理机制的制定奠定基础。激励机制的设计应该坚持注重业绩导向、差异化、灵活性、团队整体四项原则,激励的内容一般包括薪酬激励、精神激励、授权激励、股权激励等。

六、注重学习与创新

一个团队没有持续学习和创新的能力,被市场淘汰只是时间问题。只有通过不断学习和创新,才能帮助创业团队实现自我成长并最终达到未来目标。首先,团队内部应该着力构建学习型组织,加强内部学习、知识共享,同时注重向外界汲取新的知识,持续不断地提升组织的学习能力;其次,团队应营造创新氛围,鼓励团队成员进行创新思维和能力的开发与训练,促进整个团队创新能力的提升。

【拓展阅读】 组建初创团队最常见、最致命的几个大坑

不少初创团队在组建过程中会出现一系列问题,这些问题将成为企业发展的桎梏甚至是企业轰然倒下的直接原因。以下介绍最常见、最致命的几个大坑,希望引起创业者的警惕并对初创团队有所帮助。

一、老大去哪儿了

初创公司经常出现隐性的老大缺失问题,主要包括下面三种情况:(1)管理层不服管,名义老大没有足够的威信,给团队管理带来极大的困难和障碍。(2)公司 CEO 成为整个公司的对立面,成为公司内部公认的麻烦制造者和公司所有问题的根源,即公司上下都缺乏对 CEO 的基本敬意。(3)权分两半,两人联合创业、各管一摊,一山难容二虎,两个同样强势和同样能干的人往往难以做到长期合作与和谐共处。

二、股份结构太过分散、平均

融资之前,CEO 的股份最好不低于 60%,这样经过天使融资后,CEO 还能持有公司 50% 以上的股份比例。初创团队中,必须推选出明确的领导人(CEO)来做绝对的大股东。股份上的明显优势,对于 CEO 树立在团队内部的影响力和话语权也是很有帮助的。但与此同时,CEO 也不能持有过高的股份比例,需要为创始团队留出股份,也为员工和后续核心成员留出期权的空间。

三、没有提前制定好游戏规则和退出协定

为什么有的企业会"哥们式合伙,仇人式散伙"?在合伙创业的时候,大多是因为惺惺相惜、理念相同,最后却因各式各样的原因分道扬镳。为了在出现这种窘境时尽可能地保护公司和全体股东的利益,创业之前一定要丑话说在前面,提前签好退出协议,明确不同退出情况下的股份处理和转让相关条款、机制。

四、贸然和不熟悉的人一起创业

为了搭建更有战斗力的团队,需要打开视野,在不熟悉的圈子里寻找合适的创业伙伴。然而,前提是必须在新人正式加入之前就擦亮眼睛仔细甄选,先进行一定的磨合,做到知己知彼。如果找到的牛人是你不熟悉的,那么该怎么办呢?这就需要提前做好工作,通过多方面的调查和多次深入沟通来了解你的准创业伙伴,以期在最短的时间内达到彼此之间的熟悉和了解。

五、一开始就组建一个豪华团队

初创企业的资金都很有限,每一分钱都得用在刀刃上,初创企业的人员数量上不能太多,能满足基本的需求就可以了,否则会增加内耗,造成不必要的麻烦。组建团队时,如果过于求全求好,就会主要出现两个方面的问题:(1)团队成员的背景过好,超出了公司早期业务的需求;(2)团队太完善,各种关键、不关键的岗位全部到齐。对于这种团队,我们一般都会保持警惕。

六、引入中看不中用的人

我们曾经见过一些团队,一眼看去团队成员的背景非常好,且经验和人脉正好是公司业务发展所需求的。但是,跟团队成员细细聊过之后,发现不是那么回事,有些团队成员的背景看着非常令人印象深刻,可一聊到业务细节就漏洞百出。大公司里难免会有滥竽充数之辈,但是

对小公司来说,如果关键岗位请到的是南郭先生,那很有可能是个灾难。

七、招来在做人方面有硬伤的人

如果创业核心成员出现如下问题,将成为团队团结的障碍:(1)品行有问题;(2)太喜欢搞公司政治;(3)太难与团队进行配合。对初创企业来说,招聘是非常重要的工作,是创始人需要花大力气的三个重点之一(团队、融资和战略),同时招聘也是个技术活,需要在长期的工作中练就一双火眼金睛,正确、快速地对候选人做出综合判断。

(资料来源:http://www.cyzone.cn/a/20150715/277415.html.)

【案例分享】 有合作也有制衡的腾讯创业团队

创业团队成员应该有互补性,并且能够适应时代发展变化。腾讯的5人创业团队内部有合作也有制衡,"对外马化腾知名度很大,但对内又是相对民主的,就像资本主义的三权分立,大家都是老板"。

这5人早年间就是同学或同事,所以相互之间知根知底,马化腾根据各自特点分工,确定各自出资和占有股份的多少。马化腾虽然一股独大,但并不绝对控股,这使得腾讯的创始人团队从一开始就形成了民主决策的氛围。后来,当腾讯公司发展到数千人的规模时,这种民主决策的风格仍被保留了下来。谢文曾经参加过腾讯公司的会议,留给他的印象"是集思广益,是投票表决,是专业的,是公正的"。

马化腾要求每个中层管理人员为自己"备份"副手,腾讯的高层团队里也一直有这样的配对模式。早期,在创业团队中负责研发的张志东和负责市场的曾李青是力量最突出的一对。2004年上市之后,腾讯进行了一轮大规模的职业经理人引入。2006年,公司进行了事业部改造,按公司业务划分为互动娱乐、互联网业务、无线和网络媒体四大板块,公司创始人团队的部分权力下移,职业经理人的权限得到提高,刘炽平被任命为总裁,其投资银行背景为腾讯获得香港资本市场认可并进入恒生指数立下大功。

腾讯刚创办的时候是5人决策小组,相应的组织结构分4块,除马化腾外,其他4位创始人每人单独管一块:张志东管研发,研发分为客户端和服务器;曾李青管市场和运营,主要与电信运营商合作,也外出找一些订单;陈一丹管行政,负责招人和内部审计;许晨晔管对外的一些职能部门,比如信息部、对外公关部都属于他的管理范畴,最开始的网站部也在他的管理范围内。

当时担任公司首席运营官的是曾李青,在此之前,他负责整个腾讯公司的市场业务。在腾讯的组织架构调整之后,公司出现了首席执行官、总裁和首席运营官共同存在的局面,同时,权力下放事业部。曾李青的权力被分散,不久后他便辞去了在腾讯的职务。此后,创始人团队中的许晨晔也有意淡出,不过被马化腾挽留。许晨晔性格温和,从不急躁,亲和力很强,善于与不同的人沟通,做决策会充分考虑到不同人的看法,马化腾需要他在团队中起到润滑剂作用。

现在,除了曾李青,其他4位创始人都还留在公司,公司最核心的12人决策机构——总裁办公会——里形成了创始人和职业经理人各半的局面,新的权力平衡在腾讯高管中形成。

在中国互联网公司里,创始人与空降职业经理人之间的关系很难平衡,往往会发生激烈冲突。网易的丁磊曾经引入职业经理人又将其驱逐,搜狐张朝阳也同样如此。马化腾在人事调整的节奏上把控得相当到位,这使得腾讯在引入职业经理人和创业元老的退出过程中没有发生任何激烈的"流血"事件。对于在腾讯空降的职业经理人,马化腾的评价是"融入得很好"。

唯一离开公司的创始人曾李青离开得也很潇洒,在腾讯公司的官方网站上,他仍然以终身名誉顾问的身份排在高管列表之中。腾讯的创始人团队组合的稳定性和职业性在中国互联网历史上仅有携程创业团队可以与之媲美,携程梁建章、季琦、沈南鹏、范敏4人创业团队先后轮番担任公司CEO,公司却依旧保持高速稳定发展。

每次腾讯面临一个重大决策时,都是从争吵开始,却不是以"一言堂"结束。就是马化腾的"从众"式妥协,把腾讯带入意想不到的成功轨道。例如,对于在网络游戏中销售用户虚拟形象,马化腾刚开始并不看好,提出一系列的质疑,内部曾经发生激烈争吵。QQ秀、QQ会员的系列产品,现在占腾讯总收入来源的70%。

决策矛盾是经常可能遇到的,但处理起来并不算困难。如果一个建议未进行可行性论证,马化腾会要求大家拿出具体的论证与执行方案。实际上,落实到行动方案的时候,问题和机会都将非常明了,也更便于创业团队做出最合理的决策。QQ秀最初立案时就遇到过很多质疑,包括马化腾本人也持怀疑态度,因为在那个时候,虚拟形象还没有商业化的先例,但最终把方案拿出来一看,大家都有信心了。

为了将团队合作精神发扬光大,马化腾在企业内部构筑了通畅的沟通渠道。从公司高层到中层,再到基层员工,都需要通畅的沟通渠道,同时创业团队与站在行业前沿的同行和专家也保持着密切的沟通。高层管理团队在各自的专业领域中都有很深的造诣,比如有的人对前沿技术比较敏感,有的人对市场机会的把握更强,有的人更擅长组织变革。团队成员之间相互影响、相互学习。

随着腾讯朝着"超级竞争"的迈进,马化腾这种温和改良型的强人哲学也面临"超级挑战"。公司规模越来越大,诸侯割据的大企业病变得严重,在公司内部人员满意度调查中,跨部门的合作被认为是"很累,很难去做"的。马化腾将总裁办公室下属的战略研究部扩张到了数十人,他希望这样的智囊团组织能够在理顺内部格局方面发挥作用,希望能够将冲突放到桌面上讨论,然后由智囊团从整体公司利益的角度做出公允的判断,马化腾从一个技术专家变成了一个颇有智慧的管理高手。

(资料来源:http://club.1688.com/article/22986570.htm.)

【创业实践】　　　　　　激情立方体

一、材料清单
1. 正方形的白纸(每张约5cm×5cm或8cm×8cm),最好是硬一点的纸或卡片。
2. 几卷透明胶带,供全班使用。

二、实验步骤与时间安排

第一步(3分钟)
首先发放正方形卡片,每位学生6张。学生们可以传递胶带,每人剪下8小段。

第二步(2分钟)
让学生拿出1张卡片写下自己有激情的事情,这有时需要你的鼓励。要求学生想出一些真正让自己感到兴奋并且确实喜欢做的事情。

第三步(5分钟)
让学生把刚才那张卡片放在一边,再拿出2张卡片,在每张卡片上写下一件事情,描述他们为什么对第一张卡片上所写的事情充满激情。应该给学生几分钟时间完成这项内容,因为通常不会有人要求他们反思充满激情的动因是什么。你可以通过举例子给他们提示。本科生通常对运动充满激情,所以可以让他们思考为什么会热爱这项运动:是因为可以在众人面前表现自己吗？是为了竞争吗？还是团队情谊？

第四步(2分钟)

学生写完这2张卡片后,让他们把这2张也放在一边,并拿出最后的3张卡片,在每张卡片上写下他们感觉自己具备的一项技能或长处。

第五步(2分钟)

接下来,让学生拿出全部6张卡片,正面朝下摆放,这样他们就不会看到上面的内容,然后将卡片打乱。完成这些后,让他们将卡片接成如图4—8所示的"T"形或交叉形状(仍然是正面朝下),然后把边缘粘在一起。

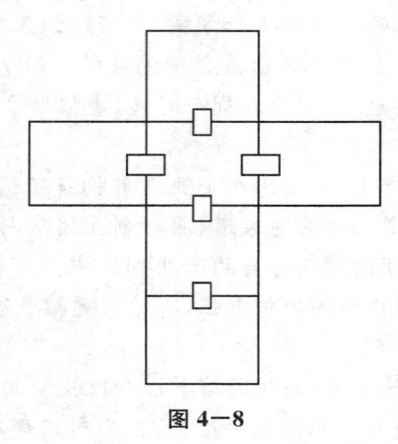

图4—8

第六步(1分钟)

让学生将"T"形折叠成一个立方体,有字的部分露在外面,用胶带将最后的边缘粘起来。

第七步(5分钟)

让学生检查自己的技能、激情与激情动因的交汇点,这也是立方体各平面相交汇的地方。让他们随机挑选一个交汇点,并构思出至少一个商业创意,要求包含立方体在该交叉点相交的两个平面的内容。如果你愿意花更多时间训练,可以让学生选择立方体的其他边缘重复此做法。

最后小结(5分钟)

让一名学生介绍自己是如何通过立方体构建商业创意的,并在此基础上增加其他利用同样两方面内容的商业创意,这会很有帮助。询问是否有学生在思考商业创意时遇到困难(通常会有一些),从中选出一位学生,让其任意挑选两个相邻的平面(注意:这个时候你需要很小心,因为有些学生可能不愿意在班里其他人面前分享私密的想法),接着让班里学生用这两方面的内容构思创意。

不要在这件事上花太多时间。学生(尤其是相对年轻的学生)可以自己花时间思考这方面的问题,进而想出与其激情和优势相关的好创意。向学生强调指出,他们应该随身携带这个立方体并利用它产生更好的创意。随着对激情的进一步反思,学生也可能会修正立方体。向学生指出,通过考虑激情的动因,他们可以想出很多之前不觉得会给自己带来同样感受与灵感的创意。

第五章 创业的政策与环境

学习内容与目标

1. 了解当前创新创业形势；
2. 熟悉国外创新创业政策；
3. 熟悉国内创新创业政策；
4. 理解创新创业相关的法律法规。

创新实验指南

1. 通过资料查阅、信息收集、政策解读、环境分析等了解当前创新创业形势，熟悉并掌握适用的各项创新创业政策；
2. 通过小组讨论、团队知识竞赛等，熟悉并掌握创新创业相关的法律法规。

活动导入

播放创新创业政策相关视频，学生以团队为单位，观看完之后进行分组必答和抢答，通过小型知识竞赛提升学生对政策类知识点的学习兴趣，增进对创新创业政策的敏感度。

先导案例

美第奇家族对梵蒂冈公款的巧妙运用

乔凡尼·迪比奇·德·美第奇(1360—1429)，以经营银行赚得巨额利润，成为佛罗伦萨的首富。通过兑换业获取高额利润，为美第奇家族的繁荣奠定了基础。自1410年起担任罗马教皇厅的财务管理员。

1. 通过分散网点和信息网络构建起来的国际汇兑、结算体系

汇兑、结算这类业务始于美第奇家族，此后600年间又相继出现了由美国运通公司、VISA、PayPal、Square等开创的不同支付模式。货币作为商品(服务)的支付手段，是古代的一大发明。但到了中世纪(欧洲)，由于贸易往来的不断扩大，跨国大额贸易逐渐增多，利用货币(金、银等)进行交易时会有诸多不便。为此，从事货币兑换的商人在欧洲各地开设分店，让远隔两地的人实现了不同货币错时结算的可能。其中的主导力量，正是14世纪文艺复兴初期，以北意大利佛罗伦萨为据点的美第奇家族。

图 5—1

美第奇家族的乔凡尼·迪比奇·德·美第奇率先在整个欧洲建立起了稠密的信息网,成功开创了汇兑、结算业务,并从中取得了丰厚的佣金收益。比如,一旦有 A 国向 B 国的汇兑业务时,美第奇家族就会在第一时间找到与之相反的汇兑业务(B 国向 A 国),这样就回避了汇兑的风险,也不必再大费周章地搬运货币了。由此,让多数企业家倍感安全的结算网络终于问世了。

2. 化敌为友——美第奇把严禁收取利息的梵蒂冈也变成了合作伙伴

有一个大难题,即势力庞大的天主教会严禁收取利息。"那汇兑业务难道就不是(以佣金为名)收取利息的融资行为吗?"结果,天主教会的罗马教廷(梵蒂冈)公开声明"佣金不是利息",因此,银行业(融资、汇兑、结算)终于名正言顺地驶入了发展的轨道。这究竟是怎么回事呢?聪明的美第奇家族在账目中增加了一项名为"上缴给神"的款项,即捐献给教会和慈善事业的款项。正是因为这笔款项,美第奇家族与梵蒂冈成功构建起伙伴关系。

1410 年,美第奇家族又被梵蒂冈委以财务管理的重任,独自掌管着来自全欧洲的巨额财富。虽然佣金寥寥无几,但各国上缴的公款在纳入罗马教廷之前的数月,都成为美第奇家族自由使用的资金。

借此,美第奇家族:(1)建立起了国际汇兑、结算网络;(2)把梵蒂冈(某种意义上的敌人)变成了客户,并与之建立了伙伴关系;(3)开创了利用教廷公款进行汇兑的新型收益模式。

正是由于这种稳固的经济模式,从 15 世纪初开始,美第奇家族踏上了持续 300 年的繁荣之旅。

(资料来源:吴敬琏,陈志武,周其仁. 双创驱动[M]. 中信出版社,2016.)

如果只是为了成功和金钱创业,能接受失败吗?不能。怎样才能接受失败?是因为能坚持对所做事情的热爱,是一种固执的"笨"。在创业中,过程始终比终点更为重要。

——雅虎首席执行官 杨致远

第一节 "双创"时代

一、"双创"背景

"双创"即创新创业,目前,全行业、全民进行创新创业建设已经成为世界性课题,也是人类社会的永恒话题,更是一个全球经济社会发展的不熄引擎。世界经济稳定复苏要靠创新,中国经济提质增效升级也要靠创新。

因此,大力发展创新创业已成为中国经济发展过程中的必要一步,国内外各类政策环境也成为创新创业的契机。我们要紧紧抓住这契机,进一步熟悉国内外的政策法律环境即"天时"和"地利",以便更好地融入全民创业的浪潮中。

【拓展阅读】

夏季达沃斯论坛以"推动创新,创造价值"为主题,具有很强的现实意义。2014年李克强总理在夏季达沃斯论坛上表示:"中国永远做开放大国、学习大国、包容大国。从中国国情出发,努力建设成为一个创新大国。要借改革创新的'东风',推动中国经济科学发展,在960万平方公里土地上掀起大众创业、草根创业的新浪潮,形成万众创新、人人创新的新态势。"福建省创新先行,积极响应李克强总理推动新一轮中国大学生创业引领计划的号召,举办首届中国(福建)女大学生创新创业大赛,旨在弘扬当代中国大学生奋发图强的创新创业精神,聚集更多高端人才创新创业,携手共创更加广阔优质的服务平台,齐力共同打造中国大学生创业城市联盟,为推动实现李克强总理"大众创业、万众创新"的创业强国战略发展规划贡献力量。2017年又举行了第二届中国(福建)女大学生创新创业大赛,借助福建省的地域经济文化优势,再次启航。

(资料来源:中国新闻网.http://www.chinanews.com.)

(一)"双创"的发展历程

改革开放之后,我国先后掀起了四次创新创业的大规模变革;第一次是1978年农村实行联产承包责任制、城市个体户爆发的变革,重启了人们对于经济利益的渴望;第二次是1984年国有和集体承包经营模式,第一代中国企业家批量涌现;第三次是1992年的"下海"潮流,打破禁锢,扔掉铁饭碗,成就中国的第二代企业家;第四次是1997年开始,互联网风刮到中国人的心里,第一代互联网企业诞生,百度、阿里巴巴等迅速成长,并成为中国新兴经济的代表。

如今"大众创业、万众创新"正在进行中,结合国家供给侧改革精神,即将走上第五次创新创业的巅峰。《国务院办公厅关于建设大众创业万众创新示范基地的实施意见》(国办发〔2016〕35号)指出,全国要在更大范围、更高层次、更深程度上推进"大众创业、万众创新",加快发展新经济、培育发展新动能、打造发展新引擎。与此同时,建设一批"双创"示范基地,扶持一批"双创"支撑平台,突破一批阻碍"双创"发展的政策障碍,形成一批可复制、可推广的"双创"模式和典型经验,重点围绕创新创业重点改革领域开展试点示范,并注重创新创业成果的转化率。在此政策的指引下,全国上下积极进行"双创"示范基地建设和评估工作。据中关村管委会网站消息,2017年8月7日上午,2017年"创响中国"活动宣布,在第一批区域示范基地评估中,北京市海淀区排名第一,深圳市南山区第二,上海市杨浦区第三,第四是广州高新技术产业开发区科学城园区,第五是武汉东湖新技术开发区。而这些创业基地只是全国"双创"示范基地的其中一类——区域示范基地,在其他领域还有高校科研院所示范基地及企业示范基地,全面释放全社会创新活力。

(二)"双创"的机会和不足

从地域上看,中国目前开展创新创业主要集中在沿海及沿江一、二线城市,如长三角、珠三角地区,民营投资占比大于政府运营投资占比,且大多租金便宜、场地规模宏伟、项目多,就业人数达到 200 多万。截至 2014 年底,我国已经初步形成了政府法律政策保障、市场机会开拓、政府税收优惠、基地及基础设施支持等方面良好的创业环境。

但是,虽然越来越多的创业者涌现,"双创"在国际化发展、创业教育成果转化等方面仍存在不足。

1. 地域资源没有得到充分利用,还有巨大潜力市场

三、四线城市乃至农村市场已经初步具备联网和物流基础设施的条件,互联网公司率先在农村开发创新创业新模式。目前以阿里巴巴的"农村淘宝"、"千村万县计划"为代表,进一步开发市场需求和挖掘优势资源。

2. 创业教育成果转化相对落后,概念多,实际运营成功的少

创业教育是激发活动的内在动力因素。各高校开设创新创业教育课程、进行竞赛经验积累和校企产学研模式开发等已经衍生成为高校教育的常规项目之一,但如何保护知识专利并真正实现社会效益和经济效益的双向落实,仍具有巨大改进的空间。

3. 民间资本和政府资本在"双创"中合作融合应加强和完善

"十三五"规划纲要指出,国家发改委将搭台,给民营资本更好的发展空间。首先,推动简政放权向纵深发展。继续削减前置审批和不必要证照,从而降低制度性交易成本;推进政府监管体制改革,完善事中、事后监管,促进各类市场主体公平竞争;不断优化政府服务,提高服务"双创"的效率,让企业和群众更方便、快捷。其次,营造一视同仁的公平投资环境。着重建立市场准入负面清单制度,进一步放开民用机场、基础电信运营、油气勘探开发等领域,在基础设施和公用事业等重点领域去除各类显性或隐性门槛,在医疗、养老、教育等民生领域出台有效举措,切实解决民企与国企公平竞争问题。最后,创新民间投资参与方式。创新投融资机制,通过 PPP、政府购买服务等模式,吸引社会资本参与项目建设运营和公共服务提供,在更多领域向社会投资特别是民间资本敞开大门,与其他简政放权措施形成组合拳,为扩大有效投资拓展更大空间。若这些政策能够有效并快速地得到贯彻执行,从对创业的金融支持角度来说会更有优势。

二、"双创"在国内外发展的成就

从国际的发展来看,主要发达国家通过政策扶持、市场培育、法制建设等积极推动创新人才开展技术创业,培育经济增长点;从国内的实践来看,各地把高校毕业生及在校生、海外高层次创新创业人才作为提升创新创业发展的重要方法,在融资、税收、产业发展、人才政策上大胆创新,以政策的创新推动体制机制的变革。本书通过精心选取的三个范例,分别是麻省理工学院、李开复的创新工场以及各地的众创空间,来看创新创业落地开花的实际模样,激励自己的创业热情。

(一)麻省理工学院(MIT)的创新创业

科技立校是 MIT 的旗帜,体现在创始人罗杰斯身上,他是 19 世纪美国著名的自然科学家,1861~1870 年以及 1879~1881 年间两度担任 MIT 的校长。在当初的建校观念中,MIT 并不是一个纯粹的学校,而是由"艺术学会、艺术博物馆、工业科学学校"三部分组成的教育机构,旨在通过合适的方式,最大可能地推动科学的实际应用与艺术、农业、制造业和商业的融合。他注重实用性和可行性,关注现实世界的问题,坚信 MIT 可以加速美国工业和经济的发展,这使 MIT 自建校之初便具备了创新与创业的基因。

1. MIT 与 128 公路模式

这是全球的高新技术产业园区之一,128 公路始建于 1951 年,MIT 鼓励教职员工与本地区的公司挂钩,不仅允许教工向当地公司提供咨询,还鼓励他们自己去开办公司。在此背景下,各研究实验室的创新成果加速了商业化进程。在微电子技术革命开始后,MIT 和联邦政府建立了风险投资公司进行融资,为这些企业提供融资支持和服务,或直接拨款资助,使该区域快速成长为高新技术企业集聚区。从 20 世纪 50 年代后期开始,由于冷战的需要,国防部门和宇航计划在这里大量订货,使公司数目激增,15 年内该地区公司的数量由不到 40 家猛增到 1 200 家之多。20 世纪 60 年代,发展处于鼎盛时期的 128 公路被称为"美国的科技高速公路",也成为麻州又一张响亮的城市名片。到 70 年代,128 公路地区已经成为美国首屈一指的电子产品创新中心。一些公司专门研制和生产高新技术产品,如雷达发射管、远程通信光缆、工业控制及导弹控制设施、导航系统等,这些高新技术产品取得了显著的经济效益。20 世纪 70 年代末,由 MIT 校友引领的微型计算机工业的迅猛发展,使 128 公路地区成为美国计算机行业的一个中心。1980 年,该地区中档计算机销售总额为 260 亿美元,占全美销售额的 34%。当时引人注目的新兴公司,如 DEC、王安公司和通用数据公司等,占据了微型计算机市场的多半份额。可见,128 公路的诞生以及每一次重新崛起都与 MIT 有着直接的联系。

如今 MIT 的创新创业精神也正在影响 128 公路的新一轮崛起。128 公路因 MIT 而起,这也创造了"知名高校、科技企业、风险资本"三位一体成功的产业化模式。可以说,MIT 开放的创新创业文化体系是 128 公路发展壮大的重要基础。MIT 不仅为 128 公路的发展提供了技术和人才,而且通过积极推动成立风险投资公司,MIT 则在本质上打通了与创新企业之间的联系渠道,构建了创业机构之间的公共服务平台,为 128 公路的发展不断注入动力与活力。

2. 校友的力量

一大批 MIT 人在美国工业强国之路上发挥过重要的作用。知名的科学家中,MIT 的第一位女性研究生、化学家艾伦·斯瓦罗·理查兹,执导了美国第一次综合水质量检测工程并开创了生态学的新领域;主攻化学的 A. D. 利特尔和皮埃尔·杜邦,以及航空工程师唐纳德·道格拉斯和詹姆斯·麦克唐纳,在全新的领域和产业中构建了颇具影响力的企业发展空间。MIT 还特别善于把握时机,顺势而为,战争前后在军事领域也有伟大的创新,研制出雷达,因此人们戏称 MIT 是"战争学府"。不仅如此,杰伊·赖特·福里斯特(Jay Wright Forrester)领导的旋风工程制造出了世界上第一台能够实时处理资料的"旋风计算机"(Whirlwind),并发明了磁芯存储器,这为个人电脑发展做出了历史性贡献。经过历年的积累,MIT 校友创办的公司年营业收入总和已经超过 2 万亿美元,如果将其看作一个独立的经济体,可排在全球第 11 位。其中,有不少是大家耳熟能详的 500 强公司,例如,通用汽车,惠普,英特尔,全世界最大的信息技术出版、研究、会展与风险投资公司 IDG,国防产品方面的领军企业雷神公司(Raytheon,"战斧"巡航导弹和"爱国者"导弹均出自雷神公司之手)。创新创业的基因已经成为 MIT 区别于其他大学的独特气质。爱德华·罗伯茨可以称为教父级人物,其不仅是高科技管理方面的专家,也是MIT创业者论坛创始人和主席以及技术管理研究国际中心主席之一,他亲手推动了MIT创业的发展。除此之外,爱德华·罗伯茨还是一位杰出的天使基金投资者。1996年,他帮助张朝阳创建了搜狐公司,使之成为风险投资创业公司的中国样本。

【案例分享】

MIT亚洲校友创业的代表有印度的纳仁·帕特尼(Naren Patni)创办帕特尼电脑系统公司(Patni Computer Systems)、中国台湾的黄德慈创办新聚思公司以及中国大陆的张朝阳创办搜狐。他们三个都在MIT获得了研究生学历,其创办的公司都与电脑和网络有关。

因此,麻省理工学院绝对是一个兼备良好创业环境的大学,这种大学在一个日益以知识为基础的社会中将发挥越来越大的作用,而创业并不会削弱大学对基础科学教育和学术创新的追求。

(二)李开复的创新工场

2009年9月,创新工场诞生,旨在帮助中国青年成功创业。创新工场是一家投资机构,并且为创业者提供全方位的创业服务。作为国内一流的创业平台,创新工场不仅提供创业所需的资金,还针对早期创业所需要的商业、技术、产品、市场、人力、法务、财务等提供一揽子创业服务,帮助早期阶段的创业公司顺利启动和快速成长。平台有自己的专业职能人才团队,是来自各个行业的精英。

创新工场的投资方向立足于信息产业最热门的领域:互联网+、人工智能和大数据、文化娱乐、在线教育、B2B及企业服务、O2O及消费升级、互联网金融。主要涉足的投资阶段为A轮至C轮。

【拓展阅读】　　　　A轮、B轮、C轮、D轮融资的区别

A轮:项目基本上步入正轨,并且有完整的商业和盈利模式,在行业内有一定的地位及口碑,可能依旧处于亏损状态。此阶段的融资来源于专业的风险投资机构(VC),投资额度一般在1 000万元到1亿元。

B轮:项目获得较大的发展,或者已经开始盈利,可能需要推出新业务、拓展新领域。此阶段的资金大多来源于上一轮的风险投资机构跟投或者新的风投机构加入、私募股权投资机构(PE)加入,投资额度一般在2亿元以上。

C轮:公司已经开始盈利,即将上市,在行业内有很大的影响力,可能需要拓展新业务、补全商业闭环、准备上市。此阶段的资金主要来源于PE或者之前的VC跟投,投资额度一般在10亿元以上。

D轮:公司一般已经成功上市,选择D轮融资的公司不多。

其实在A轮之前还有种子轮、天使轮。

种子轮:项目可能只是一个idea,没有具体的产品或服务,创业者只拥有一项技术上的新发明、新设想以及对未来企业的一个蓝图,缺乏初始资金投入。在此阶段所进行的融资行为就是种子轮融资,投资额度一般在10万~100万元。

天使轮:项目可能有了雏形,有了初步的商业模式,积累了一些用户资源。此阶段的融资来源于天使投资人和天使投资机构,投资额度一般在100万元~1 000万元。

(资料来源:作者网络整理。)

创新工场的基金来自全球投资者,其中既包括顶尖的专业投资机构和战略性投资者,也包括知名家族和个人。他们愿为创业者提供有力支持,共同打造世界级的创业公司。创新工场投资中国最顶尖的创业人才。创新工场投资的创业者中既不乏曾在大公司担任高管,从事产品、技术、推广等相关工作的业界资深人才,也有曾经连续创业并取得成就的创业者。他们不仅在专业领域有深厚积累、熟知专业领域的方方面面,而且具备优秀的创业者素质。

经过近十年发展,创新工场不仅帮助创业者开创出了一批具有市场价值和商业潜力的产品,而且培育了众多创新人才和新一代高科技企业。截至2016年底,创新工场参与的投资达到345笔,投资的项目超过291个。投资主要集中在文化娱乐、游戏、企业服务、人工智能等,合计占比超过所有投资的50%,如知乎、豌豆荚、蜻蜓FM、微车、墨迹天气、暴走漫画、SNH48、买好车、悦跑圈、地平线机器人等。2017年,创新工场将继续重点加强在人工智能领域和文化娱乐领域的投资布局。

李开复十分关心中国青年学生的成长,他先后写了七封给中国学生的信,出版了《做最好的自己》《与未来同行》《世界因你不同》《向死而生》等书籍。李开复认为,做好创业就是大量的资金、有效的资金、正确的商业决策,然后有一批很有才华的员工,这些要素和创业幂定律都有紧密的联系,打破传统的正态分布定律,进行无限可能的创新创业延伸。

(三)众创空间

2015年,中国开始了众创空间的落地建设。当前的众创空间模式是将美国众创空间商业模式结合中国市场特征"中国化"的成果。美国最早的众创空间是创立于2010年的WeWork。WeWork位于美国纽约,专注于联合办公租赁市场,如办公室、会议室、娱乐设施、生活设施等。此外,WeWork还为创业者提供各种与创业关系密切的活动。如定期举办社交活动,促进创业者之间、创业者与投资人之间的交流;充当中间人,为创业者之间、创业者与投资人之间、初创企业与成熟企业之间搭建业务或资本合作的桥梁。WeWork还积极组织第三方创业服务机构,为入驻的创业者提供法律、人力资源等方面的培训活动等。公司2014年实现了1.5亿美元的营业收入,利润率达到30%,市场估值超过50亿美元。

目前国内的众创空间根据创办主体和目标的不同,可以分为三类:第一类是创客空间,如北京创客空间和深圳柴火创客空间等,主要为技术型创业者提供研发新产品及需要的设备和条件;第二类是政府创办的众创空间,如温州众创空间、西安创新设计中心等;第三类是民营众创空间,如前文介绍的李开复的创新工场、36氪网站、腾讯众创空间等接地气的众创平台。

众创空间有助于提升全社会创业的整体发展水平,推动创新创业服务资源开放共享,将地域集中优势、经验交流优势、优惠政策等集中在同一空间中,为更多的各类创业者提供更优质、更便捷的服务。

那么,作为互联网360°场景中的大学生,我们在这样的契机下应如何开始自己的创业?如何成为众多人中的佼佼者?作者认为,首先必须要熟悉国家和地方的相关政策,并深入了解自己的专业优势和兴趣。

【拓展阅读】

AdmitSee的创始人是徐诗婕和莉迪亚·法亚尔,华人徐诗婕出于对自己申请美国高校入学时的种种挫折及复杂经历的深刻体会,创办了AdmitSee公司。AdmitSee的用户可以根据自己感兴趣的学校、考试分数等信息,对这些申请资料进行搜索,通过付费了解那些他们认为最有价值的申请案例的资料细节,资料覆盖了SAT(美国高考)考试成绩、申请时的个人陈述、入学考试文章等。AdmitSee为越来越多的中国留学生和本地学生提供更具个性和全面的服务。

(资料来源:陈一佳.创客法则:顶级创业公司的创新密码[M].中信出版集团股份有限公司,2016.)

第二节 创业扶持和优惠政策

一、略观国外的创业政策

美国政府每年对特定产业研究、各类基础研究与政府需求的有关研究进行资金支持,并为中小企业的科技创新活动提供帮助,主要包括财税政策、技术支持、市场服务等措施。

英国政府通过本国高等教育学会培养本科生的企业家精神,由英国教育与技能部资助开发的"创业技能矩阵"是这一创业教学理念的有力体现。英国政府制定了在高校内外培育创业文化的政策,其中包括"科学创业挑战基金"的设立,当然还有英国王子基金的青年创业计划。

韩国政府制定了比较完备的支持中小企业发展的法规体系,而在创业服务组织体系的建设方面,政府通过设立专门的机构来推动、发挥大学在创业支援方面的作用。此外,韩国政府还通过对社会化的创业支援机构进行扶持等措施来完善创业政策。

法国政府创立的非营利性公益组织——小企业创办者培训辅导中心——位于苏瓦松市,这一组织为法国青年大学生提供了大量的创业培训服务。

印度的创业政策以多元化、多层次和多模式的创业教育体系为特色,通过多种方式促进创业型大学建设,印度也为全世界打造出了国际一流的软件业。

墨西哥政府一方面发挥非政府机构对就业的促进作用,另一方面强化企业自身的就业工作职能。"促进再就业基金会"是一些企业主在政府部门的支持下自发成立的,该组织为创建微型企业的创业者提供管理培训服务和获得启动资金的渠道,从而在促进就业、提供创业培训方面发挥了积极作用。墨西哥经济部和社会发展部在政府预算中划拨了一部分资金,用于专门推动"促进再就业基金会"的发展。

二、中国政府创新创业政策

相比较国外的创业政策环境,国家和各级政府近年来出台了许多优惠政策,涉及融资、开业、税收、创业培训、创业指导等诸多方面,推进国内创新创业的不断发展。

(一)《国务院关于强化实施创新驱动发展战略进一步推进大众创业万众创新深入发展的意见》

2017年一部指导性文件《国务院关于强化实施创新驱动发展战略进一步推进大众创业万众创新深入发展的意见》(国发[2017]37号)提出六大指导思想和具体操作模式,为"双创"提供了一个全面详尽的政策指导方向。

1. 大众创业、万众创新深入发展是实施创新驱动发展战略的重要载体

将大众创业、万众创新深入发展结合"互联网+"、"中国制造2025"和军民融合发展等重大举措,促进新技术、新业态、新模式,加快产业结构优化升级。以创新为本,以高端引领,以科

技创新为基础支撑,实现创新带动创业、创业促进创新的良性循环。

(1)改革先行、精准施策。着力破除制约创新创业发展的体制机制障碍,促进生产、管理、分配和创新模式的深刻变革,继续深入推进"放管服"改革,积极探索包容审慎监管,为新动能的成长打开更大空间。

(2)人才优先、主体联动。鼓励科技人员、中高等院校毕业生、留学回国人才、农民工、退役士兵等有梦想、有意愿、有能力的群体更多投身创新创业。加强科研机构、高校、企业、创客等主体协同,促进大、中、小微企业优势互补,推动城镇与农村创新创业同步发展,形成创新创业多元主体合力汇聚、活力迸发的良性格局。

(3)市场主导、资源聚合。整合政府、企业、社会等多方资源,建设众创、众包、众扶、众筹支撑平台,健全创新创业服务体系。

(4)价值创造、共享发展。使创新创业成果更多、更公平地惠及全体人民,促进社会公平正义。

2. 加快科技成果转化

重点突破科技成果转移转化的制度障碍,保护知识产权,加速科技成果向现实生产力转化。

国家知识产权局、财政部、科技部、中国科协等单位按职责分工负责推动科技成果、专利等无形资产价值市场化,促进知识产权、基金、证券、保险等新型服务模式创新发展,促进科技成果、专利在企业的推广应用。

科技部牵头负责引导众创空间向专业化、精细化方向升级,支持龙头骨干企业、高校、科研院所围绕优势细分领域建设平台型众创空间。

国家发改委、中科院、科技部等单位按职责分工负责实施科研院所创新创业共享行动,鼓励科研院所发挥自身优势,进一步提高科技成果转化能力和创新创业能力,进一步开放现有科研设施和资源,推动科技成果在全社会范围实现共享和转化。

3. 拓展企业融资渠道

不断完善金融财税政策,创新金融产品,扩大信贷支持,发展创业投资,优化投入方式,推动破解创新创业企业融资难题。

银监会牵头负责在有效防控风险的前提下,合理赋予大型银行县支行信贷业务权限。支持地方性法人银行在符合条件的情况下,在基层区域增设小微支行、社区支行,提供普惠金融服务。支持商业银行改造小微企业信贷流程和信用评价模型,提高审批效率。

财政部、税务总局、国家发改委等部门按职责分工负责适时推广创业投资企业和天使投资个人有关税收试点政策,引导社会资本参与创业投资。推动创业投资企业、创业投资管理企业及其从业人员在第三方征信机构完善信用记录,实现创业投资领域信用记录全覆盖。

4. 促进实体经济转型升级

着力加强创新创业平台建设,培育新兴业态,发展分享经济,以新技术、新业态、新模式改造传统产业,增强核心竞争力,实现新兴产业与传统产业协同发展。

国家发改委、工业和信息化部、科技部、教育部等部门按职责分工负责在战略性领域布局建设若干产业创新中心,整合利用现有创新资源形成充满活力的创新网络。

国家统计局牵头负责进一步完善新产业、新业态、新模式统计分类,充分利用大数据等现代信息技术手段,研究制定"双创"发展统计指标体系,科学、准确、及时反映经济结构优化升级的新进展。

工业和信息化部牵头负责加快研究制定工业互联网安全技术标准,建设工业互联网网络安全监测平台和中小企业网络安全公共服务平台,强化工业互联网安全保障支撑能力。

国土资源部牵头负责积极落实支持大众创业、万众创新的用地政策,加大新供用地保障力度,鼓励盘活利用现有用地,完善新产业用地监管制度。

5. 完善人才流动激励机制

充分激发人才创新创业活力,改革分配机制,引进国际高层次人才,促进人才合理流动,健全保障体系,加快形成规模宏大、结构合理、素质优良的创新创业人才队伍。

人力资源和社会保障部、教育部、科技部等部门按职责分工负责完善高校和科研院所绩效考核办法,在核定的绩效工资总量内,高校和科研院所可自主分配。事业单位引进高层次人员和招聘急需紧缺人才,可简化招录程序。

国家发改委、中国科协等单位按职责分工负责实施社团创新创业融合行动,搭建创新创业资源对接平台,推介一批创新创业典型人物和案例,推动创新精神、企业家精神与工匠精神融合,进一步引导和推动各类科技人员投身创新创业大潮。

农业部、人力资源和社会保障部、国土资源部等部门和有关地方人民政府按职责分工负责,加快将现有支持"双创"的相关财政政策措施向返乡下乡人员创新创业拓展,将符合条件的返乡下乡人员创新创业项目纳入强农、惠农、富农政策范围。

6. 创新政府管理方式

持续深化"放管服"改革,加大普惠性政策支持力度,改善营商环境,放宽市场准入,推进试点示范,加强文化建设,推动形成政府、企业、社会良性互动的创新创业生态。

工商总局牵头负责推进"多证合一"登记制度改革,将涉及企业登记、备案等有关事项和各类证照进一步整合到营业执照上。对内、外资企业,在支持政策上一视同仁,推动实施一个窗口登记注册和限时办结。推动取消企业名称预先核准,推广自主申报。全面实施企业简易注销登记改革,实现市场主体退出便利化。建设全国统一的电子营业执照管理系统,推进无介质电子营业执照建设和应用。

教育部牵头负责适时适当放宽教育等行业互联网准入条件,降低创新创业门槛,加强新兴业态领域事中、事后监管。

国家发改委、中国科协等单位按职责分工负责办好全国"双创"活动周,营造创新创业良好氛围。组织实施好"创响中国"系列活动,开展创业投资企业、院士专家、新闻媒体地方行。高质量办好创新创业赛事,推动创新创业理念更加深入人心。

(二)针对大学生创新创业的优惠政策汇总

我国大学生创新创业政策可分为创业融资及资金支持政策、创新创业教育政策、创新创业服务支持政策(市场准入、税费减免和行政性收费、简明毕业生户口的流转问题)以及创业环境政策等几方面。

1. 创业融资及资金支持政策

创业融资政策的制定是为创业者提供创业资金。政府为自主创业的大学生及符合条件的小微型企业提供小额担保贷款,最高额度分别为10万元和300万元。这些贷款将与各类支持毕业生创业的基金整合在一起,如支持中小企业发展资金、创业带动就业扶持资金等,强化对大学生创业的支持力度,增加资金的使用效益。

《国务院办公厅关于深化高等学校创新创业教育改革的实施意见》(国办发[2015]36号)文件指出,各地区、各有关部门要整合发展财政和社会资金,支持高校学生创新创业活动。而各地高校要优化经费支出结构,多渠道统筹安排资金,支持教学,资助学生创业项目,尤其在科研方面,重点支持品学兼优且有较强科研潜质的在校生开展创新科研工作。为了能向自主创业大学生提供更多可能的资金支持,中国教育发展基金会设立大学生创新创业教育奖励基金,主要用于奖励对创新创业教育做出贡献的单位和个人。同时,政府鼓励社会组织、公益团体、企事业单位和个人设立大学生创业风险基金,与中国教育发展基金会一起形成多种渠道支持,以此提高扶持资金的社会效益。深入实施新一轮大学生创业引领计划,落实各项扶持政策和服务措施,重点支持大学生到新兴产业创业。有关部门也要加快制定有利于互联网创业的扶持政策。

另外,我国政府鼓励创业融资的办法也有很多层面,具体如下:

(1)大学毕业生新办咨询业、信息业、技术服务业的企业或经营单位,经税务部门批准,免征企业所得税两年;新办从事交通运输、邮电通信的企业或经营单位,经税务部门批准,第一年免征企业所得税,第二年减半征收企业所得税;新办从事公用事业、商业、物资业、对外贸易业、旅游业、物流业、仓储业、居民服务业、饮食业、教育文化事业、卫生事业的企业或经营单位,经税务部门批准,免征企业所得税一年。

(2)大学毕业生在毕业后两年内自主创业,到创业实体所在地的工商部门办理营业执照,注册资金(本)在50万元以下的,允许分期到位,首期到位资金不低于注册资本的10%(出资额不低于3万元),一年内实缴注册资本追加到50%以上,余款可在三年内分期到位。

(3)各国有商业银行、股份制银行、城市商业银行和有条件的城市信用社要为自主创业的毕业生提供小额贷款,并简化程序,提供开户和结算便利,贷款额度在5万元左右。贷款期限最长为两年,到期确定需延长的,可申请延期一次。贷款利息按照中国人民银行公布的贷款利率确定,担保最高限额为担保基金的5倍,期限与贷款期限相同。

以上优惠政策是国家针对所有自主创业的大学生所制定的,各地政府为了扶持当地大学生创业,也出台了相关的政策法规,而且更加细化,更贴近实际。

2. 创新创业教育政策

创新创业教育政策是政府为鼓励和支持高校对在校学生进行创新创业意识、创新创业精神和创新创业能力的培育,激励学生创业意愿进而提高学生创业技能而制定的规范和措施。创新创业教育政策主要内容包括设置创新创业课程、建设大学生创新创业实践基地、加强创新创业师资队伍建设、举办创新创业大赛等。《国务院办公厅关于深化高等学校创新创业教育改革的实施意见》(国办发[2015]36号)文件指出:一要完善人才培养质量标准。不同层次、类型、区域高校要结合办学定位、服务面向和创新创业教育目标要求,制定专业教学质量标准,修订人才培养方案。二要创新人才培养机制。三要健全创新创业教育课程体系。四要改革教学方法和考核方式。五要强化创新创业实践。要加强高校的专业实验室、虚拟仿真实验室、创业实验室和训练中心建设,促进实验教学平台共享。鼓励各地区、各高校充分利用各种资源建设大学科技园、大学生创业园、创业孵化基地和小微企业创业基地,作为创业教育实践平台,并着力创建一批大学生校外实践教育基地、创业示范基地、科技创业实习基地和职业院校实训基地,从而完善国家、地方、高校三级创新创业实训教学体系,促进项目落地全面多层次转化。鼓励举办全国大学生创新创业大赛,举办各类科技创新、创意设计、创业计划等专题竞赛。支持高校学生成立创新创业协会、创业俱乐部等社团,举办创新创业讲座论坛,开展创新创业实践。六要改进学生创业指导服务。七要加强教师创新创业教育教学能力建设。八要改革教学和学籍管理制度。实施弹性学制,放宽学生修业年限,允许调整学业进程,保留学籍休学创新创业。

3. 创新创业服务支持政策

(1)市场准入

《人力资源和社会保障部等九部门关于实施大学生创业引领计划的通知》(人社部发[2014]38号)文件指出,各级工商部门要按照工商登记制度改革总体部署完善管理制度,落实注册资本认缴登记制,依照有关法律法规规定拓宽企业出资方式,放宽住所(经营场所)登记条件,推行电子营业执照和全程电子化登记管理。要进一步完善工商登记"绿色通道",简化登记手续,优化业务流程,为创业大学生办理营业执照提供便利。要落实减免行政事业性收费政策,对符合条件的创业大学生,按规定减免登记类和证照类等有关行政事业性收费。例如,《关于2003年普通高等学校毕业生从事个体经营有关收费优惠政策的通知》规定:一是凡高校毕业生含大学专科、大学本科、研究生从事个体经营的,除国家限制的行业外,自工商行政管理机关批准其经营之日起,1年内免交个体工商户登记注册费(包括开业登记、变更登记、补换营业执照及营业执照副本)、个体工商户管理费、集贸市场管理费、经济合同鉴定费、经济合同示范文本工本费。二是高校毕业生申请个体工商户设立登记时,应当向登记机关出具普通高等学校颁发的毕业证书、个人身份证,以及省级高校毕业生就业工作主管部门签发的"全国普通高等学校本专科毕业生就业报到证"或者"全国毕业研究生就业报到证",登记机关核实无误后,依法办理登记注册手续,并在报到证上登记注册时间、加盖登记机关印章后退回本人,在个体工商户营业执照经营者姓名后注明:高校毕业生。高校毕业生凭个体工商户营业执照,免交上述规定的有关费用。

(2)税费减免和行政性收费

一方面,根据《关于继续实施支持和促进重点群体创业就业有关税收政策的通知》(财税[2014]39号)文件规定,自2015年起,将年应缴纳所得税额由10万元提高至30万元,使更多的小微企业享受到减半征收企业所得税的优惠。个人以非货币性资产进行投资获得的实际收益,由一次性纳税改为分期纳税,该政策在全国范围内有效,激活了民间个人投资。对于符合相关创新创业条件的个体经营者,每年可扣减实际应缴纳的营业税、城市维护建设税、教育费附加、地方教育附加和个人所得税,税费扣减限额为8 000元,可连续扣减3年,限额标准最高可上浮20%。也就是说,符合要求的创业个体在从事生产经营的过程中,最多可以享受到28 800元的税收减免。同时,政府精简税收优惠政策管理流程,纳税人享受税收优惠政策向主管税务机关的备案,由事前改为事后。这一举措不但为纳税人享受税收优惠提供了便利途径,而且提高了政府的办事效率。以山东省为例,该省省级收费项目由87项缩减为24个大项,所以每年为企业减负将超过6.9亿元,这对创业者来说无疑是重要的政府扶持条件。

另一方面,对创业进行补贴、奖励,提供培训补贴,提高了创业群体的积极性。从2014年起,取得营业执照并正常经营1年的小微企业,可以申请领取创业补贴,高于1万元。创业活动解决就业人员安置问题,因此,若与员工签订不低于1年的劳动合同,企业可以申请每个岗位2 000元的创业岗位开发补贴;成功创业并缴纳社会保险费的大学生,可享受期限为3年的基本养老、基本医疗和失业保险补贴,补贴份额为实际缴费的2/3。

以上税收政策和补贴政策体现出国家对创业的重视程度,切实减轻了中小企业税收负担,成为大学生创业的有效推动力。

(3)简明毕业生户口的流转问题

《国务院办公厅关于做好2014年全国普通高等学校毕业生就业创业工作的通知》(国办发

[2014]22号)文件提出,省会及以下城市要放开对吸收高校毕业生落户的限制,简化有关手续。应届毕业生凭"普通高等学校毕业证书"、"全国普通高等学校毕业生就业报到证"、与用人单位签订的就业协议书或劳动(聘用)合同办理落户手续;非应届毕业生凭与用人单位签订的劳动(聘用)合同和"普通高等学校毕业证书"办理落户手续。高校毕业生到小微型企业就业、自主创业的,其档案可由当地市、县一级的公共就业人才服务机构免费保管。以上措施可以有效降低创业过程中发生的管理费用成本支出,对于中小企业而言,无异于助力的东风。

4. 创业环境政策

创业环境分为软环境和硬环境两个方面。软环境主要包括创业的文化氛围、国民对创业的态度等;硬环境主要包括基础设施、场地等。创业环境对创业者的创业意愿和创业态度有很大的影响,国家通过完善创业环境政策鼓励大学生创新创业,形成良好氛围和"双创"文化,激励大学生的创业热情。

【拓展阅读】

工信部发布的《制造业"双创"平台培育三年行动计划》提出,到2020年底,围绕制造业"双创"平台要素汇聚、能力开放、模式创新、区域合作四个领域分别培育一批试点示范项目,重点行业骨干企业互联网"双创"平台普及率由目前的60%提高到85%。在细化指标方面,该行动计划从新生态、新模式、新动能、新环境四个方面提出了相应的发展目标,具体包括制造业"双创"新生态基本形成、制造业"双创"新模式广泛普及、制造业"双创"新动能快速成长、制造业"双创"新环境日趋完善。

(资料来源:经济日报.)

三、中国各地方政策

各地政府为了扶持当地大学生创业,也出台了相关的政策法规,而且更加细化,更贴近地方实际经济需求。了解这些政策,有助于有想法的年轻人和企业更快地实现社会价值和自我价值。

(一)浙江省创新创业优惠政策

《浙江省教育厅办公室关于对普通高等学校毕业生从事电子商务(网店)进行自主创业认定的通知》规定,大学生上网开店只要达到一定条件,且被认定为自主创业,就可与经营实体店的大学生一样,享受到相关优惠政策。2015年11月30日,浙江省人民政府颁布《浙江省人民政府关于大力推进大众创业万众创新的实施意见》(浙政发[2015]37号),内容涵盖8个方向的30条举措,贯彻执行了《国务院关于大力推进大众创业万众创新若干政策措施的意见》(国发[2015]32号)和《国务院关于加快构建大众创业万众创新支撑平台的指导意见》(国发[2015]53号)的文件精神。

集中在大学生创业方面主要的内容有:在课程体系建设方面,浙江省将创业教育课程纳入学分管理,允许学生休学创业。在降低创业门槛方面,全面实行营业执照、组织机构代码证、税务登记证、社会保险登记证、统计登记证"五证合一"登记制度,高校毕业生、登记失业人员等创办个体工商户、个人独资企业的,可依法享受税收减免政策。在申请创业贷款方面,调整小额担保贷款为创业担保贷款,有创业要求、具备一定创业条件但缺乏创业资金的在校大学生,可申请不超过30万元的贷款。在社保补贴方面,重点人群创办个体工商户或企业,正常经营并依法缴纳社会保险费1年以上的,给予不超过5 000元的一次性创业社保补贴;重点人群创办个体工商户或企业带动3人就业,并依法缴纳社会保险费1年以上的,给予每年2 000元的带动就业补贴;带动超过3人就业的,每增加1人再给予1 000元补贴,每年总额不超过2万元,补贴期限不超过3年;租用经营场地创业的,有条件的地方可给予租金补贴。

(二)福建省创新创业优惠政策

1. 为了深化高校创新创业教育改革,根据教育部高等教育司《关于报送2017年国家级大学生创新创业训练计划立项项目的通知》(教高司函[2017]7号)要求,可申报2017年大学生创新创业训练计划,每个大学相应地每年可报20～150个项目。各校按照国家级、省级标准,以不低于1∶1的比例配套经费,省教育厅对项目采取事后奖补的方式给予支持。

2. 2017年2月6日上午,福州市创新发展大会在海峡国际会展中心举行。会上,福州市发布推动新一轮经济创新发展十项政策,包括49条举措,其中关于"双创"的有《关于扶持"双创"工作的七条措施》等。比如,对于每年各项创业项目的认定和奖励非常丰厚,从15万元到100万元不等;每年投入200万元资金,向众创空间、行业协会、投资机构等社会组织征集全市性创新创业活动项目,开展促进投资者和创客对接以及人才和资本等创业要素在福州市集聚的活动。上述措施自2017年1月1日起施行,有效期至2020年12月31日。具体可以关注公众号:大学生众创空间。

3. 福建省财政厅于2015年3月19日发布了《我省出台四项扶持就业和自主创业财政政策》。文件规定:凡获得人力资源和社会保障部颁发的通过社会化考试获得中华人民共和国职业资格证书的,可给予职业培训补贴。补贴标准为:初级工(五级)每人500元,中级工(四级)每人700元,高级工(三级)每人1 000元,技师(二级)每人1 600元,高级技师(一级)每人2 000元。

4. 2016年,福建省内普通高校毕业生和省外高校福建生源毕业生总数达26.2万人。福建省政府办公厅下发《关于做好2016年普通高等学校毕业生就业创业工作的通知》,扶持高校毕业生自主创业,鼓励毕业生面向基层和生产一线就业。

5. 福建省政府办公厅2016年下发《福建省"十三五"现代农业发展专项规划》。规划指出,"十三五"期间,福建省将扶持发展休闲农业,培育发展创意农业,优化休闲农业布局,推进国家现代农业示范区、台湾农民创业园和福建农民创业园及示范基地建设。同年下发《福建省促进加工贸易创新发展实施方案》,福建省将对符合省县域产业发展项目固定资产投资补助资金条件的加工贸易新建和改、扩建项目,给予项目承担企业最高500万元的新增固定资产(新建和改、扩建厂房,新增生产设备)投资奖励补助。

(三)黑龙江省创新创业优惠政策

2015年5月23日,黑龙江省人民政府颁布《黑龙江省人民政府关于促进大学生创新创业的若干意见》(黑政发[2015]16号),贯彻执行了《中共中央 国务院关于深化体制机制改革加快实施创新驱动发展战略的若干意见》(中发[2015]8号)、《国务院关于进一步做好新形势下就业创业工作的意见》(国发[2015]23号)、《国务院办公厅关于深化高等学校创新创业教育改革的实施意见》(国办发[2015]36号)的文件精神。黑龙江省2015年在校大学生创业人数由952人增至4 019人,带动就业1 780人;毕业生创业人数由704人增至6 167人,带动就业16 221人。教育厅、人社厅、科技厅、团省委、省妇联等部门举办创新创业类大赛200余项。教育厅在高教强省专项资金设立分项,重点建设一批创业孵化基地、创业实习示范基地。引导高校建成创业基地或孵化场所191个,场地面积14.86万平方米,入驻大学生5 118人、创业团队630个。85%以上高校开设创业指导课程;58所高校出台允许在校本科生休学创业保留学籍的相关规定,56人办理休学创业手续;组建了943人的创新创业兼职导师库;大学生创新创业训练计划,由以往每年支持400项大幅增加到1 429项;60%以上的高校成立了创业协会或俱乐部,覆盖94 360人。

看了政策的介绍,你认为这些政策对你即将开展的创业人生有什么意义?

第三节 与创业密切相关的法律法规

一、国外法律环境

(一)美国

建立健全的法律基础是美国对于创新创业发展的一个法律保障。美国政府先后出台《小企业经济政策法》、《管理灵活法》、《平等执法法》、《小企业出口扩张法》、《小企业创新法》、《小企业振兴法》等法律,明确小企业的法律规范和地位,创造了宽松稳定的政策环境。而降低风险投资企业所得税、减少直接干预等方式,达到了积极推动资本市场发展的目的。目前美国已经是世界上规模最大、发展最完善、服务最完备的资本市场,为创新企业提供丰富的天使资金、风险投资、企业上市等服务。另外,在每年的政府采购方面,美国政府也规定必须有一定的份额分配给小企业,以扶持小企业的发展。联盟政府及各个部门设立多种项目,并选择在技术创新、经济增长和就业等方面极具潜力的小企业给予重点项目支持,帮助其研发创新。

美国为了促进中小企业创业成功,专门建立了小企业管理局SBA,专门承担资金支持、政府采购、信息咨询、创业培训等职能。尤其是在创业资金支持方面,提供7A贷款、504CDC贷款、小额贷款等。

(二)以色列

这是被称为世界第二硅谷的地方,因为这里有全球最密集的创业公司。政府建立首席科学家办公室OCS,负责创新创业政策的制定和执行,推动与技术创业相关的计划,如种子基金计划Heznek、技术孵化器计划、创新企业促进计划等。尤其是1993年政府拨款1亿美元设立YOZMA基金,由政府主导完善风险投资模式。以1亿美元的政府投资带动1.5亿美元社会资本共同投入创新企业,并建立风险共担机制,如项目失败,政府不索回最初投资,若项目成功,政府不享有上涨收益,只收"资本金+利息"。同时,在投资项目经营理想的情况下,超过5年,社会投资者可以优惠价格买断资金中的政府股份。YOZMA基金模式还鼓励大学研发机构或技术转移公司,实现大学科技成果向产品转化,比如威茨曼科学院就设立了类似的技术转移公司,为科研成果转化服务。以色列注重吸引移民,在生活开支、语言训练、职业匹配、资金扶持等方面都为移民的高新人才进行资源支持,从而在较短时间内实现人力资本提升,促进本国高技术产业以及创新创业的发展。

(三)新加坡

自2000年开始,新加坡先后推出且实施了《新加坡中小企业21世纪10年发展计划》、《2010年科技计划》、《智慧国2015年信息科技计划》、《新加坡创新级计划》、《企业科研创新计划》等文件,并持续推出一系列的创新创业提升计划,支持富有创意、高增长的创新型中小企业发展。同时调低了公司税、个人所得税、海外收入所得税、专利使用费等多项税率,减免了高新技术产品制造企业的高科技风险投资机构税收等,从而减少企业创业成本,帮助众多企业发展。

新加坡同时积极调整资本市场,发展种子资金、风险投资、证券市场等,提出固定利率贷款、抵押保险计划、贸易信贷保险计划、中小企业扶助贷款计划、海外公司第二档贷款保险计划、企业基金计划等,成立中小企业资信局,为创业提供更为便捷通畅的融资渠道。除了政策和资金方面,新加坡还建立了高水平的科技园,通过创造硬件环境来吸引全球各个地方的创新企业和创新人才。

由此我们可以看到,美国、以色列、新加坡等创新创业发展走在世界前列的国家,其成功经验在于市场开放性,政府定位明确、法律保障的执行度高、发展风险投资行业的力度强,从而创建了各种吸引企业和人才的硬件、软件环境,并形成全社会的积极创业文化。

二、国内法律环境

在创业的道路上,无论是企业还是个人都不可避免地会遇到法律问题,而创办企业首先要到工商行政管理部门办理登记手续,领取营业执照。这需要学习我国的法律,如《民法通则》、《公司法》、《合伙企业法》、《个人独资企业法》等。另外,还必须学习了解《企业法人登记管理条例》、《公司登记管理条例》以及有关出资和资产评估等法律。具体到各个地方的开发区、高科技园、软件园区等方面的法律法规,还有特区相应的各项规定,尤其是需要知晓税收等一系列优惠政策,可以有效降低创业成本、激励创业者的创业热情以及规范创业公司的法律边界。

通过访问中国政府法制信息网,搜索关于创新创业方面的法规和办法,有将近762条结果,如《中小企业促进法》、《创业投资企业管理办法》、《中关村国家自主创新示范区企业登记办法》、《南京市模范路科技创新园区管理办法》、《外商投资创业投资企业管理规定》、《广州市鼓励留学人员来穗工作规定》、《普通高等学校学生管理规定》、《重庆市促进企业技术创新办法》等。具体分成五类:一是关于外来企业、外来人员的;二是关于创新产业园区、自贸区的;三是关于各个行业的,比如制造业、农业等;四是关于创业资金扶持的;五是关于高校的。以上都有涉及创新创业方面的法规、政策和办法,对于有效激励组织和个人的创新创业有较大帮助。

其中,《中小企业促进法》以"改善中小企业经营环境,促进中小企业健康发展,扩大城乡就业,发挥中小企业在国民经济和社会发展中的重要作用"为立法宗旨,确立了中小企业在国民经济中的法律地位,明确了政府管理部门的职责,并将扶持和促进中小企业发展的主要政策提升到了法律的高度。《中小企业促进法》第12条规定,中央财政预算设立中小企业发展专项基金,国家设立中小企业发展基金进行创业辅导和服务,支持技术创新,支持中心区域服务机构开展人员培训、信息咨询等工作。同时,在国家设立中小企业发展基金时,通过税法鼓励对这一基金的捐赠,以加大对创业企业的扶持。如此对我国大学生创业在融资和获得各种相关信息方面是有利的。这也是我国第一次从法律的高度明确在税收法律上鼓励中小企业发展,为我国中小企业税收优惠立法指明了方向,具有深远意义。法律还要求金融机构改善中小企业融资环境,加大对中小企业的信贷支持,并积极采取措施拓宽中小企业的直接融资渠道,允许中小企业上市及发行企业债券。通过税法,鼓励各类依法设立的风险投资机构增加对中小企业投资。

2005年出台的《创业投资企业管理办法》规定,创业投资企业可以实行承诺资本制度,这就意味着创投公司的注册资本可以分期在几年之内到位。这一政策大大减轻了发起设立创投公司的出资人的一次性全额出资压力,方便了更多社会资本涌入创投业,从而间接地为新诞生的创业企业提供融资便利。财政部明确表态,将重点制定对创投企业的税收扶持政策,以转变财政资金对高新技术产业直接支持的方式,即通过支持创投机构间接支持高科技中小企业。《创业投资企业管理办法》规定,国家与地方政府可以设立创业投资引导基金,通过参股和提供融资担保等方式,扶持创业投资企业的设立与发展。政府设立引导基金,参与社会民间资金发起创投企业,形成风险共担机制。这将会使保险资金、社保资金、开发银行、上市公司、民营企业资金、部分外资及富有者个人资金等大量进入创业投资业,从而间接帮助创业企业更好地融资。

【自由思考】

小米即将毕业,他自己想尝试干一番事业,家人和同学也很支持他创业,于是小米访问了中国政府法制信息网(http://www.chinalaw.gov.cn),想先了解下关于某行业创业的法律规范,你能帮帮他吗?

第四节 借东风:巧用天时地利

一、创业启动时期

在准备创新创业阶段,你需要进行选择项目、组建团队和选择场地等工作,你将得到哪些支持呢?

(一)了解学籍管理规定

1. 有自主创业意愿的大学生,可享受高校实施的弹性学制,放宽学生修业年限,允许调整学业进程,保留学籍休学创业等。目前在国内,广西、黑龙江、福建等一些地区已经进一步明确了大学生休学创业保留学籍的具体年限。其中,黑龙江规定,经高校评估后,大学生(研究生除外)休学创业学籍最长可保留8年。可政策虽好,但应本着对自己、对家庭、对社会高度负责的态度,格外慎重地对待"休学创业",千万不可盲目休学辍学,不要浪费了社会资源,更不要因为虚度了大好青春而后悔。另外,自主创业的大学生可享受各高校建立的自主创业大学生创新创业学分累计与转换制度,将所开展的创新实验、发表论文、获得专利和自主创业等情况折算为学分,将所参与的课题研究、项目实验等活动认定为课堂学习的新探索;同时也享受为有意愿、有潜质的学生制定的创新创业能力培养计划、创新创业档案和成绩单等一系列客观记录用于量化评价学生开展创新创业活动情况的教学服务。这样,课堂学习外的创新创业活动也可以转换为学分,比如参与课题研究、科创竞赛、创业实践,主动撰写论文、申报专利等。一般情况下,学校的教务、学工、团委等部门会举办相关活动或提供资金支持,作为大学生,一定要了解相关规定并加以利用。

2. 自主创业的大学生可享受各地高校对自主创业学生实行的持续帮扶、全程指导、一站式服务。通过地方、高校两级信息服务平台,为高校学生提供国家政策、市场动向等信息,以及创业项目对接、知识产权交易等服务。另外,也可享受各地在充分发挥各类创业孵化基地作用的基础上,因地制宜建设的大学生创业孵化基地以及相关培训、指导服务等扶持政策。

3. 通过本高校的创业指导中心,获得相关创业知识,通过创客空间平台,与创业者进行资源共享和经验交流学习,达到拓展实质和整合资源的目的。

(二)了解本地区的众创空间入驻条件

众创空间是顺应网络时代创新创业特点和需求,通过市场化机制、专业化服务和资本化途径构建的低成本、便利化、全要素、开放式的新型创业服务平台的统称。发展众创空间要充分发挥社会力量的作用,有效利用国家自主创新示范区、国家高新区、科技企业孵化器以及高校和科研院所的有利条件,着力发挥政策集成效应,实现创新与创业相结合、线上与线下相结合、孵化与投资相结合,为创业者提供良好的工作空间、网络空间、社交空间和资源共享空间。

2015年3月,国务院办公厅颁布了《关于发展众创空间推进大众创新创业的指导意见》,帮助创业者积极利用身边正在兴起的各类众创空间,从而实现创业的低成本、高效化发展。

【案例分享】　　　　　腾讯众创空间落户福州

福州市政府与腾讯公司于2016年共同签署协议,福州海峡两岸众创空间落地福州台江鳌峰广场,占地超万平方米,以期全面推动当地的"双创"进程,辐射台湾地区及海外创业者。首期项目将涵盖游戏、生活、VR/AR等各领域,5年内力争扶持精品项目20个,孵化优质项目40~60个,产业链产值将达到100亿元,打造成福建最大的TMT孵化器。同时,海峡两岸众创空间还将享受福州市特别针对台湾项目颁布的注册资本"零首付"、海峡青年创业贷款等优惠政策,充分利用福州的海峡地理优势和腾讯海外开放平台资源,为台湾领先的集成电路、教育、新媒体等产业提供最适宜的承接土壤。目前腾讯众创空间已经在全国超过25个核心城市构建了优质办公场地,超过300个团队入驻。

(资料来源:作者网络整理。)

(三)了解可以享受的补贴和就业指导服务

这是一项帮助大学生尽快获得运营能力的优惠政策。国家主张对大学生创办的小微企业新招用毕业年度的高校毕业生,其签订1年以上劳动合同并缴纳社会保险费的,给予1年社会保险补贴。对大学生在毕业学年(即从毕业前一年7月1日起的12个月)内参加创业培训的,根据其获得创业培训合格证书或就业、创业情况,按规定给予培训补贴。按照《财政部 人力资源和社会保障部关于进一步加强就业专项资金管理有关问题的通知》等文件规定,申请材料经人力资源和社会保障部门审核后,财政部门按规定将补贴资金直接拨付给申请者本人。

另外,对有创业意愿的大学生,可免费获得公共就业和人才服务机构提供的创业指导服务,包括政策咨询、信息服务、项目开发、风险评估、开业指导、融资服务、跟踪扶持等"一条龙"创业服务。

除了常规的政策咨询和创业培训外,各地创业服务指导中心还具备多项功能。大学生可以根据能力、意愿等,选择专家进行风险评估,帮助降低投资风险。在项目开展过程中,可以要求创业服务指导中心积极协调小额贷款担保机构和经办银行,落实融资服务,并利用各类资源开发或认定一批创业孵化基地,为自身提供一定期限的场地支持和政策扶持。通过创业指导中心协调工商、税务、银行、城管、环保等部门,办理相关登记手续,落实优惠政策,尽快开业运营。

【拓展阅读】

学习了解创新创业教育课程,并通过参加全国大学生创新创业大赛、全国职业院校技能大赛和各类科技创新、创意设计、创业计划等专题竞赛,以及高校学生成立的创新创业协会、创业俱乐部等社团,提升创新创业实践能力。

中国"互联网+"大学生创新创业大赛,参赛项目要求能够将移动互联网、云计算、大数据、人工智能、物联网等新一代信息技术与经济社会各领域紧密结合,培育基于互联网新时代的新产品、新服务、新业态、新模式;发挥互联网在促进产业升级以及信息化和工业化深度融合中的作用,促进制造业、农业、能源、环保等产业转型升级;发挥互联网在社会服务中的作用,创新网络化服务模式,促进互联网与教育、医疗、交通、金融、消费生活等深度融合。参赛项目主要包括以下类型:

1. 互联网+现代农业,包括农林牧渔等;
2. 互联网+制造业,包括智能硬件、先进制造、工业自动化、生物医药、节能环保、新材料、军工等;
3. 互联网+信息技术服务,包括工具软件、社交网络、媒体门户、企业服务等;
4. 互联网+文化创意服务,包括广播影视、设计服务、文化艺术、旅游休闲、艺术品交易、广告会展、动漫娱乐、体育竞技等;
5. 互联网+商务服务,包括电子商务、消费生活、金融、财经法务、房产家居、高效物流等;
6. 互联网+公共服务,包括教育培训、医疗健康、交通、人力资源服务等;
7. 互联网+公益创业,即以社会价值为导向的非营利性创业。

(资料来源:中国创新创业大赛官网整理.http://www.cxcyds.com/.)

二、创业运行时期

在创业深入阶段,你需要进行筹集资金、登记注册和准备运营等工作,你将得到哪些支持呢?

(一)了解高校毕业生落户限制的相关政策

《国务院办公厅关于做好2014年全国普通高等学校毕业生就业创业工作的通知》(国办发〔2014〕22号)文件中详细说明了各地区、各有关部门对于消除高校毕业生在不同地区、不同类型单位之间流动就业的制度性障碍的重要指示。高校毕业生可在创业地办理落户手续,但直辖市按有关规定执行。沈阳、石家庄、南京、杭州、广州、武汉、长沙、昆明8个省会城市的落户规定中都对学历做出了规定,但普遍要求不高。沈阳中专毕业即可申请办理落户;南京规定,普通院校大专以上学历的非南京籍毕业生,落实用人单位的,均可在办理相关就业手续后落户南京;杭州市应届普通高校本专科毕业生只要在杭州落实工作单位,或在杭州市区自主创业(营业执照注册人),就可以落户;广州要求相对较高,毕业生落户需本科以上学历。

(二)明确创业担保贷款和贴息的相关政策

对符合条件的大学生自主创业的,可在创业地按规定申请创业担保贷款,贷款额度为10万元。鼓励金融机构参照贷款基准利率,结合风险分担情况,合理确定贷款利率水平,对个人发放的创业担保贷款,在贷款基准利率基础之上上浮3个百分点以内的,由财政给予贴息。

大学生如果在创业过程中善于借助一些如企业孵化器、科技园、担保平台的帮助和支持,将会有助于企业的成长和发展。注册资金较大的创业公司,可以通过一站式服务,零首付注册公司,在公司运行2年期间进行验资和注入即可。自主创业缺乏资金支持的大学生,可在创业地按规定申请创业担保贷款,根据各省政策规定贷款额度,获得资金支持。这些贷款主要包括创业前小额贷款、开业贷款、小额贷款、大学生创业小额贷款等。部分地区如福建省一些地区,给予毕业生无息贷款100万元的优惠条件。

毕业2年以内的普通高校学生从事个体经营(除国家限制的行业外)的,自其在工商部门首次注册登记之日起3年内,免收管理类、登记类和证照类等有关行政事业性费用。

(三)税收优惠及准入门槛

《国务院关于进一步做好新形势下就业创业工作的意见》(国发[2015]23号)文件指出,深化商事制度改革,进一步落实注册资本登记制度改革,坚决推行工商营业执照、组织机构代码证、税务登记证"三证合一",年内出台推进"三证合一"登记制度改革意见和统一社会信用代码方案,实现"一照一码"。继续优化登记方式,放松经营范围登记管制,支持各地结合实际放宽新注册企业场所登记条件限制,推动"一址多照"、集群注册等住所登记改革,分行业、分业态释放住所资源。运用大数据加强对市场主体的服务和监管。依托企业信用信息公示系统,实现政策集中公示、扶持申请导航、享受扶持信息公示。建立小微企业目录,对小微企业发展状况开展抽样统计。推动修订与商事制度改革不衔接、不配套的法律、法规和政策性文件。全面完成清理非行政许可审批事项,再取消下放一批制约经济发展、束缚企业活力等含金量高的行政许可事项,全面清理中央设定、地方实施的行政审批事项,大幅减少投资项目前置审批。对保留的审批事项,规范审批行为、明确标准、缩短流程、限时办结,推广"一个窗口"受理、网上并联审批等方式。

《国务院关于大力推进大众创业万众创新若干政策措施的意见》(国发[2015]32号)文件指出,持人社部门核发的"就业创业证"的高校毕业生,在毕业年度内创办个体工商户、个人独资企业的,3年内按每户每年8 000元为限额,依次扣减其当年实际应缴纳的营业税、城市维护建设税、教育费附加和个人所得税。对高校毕业生创办的企业各项税收政策给予优惠。落实科技企业孵化器、大学科技园、研发费用加计扣除、固定资产加速折旧等税收优惠政策。对符合条件的众创空间等新型孵化机构,适用科技企业孵化器税收优惠政策。按照税制改革方向和要求,对包括天使投资在内的投向种子期、初创期等创新活动的投资,统筹研究相关税收支持政策。修订完善高新技术企业认定办法,完善创业投资企业享受70%应纳税所得额税收抵免政策。抓紧推广中关村国家自主创新示范区税收试点政策,将企业转增股本分期缴纳个人所得税试点政策、股权奖励分期缴纳个人所得税试点政策推广至全国范围。落实促进高校毕业生、残疾人、退役军人、登记失业人员等创业就业税收政策。

【案例分享】

福州友宝电子科技有限公司成立于2012年9月,主营业务为智能快递终端系统研发、销售及社区综合O2O服务运营。公司利用创新创业政策,选址在福建省高新技术创业园。公司专注于物联网技术的开发应用,产品包括智能快递投递箱、自助存包柜。公司拥有5项国家专利,与多所高校建立了科研合作关系。公司承担2项教育部创新创业立项,并成功入选科技部、教育部、财政部举办的中国创新创业大赛100强,受到国家人社部副部长的高度评价。公司项目曾获得海峡软件大赛一等奖,被《福布斯》中文杂志评选为2012年"中国30个创业项目"之一。2013年8月,公司进入IBM全球创业扶持计划,得到IBM大力支持。公司创始人兼CEO应向阳是《福布斯》中文版2013年"中国30位30岁以下创业者"之一。

(资料来源:汤锐华.大学生创新创业基础[M].高等教育出版社,2016.)

思考:

1. 这个案例说明了什么?给你什么启示?
2. 你认为创业大学生应如何运用好创新创业政策?

综上所述,对于高校毕业生及在校大学生,在创新创业层面,国务院、各部委及各地方都有各种优惠政策,国家和地方的支持提升了人们追求自我价值和社会价值的空间。李克强总理倡导的"双创"浪潮,激发了许多人心中的梦想,催生了许多个创业企业、创业园区、天使投资人,毫无疑问,给中国的经济转型打好了环境基础。但同时我们也要提高警惕,谨防失败"陷阱"的坑。下文将介绍关于创业的失败案例,希望给即将创业或正在创业的人群一个警钟,作为创业者,先了解清楚各类政策和法规对创业来说是多么重要。

【案例分享】　　　　　　　　分贝网

分贝网创建于2003年6月,主营业务是音乐网站、视频聊天网站,终结于2010年6月,以创始人郑立入狱判刑为终点,耐人寻味。分贝网的前身叫163888。网站能发展,UC有莫大的功劳(UC平台成立于2002年,定位为一个语音演出平台)。当时网络音乐刚刚盛行,全国有很多这样的音乐爱好者网站,可以自己用一些软件录歌,录完传上去,通过论坛来讨论。UC找了很多这样的网站,搬到UC上去,全部开房间,每个网站都有一个房间。用户平时在论坛上交流,然后再跑到UC的语音聊天室里一起吼两嗓子。当时UC的音乐氛围特别浓,很多都是原创。分贝网用户能多起来,还是依托UC。同时,因为创办在重庆那边,美女比较多,郑立当时做得还是比较大的。所以他能够快速进行公司化运作(2003年6月),也恰好赶上了数字音乐比较能赚钱的那波热潮。郑立给分贝网定的思路是:包装网络音乐人。他把香香、杨臣刚挖掘出来,包装《老鼠爱大米》,一下子就火了,迅速拿到了风投。2005年郑立依次拿到IDG和阿尔卡特两轮共计800万美元投资,红极一时。随后,网络音乐这个市场在2006年却迅速衰落了,神话破灭了,网络红人不靠谱,所有唱片公司都不认可这个模式了。之后郑立的日子变得特别困难。

郑立是1982年出生的,拿到两轮融资后,他被塑造为80后创业的代表,于是膨胀得太厉害,觉得自己什么事都能干,谁的话也听不进去,最后搞得团队很不愉快。其中一个合伙人觉得没法干了,找郑立拿了点钱,2006年离开公司,另一个合伙人后来也撤了。两个合伙人离开后,那时郑立好大喜功,什么都想干,在2007年6月18日分贝网成立四周年之际,重金购买域名fenbei.com,推出新的版本,导致整个公司业绩逐步下滑。2007年的时候,分贝网已经都有点快扛不住了。当时网络上出现了一个模式,叫视频聊天室,但一些不良网站却以视频聊天的名义,让美女主播做色情表演。首先用户注册就要交钱,交钱进去之后,你就充值付费,要不什么也看不了。所以点进去的人,都是有需求的。在分贝网风雨飘摇的时候,郑立关注到这个事,觉得公司现状很困难,当时最惨的时候,公司账户上只剩下不到100万元了。于是,郑立决定做这个。由于色情网站很容易做,3个月后分贝网月收入就冲到了500万元。分贝网当时招了80多个女孩,把公司弄成隔间在那表演。为了追求高营收,只有脱得更多,所以后来全是裸聊,不堪入目。而当郑立发现分贝网变成全裸聊网站后,他想控制也已经控制不住了。因为整个公司的人,经过公司发展的一段低潮后,突然营收做到每个月500万元,简直跟天上掉钱一样,公司所有人都尝到甜头了。郑立说他虽然意识到这种玩法有危险,但已经控制不住,更何况郑立本人的态度也不是特别坚决。很快,这个模式做了半年后,就被警察抄掉了,郑立本人也被判了6年。

(资料来源:黑马.创业小败局[M].北京时代华文书局,2016.)

思考:

1. 分贝网的商业经营行为触犯了什么样的法律?
2. 分贝网的合伙人制度有没有缺陷?
3. 分贝网的经营模式问题出在哪里?

创业就像是一场全能比赛,它是对创业团队的智力、情商、体能、人格魅力等各方面综合能力的大考验,有一个环节出现差错,就有可能前功尽弃。因此,了解各种各样的失败,尤其是避免陷入法律和政策漏洞,才能使我们更快地进入创业时代。

【创业实践】 构建适合自己的创新创业政策资料库

1. 通过网络、报纸和图书收集创新创业政策,可重点查询的网站有中华人民共和国中央人民政府、教育部、国家发改委、人力资源和社会保障部、财政部、各级人民政府、各大高校官网。
2. 确认自己及团队所在行业需要考虑的政策细则。
3. 根据从高到低的层面创建创新创业政策资料库,填写表5—1。

表5—1

国家层面	
省级层面	
学校层面	
地市层面	

4. 根据自己的计划创业实际需求和表5—1的结论,填写表5—2。

表5—2

注册方面	
资金扶持方面	
税收优惠方面	
场地支持方面	
创业指导方面	
创业服务方面	

(资料来源:汤锐华.大学生创新创业基础[M].高等教育出版社,2016.)

第六章 识别与评估创业机会

学习内容与目标

1. 了解创业机会的特征;
2. 掌握创业机会的来源,并能在生活和工作中加以运用;
3. 掌握并灵活运用创业机会识别过程,学会创业机会评估的方法;
4. 掌握遇见商机的三大方法。

创新实验指南

1. 充分了解创业机会的来源途径,在学习、工作、生活中处处留心观察,深入挖掘各种可能的创业机会并记下来;
2. 通过头脑风暴、机会漫步、资源挑战等,探索创业机会;
3. 试着借鉴创业机会评价模型,对可能的创业机会进行初步评估。

活动导入

产生你的创业想法

1. 以小组的形式,针对表6—1中的产品,尽可能多地提出创业想法。

表6—1

产品	创业想法	补充说明
书		
旧衣服		

2. 在上述想法中,最可能成功的是哪一个?

先导案例

朱镕基总理一句话"让"他整整赚了一个亿

1998年,梁伯强在看报纸时发现了一条新闻,这篇名为《话说指甲钳》的文章让梁伯强的命运从此改变。文章写道,当时的朱镕基总理在参加一次会议时讲道:"要盯住市场缺口找活路,比如指甲钳,我没用过一个好的指甲钳,我们生产的指甲钳,剪了两天就剪不动指甲了,使大劲也剪不断。"朱镕基总理以小小的指甲钳为例,要求轻工企业努力提高产品的质量,开发新产品。梁伯强从这一句话中发现了指甲钳的商机。几年下来,"非常小器"成大器,当许多企业挣扎于高科技、在新经济中四处碰壁时,梁伯强却在小商品里做大品牌,在低价值中创造高利润。短短几年时间,梁伯强就把"非常小器·圣雅伦"做成中国指甲钳第一大品牌,进入世界前三甲。就是这样一个小小的指甲钳,创造了逾亿元的产值。他将大企业不愿做、小企业做不来,曾经让朱镕基总理操心、让老百姓烦恼的"小不点"产品——指甲钳——做成了中国第一、世界第三的"巨无霸",年销售额过亿元。梁伯强参与起草制定了《中国指甲钳行业标准》,他发明创造的"二片式指甲钳"被称为"小五金行业的神五技术"。

(资料来源:http://finance.sina.com.cn/leadership/crz/20041102/19041127027.shtml.)

第一节　创业机会的特征和来源

培根曾经说过,在一切大事业上,人在开始做事前要像千眼神那样察看时机,进行时要像千手神那样抓住时机,可见,时机对于创业者来说是多么重要的一件事。任何创业者在前期都会罗列出很多创意或创新的想法,但它不一定是创业机会,我们所说的创业机会是能够把资源进行创造性的再整合,以满足市场新的需要、创造市场新的价值的一种可能性。创业机会主要还是指那些具有较强吸引力的、有利于创业的、具有一定商业价值的机会,创业者为客户提供某一方面有价值的产品或服务,并同时使自身获益。简单来说,创业机会就是创业者可以利用的商业机会。

一、创业机会的特征

创业机会是一种创新的资源整合方式,它具有普遍性、偶然性、风险性和消逝性这四个特征。

(一)普遍性

创业机会其实普遍存在于各种经营活动过程之中。凡是有市场、有经营的地方,客观上就存在着创业机会。一定还有许多空白是目前产品和服务无法满足的,创业者只要用心留意和观察身边的人和事,一定能从中捕捉到创业机会。

【拓展阅读】　　　机遇无处不在

在美国的北部,一个寒冷的夜晚,路边的一家小旅店已经客满。这时,有一对疲惫的老年夫妻走进店来。店主抱歉地说:"真是对不起,没有床位了,不过如果您二位不嫌弃的话,就请睡在我的床铺上吧。我年轻,在大厅里打个地铺就行了。"

第二天,两位老人一定要按最高档的房间价格付钱,店主当然不肯收。告别时,那位老先生拍拍店主的肩膀说,我看你的能力可以胜任做一个五星级酒店的总经理了。

两年后的一天,店主收到一封信函,里面有往返纽约的机票,寄信人正是睡过他的床铺的老夫妻。当他来到高楼林立的纽约后,老先生把他领到繁华的第五大街与第三十四街的交汇处,指着一幢摩天大楼对他说:"这是一座专门为你建造的五星级酒店,现在我们正式邀请你来做总经理。"

这就是著名的奥斯多利亚大酒店的总经理乔治·波菲特和他的恩人威廉夫妻的故事。机遇,有时正是在最不经意的时刻向我们走来,而我们所要做的,只是能够善待机遇、留住机遇。

(资料来源:http://blog.sina.com.cn/s/blog_4e592f3a0100s168.html.)

(二)偶然性

创业机会是具有偶然性的,正如上面提到的奥斯多利亚大酒店总经理乔治·波菲特的故事,很多创业者往往是在不经意间发现和捕捉到了创业机会,也正是这灵机一动,给创业者带来了诸多惊喜。当然,这也考察创业者对这一机会的识别能力和把握能力。

【拓展阅读】　　　　　　可口可乐诞生记

1886年的一天,约翰·彭巴顿的药店里来了一位头痛患者,他要买一种由彭巴顿自制的糖浆。店员因为没有找到水,便随手拿了一杯苏打水为那位顾客冲调了糖浆,客人饮后对其口味赞不绝口。彭巴顿把这种以可可叶、可拉果和苏打水等为原料配制的新饮料命名为"可口可乐"。

(资料来源:http://blog.sina.com.cn/s/blog_4e592f3a0100s168.html.)

(三)风险性

创业机会与风险是并存的,由于大多数创业者在"偶然"间发现了创业机会,加之外界环境的干扰,无法快速地对这一机会的前景做准确判断,甚至有的时候会过分激动地想要抓住这一机会,尽管后面证明其危险重重。这时就需要我们有一个清醒的头脑来判断和把握机会。

【案例分享】　对所选行业未来发展趋势不了解,将有一定风险

金先生某次出差去深圳,看到深圳很多闹市区的路边正在立一些停车计费咪表,觉得这是一个不错的机会,于是投入资金,研制停车计费咪表。尽管他很快研制出号称当代最先进的车载式咪表,但是公司却因为没有订单而长期亏损,两年后倒闭。因为路边停车收费,不符合当时的中国国情。所以不管进入哪一行业进行创业,都必须对该行业的未来发展趋势做出正确判断,如果把握不准,宁可不进入。

(资料来源:http://www.cangfengzhe.com/wlcy/jingyan/3106.html.)

(四)消逝性

机会转瞬即逝。创业机会存在于一定的时空范围之内,随着产生创业机会的客观条件的变化,创业机会就会相应地消逝,所以在这里提醒大家注意,当机会降临时,我们要及时主动出击,抢占先机。

【案例分享】　　　　　　议而不决,错失良机

2005年3月的第一个周一的早晨,南方通用电子公司总经理李群召集公司各个部门的负责人开一个会,会议要讨论由研发部第一组组长顾杰提出的一个新型空调机概念的可行性论证。与会者包括研发部经理朱哲、市场部经理胡波、生产部经理周俊、人事部经理田静和财务部经理金羚,当然还有顾杰。顾杰早在年初就提出了这个新产品建议,但李群需要高层的经理们对这个建议进行充分讨论后再做决策。李群的秘书安排了三次,才使这个会议得以召开。但是,会议上除了顾杰之外,其他部门经理总是前怕狼后怕虎的,没有特别的进展,这个会议后来又开了两次,最后还是不了了之。2005年6月,北方的一家公司率先推出这个新概念产品,引起市场强烈反响……

(资料来源:http://www.docin.com/p-526805104.html.)

二、创业机会的来源

(一)问题

创业机会的特征之一是能吸引顾客,或者说,创业机会的根本目的是能够满足消费者的需求,能够帮助解决消费者在生活中遇到的问题。消费者需求在没有得到满足之前,都是我们可以抓住并想方设法去解决的问题。创业机会的一个重要来源是,创业者善于去发现和体会自己和他人在需求方面还存在哪些不足,还有哪些问题是现有产品或服务无法实现的。例如,很多父母忙于工作,无暇照顾小孩,家里老人无法帮忙照顾,所以全托幼儿园应运而生;上班族没时间买菜,于是就有了京东到家的服务;医院排队取号难,于是网络预约服务解决了这一难题。诸如此类的创业机会比比皆是。

【案例分享】　　　　　摩拜单车想法的由来

摩拜单车创始人胡玮炜在一席演讲中提到:"有两次,一次在杭州,一次在瑞典的哥德堡,我都看到了公共自行车停在路边。两次都是靠近傍晚的时候。我就想,其实在城市里骑车去游荡还是非常舒服的,我就使劲地想知道我该怎么来租这个车。我不知道去哪里办卡,也不知道去哪里交押金。那个卡槽,我用信用卡塞了半天也不能解决。"胡玮炜说,移动互联网支付已经那么方便了,为什么连一辆自行车都骑不了? 那时候,做一辆随骑随停的自行车的种子已经在她心里生根发芽。

(资料来源:http://www.sohu.com/a/122817871_465316.)

(二)变化

创业机会大多产生于不断变化的市场环境,市场环境的变化必然导致市场供需和市场结构发生变化。变化是创业机会的重要来源,没有变化就没有创业机会。著名管理大师彼得·德鲁克将创业者定义为那些"能寻找变化,并积极反应,把它当作机会充分利用起来的人",这一定义在一定程度上强调了变化的重要性。这种变化主要来自科技进步、通信革新、产业结构变动、政府政策变化、消费结构升级、城市化加速、人口思想观念变化、人口结构变化、居民收入水平提高、全球化趋势等诸方面。例如,随着居民收入水平的提高,私人轿车的拥有量将不断增加,这必定派生出汽车修理、配件、清洁、装潢、二手车交易、陪驾或代驾等诸多的创业机会。再如,政府政策的某些变化(如环境保护政策的出台),给环保型产品带来一系列创业机会。

【拓展阅读】　　　　　"醉驾入刑"催热代驾业

我国的代驾行业起步于2003年,2004年代驾行业作为一个新兴的行业,在我国"醉驾入刑"法令颁布之前还处于低谷期,业务一直寥寥无几,因此,很多公司只是把代驾业务作为一个业务增项。但在2011年《刑法修正案(八)》及《中华人民共和国道路交通安全法修正案》"醉驾入刑"规定出台后,尤其是在其正式实施后,代驾业务数量猛增,并有大量专业的代驾公司应运而生,代驾行业也因此迎来了它的春天。

(资料来源:http://www.sohu.com/a/122607748_584045.)

【拓展阅读】 　　　　　　　徽商代表人物胡雪岩

胡雪岩(1823—1885)，本名胡光墉，幼名顺官，字雪岩，出生于安徽徽州绩溪，13岁起便移居杭州，中国近代著名红顶商人、政治家、徽商代表人物。

胡雪岩能够迅速发家，得益于他懂得观察局势、抓住机遇。胡雪岩的成功与当时的历史背景密切相关，其中庚申之变可以说就是他崛起的起点。在庚申之变中，胡雪岩处变不惊，被王有龄委以"办粮械"、"综理漕运"等重任，几乎掌握了浙江一半以上的战时财经，为今后的发展奠定了良好的基础。到了太平天国运动时期，胡雪岩看准了军火粮饷的巨大需求，从上海、宁波购运军火、粮米接济清军。当时左宗棠出任浙江巡抚，便任命胡雪岩为总管，主持全省钱粮、军饷，因此，阜康钱庄获利颇丰。后来清廷推动洋务运动，胡雪岩再一次利用了机会，协助左宗棠开办企业，主持上海采运局，兼管福建船政局，经手购买外商机器、军火，邀聘外国技术人员，并从中获得了大量回佣。

有句话说得好，"只想着赚钱的人，是赚不到钱的"。胡雪岩虽然赚到了许多钱，但也不忘记回馈社会，他在战乱的年代，经常向百姓免费发放药材，在腊八节，免费施粥，救济穷人，而施粥的传统一直被保留到了现在。

(资料来源：https://baike.baidu.com/item/%E8%83%A1%E9%9B%AA%E5%B2%A9/53633? fr=aladdin.)

(三) 创造发明

创造发明提供了新产品、新服务，更好地满足顾客需求，同时也带来了创业机会。比如，随着电脑的诞生，电脑维修、软件开发、电脑操作培训、图文制作、信息服务、网上开店等创业机会随之而来，即使你不发明新的东西，你也能成为销售和推广新产品的人，从而给你带来商机。创造发明实际上是科技进步的直接体现，新技术的出现将改变企业之间的竞争模式，使得创办新企业的机会大大提高。

【案例分享】 　　　　　　　　发明大王爱迪生

爱迪生是人类历史上第一个利用大量生产原则和电气工程研究的实验室来从事发明专利而对世界产生重大深远影响的人。他发明的留声机、电影摄影机、电灯对世界有极大影响。1870年，爱迪生把普用印刷机的专利权售给华尔街一家公司，让经理自己出个价钱，本想索价几千美元就够了，那位经理居然给了爱迪生4万美元。爱迪生得4万美元后，在新泽西州纽瓦克市的沃德街建了一座工厂，专门制造各种电气机械。爱迪生声称，自己不是那种把钱锁在保险柜的人，他很快雇用了50名工人生产自动收报机和其他一些仪器，工厂的工人两班倒，自己则担当工头。之后生意兴隆，爱迪生正式踏上了创业的漫漫征程，开始了伟大的发明生涯。

(资料来源：http://3y.uu456.com/bp_1uzro2jvu28qp201383q_1.html.)

(四) 竞争

市场竞争非常残酷，但既是挑战，也是机会。如果你看出了同行业竞争对手的问题，并能弥补竞争对手的缺陷和不足，这就将成为你的创业机会。因此，平时做个有心人，多了解周围竞争对手的情况，看看自己能否做得更好？能否提供更优质的产品？能否提供更周全的服务？如果可以，你也许就找到了创业机会。比如白加黑，正是发现市场中的感冒药无法解决患者吃药后犯困而不能工作的问题,于是白加黑提出了"白天吃白片不瞌睡,晚上吃黑片睡得香"的理念,使其在消费者心目中形成自己独特的形象。

【案例分享】　　　　丰田汽车亮"高招"打进美国市场前三

早在1958年,日本丰田汽车首次进入美国市场时,年销量仅有288辆;而20年后年销量却达到了50万辆,掠夺整个美国汽车市场20%的份额;1985年市场份额升至25%,又把美国进口车中的主要竞争对手远远甩在后面。

丰田汽车的"高招"在哪里呢?原来,丰田在刚进入美国市场的时候,就委托一家当地调研机构调查大众汽车的使用者,以了解消费者对大众的不满。对于大众哪些方面做得不好,丰田公司了如指掌,并指导自己怎样做。于是,他们放大车身,增大轮间距,扩大放脚空间,降低能耗,增加马力。随后他们又采取了具有针对性的市场策略,经过20年,终于将"车到山前必有路,有路必有丰田车"打进美国市场前三。

(资料来源:http://blog.163.com/weimin_lu/blog/static/13105784020131012529935.)

(五)新知识、新技术的产生

知识经济的一个重要特征就是信息爆炸,技术不断更新换代,这些都蕴藏着大量的商机。例如,物联网、云计算、移动互联网等的崛起和快速发展,帮助医院构建起完美的物联网医疗体系,使全民平等地享受顶级的医疗服务,解决或减少由于医疗资源缺乏导致的看病难、医患关系紧张、事故频发等现象。

【案例分享】　　　　闪联公司打造智慧医疗

闪联信息技术工程中心有限公司,是在国家发改委、工信部、科技部、国家标准委和北京市政府的联合支持下,由闪联标准工作组的核心成员联想、TCL、长城、长虹、创维、海信、康佳及中和威八家国内主要的IT领军企业联合出资成立的,致力于推进信息、通信和消费电子(3C)产品协同互联技术的高科技公司。闪联公司正是抓住这一发展机遇,提供完全基于网络的新一代高清医疗视频应用产品及解决方案,他们致力于开发基于高清医疗视频的相关应用产品,为医院核心的手术室、治疗室、ICU等部门提供成熟的音视频解决方案,现已成功在国内几十家三级甲等医院运营,并获得院方的一致好评。

(资料来源:http://www.igrslab.com.)

【自由思考】

作为一名学生,基于你对餐卡的使用体验,你觉得餐卡还可以做哪些功能改进?整合之后的新型餐卡,使用了上述哪个机会来源?

第二节　创业机会的识别和评估

创业机会是客观存在的,具有偶然性、风险性和消逝性,只有敏锐的、有眼光且有胆识的人才能抓住来之不易的机会,继而开发它的商业价值。创业机会识别的途径较多,它可以通过偶然的机会获得创业信息,意外收获创业机会;也可以通过系统的、有目的的、有计划的主动搜寻来发现市场中隐含的有价值的信息,即创业者除了是在偶然间发现机会之外,还可能是在特定的时间内或特定的环境下通过有意识、警觉的搜寻来发现别人尚未发现的信息,并且对发现的新信息进行较为全面的评估,最终识别创业机会。

一、创业机会的识别过程

当创业者在众多的创意中选择了他心仪的创业机会,接下来就要组织各方资源着力开发这一机会,让这一机会得以真正实现,直至获得成功。在这一过程中,机会的潜在预期价值以及创业者的各项能力得到反复的权衡,创业机会的战略定位不断得到完善,这一过程称为创业机会的识别过程。

本文借鉴 J. Lindsay 和 Justin Craig 在 2002 年发表的机会识别过程模型来展开阐述,他们通过对受访者的调查,提出了一个三段式的创业机会识别过程模型,即机会搜寻过程、机会识别过程、机会评价或确认过程,见图 6—1。

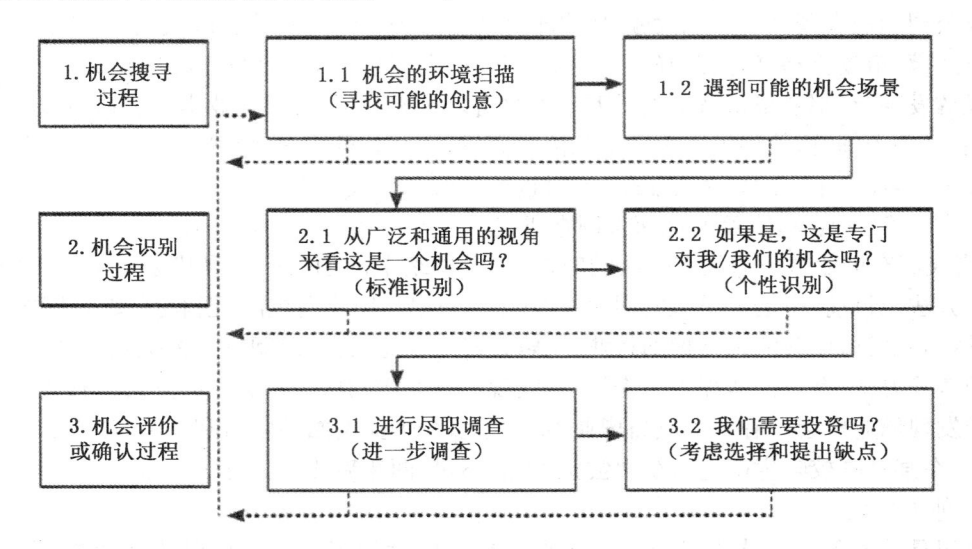

资料来源:Lindsay, N. J., Craig, J.B. A Framework for Understanding Opportunity Recognition: Entrepreneurs versus Private Equity Financiers. *The Journal of Private Equity*, 2002, 6(1): 13—24.

图 6—1 机会识别过程

(一)机会搜寻过程

这一阶段创业者对整个经济系统中可能的创意展开搜索,寻找可能的创意。如果创业者意识到某一创意可能是潜在的商业机会,具有潜在的发展价值,就将进入机会识别的下一个阶段。这就是图 6—1 中所示的从 1.1、1.2 向 2 转变的路径。创业者在这一阶段需要从各种途径尽可能搜寻更多的创业点子与想法,先不去急于评价点子的优劣,只需把所有的想法都写在纸上。在机会搜寻阶段,我们大致可以利用以下的途径来尽可能寻找创意:

1. 个人生活经历或工作经历

许多创业者都是从个人生活经历或工作经历中发掘创业机会并成功走向创业之路的。1992 年,因为 4 000 美元学费而出国受阻的俞敏洪开始在社会上的培训学校里打工,很快就发现这些民办学校的举办者或者是唯利是图、目光短浅,或是素质太差,但这并没有妨碍他们赚钱。于是,俞敏洪就萌发了自己另起炉灶的念头。后来,他又替别人管理过培训班,其间,学员数量猛增,这更增强了他自己单干的信心,于是就有了现在的新东方。个人生活经历或工作经历实际上为创业者奠定了在所在行业的经验基础,也有助于创业者发现这个行业存在的弊端,进而发现创业机会。

2. 自身优势资源

优势资源是一个人身上具有的强项或特长,在搜寻创业机会阶段,若能充分发挥并利用自身优势资源,将有事半功倍的效果。马克·扎克伯格是一个技术达人。12岁那年,当小伙伴还沉浸在游戏中时,扎克伯格就已搭建了一个家庭网络;上高中时,当同学还在想着如何结交女朋友时,扎克伯格却设计出了一款具有人工智能的音乐播放器;20岁在哈佛读书时,他在宿舍创建了名为Thefacebook.com的网站。扎克伯格的优势资源就是掌握前端技术,擅长把想法变成现实。自身优势可以从自己所学专业、兴趣爱好、工作经验等角度入手。

3. 偶然发现(旅行、看节目、参加活动等)

2014年春节一过,郑业华听说一个朋友在四川经营保鲜库做得不错,想去朋友公司打工,在朋友公司周边发现几个黑色大棚,他出于好奇走进去一看是一种蘑菇,通过简单了解才知道那是羊肚菌,市场价格高,前景好。于是郑业华立刻借钱学习如何栽培,并贷款创业。正是这一商机的发现,给郑业华带来了上千万元的财富。试想一下,如果郑业华在公司周边看到了黑色大棚,却并未细看,他将无法发现羊肚菌的商机,甚至有可能永远错过这一机会。因此,偶然间的发现,再加上个人的好奇心驱使,有时也能成就一个人的事业。

4. 结合创业网站,有目的地深入调查研究

当我们有创业欲望却没有想法的时候,借助网络上的创业网站寻找创业项目,这其实也是一个方法。目前,市场上类似的网站有28商机网、78创业商机网、创业邦、瞧这网等。通过创业网站,我们可以关注感兴趣的行业,了解其发展动态,也可以阅读相关报刊、资料、书籍,或通过访谈等方式,有目的地深入调查研究,发现可以利用的机会。类似的方式还有通过电视广告宣传发现创业机会。有一个应届毕业生,通过多个创业网站的学习和了解,加盟了一家特色小吃店,在某一高校学生街进行初次尝试,生意不错,两年后相继又开了两家。

5. 他人建议

廖超是一家创意包装店老板。一名当时在重庆大学读书的韩国学生告诉廖超,韩国人重视礼节,亲友师生之间相互赠送的礼物都十分讲究包装。这种文化习俗令韩国礼品包装业极其发达。当时,国内的礼品包装店即便有提供类似服务的地方,但手法和工艺大多简单、粗糙。

在这位韩国学生的引荐下,廖超专门到上海拜访在当地经营韩式礼品包装店的韩国老板。3天看他的经营情况,4天走访上海的部分礼品包装店,之后廖超决定抓住这个商机,最后获得了成功。

6. 亲友从事的行业

亲友从事的行业也能给创业者们提供一些思路,毕竟在一个行业从事过经营业务,对这个行业比较熟悉,各个流程也都十分明了,这不但可以给创业者提供创意,还可以降低创业者的创业风险。很多大学生毕业后直接进入亲友的企业开始学习,待工作经验和时机成熟了,也有出来独当一面的情况。大学生小王是温州人,他毕业后进入亲友一个家具工厂实习,实习过程中发现家具质量好、价钱实惠,于是萌生了通过网店直销家具的想法。他把这一想法告诉亲友,两人一拍即合,于是网店在几个月的筹备下终于开起来了。小王不仅为自己寻得了一个创业机会,也为亲友工厂的产品开拓了新的销售渠道,实现了双赢。

(二)机会识别过程

以上描述的内容是机会的搜寻阶段,在机会搜寻过程中,我们对可能的创意进行寻找,那么在这个阶段,我们要对搜寻出的机会做进一步的识别。我们首先要从广泛和通用的视角来看这是不是一个机会?这属于标准识别,也就是结合整体的市场环境来判断这是不是一个有利的机会。其次,如果标准识别得出结论,这是一个机会,那我们要进行个性识别,即这是适合我们的机会吗?也就是对于特定的创业者或投资者来说,这一机会与创业者所拥有的资源和能力是否匹配、是否一致?还记得我们在第四章中提到的先导案例吗?案例中的西安应届毕业生小黄想创办一个不同寻常的求职网站,这从标准识别来说是一个有利的机会,但是从个性识别来说,小黄并不能很好地把握这一机会,因为这一机会与小黄所拥有的资源和能力不匹配,小黄缺乏创建网站所需的程序开发员而将此计划搁浅。因此,在机会识别过程中,标准识别和个性识别缺一不可。

(三)机会评价或确认过程

尽管发现了创业机会,并对这一机会进行了标准和个性双重识别,但这并不意味着要创业,或者说并不意味着这一机会一定会带给我们商机。创业活动是创业者与创业机会的有机结合,并非所有机会都适合每个人,也并非所有的创业机会都有足够大的价值空间来弥补为把握这一机会所付出的代价或成本,所以创业机会的评价是必须要经历的一个环节。

虽然在整个创业过程中,评价创业机会非常短暂或被忽视,但它的确非常重要,是创业者在发现并识别创业机会之后做出是否创业决策的重要依据。从严格意义上讲,机会评价或确认过程相对来说比较正式,评价的主要内容是创业团队以及拥有的其他各项资源、各项财务指标、市场容量和竞争情况等,通过系统的评价,创业者做出是否开发和利用这一机会的决定,进而开展其他相关事宜(事实上,评价过程也伴随着市场调查过程)。

虽然我们把创业机会识别过程分为创业机会搜寻、识别和评价三个过程,但实际上,这三个过程是可以共同存在和完成的。创业者在机会搜寻的过程中,实际上也伴随着识别和评价的过程。创业者可以通过调查市场的供需情况、所需资源的情况,直至判断这一机会是否值得进一步深入开发;但到了后期,创业机会的评价需要一个较为规范的过程,这一规范的评价过程主要的目的还是考察创业者所拥有的资源的特定组合能否创造出足够的商业价值。梁伯强对指甲钳感兴趣,不仅仅是因为他在报纸上看到了朱镕基总理说的话,更重要的是,他通过市场调查发现买方市场巨大,每年多达 60 多亿元的产值;再通过对比现有企业之间的竞争,他看到韩国的 5 家工厂与我国的 500 多家企业产值相平衡;最后通过一系列的权衡,他走上了指甲钳创业之路。我们将会在接下来的部分重点阐述如何规范地进行创业机会的评估。

二、创业机会的评估

《21世纪创业》的作者杰夫里·A.第莫斯教授提出,好的商业机会有以下四个特征:第一,它很能吸引顾客;第二,它能在你的商业环境中行得通;第三,它必须在"机会之窗"存在的期间被实施(注:机会之窗是指把商业想法推广到市场上去所花的时间,若竞争者已经有了同样的思想,并把产品推向市场,那么机会之窗也就关闭了);第四,你必须有资源(人、财、物、信息、时间)和技能才能创立业务。

(一)创业机会的评估内容

1. 市场

创业机会评估的首要问题是创业想法是否有市场。每一个创业项目都是为了满足消费者的需求而产生并存在的,消费者即市场,要考察这个市场里面的消费者是否有购买该商品或服务的欲望和能力,同时还要考察这个市场的容量,即消费者对该产品或服务的需求量有多少,将来的增长空间又有多大。当然,最理想的就是有一个巨大并快速增长的市场,虽然现实比较困难,但作为创业者还是应该抱有这样的信心搜集资料去寻找创业机会。

2. 核心竞争力

一个好的创业项目一定具有吸引人的竞争优势,即核心竞争力。有可能这个创业机会与同类产品相比质量更好或成本更低,或者具有更良好的性能和外包装等,这些都是我们需要充分考虑到的。再者,进入市场的壁垒问题,即需要大量的资金投入、保护(如专利权)、合同优势(如一个市场或一个供应商的专营权利)等,这是决定投资或不投资的重要因素。换句话说,如果一个企业不能避免潜在竞争者进入市场,或者企业本身有很多进入市场的壁垒,那机会就没有吸引力了。

3. 创业者拥有的各类资源

首先,创业者要考察自己的能力。简单地说,创业者是否具备开创这项业务的能力,对于创业者的能力,我们在前文有详细介绍,创业者们可以对照进行评估。其次,创业者是否拥有相应的资金、技术和其他必需的资源。当一个机会摆在我们面前时,我们必须有相匹配的资源去迎接它,否则机会无法得到充分的利用。最后,创业者是否有相匹配的创业团队。一个好的且匹配的团队是创业机会得以实现的重要因素,该团队成员拥有的技能和经验通常能决定创业的成败。总之,创业者拥有的各项能力和各类资源应该与创业机会相匹配,这样才能有助于创业机会的充分实现。

4. "机会之窗"的大小

创业机会被形象地比喻成"窗户"。"窗户"打开的时间长短是不同的,我们必须在"窗户"关闭之前很好地把握住机会。《21世纪创业》的作者杰夫里·A. 第莫斯教授提出,好的创业机会必须在"机会之窗"存在期间被实施,因为市场是瞬息万变的,若竞争者已经有了同样的创意,并把产品推向市场,那么也就失去了这个创业机会。

5. 环境

我们在第五章已详细阐述了创业者所面临的环境。我们所分析的环境除了自然环境,还包括经济、法律、政治、地理等社会环境。政局的不稳定性,导致很多国家的商业机会被白白浪费,即使投资回报率很高,类似的还有通货膨胀、司法系统不健全、外汇汇率波动等不利于吸引投资的情况。另外,一些公共基础设施和服务(如道路、运输、水电、通信、学校、医院)等的缺失,也会致使一些地区的创业机会无法真正得到开发和利用。

最后,需要说明的是,讨论和调查上述几个因素的过程就是可行性研究。作为投资者或贷款人,都要求考虑到以上相关问题并以创业计划书的形式展现出来。所以,一个市场论证严密、文字表述清晰、内容简洁有效的创业计划书也在创业机会评估的范围内。

(二)创业机会的评估方法

国内外学者在创业机会评估模型方面做了很多的研究,包括定性评价方法和定量评价方法。定性评价方法中具有代表意义的是 Longenecker(1998)提出的创业机会评估的五项基本标准:(1)该产品要有明确且符合时机的市场需求;(2)具有较长时间的竞争优势;(3)回报必须达到比较高的程度,从而能够承担开发过程中的一些失误;(4)机会不存在严重且不可修复的缺陷;(5)创业者和机会两者之间必须要相互合适。

定量评价方法主要有标准打分矩阵、温斯丁豪斯法、伯泰申米特法、贝蒂的选择因素法、蒂蒙斯创业机会评价模型、乌尔维克的商机评价法等。本文在此介绍标准打分矩阵和蒂蒙斯创业机会评价模型来对创业机会进行评估。

1. 标准打分矩阵

通过选择对创业机会成功有重要影响的因素，并由专家小组对每一个因素进行最好（3分）、好（2分）、一般（1分）三个等级的打分，然后求出每个因素在各个创业机会下的加权平均分，最后对不同的创业机会进行比较，得分高的机会为优。

表 6-2　　　　　　　　　　　　　标准打分矩阵表

标　准	专家打分			
	最好（3分）	好（2分）	一般（1分）	加权平均分
易操作性				
质量和易维护性				
市场接受性				
增加资本能力				
投资回报				
专利权状况				
市场大小				
制造的简单性				
口碑传播力				
成长潜力				

表 6-2 给出了 10 项主要的评估因素，在实际使用时可以根据具体情况选择其中的全部或者部分因素来进行评估。

2. 蒂蒙斯创业机会评价模型

创业机会的有效识别依赖于客观和主观两个方面：客观上良好的评价系统和评价指标，以及主观上创业者能够正确获得信息和感知机会的能力。一些研究中提到了创业机会识别的个人特性，包括警觉性（alertness）、风险感知（risk perception）、自信（self-efficacy）、已有的知识（prior knowledge）、社会网络（social network）等。蒂蒙斯（Timmons，1999）总结出一个包含八类分项指标的创业机会评价模型，如表 6-3 所示。蒂蒙斯认为，现实中有成千上万个适合创业者的特定机会，未必能与这个评价模型相契合，但该模型是目前包含评价指标比较完全的一个体系。该评价体系提供了一些量化方式，使创业者可以对行业和市场、竞争优势、经济结构、收获条件、管理团队、致命缺陷问题做出判断，以及考虑这些要素加起来是否可以组成一个有足够吸引力的商机。一些风险投资商、政府基金和创业大赛就是借用了该模型对创业项目进行评价。

表6—3　　　　　　　　　　　蒂蒙斯创业机会评价模型

行业与市场	市场容易识别，可以带来持续收入
	顾客可以接受产品或服务，愿意为此付费
	产品的附加价值高
	产品对市场的影响力大
	将要开发的产品生命长久
	现在所在的行业是新兴产业，竞争不激烈
	市场规模大，销售潜力达到1 000万～10亿美元
	市场成长率在30%～50%甚至更高
	现有厂商的生产能力几乎完全饱和
	在5年内能占据市场的领导地位
	拥有低成本的供货商，具有成本优势
经济因素	达到盈亏平衡点所需要的时间在1.5～2年
	盈亏平衡点不会逐年提高
	投资回报率在25%以上
	项目对资金的要求不是很高，能够获得融资
	销售额的年增长率高于15%
	有良好的现金流量，能占到销售额的20%～30%
	能够获得持久的毛利，毛利率达到40%以上
	能够获得持久的税后利润，税后利润率要超过10%
	资产集中程度低
	运营资金不多，需求量是逐渐增加的
	研究开发工作对资金的要求不高
收获条件	项目带来的附加价值具有较高的战略意义
	存在现有的或可预料的退出方式
	资本市场环境有利，可以实现资本的流动
竞争优势	固定成本和可变成本低
	对成本、价格和销售的控制力较大
	已经获得或可以获得对专利所有权的保护
	竞争对手尚未觉醒，竞争较弱
	拥有专利或具有某种独占性
	拥有发展良好的网络关系，容易获得合同
	拥有杰出的关键人员和管理团队
管理团队	创业团队是一个优秀管理者的组合
	行业和技术经验达到了本行业业内的最高水平
	管理团队的正直廉洁程度能达到最高水准
	管理团队知道自己缺乏哪方面的知识
创业家的个人标准	个人目标与创业活动相符合
	创业家可以做到在有限的风险下实现成功
	创业家能接受薪水减少等损失
	创业家渴望进行创业这种生活方式，而不只是为了挣大钱
	创业家可以承受适当的风险
	创业家在压力下状态依然良好

续表

理想与现实的战略性差异	理想与现实情况相吻合
	管理团队已经是最好的
	在客户服务管理方面有良好的理念
	所创办的事业顺应时代潮流
	所采取的技术具有突破性,不存在许多替代品或竞争对手
	具备灵活的适应能力,能够快速地进行取舍
	始终在寻找新的机会
	定价与市场领导者几乎持平
	能够获得销售渠道,或已经拥有现成的网络
	能够允许失败
致命缺陷	不存在任何致命缺陷

第三节　学会把握创业机会

良好的创业机会,有时需要自己去创造或者耐心等待,有时稍纵即逝需要我们及时抓住。机会总是降临在有准备的人身上,只有平时充分准备,才能够在机会来临时及时把握住。抓住创业机会,需要我们全力以赴去面对,在潮流和趋势面前,谁能先改变消费者的观念,谁就能开拓新的市场。每个人都会在工作和生活中遇到许多创业机会,但并不是每个人都能很好地去抓住和把握它。创业者要在实践中学会很好地把握身边的每一个创业机会。

一、时刻做好迎接创业机会的准备

相信每个人都有过类似这样的经历,从小到大在学业、工作、婚姻等各个方面曾遇到多次机会,若我们把握好机会将收获幸福和快乐,若对机会视若无睹或犹豫不决而错失良机则懊悔不已。对于创业机会,也是同样的道理。当创业者决心凭自己的力量选择创业时,应该时刻做好迎接创业机会的准备。当社会提供了良好的创业环境时,能否抓住创业机会并顺利实现这一机会就要看个人的准备是否充分了。创业机会总是赋予有准备之人的。创业者有了创业动机或创业想法,应该积极进行市场调研,寻求合作伙伴,准备创业所需的各类资源。有了充分的创业准备,一旦机会来临,我们才能很好地去抓住机会,争取创业的成功。如果没有做好充分的准备,即使机会降临也可能与之擦肩而过。

【拓展阅读】　　　　　　"商圣"范蠡

范蠡(公元前536年—公元前448年),字少伯,自号陶朱公。春秋时期楚国人,著名的政治家、军事家、经济学家和道家学者。曾献策扶助越王勾践复国,后隐去。被后人尊称为"商圣"。

范蠡在越国隐退之后,前往五湖之地隐姓埋名开始经商。范蠡经商首先注重当地的商业氛围,环境利于经商则事半功倍,环境不利则事倍功半。他认为买卖时机很重要,要低价买、高价卖,不能心急,耐心等待时机,把握机会,行动果决。范蠡提出了"待机原则",告诫经商者要准备充分,等待每一个时机的到来,这样才能在时机来临之时准确地把握住。如果知道了要打仗的消息,范蠡就提前储存战备物资。了解社会在不同的时节需求什么样的货物,他就在不同时节准备不同的货物满足百姓的需求。范蠡相当了解商品的流通规律,好比是"知斗则修备,时用则知物"。了解了这两条规则,不管在什么情形下都可以从容应对,待之以动、镇之以静。时机来临之时要把握住,因为错过了就永远失去了这一次机会,上天给予的机会没有把握住,那就是命中的损失。范蠡是当时善于预测行情、敏于掌握时机且在经营上取得极大成功的代表。

(资料来源:http://www.360doc.com/content/15/0427/21/10857169_466450305.shtml。)

二、培养发现创业机会的能力

创业者可以在日常生活中有意识地加强实践,培养和提高发现创业机会的能力。首先,培养良好的市场调研习惯。深入市场调研是发现创业机会的有效途径,要了解市场供求状况、将来的发展趋势、竞争对手的优劣势、顾客需求是否得到充分满足等。其次,见多识广,识多路广。创业者在日常工作和学习过程中,要多看、多听、多想。每个人身上的知识、经验、技能都是有限的,多看、多听、多想能使我们获取较为全面的信息,能够及时从周围人身上汲取有益的东西,从而增加发现机会的可能性和概率。最后,跳出思维定势,要有独特的思维。为什么机会总是被少数人抓住?因为大多数的人总是被传统的习惯思维束缚,不敢相信自己,不敢有独立的见解,人云亦云,容易被他人的言论左右,因此,才屡屡错失降临在身边的各个机会。

【案例分享】　　　　独具慧眼养苍蝇,"苍蝇王"年赚百万

提到苍蝇,人们就会想到它是一种令人恶心的害虫。但是,苍蝇在南京六合区一个年轻人眼里,可是个宝贝。在他那里,苍蝇吃的是婴儿奶粉和纯正红糖,喝的是纯净水。不仅如此,他还辞掉了银行"金饭碗"的工作,心甘情愿专职做起"苍蝇保姆"。

王鹏是地道的南京人。2005年,他从报纸上看到一则新闻,说甲壳素、壳聚糖市场需求很大,但原有的获取方法成本高且污染大,如果用苍蝇的蛹壳和蛆皮来做,污染低、利润高,市场前景非常可观。

一直想做大事的王鹏不禁眼前一亮。经过多次的市场调研和分析,他觉得这是个好项目。不久,他不顾家人反对辞去工作,专门"伺候"苍蝇。那么多的苍蝇从哪里找呢?王鹏联系到北京中科院,那里有专家专门培育的良种苍蝇——"无菌工程蝇",这种苍蝇是实验室里培养出来的,和普通苍蝇完全不一样,但价格也非常贵,一只一毛钱!

种蝇解决了,王鹏又赶赴广东、福建等地的养殖基地学习技术。2006年6月,总投资30万元、占地8亩的苍蝇养殖基地在六合区新篁镇农村迎来了第一批"无菌工程蝇"。

半年后,苍蝇养殖场还开发了十多个苍蝇产品,当年就收回了成本。目前苍蝇养殖场已经扩大到了300亩,年利润达到100多万元。

(资料来源:http://www.58cyjm.com/2010/4280.shtml。)

【案例分享】　　　　把握商机与李嘉诚创业

20世纪60年代中期,内地发生"文化大革命",香港地区也人心惶惶,房地产经历几年狂炒后,一落千丈,许多富翁争相廉价抛售产业逃离香港。李嘉诚正在建筑中的楼盘也被迫停工,因为那时即使建成也没人去买。如果按当时的房地产价格计算,李嘉诚可以说是全军覆没!但李嘉诚独具慧眼,认为土地价格将会有再度回升的一天,决定实行"人弃我取"的策略,用低价大量收购地皮和旧楼,在观塘、柴湾及黄竹坑等地兴建工厂和大厦,全部用来出租。不出三年,果然风暴平息,大批当年离港的商家纷纷回流,房产价格随即暴涨,李嘉诚趁机将廉价收购来的房产高价抛售,这一次李嘉诚从中获得200%的高额利润。此后,"长实"在地产业屡出大手笔。先是拿出6 000多万元资金购买物业及地皮,并积极兴建高级住宅与商业楼宇。到1976年,又动用2.3亿港元买入美资集团、希尔顿酒店及凯悦酒店,开创了华资在港吞并美资机构的先河。李嘉诚收购了美资饭店后,正赶上香港旅游业有史以来的黄金时期,果然大赚一笔,为他下一步与英资集团竞争创造了条件。而李嘉诚历时两年半之久,全面进军"和黄"的整个过程犹如"蛇吞大象",实为香港开埠以来华资收购英资的经典之作。

(资料来源:http://www.cyzone.cn/a/20100706/157453.html.)

三、培养"处处留心皆机会"的意识

当创业者具备了发现创业机会的能力,做好了迎接创业机会的准备,社会又提供了创业环境时,寻求创业机会就是一个关键问题了。我们了解了创业机会的特征和来源,在寻找创业机会的过程中,应该在自己的意识里形成一种自觉行为,培养寻求创业机会的意识。创业成功的制约因素很多,其中关键因素之一便是寻求创业机会。创业者应该在意识深处养成"处处留心皆机会"的习惯,当然,这种习惯的养成也得益于创业者个人强烈的创业愿望。

【案例分享】　　　　　　　高考落榜生的创业路

自1999年高考落榜后,家住襄樊市南漳县的小姚便自寻创业路。

2001年春节前,小姚的几位好友相聚闲聊,聊起每年冬天都有因烧煤中毒而致人死亡的事情发生。目前,农村普遍使用煤炉取暖,所以稍不留意,就会发生煤气中毒。

说者无心,听者有意。这使小姚想起从前剪报时,曾看到过转让"电热涂料"生产技术的资料。他找出这份资料研究一番,发现这种涂料既能替代煤炉取暖,又能避免煤气中毒,同时成本低廉。通过分析研究,小姚认为市场广阔。他又到厂家实地考察,发现技术真实,效果确实不错,生产过程又十分简单,适合家庭作坊式生产,便买下了这一技术。

产品生产出来后,他先给亲朋好友免费粉刷,效果很好。经亲朋好友的推销宣传,陆续有了用户。他进而跑到各地学校去给教室粉刷,这招还真灵,不久便有教师和大量学生家长前来联系。随着天气转暖,销售趋淡,他又将销售对象转向包工头和建筑施工单位。因为这是一项新技术,目前还没有竞争对手,生意越来越好。于是,他扩大规模,雇人生产,上门粉刷。

不久,连周围一些县市也纷纷有人订货,供不应求,效益不断提高。经过一年的努力,净赚5.8万元。

(资料来源:https://baike.1688.com/doc/view-d11228557.html.)

【创新实验】　　　　　　　资源挑战

一、材料清单

1. 每个团队发一个信封,里面装有一张A4纸,纸里包着一张50元的钞票,这张纸中间有一句话:你如何白手起家?

2. 资源挑战使用说明书(每个团队一份,附在信封外面)。

资源挑战使用说明书

你能在2个小时内用50元创造多少利润?这个信封包裹着种子资金。你的团队可以用尽可能多的时间做计划,可一旦你打开了信封,你就只有2小时的时间在某天(具体日期)课程开始之前去赚尽可能多的钱(只能使用信封中提供的种子资金)。

二、实验问答

问:信封里有多少钱?

答:50元。

问:能用从其他地方获得的额外现金开始吗?

答:不行,绝对不行。这50元是你拥有的唯一种子资金,就这50元。

问:有什么不允许做的事情?

答:(1)你不能从事非法活动。

(2)不允许参与抽奖活动,因为这样既无聊又缺乏想象力。

(3)不允许买彩票,因为这样显得你很懒。

(4)其他形式的赌博也不允许……因为我就是这样规定的!

(5)在你的2小时之前和之后,你都不能募集资金。

(6)在你的2小时之后,你就不能再做任何事情了。

问:可交付的成果是什么?

答:在某天(具体日期)的课上,准备好展示幻灯片。幻灯片需要回答下列问题:

(1)你做了什么?

(2)你赚到了多少利润(记住:利润=收入-支出)?

(3)关于资源,你学到了什么?

在你进行展示时,利润必须是以现金形式体现。展示结束后收到的资金或赚到的钱都不算数。

三、评分标准

小组得分将由以下因素决定:赚取的利润额和创造力。

假设你创造了利润,你可以在偿还某教师(教师姓名)50元种子资金后,将所有赚取的钱据为己有。种子资金是无息贷款,不是股权投资!如果你没有赚到利润,这是某教师(教师姓名)可接受的损失。

四、实践步骤

本练习需要提前2~5天时间分派给学生。给每个团队一个信封(见"材料清单"),同时将资源挑战使用说明书附在信封外。在课堂内练习(大约1小时,取决于团队数量)。

1. 展示(35分钟)

要求每个团队在3分钟内展示完幻灯片,在接下来的3分钟内由学生或(和)教师提问,展示团队进行回答。每个团队展示之后,教师应在黑板上记下他们的创意和赚到的利润。

2. 汇报(20分钟)

从两个方面进行汇报:对任务的反思以及对白手起家的讨论。

(1)任务反思。建议反思以下问题:①你收到任务时感受如何?②描述你的团队是如何产生后来实施的"那个创意"的。50元发挥了什么作用?③这次体验中最令你感到意外的是什么?为什么?

(2)白手起家。清楚地告诉学生,他们所体验的是一种经典的白手起家方式,这非常重要。

白手起家指的是用很少的资本去开创新事业,这样做需要非常高的智慧。教师应该总结每个团队中涌现出的不同的白手起家方式。举例来说,学生们很可能会索要免费的东西,招募其他人帮助他们做事,延迟付款时间直到产生现金流,甚至与其他团队合作。

3. 颁奖典礼(5分钟)

获利最多的团队将获得一张证书。教师应该确定谁是最具创造力的团队(若与获利最多的团队不是同一个团队),并颁发一张证书。最具创造力的团队应该由学生投票产生(但不能投票给自己的团队)。

第四节 预见商机

一、掌握确定性

所罗门王在《传道书》中写道:"虚空的虚空,凡事都是虚空。"这句话与古希腊思想家赫拉克利特"万物流转"的教诲一致。老子也在《道德经》中有言:"道可道,非常道。名可名,非常名。"天地间唯一不变的就是变。

世间唯一不变的就是变。这似乎是正确的,世界永恒不变的就是所有的事物都处在不断流动的状态。那么,如何寻找确定性?这似乎是一个难度极大的任务。但事实上,我们需要的总能设法得到,因为万事万物的变化皆有规律,如同钟表上了发条就会走一样。

我们可以通过两种显著的变化来找出确定性:第一种是周期性变化,比如四季更替、天气变化、动物迁徙、潮涨潮落等。人类文明史从某种程度上就是人类掌握周期变化规律并用于增大生存概率的历史。然而,周期性变化并不全面。想培养敏锐的远见力,需要了解另一种确定性,这种确定性与周期性变化是截然不同的,它是非周期的、渐进的,它不是循环往复的,而只往单一方向发展。换言之,有起不一定有落,我们把它称为线性变化。

我们通常不相信预测,认为预测建立在趋势的基础上,而趋势不为人所信。但从科学角度上,趋势被定义为"某件事发展或改变的大致方向"。趋势可以分为两种:一种是软趋势;另一种是硬趋势。硬趋势是基于可测量、可感知、可预测的事实、事物或客体得出的推测;软趋势则是根据似乎看得到、似乎预测出的统计得出的推测。硬趋势绝对会实现,是未来的定数;软趋势是可能会发生的、未来的变数。明白两者差别,将彻底颠覆我们认识未来的方法,让我们了解未来哪些部分会成真,也让我们了解必须要从确定性开始,这样才会知道什么是未来的事实、什么是假设的事实。我们之所以不相信趋势,是因为还没有学到如何分辨硬趋势与软趋势。

你要做的就是,检查你所从事的行业,把所有硬趋势列出来,这样就知道有哪些事确定会发生,将不确定是否为硬趋势的项目剔除。同时,把所有软趋势列出来,这样就知道有哪些事是你能改变或影响的。

二、洞察先机,发现问题,跳出问题

传统思想认为,客户需求、市场竞争快速变化,企业要求生存,就要有很高的灵活度。这在20年前或许行得通,但现在已经落伍了。时至今日,科技革新的脚步已非快速可形容,即使是及时反应也许都为时已晚。

主动,解决的是今天的问题,为的是避免问题恶化。但这还不够,我们要预测明天会发生

什么问题,然后采取行动,抢先一步解决,也就是先发制人。主动,是因为反应灵活;先发制人,是因为洞察先机。从主动反应到先发制人,从被动反应到洞察先机,赋予了"变化"新的含义。先发制人,表示把脑筋转成"处处是机会"的模式,预先看到问题,防患于未然。换言之,从内在开始改变,而不再等待外在改变后才反应。

应付外在环境而做出的改变,通常让人疲于奔命;由内在启动的改变,则是有目的、有建设性的。后者是先发制人,是机会管理,有助于个人与企业的成长,让人得以打造自己的未来,把握自己的命运。想要由内在发生改变,唯一的途径就是洞察先机。

如果你下决心成为一个洞察先机的人,要懂得如何管理机遇。问问自己:"我在未来几周、几月、几年后会遇到什么问题?我的客户会有什么问题?什么是公司将面临的问题?"不要等待这些问题发生,要发挥创意先行解决。

如何解决呢?试着进行下面这种练习。

闭上眼睛,问自己:"目前,在我的工作中面临的最大问题是什么?"紧闭眼睛,直到你想出答案。

很快你会睁开眼睛,因为我们最大的问题都在心头,时刻准备跳出来,不需要考虑太久时间。现在,牢牢记住你认为的最大问题,接下来要做的就是:跳出这个问题。

如何跳出问题?来看这样一个例子。

作为《财富》500强公司,礼来是世界上最大的医药公司,但他们知道自己并非无懈可击。1992年,这家给我们带来胰岛素、青霉素和红霉素的公司,遭受了历史上首次季度亏损。2001年8月,公司独有的抗抑郁药百忧解这一关键专利就要到期,礼来公司陷入恐慌。在最后期限迫近之际,他们还有一些分子谜团亟待解决,而解决这些问题意味着要再雇用至少近千名博士员工,他们坦言没有足够的资金来聘请1 000名新员工。

礼来公司的问题说穿了是没有钱。真是这样吗?其实,要解决礼来的问题,只要跳过它,因为那不是真正的问题。真正的问题不是雇用更多的博士,而是解决药物分子的问题。

所以,后来怎么解决呢?他们创建了一个在线科学论坛,名为创新动力。在这个论坛上,他们张贴出困难的化学和分子问题,悬赏能解决这些问题的人。这种策略的精华之处是,公司只需要为那些有用的解决方案付费,并且支付的金额取决于问题的难度。后来,从北京到莫斯科的工程师和科学家们都在为礼来公司解决分子问题,却不是公司的雇员。最终,礼来公司研发出了新药物,熬过了这一关,并茁壮成长。

礼来公司是如何解决资金问题的?没有解决。相反,他们跳过了资金问题。事实上,钱不是问题,只是他们一开始认为是个问题罢了。

那么,你所面临的最大问题是什么?就像礼来公司一样,如果把问题拎出来,从不同的角度看,你可能会发现,这不是真正的问题。不要试图去解决它,跳过它也许更好。

三、学会变革

变革和变化不同。变化意味着本质上继续做同一件事,只是在程度上有些差异,或是更大,或是更小,或是更快,或是更高,或是更长;变革意味着做一些本质上完全不同的事。

我们来看这样一个例子。

教室里,老师和几个学生做了一个实验。在热带鱼缸中间嵌入一块玻璃,将鱼缸分成两个隔间。在其中一个隔间放入一条捕食鱼,另一个隔间放入一些捕食鱼通常会捕猎和进食的鱼类。开始的几个小时,捕食鱼疯了似的试图捕猎,但每次都撞到玻璃隔板上,一次又一次。最后,它终于停止了尝试。

然后,老师移除了玻璃。所有的学生都围在鱼缸边,直勾勾地看着,想看到捕食鱼吞噬它的邻居。但是,捕食鱼始终逗留在鱼缸的一侧。

在我们成长的过程中也是这样,不断尝试毫无结果的事情,撞了一鼻子灰,最终学会了停止尝试。但当今世界正在发生的事情是:科技正在消除一切玻璃壁垒。不幸的是,我们就像鱼缸中的捕食鱼一样,不知道玻璃隔板已经没有了,甚至都没有去尝试。然而,无论我们知道与否,过去的阻碍已经消失了,加上科技转型的狂潮席卷世界,生活的每个环节都将彻底改变。从一个鱼缸变成一片汪洋,你准备好去自由遨游了吗?

21世纪,唯一可以依靠的就是变革。这意味着你不能走回头路,不能停滞不前;你不能故步自封,不能继续做你一直在做的事,即使你竭尽全力去保持。想要生存下来并茁壮成长,唯一的办法就是再创造和重新定义。

从某种意义上说,变革是硬趋势,再创造是软趋势。变革一定会发生,就在我们身边,不论你希望与否;而再创造,将由我们做主,你不去做,别人就会去做。

不管你从事什么职业,寻找你的核心优势。一旦你开始围绕自己的天分重塑自己,并调整自己的才华来支持你的天分,你就能找到让自己不断精益求精的事业。世界瞬息万变,根本没有什么职业是铁饭碗。如何才能保证找到制高点,生存下来并茁壮成长,不被科技狂潮淹没,还能从中看到机会呢?

答案就是:掌握确定性,洞察先机,脱胎换骨大转型。

【创业实践】　　　　机会漫步

本练习可以进行调整以适应不同的时间安排,主要取决于老师是否愿意花更多的时间在诸如顾客价值主张或创造性创意产生之类的问题上。该练习至少需要40分钟。实践步骤如下:

第一步(5分钟)

学生于连江万家广场集合(老师可以根据具体情况,选择其他场所进行),让学生拿出纸和笔,待学生全部集合后,让他们告诉你他们看到了什么。他们可能会说"饮品店"、"汉堡店"、"停车场"、"建筑"之类的事物。

第二步(10分钟)

现在,让他们环顾四周,观察周围一切事物,并尝试想出尽可能多的相关公司。

有时,给出与他们最初看到的事物相关的例子会很有帮助。例如,如果他们表示看到饮品店,你就可以暗示这涉及饮品加盟商、供应商等。给学生5分钟的时间确定公司。你可以通过告诉学生他们应该至少想出20家、50家甚至更多公司,以激发他们的思考。学生通常最多想出40~50家公司。留意有困难的学生并鼓励他们。给出"只剩1分钟"的提示,鼓励他们赶快在最后1分钟内想出更多的公司。回到教室,让学生数一数他们想出了多少公司。可以给想出最多公司的学生一个小小的奖励。

第三步(5分钟)

选几个学生告诉班里其他人他们确定的公司,并把这些公司写在黑板上。你可以让学生思考与此相关以及提供支持的其他公司,这样能进一步激发他们。比如,如果有位学生提到了服装店,你就可以询问品牌服装生产商或销售商等。

第四步(5分钟)

让学生配对并从他们的公司清单中选出一家公司,要求他们想出能让该公司发展得更好或与众不同的方法。这时,重要的是鼓励学生不要受限于他们所认为的可能性,提醒他们可能有些技术他们并不了解,所以他们应该试着想出理想的方法。这可以让他们更具创造力,从而想出有价值的方法。5分钟后,选一组或两组学生分享他们的创意。

第五步(10分钟)

让学生讨论其新概念对潜在顾客的价值,并想出确实能提供这种价值的方法,这有助于学生思考其顾客价值主张,并回到现实中思考能提供这种价值的方法(即便他们的初始创意太过牵强)。举一个最初看起来不切实际的例子。例如,有的学生提出了一个钥匙链创意,这种钥匙链可以让汽车消失然后重新出现,这样便不用找车位。你可以问他们这个新想法的价值是什么(减少找车位的时间),然后举例说明可以提供同样价值的众多方法(比如,可以展示停有几百辆车的自动车库的照片——车钥匙可以给车库发出取车信号,并存储关于车位信息的信号)。这里需要强调,以技术上切实可行的方法提供价值的创造性思维十分重要——此时,不一定要在财力上行得通。

第六步(5分钟)

最后,让学生整理他们的创意并思考这些创意是如何改善人们生活的。这有助于学生理解他们能否真正提供顾客想要的价值,并思考公司在社会中的作用。比如,你可以说沃尔玛通过提供更多的可支配收入提高了人们的生活质量,或者星巴克通过提供聚会场所鼓励了社交互动。这里的重点是让学生从能否给顾客和社会带来价值的角度思考他们的公司,对其中的一些内容进行讨论。

在练习结束时强调,创意和机会无时无刻不在身边,所以构思创意从来就不应该成为问题。但是,他们应该将能否真正给顾客和社会带来价值视为决定这些创意能否成为创业机会的第一步。

第七章　创新商业模式

▌学习内容与目标

1. 了解商业模式的本质和内涵，包括定义与要素；
2. 理解"互联网＋"经典商业模式，认识创业与商业模式之间的关系；
3. 理解并掌握创新商业模式的内涵和特点，了解几个常见的误区，并掌握商业模式创新的具体方法和途径；
4. 理解并掌握商业模式画布的各大细分构造块，能灵活运用商业模式画布图进行思考和模式构建。

▌创新实验指南

1. 通过发现和分享因商业模式成功和失败的企业案例，深入了解商业模式的内涵和重要意义；
2. 通过商业模式画布图、MPV 等多个创新实验，针对你的创业项目，构思合理且高效的商业模式；
3. 收集并讨论现有一些企业的商业模式是否能进行创新、如何创新，通过情景模拟、路演 PPT 等方式展现创新商业模式的价值。

▌活 动 导 入

在精益创业中，有种建立原型叫做 MVP(Minimum Viable Product)，即"最小化可行产品"，它是指在市场不确定的情况下，通过设计实验来快速检验你的产品或方向是否可行。如果你的假设得到了验证，再投入资源大规模进入市场；如果没有通过，那这就是一次快速试错，尽快调整方向。和常规产品不同，MVP 更侧重于对未知市场的勘测，用最小的代价来验证你的商业可行性。举个例子，如果你希望做一个图片分享网站，那么作为产品原型，MVP 仅仅包含最基础的功能，形态或许就是一个提交图片的按钮以及图片的展示。借助 MVP，经过一系列实践，产品的设计思路将被一次次整改，最终完成正式版的开发。

请问图 7—1 中上、下两种方法哪个才符合 MVP？

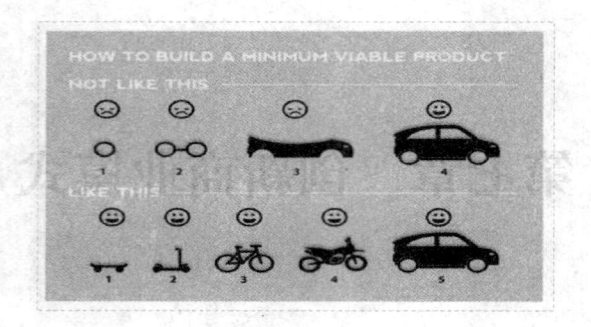

图 7—1

先导案例

"卖驴"还是"抽奖"

有一个农夫,花了 100 元买了一头驴驹回来,然后花 30 元的成本饲养,养大后再以 150 元把它卖掉,最后获得 20 元的毛利润。这是在没有竞争的情况下实现的结果。如果存在竞争,多个农夫做同样的事情,为了使自己的驴尽快卖出去,农夫们就会争相降低销售价格,最终大家都无利润可言,这就是同质化的价格竞争。

最不愿发生的情况是,驴还没等卖出去就突然死掉了,农夫只能以 50 元的处理价格卖给屠宰场,最后农夫负债 80 元。有人给农夫出了个主意:先别卖给屠宰场,让他打印了一张驴的照片,拿到集市上去抽奖,将驴作为奖品,每抽一次需付 2 元。很多人贪图便宜,以为 2 元就能抽中一头驴,这是非常划算的事情,就算没有抽到,花 2 元也不算什么。就这样,农夫卖了 500 张抽奖券,收取了 1 000 元。最后中奖的人不满意是头死驴,所以农夫把 2 元退给了中奖人,去掉成本,农夫赚了 868 元。

以上"买驴驹,养大再卖驴"的逻辑就是传统的经营逻辑,而抽奖的逻辑就是创新的经营逻辑。企业在互联网时代必须抛弃传统的经营思维,转向创新的经营逻辑。

第一节 商业模式概述

"商业模式"已经成为挂在创业者和风险投资者嘴边的一个名词。几乎每一个人都确信,有了一个好的商业模式,成功就有了一半的保证。那么,到底什么是商业模式呢?用最直白的话告诉大家:商业模式就是公司通过什么途径或方式来赚钱。简言之,饮料公司通过卖饮料来赚钱;快递公司通过送快递来赚钱;网络公司通过点击率来赚钱;通信公司通过收话费来赚钱;超市通过平台和仓储来赚钱;等等。只要有赚钱的地儿,就有商业模式存在。

一、商业模式的本质

1997 年 10 月,亚信总裁田溯宁到美国去融资,美国著名投资商罗伯森问田溯宁:"亚信的商业模式是什么?"田溯宁听了一头雾水。罗伯森说:"1 块钱通过你的公司绕了一圈,变成 1 块 1,商业模式指这 1 毛钱是在什么地方增加的。"也就是说,1 毛钱增加的内在逻辑就是客户价值实现和创新的模式。这一定义偏重于企业赚钱的过程,而忽视了客户价值创造。

德鲁克在《管理的实践》一书中说过,企业经营的目的是创造客户价值,为客户提供产品或服务,而不是利润的最大化。眼睛仅仅盯着利润的企业,总有一天是没有利润的。企业经营的根本就是客户价值,商业模式的核心就是"利他",即以客户的视角看问题。

我们知道,标准的企业运作流程是钱—物—钱。开始的"钱"指的是资本,包括资产和资金;"物"指的是产品,包括有形产品和无形服务;最后的"钱"是开始资本的增值。任何企业都是围绕钱—物—钱来进行运作的,这样才能支撑业务的循环。延展开来看,不管是扩张型企业、成熟型企业、成长型企业、创业型企业,还是制造业、服务业、流通业、互联网业、投资业,企业生存的根本是创造符合客户需求的物,也就是说,要满足客户需求,最终实现客户价值,从而实现利润。在这个过程中,企业内的各种要素,如产、供、销、研、财等,都是围绕着企业的价值主张来创造价值的;一句话,都是围绕满足客户需求、实现客户价值来服务的。同时,在这个创造价值的过程中还包含了供应链、企业内部运营、分销链,一直到价值交换与转移的全过程。

事实上,商业模式就是为了满足客户需求或实现客户价值,而采取的整体解决方案和一切方式方案的整合,也就是实现客户价值的逻辑。那么把它再展开,你会发现企业如何获得资本、用资本做什么、为谁做、用什么做、怎么做、用什么方式提供给需求者,最终获得利润的整体解决方案。这个整体解决方案就叫做商业模式。

二、商业模式的具体内涵

(一)商业模式的定义

商业模式是指为实现客户价值最大化,把能使企业运行的内外各要素整合起来,形成一个完整的、高效率的、具有独特核心竞争力的运行系统,并通过最优实现形式满足客户需求、实现客户价值,同时使系统达成持续盈利目标的整体解决方案。

(二)商业模式的几个要素

商业模式是一种简化的商业逻辑,依然需要用一些元素来描述这种逻辑。

1. 价值主张(value proposition)。即公司通过其产品和服务所能向消费者提供的价值。价值主张确认公司对消费者的实用意义。

2. 消费者目标群体(target customer segments)。即公司所瞄准的消费者群体。这些群体具有某些共性,从而使公司能够(针对这些共性)创造价值。定义消费者群体的过程也称为市场划分(market segmentation)。

3. 分销渠道(distribution channels)。即公司用来接触消费者的各种途径。这里阐述了公司如何开拓市场。它涉及公司的市场和分销策略。

4. 客户关系(customer relationships)。即公司同其消费者群体之间所建立的联系。通常所说的客户关系管理(customer relationship management)即与此相关。

5. 价值配置(value configurations)。即资源和活动的配置。

6. 核心能力(core capabilities)。即公司执行其商业模式所需的能力和资格。

7. 合作伙伴网络(partner network)。即公司同其他公司之间为有效地提供价值并实现其商业化而形成合作关系网络。这也描述了公司的商业联盟(business alliances)范围。

8. 成本结构(cost structure)。即所使用的工具和方法的货币描述。

9. 收入模型(revenue model)。即公司通过各种收入流(revenue flow)来创造财富的途径。

第二节 "互联网＋"经典商业模式

"互联网＋"企业有四大落地系统（商业模式、管理模式、生产模式、营销模式），其中最核心的就是商业模式的互联网化，即利用互联网精神（平等、开放、协作、分享）来颠覆和重构整个商业价值链。目前来看，主要分为六种商业模式。

一、工具＋社群＋电商模式

大家是否还记得快的和滴滴打车软件之间的烧钱打车之战？一场没有硝烟的战争，让国人见识了竞争之激烈。腾讯和阿里为了一个小小的打车软件不惜斥巨资血拼街头。很多人觉得不就是个软件，至于吗？真的仅仅是产品之争吗？说到底，是用户之争，那是掌控用户的入口之争，意味着谁拥有了用户，谁就拥有了市场话语权。

移动互联网相比于 PC 互联网，在更大程度上改变着人类社会的生活习惯，引领着未来商业的发展趋势。PC 互联网的商业模式是通过入口级产品获取用户，把控网络流量，最后通过流量变现来获取盈利。移动互联网的商业模式是通过极致的产品和服务来获取用户，把用户变成自己的"粉丝"，然后通过跨界整合资源来为用户提供更好的用户体验，最终提高用户的 ARPU 值（指一个消费群体消费总额除以群体总人数），形成有黏性的用户平台后再寻找盈利模式。

"工具＋社群＋电商"的三位一体化模式已经成为移动互联网时代的主流模式，比如美妆心得、妈妈帮、陌陌等，最开始就是一个工具，都是通过各自工具属性/社交属性的核心功能聚集了大批的目标用户，然后才培养出了自己的社群，并开始逐步嫁接电商业务。

在这样的商业模式中，工具如同一道锐利的刀锋，它能够满足用户的痛点需求，但它无法有效沉淀粉丝用户，而社群就成为沉淀用户的必需品，电商化则是衍生盈利点的有效方式。三者看上去是三张皮，但内在融合的逻辑是一体化的。微信就是一个非常典型的案例，它从一个社交工具，加入了朋友圈点赞与评论等社区功能，继而添加了微信支付、精选商品、电影票、手机话费充值等功能。再观察一下像"微杂志"、"她生活"以及"罗辑思维"等自媒体，它们都已经在开始通过售卖书籍、化妆品来拓展自己的商业空间。这些演进的内在逻辑是相同的，即"工具＋社群＋电商"将会成为移动互联网时代商业模式探索的杀手锏甚至是终极生态。

【案例分享】　　　　　　　　小米模式

很多人羡慕小米手机的粉丝经济、口碑营销，其实小米模式的真正核心是社群，从聚集"极客"（科技男）开始，逐步吸引一个以百万级数成长的新生代社群迅速壮大，成为其运营的核心。围绕这个核心社群，小米甚至重构了从产品定位、研发设计、产品迭代更新、营销推广与客户关系到售后服务等整个商业模式。围绕小米社群，小米建立了强大的阵地——社区。小米社区是小米官网旗下小米手机粉丝交流的地盘，旨在为小米手机粉丝提供包括小米手机学院、小米同城会、小米游戏软件下载、酷玩帮、小米随手拍、米兔大本营等众多分类内容。

那么，小米的社群又是如何创建的呢？

1. 建立社区，形成粉丝团

建立社区的第一步就是根据产品特点，锁定一个小圈子，吸引铁杆粉丝，逐步积累粉丝。

比如,小米手机把用户定位于发烧友极客的圈子。

在吸引粉丝的过程中,创始人会从自己的亲友、同事等熟人圈子先开始,逐步扩展,最后把雪球滚大。建立社区跟滚雪球是一个道理,初始圈子的质量和创始人的影响力,决定着粉丝团未来的质量和数量。在锁定粉丝团的人群以后,下一步就是寻找目标人群喜欢聚集的平台。在粉丝团扩展阶段,意见领袖起着信任代理人的作用。

2. 针对铁杆粉丝,进行小规模内测

在积累了一定规模的粉丝以后,第二个阶段就是根据铁杆粉丝的需求设计相关产品,并进行小规模产品内测。这一步对于小米手机而言,就是预售工程机,让铁杆粉丝参与内测。第一批用户在使用工程机的过程中,会把意见反馈给小米的客服。小米客服再把意见反馈给设计部门,用户的意见可以直接影响产品的设计和性能,让产品快速完善。

3. 进行大规模量产和预售

这个阶段一般有三件重要的事要做:产品发布会、新产品社会化营销与线下渠道发售。在盛大的发布会这天,作为小米的董事长雷军亲自上阵讲解产品,而且还会邀请高通等配件厂商助阵,成百上千名米粉参与,众多媒体记者和意见领袖围观。这样做的目的只有一个,就是把产品发布会的信息传递出去,成为社交网络话题讨论的焦点。

4. 联结,与粉丝成为一生的朋友

对于小米而言,硬件可以不挣钱,甚至可以免费,但硬件可以把用户联结起来,然后依靠后续的服务和衍生产品赚钱。小米手机是如何通过这些设备把用户联结起来的呢?那就是软件,对于小米手机而言,就是它的 MIUI 系统。通过 MIUI 系统,小米手机不仅把成千上万的米粉联结到一起,还基于 MIUI 建立了自己的商业模式。当成千上万的米粉通过 MIUI 联结在一起时,你可以知道其他米粉在说什么、在做什么、在用什么,整个米粉群体就变成一个互相关联的大规模社群。而这个社群的吃喝拉撒和衣食住行,都可以变成小米公司新的收入来源和商业模式。

二、长尾型商业模式

菲利普·科特勒在《营销管理》一书中对"利基"的定义是:更窄地确定某些群体,这是一个小市场并且它的需求没有被服务好,或者说"有获取利益的基础"。

长尾式概念由克里斯·安德森提出,这个商业模式就是为利基市场提供大量产品,每种产品相对而言卖得都少,但销售总额可以与面向大量用户销售少数拳头产品的传统销售模式相媲美。典型应用如在线拍卖网站 ebay,基于数量庞大者交易小额非热点商品而成功。通过 C2B 实现大规模个性化定制,核心是"多款少量"。所以长尾模式需要低库存成本和强大的平台,并使得利基产品对于有兴趣的买家来说容易获得。

【案例分享】　　　ZARA 供应链的"极速传奇"

西班牙知名服装品牌 ZARA 以快速反应著称于流行服饰业界,其成功与创新的模式成为业界的标杆。ZARA 每年提供 12 000 种不同的产品项目供顾客选择,从设计理念到成品上架仅需十几天。

ZARA 创始于 1985 年,它既是服装品牌,也是专营 ZARA 品牌服装的连锁店零售品牌。ZARA 公司坚持自己拥有和运营几乎所有的连锁店网络的原则,同时投入大量资金建设自己

图7—2

的工厂和物流体系,以便于"五个手指抓住客户的需求,另外五个手指掌控生产",快速响应市场需求,为顾客提供"买得起的快速时装"。

ZARA运作模式的成功得益于公司出色的服装行业的全程供应链管理,以及支撑供应链快速反应的IT系统应用。ZARA公司采取"快速、少量、多款"的品牌管理模式,在保持与时尚同步的同时,通过组合开发新款式,快速推出新产品,而且人为地造成"缺货",以实现快速设计、快速生产、快速出售、快速更新,专卖店商品每周要更新两次。

1. "三位一体"的设计与订单管理

ZARA自己设计所有的产品,在其公司总部有一个由设计专家、市场分析专家和采购人员组成的"三位一体"商业团队,每年设计的新产品将近40 000款,公司从中选择12 000多款投放市场。与竞争对手不同,该团队不仅设计下个季度的新产品样式,同时还不断地更新当前季度的产品。女装、男装和童装的设计师们集中在总部一座现代化的建筑里,分布于各个大厅,设计师们通常坐在大厅的一边,市场专家坐在大厅的中间,另一边是采购和生产计划人员。整个设计过程都是非正式的、开放的。

2. "垂直整合"式的生产管理

设计方案确定后,生产计划和采购人员开始订单履行流程的管理:制订原材料采购计划和生产计划,监视库存的变化,分配生产任务和外包生产,跟踪货源的变化情况,要防止生产不足和生产过剩。ZARA公司自己在西班牙拥有22家工厂,其所有产品的50%是通过它自己的工厂来完成的,但是所有的缝制工作都是转包商完成的。这些工厂都有自己的利润中心,进行独立管理。其他50%的产品是由400余家外部供应商来完成的,由于ZARA公司规模庞大,订单不仅数量大而且很稳定,因此,与其合作的供应商都把它作为自己的第一选择,ZARA公司的话语权也就不言而喻了。

3. "掌握最后一公里"的配送管理

所有的产品都是通过拉科鲁尼亚的物流中心发送出去的,该中心有5层楼高,建筑面积超过50 000平方米,运用非常成熟的自动化管理软件系统:大部分是由ZARA或者Inditex的员工开发出来的。中心的员工有1 200人,每周通常运作4天,运送的货物数量依需求而定。通常在订单收到后8个小时以内就可以装船运走,每个连锁店的订单都会独立地装在各自的箱子里。除了在西班牙的总部物流中心,ZARA公司还在巴西、阿根廷和墨西哥建有三个小型的仓储中心,用来应对南半球在不同季节的需求。ZARA特别强调速度的重要性,正如该公司的一位高级经理说的那样:"对于我们来说,距离不是用千米来衡量的,而是用时间来衡量的。"相对于行业中的小企业来说,ZARA公司是不可思议的:出货正确率达到了98.9%,而出错率不足0.5%。

4."一站式购物"的销售管理

连锁店通常每周向总部发两次订单,产品也每周更新两次。订单必须在规定的时间之前下达:西班牙和南部欧洲的连锁店通常是在每周三下午的3:00之前和每周六下午的6:00之前,其他地区是在每周二下午的3:00之前和每周五下午的6:00之前。如果连锁店错过了最晚的时间,那么只有等到下一次了,公司对这个时间限制的管理非常严格,订单必须准时。所有的产品在连锁店里的时间不会超过两个星期,公司在每个季节开始的时候只会生产最低数量的产品,这样可以把过度供给的风险控制在最低的水平,一旦出现新的需求,ZARA可以通过其有效的供应链管理迅速组织生产。

ZARA创始之初至今几十年的发展过程中,贯彻包括品牌、运营模式、制造以及物流体系的战略安排,形成以快速供应链为基础的能力,以便于快速响应市场需求,为顾客提供"买得起的流行时装"。

(资料来源:葛星. 物流时代. www.jctrans.com,2005—11—3.)

三、跨界商业模式

马云曾经说过一句很任性的话,他说,如果银行不改变,那我们就改变银行,于是余额宝就诞生了,余额宝推出半年规模就接近3 000亿元;雕爷不仅做了牛腩,还做了烤串、下午茶、煎饼,还进军了美甲业;小米做了手机、做了电视、做了农业,还要做汽车、智能家居。

互联网为什么能够如此迅速地颠覆传统行业呢?互联网颠覆实质上就是利用高效率来整合低效率,对传统产业核心要素进行再分配,也是生产关系的重构,并以此来提升整体系统效率。互联网企业通过减少中间环节、减少所有渠道不必要的损耗、减少产品从生产到进入用户手中所需要经历的环节,来提高效率、降低成本。因此,对于互联网企业来说,只要抓住传统行业价值链条当中的低效或高利润环节,利用互联网工具和互联网思维重新构建商业价值链,就有机会获得成功。

马化腾在企业内部讲话时说:"互联网在跨界进入其他领域的时候,思考的都是如何才能够将原来传统行业链条的利益分配模式打破,把原来获取利益最多的一方干掉,这样才能够重新洗牌。"反正这块市场原本就没有我的利益,因此,让大家都赚钱也无所谓。正是基于这样的思维,才诞生出新的经营和盈利模式以及新的公司。而身处传统行业的人士在进行互联网转型的时候,往往非常舍不得或不愿意放弃依靠垄断或信息不对称带来的既得利益。因此,他们往往想的就是仅仅把互联网当成一个工具,思考的是怎样提高组织效率、如何改善服务水平,希望获得更大利润。所以,传统企业在转型过程中很容易受到资源、过程以及价值观的束缚,即阻碍。

【案例分享】　　　　微信红包背后的大数据金融

2015年春节仅仅两天,微信就绑定个人银行卡2亿张,做了支付宝8年才能完成的事。如果30%的人每人发100元红包,共形成60亿元的流动资金,延期一天支付,按民间借贷月息2%计算每天收益率,每天沉淀资金的保守收益是420万元,若按30%的用户没有选择领取现金,那么,其账户可以产生18亿元的现金沉淀,而且无利息支付。

微信红包在 2016 年春节期间总收发次数达 321 亿次，总计有 5.16 亿人通过红包与亲朋好友分享节日欢乐。相较于羊年春节 6 天收发 32.7 亿次，增长了近 10 倍。在参与人群的年龄分布上，微信红包也覆盖了更多年龄层次的用户。90 后是发红包的主力，共发送 25.88 亿次。猴年春节甚至有不少爷爷奶奶辈也注册了微信账号并绑定银行卡，参与到红包狂欢中，60 后发送红包超过 1.66 亿次，60 前发送红包达 0.96 亿次。

四、免费商业模式

如果有一种商业模式既可以统摄未来的市场，也可以挤垮当前的市场，那就是免费的模式。信息时代的精神领袖克里斯·安德森在其《免费：商业的未来》一书中归纳了基于核心服务完全免费的几种商业模式：一是直接交叉补贴；二是第三方市场；三是免费加收费；四是纯免费。

"互联网＋"时代是一个"信息过剩"的时代，也是一个"注意力稀缺"的时代，怎样在"无限的信息"中获取"有限的注意力"，便成为"互联网＋"时代的核心命题。注意力稀缺导致众多互联网创业者们开始想尽办法去争夺注意力资源，而互联网产品最重要的就是流量，有了流量才能够以此为基础构建自己的商业模式。所以说，互联网经济就是以吸引大众注意力为基础，去创造价值，然后转化成盈利。很多互联网企业都是以免费的、好的产品吸引到很多用户，然后通过新的产品或服务提供给不同的用户，在此基础上再构建商业模式。比如 360 安全卫士、QQ 用户等。互联网颠覆传统企业的常用打法就是，在传统企业用来赚钱的领域免费，从而彻底把传统企业的客户群带走，继而转化成流量，然后再利用延伸价值链或增值服务来实现盈利。

【案例分享】　　　　"免费"反而是最贵的！

市场上出现过一个品牌叫梦露，它只做女式睡衣产品，销售价格为 188 元一件，只有两种款式——吊带的和齐肩的，也只有两种颜色——橙色和紫色。他们用了一个不一样的销售方式：送。怎么送呢？免费。如果你穿了感觉很好，就请你帮我们做口碑宣传。

如果这件睡衣送给你，你会要吗？当然会。

但是，他们提了另外一个要求：我们送给你是可以的，快递费你出可以吗？快递费是 23 块钱一件，但是支持货到付款，支持退货。消费者是零风险。也就意味着你花 23 块钱快递费就可以拿到一件价值 188 元的女士睡衣，你们愿意吗？也许第一次你看到可能不会动心，但是如果你发现同一时段竟然有 157 家网站都在为它打广告，你会不会点开看一看？那么，我相信至少有 80% 的人会订上一件。

那么免费送，到底送多少呢？第一阶段我们就送 1 000 万件，我们计算一下，188 元一件，1 000 万件，等于多少钱？18.8 亿元人民币。这家公司愿意拿 18.8 亿元砸一个市场，各位告诉我有这样的公司吗？应该没有，或者很少。也许很多人都会想，他们是赔钱赚吆喝。

但是，这家公司既不是中国 500 强，也不是世界 500 强，这时候，很多人即使只为了满足一下好奇心，也会订一件。于是，你就会留下名字、电话、地址，几天后，快递真的送到你家了，你打开包裹一看，这件睡衣质量真不错，在市场里可能超过 188 元或者 288 元，你要不要付这 23 块钱的快递费？

很多人看不明白，这家公司是干什么的？是做慈善？还是赔钱赚吆喝？

好,下面我们来算一笔账。1 000 万件睡衣免费送,首先我们需要解决货源问题。做生意的人都知道,中国义乌小商品批发市场世界闻名,在那里有很多小型的服装加工厂,所以制作起来成本可以很低。而且我有1 000万件,那么你给别人做10块钱,给我做8块钱可不可以?注意,这是夏天的女式睡衣:第一,款式简单;第二,省布料。

为什么8块钱成本的睡衣在商场里可以卖到188元?今天如果我们买双鞋子,市面上成本是50元,可是到商场里不是名牌的卖300元,是名牌的卖500元。好,请问50～300元中间的钱去哪儿了?商场。没错,商场收了27%～33%,营业员分了12%。梦露睡衣生产成本只有8块钱,但是到消费者手中没有任何中间环节,所以8块钱的睡衣拿到商场里可以卖188元。

这样消费者真正得到了实惠,消费者开心吗?消费者觉得赚了,肯定开心。

接下来就是快递的问题了,我们平时快递一样最小的东西,至少需要8块钱,但是,如果我一年有1 000万件快递要在你的公司运送,可不可以便宜?所以,最后以5块钱敲定,因为夏天的女式睡衣很轻又很小,一个袋子就可以装下。

下面就剩下广告了,本来网上做这种免费送东西的广告是不需要花钱的,因为网站要的是浏览量,今天你试试看,如果产品免费送,我保证有N多网站帮你送东西。但是,为了让我的睡衣送得更疯狂,只要在你家的网站上送出去一件,我就给你3块钱的提成,你是不是会把广告打得更疯狂?于是,所有的网站都帮着打广告。

好,我们再算一笔账。23块钱减去8块减去3块再减去5块,还剩下多少?7块。那么就是说,他们实际上送一件睡衣只付出了16块钱的成本,但是,消费者却付了23块钱的快递费。也就是说,他们只要送一件睡衣就赚了7块钱,中国有13亿人口,一年免费送1 000万件可不可以送出去?答案是,当然可以。最后,他们送睡衣一年就赚了7 000万元。

这家公司做了什么?快递谁递的?快递员。广告谁做的?网站。钱谁赚了?他们赚了。

好,接下来我们再算一下其他人的利润。你觉得卖出来8块钱的睡衣,这个生产睡衣的工厂一件能赚多少钱?每件只能赚1块钱,但是一下接了个1 000万件的单。厂家要不要做?快递公司收5块钱,请问快递公司能赚多少钱?也是1块钱。网站打广告本身是没有什么成本的,所以,网站的纯利润是3块钱。

这三个干活的加在一起,一件才赚了5块钱,但是,他们什么都没干却赚了多少钱?7 000万元人民币。

各位,这家公司有多少人呢?这家公司从总裁、设计总监、销售总监到会计,全公司加在一起4个人。4个人分这7 000万元是不是怎么都有赚?最关键的是,他们什么都没做。

"免费"是为了后期更好地收费,消费者往往会选择一些看起来便宜实惠的商品,免费的商业模式无疑命中了消费者的内心。商家从中找出不免费的环节,产生利润。要知道,有时候"免费"反而是最贵的!

(资料来源:http://www.zwwang.com/show-1483.html。)

五、O2O 商业模式

O2O 是 Online to Offline 的英文简称。O2O 从狭义来理解就是线上交易、线下体验消费的商务模式,主要包括两种场景:一是线上到线下,用户在线上购买或预订服务,再到线下商户实地享受服务,目前这种类型比较多;二是线下到线上,用户通过线下实体店体验并选好商品,然后通过线上下单来购买商品。

广义的 O2O 就是将互联网思维与传统产业相融合，未来 O2O 的发展将突破线上和线下的界限，实现线上线下、虚实之间的深度融合。其模式的核心是基于平等、开放、互动、迭代、共享等互联网思维，利用高效率、低成本的互联网信息技术，改造传统产业链中的低效率环节。

1 号店联合董事长于刚认为，O2O 的核心价值是充分利用线上与线下渠道各自优势，让顾客实现全渠道购物。线上的价值就是方便、随时随地，并且品类丰富，不受时间、空间和货架的限制。线下的价值在于商品看得见、摸得着，且即时可得。从这个角度看，O2O 应该把两个渠道的价值和优势无缝对接起来，让顾客觉得每个渠道都有价值。

【案例分享】 "疯狂"的三只松鼠

食品行业竞争激烈，实现创新是非常难的。三只松鼠却把小坚果做成了大生意，通过互联网找到颠覆性的创新模式，开创了一个以食品的快速、新鲜为卖点的新型零售模式。

三只松鼠把目标客户定位为 80 后、90 后的年轻人，并且找到了目标客户尚未被满足的精准需求——让坚果更易剥，尽最大可能对各个消费环节给予方便和优化，比如包装袋里有剥壳器、湿巾、夹子、垃圾盒，方便随时食用，让消费者有了更便利的食用体验。

把产品包装设计成类似宠物食品，客服把自己装成松鼠一般和顾客沟通。超萌的松鼠动漫形象、互联网品牌的定位，迎合了 80 后、90 后群体的心理，迅速成为网购群喜爱的品牌。

这些差异的创新所花成本仅占营销成本的 1%，却极大地影响了消费者的感觉。另外，三只松鼠还和消费者互动，根据消费者的购买意图给予相应的建议，让消费者感觉好像在面对面交流。

三只松鼠的卖点已经不是价格，而是商品的质量和服务。

为了解决产品质量和新鲜度问题，三只松鼠的做法是，尽量缩短供应链。供应链管理采取的是核心环节自主、非核心环节外包的合作方式。首要的核心环节当然就是产品源头。三只松鼠在全国范围内寻找产品的原产地，统一采取订单式合作，并提前给预付款。

原材料收购之后，委托当地企业生产加工成半成品，每一家厂商生产不超过两样产品。然后，还增加了一个检验环节。之后，生产出的半成品被送回三只松鼠位于芜湖高新区的 1 万平方米的封装工厂中，或存于 0~5℃ 的冷库中，或保存在 20℃ 的恒温全封闭车间中。当消费者要购买时，再从冷库中拿出来。通过网络电子商务平台，实现工厂保鲜产品直达顾客的更快的速度保障，从原产地到顾客手中不超过 60 天的时间。相对于传统产品，这样大大减少了货架期，这一点，对于食品，尤其是对坚果类产品的质量和新鲜度是非常重要的。

六、平台商业模式

平台是一种即插即用的商业模式，连接多个参与方（生产者和消费者），通过生成价值和交换价值让双方产生交互。

生产者可以"插入"平台，在平台上进行创造。当消费者"插入"平台时，平台给予他们相关的服务。开发者在安卓平台上创建 APP，写作者在 Medium 上发表文章，房主在 Airbnb 上创建可租的房间，卖家在淘宝上提供商品。消费者进入平台，获取他们需要的东西。平台核心角色是让连接到平台的参与者能够发生交互。不同的平台有不同类型的交互，但是所有的平台都会有一种核心的交互。

互联网的世界是无边界的，市场是全国乃至全球。平台商业模式的核心是打造足够大的平台,产品更多元化和多样化,更加重视用户体验和产品的闭环设计。

但是,对于传统企业而言,不要轻易尝试做平台,尤其是中小企业不应该一味地追求大而全、做大平台,而是应该集中自己的优势资源,发现自身产品或服务的独特性,瞄准目标用户,发掘出用户的痛点,设计好针对用户痛点的极致产品,围绕产品打造核心用户群,并以此为据点快速地打造一个品牌。

【创新实验】　　如果你是 KTV 老板,你会怎么做?

钱柜倒闭、万达放弃大歌星,KTV 行业已近夕阳?2017 年抢眼的 K 歌产品——移动练歌房和迷你 KTV——抢占市场?电影、互联网娱乐行业的日益兴盛,传统 KTV 行业的目标用户被不断分流、蚕食?

如果你是 KTV 老板,你怎么挽回 KTV 行业的颓势?说说你想打造的商业模式。

第三节　创新商业模式

【案例分享】　　四川航空的商业模式创新

许多人去机场都要乘坐机场大巴,机场大巴都是收费的,但四川航空公司不但免费提供机场大巴接送,还因此多赚了上亿元。一般来说,如果航空公司给订票客户提供免费大巴接送,肯定能吸引一部分人来买它们的机票,虽然增加一些客户,但比起大巴购置和运营的成本,还是得不偿失。而四川航空公司买了 150 辆 7 人座的风行菱智 MPV 来接送乘客,买这些车不但一分钱没花,还进账 1 300 多万元,它是用了什么样的魔法呢?这要从它让人惊叹的商业模式说起。

四川航空先是制定了航空服务班车的完整选车流程,经过一系列严格的筛选,选定了风行菱智 MPV,原价一辆 14.8 万元,四川航空以 9 万元的价格买了 150 辆。能以这个价格买到,一方面是因为买得多,所以是批发价;另一方面,四川航空公司答应风行汽车,司机在载客时会向乘客宣传介绍这款车,也就是司机在车上帮汽车公司做广告,销售汽车。每辆车可以载 7 名乘客,以每天 3 趟计算,来回拉 6 次乘客,150 辆车一年覆盖的广告受众人数是 7×6×365×150,即超过 200 万名高端受众人群。

这样,风行汽车就愿意提供优惠价格了,然后四川航空公司不是雇人来开这些车,而是转手把车以每辆 17.8 万元卖了,而且卖的不是所有权,只是使用权。明明市场上的车价只要 14.8 万元,为什么司机要花更贵的价钱买使用权呢?因为四川航空提供了一条客源稳定的路线,司机每载一个乘客,四川航空就会付给司机 25 元,如果一天跑 3 趟,来回就是拉 6 次客人,如果每次都拉满 7 人的话,25×7×6=1 050 元。这样一算就比自己买车划算多了,自己买车一天可拉不到这么多活儿,因此,这 150 辆车的使用权很快就卖出去了。

四川航空以 9 万元买的车,17.8 万元卖给司机,每辆车赚了 8.8 万元,150 辆车一共进账 1 320 万元人民币。然后,四川航空推出了只要购买五折以上的机票就免费市区接送的服务,又吸引了大量买机票的客户,这让四川航空平均每天多卖了 10 000 张机票。对四川航空而言,这 150 辆印着"免费接送"的车每天在市区穿梭,获得了很高的品牌曝光率。而且和汽车公司签约的宣传期限过后,它开始收广告费,这 150 辆车成为一个以航空乘客为受众的广告平台,以车体广告、车内广告海报等多种方式进行广告招商。

通过这个巧妙的商业模式,四川航空公司整合各方资源,几乎没有花太多成本,就取得了巨大的收益。这是几年前的案例了,所以案例中汽车的价格都是当时的市场价格,但整个商业模式的设计,现在再看依然让人拍手叫绝。

这是近几年来设计最巧妙的商业模式之一,值得每位创业者和管理者仔细学习和借鉴。同样的资源,在不同的商业模式下,产生的效果可能是天壤之别。

(资料来源:四川航空公司整合各方资源——巧妙的商业模式令人惊叹.中国投资咨询网.http://www.ocn.com.cn/shangye/201608/ozbqd11115036.shtml,2016-8-11.)

一、创新商业模式的内涵

(一)创新商业模式的定义

互联网时代的商业模式创新就是为实现最优客户价值而构建的商业经营逻辑:以打造独特的核心能力为核心,以形成持续运营的生态系统为导向,以实现客户价值为目的,以实现持续盈利为结果。

(二)创新商业模式的特点

互联网时代商业模式创新需要具备以下几个特点:

1. 独特性与持久性

成功的商业模式必须具备一定的独特性与持久性。所谓独特性,就是能构成企业的竞争优势,且在同一行业中难以被竞争对手所模仿或采用,具有一定的门槛;所谓持久性,是指能够支持企业持续盈利。

【案例分享】颠覆|读懂了阿里和京东,就读懂了中国商业未来

中国电子商务是中国经济增长的一大引擎,为中国经济这十年的高速增长贡献了不少力量,其势头早已领先全球。"互联网+"也成为中国重要的战略规划,可以说,电子商务将是中国未来"治理"全球贸易的一项重要工具,中国未来的定位应该是全球产品的分销中心。

电子商务的本质在于最快、最好地使"产品"和"消费者"发生关系。中国电商的五大模式分别为产业链模式、平台模式、O2O模式、特卖模式、社交模式。京东是产业链模式的典范,而天猫是开放平台模式的代表。我们就通俗地对比阿里和京东这两大霸主的区别!

1. 阿里是大平台,京东是大商家

这得先从刘强东的"十节甘蔗"理论说起。他认为,一个产品从创意、设计、研发、制造到定价这五个环节应该由品牌商来做,然后接下来的从营销、交易、仓储、配送到售后这五个环节应该由零售商来做。

京东定位就是这后五个环节:以交易为基础,延伸至仓储、配送、售后、营销等其他环节。所以这些厂家跟京东合作,只需要专注在产品的生产阶段,流通环节交给京东来做,比较符合专业分工的理念。可以说,京东是零售服务商,是为品牌商打工的,这就是京东的自营电商。

阿里是平台电商,定位即上述十个环节仍然需要由卖家自己来做。阿里作为平台,仅提供展示机会和流量来源,它需要尽可能地招揽各种卖家,然后给卖家一个站点,由卖家自己更新和维护,并向他们收取保证金、服务费、提成等费用,而卖家自然会以市场需求为导向,所以最终形成了一个品类繁多的大集市。因此,淘宝的品类相当丰富,五花八门、应有尽有、有求必应,这就是"万能的淘宝"的由来!

2. 阿里横向发展,京东纵向延伸,一胖一瘦

阿里的定位是帮卖家赚钱,京东的定位是给自己赚钱。令人啼笑皆非的是:阿里根本没有帮卖家赚到钱,而京东也从来没有给自己赚到过钱。

这是为什么呢?

对于阿里的淘宝或者天猫来说,卖家得到的仅仅是流量,为了争抢流量往往还需要付出更多的额外成本:不仅要被价格战拉下水,还要不停地购买广告位(价格水涨船高),竞争成本暴增,生存状况普遍艰难。这也是为什么越来越多的卖家放弃淘宝的原因,于是这也被概括为传统电商"瓶颈"的来临。

所以,阿里没有帮商家赚到钱,却让很多消费者受益了。中国的消费者确实可以买到更加廉价的产品,当然这也是一把"双刃剑",因为很多假货充斥进来了。卖家的入驻决定了管理的难度:口子放开了,假货自然进来了;口子收紧了,产品就不繁盛了。这种两难局面是阿里的开放平台定位决定的。

而在京东上,60%的产品是由京东经手的,京东就好比是一个互联网零售企业,批发产品在网上卖,赚取的是产品差价。在京东下单,付款到京东,打包和发货是京东,售后也找京东。所以,京东要有庞大的采购团队、销售团队、客服团队和物流团队。

京东这种集中采购、广泛派送的模式必然对仓储有很大需求,必须要做物流。京东早就在江苏宿迁(刘强东老家)建立总面积达6 000多平方米的全国呼叫中心,执行统一标准的客户体系;完善自有物流和配送体系,目前已覆盖1 300个行政区县,推出"限时达"、"极速达"、"夜间配"等配送服务。京东员工达7万多名,绝大多数是在仓储和配送岗位上工作。快递员未来还能当作推销员使用,成为O2O的线下流量入口。

京东自建物流,就可以不受其他物流公司的影响,成为少有的能在假期中保证送货的电商。它整合了传统生产型企业和互联网营销端的产业链,从而更容易控制整个流程,这保证了产品质量,赢得了用户口碑和较高的忠诚度。但是,京东庞大的物流体系也有弊端,这种发展模式能扩张到什么程度呢?

(1)不扩张,成本太高;扩张了,人员规模太大,太危险。

(2)重资产运转,资金被沉淀在固定资产上,资金无法高效周转。

按照刘强东的计划,京东希望未来能拥有60万名员工,这样的扩张节奏,蕴藏的风险十分巨大。管理一家拥有60万名员工的企业,保持零售和物流两个方面的效率第一,绝非想象中那么简单。

做个对比:2013年,淘宝+天猫完成订单113亿张。假设京东物流团队人均完成订单能力不变,需要144万人的物流团队来配送这些订单!马云也这样质疑京东:中国十年之后每天将有3亿个包裹,届时京东还能应付过来吗?

京东需要花更多的成本去维护订单量、产品供给、物流仓储等,这是京东的软肋。所以,京东投入太大,赚的是口碑,没有利润。

3. 阿里是"互联网+",京东是"+互联网"

阿里像一个互联网企业,是"互联网+"。阿里依靠无限扩大商品的种类,让消费者始终有更多的选择,并且抓住了中国经济增长红利——外贸转型、零售业变革、草根创业热潮,甚至山寨横行、信用缺失等,不断扩张,成为土豪一点都不奇怪。

而京东更像一个传统零售企业,是"+互联网"。作为一家传统企业,钱需要一分一分赚,效率就是生命,京东注定苦逼。所以它需要不断引入资本,最终实现上市,然后再通过融资继

续投入和扩建,竭力保障产业链完整、物流体系顺畅、产品质量和服务过硬,从而扩大消费者数量。

互联网究竟是你的表面还是你的灵魂,决定了你的毛利率!近几年来,阿里毛利率一直维持在70%左右,最高时甚至达到78%;而京东毛利率直到去年才提升到约9.9%。

阿里是在踩着数百万商家挣扎生存的前提下站起来的,京东是在踏着资本的鲜血和烈士的足迹向前行!

4. 阿里开放,京东封闭

阿里思路是开放模式,比如与其他公司一起合作组建菜鸟物流,仓库都是共享的,物流公司、淘宝卖家、各个企业都可以来使用这个仓储服务。这就会形成一个物流交易的数据,通过分析就知道在什么时间、什么区域需要什么商品。

于是,各类卖家可以将物品提前放入各地的区域中心库,而同时运输成本当然也小于一单一单地寄送给各地的买家,还可以使网购实现24小时到达。这个举措就搭建了一个物流生态,可以共享资源,大大推动了中国电子商务的发展。

京东建立起的庞大物流系统是以货仓为核心,覆盖到二线城市。这也是其快速送达的根本保障。但京东的物流是独立的物流,京东模式较为封闭。

5. 京东有物流,阿里有支付

要是论独立资源,阿里的支付宝有超过3亿实名用户,其中活跃用户接近2亿,京东的网银在线虽然未公布相关数字,但相比两者的差距不小。虽然在京东与腾讯合作以后,用户可以使用微信支付,但微信支付毕竟是腾讯的产品,除了要交费率之外,过度依赖微信支付也会影响京东金融延伸业务的发展。

6. 京东在模仿阿里,阿里在模仿京东

京东虽然以自营为主,但其开放平台(POP)业务也在高速增长,从以3C产品为主到全品类计划,从全部自营到开放第三方平台。2013年下半年起,京东开始向第三方平台提供仓储服务。在仓储物流部署基本完成后,京东将把60%的资源开放给合作伙伴。但是,刷单、假货、服务差等问题,在天猫上有,在京东的开放平台上也会有。

京东是以3C行业起家,阿里也开始不断入侵其他垂直行业,并且做纵深化发展,比如文化娱乐业、金融业、交通、教育等;通过股权收购,将新浪微博、高德、华数传媒、文化中国、优酷土豆、UC(优视)招至麾下,搭建起了文化娱乐板块;还在移动平台、垂直O2O、云计算服务、视音频服务等领域布下了互联网生态局。此外,阿里还通过投资TutorGroup平台进军教育行业,通过收购穷游网布局旅游业,通过收购海尔和银泰部分股权夯实其物流和实体店领域。

(资料来源:水木然. 颠覆!读懂了阿里和京东,就读懂了中国商业未来. 品途网,2016—05—19.)

2. 客户价值的挖掘、满足、实现

客户核心需求往往是潜在的、隐形的和动态的,没有好的洞察力是难以有效把握的。我们总结了五类客户潜在需求和隐形需求:第一类是客户无法清晰表达的需求;第二类是客户有需求但我们没有发现或忽视的需求;第三类是竞争对手尚未发现的需求;第四类是随着人们生活水平提高及技术的突破尚未被发现的需求;第五类是行业未满足或者尚未被行业实现的需求,这类需求往往行业内人人皆知,但是没有企业能够满足。

举个例子,用户说他需要一个人帮他做饭。那他的需求不是真的找个人做饭,而是平时忙或者是不会做饭,但是又不想出去吃,感觉不干净、不健康。这样提炼关键词是方便、快捷、卫生和健康。如果你提供给他的产品是个找人做饭的软件,而这样的软件找人麻烦,上门不确定,做饭是否干净、健康也不确定,那他肯定是不会用的。很多时候,大家主观认为,产品就是用户要什么给什么,饿给饭,冷给衣,外出给车。还是用上面的例子说明,提供了上门做饭,那上门做饭方便到什么程度、干净到什么程度、健康到什么程度?整个流程具体什么样?这些都是设计时要考虑的。但有一个问题就是,用户核心需求你把握到了吗?比如微信的语音对讲,这个核心需求是方便移动设备输入,但你去设计成文字多好看和表情多精彩这个方向就不正确了。

创新商业模式需要满足客户未被满足的精准需求,同时不断挖掘客户潜在的需求,并能持续不断地满足。

3. 整合和嫁接资源

资源整合是企业战略调整的手段,也是企业经营管理的日常工作。整合就是要优化资源配置,就是要有进有退、有取有舍,就是要获得整体的最优。(1)在战略思维的层面上,资源整合是系统论的思维方式,就是要通过组织和协调,把企业内部彼此相关却彼此分离的职能、把企业外部既参与共同的使命又拥有独立经济利益的合作伙伴整合成一个为客户服务的系统,取得1+1>2的效果。(2)在战术选择的层面上,资源整合是优化配置的决策,就是根据企业的发展战略和市场需求对有关的资源进行重新配置,以凸显企业的核心竞争力,并寻求资源配置与客户需求的最佳结合点。其目的是要通过组织制度安排和管理运作协调来增强企业的竞争优势,提高客户服务水平。企业要善于嫁接和整合资源,并将整合的资源形成有价值的生产力,不为企业所有,但要为企业所用。

【拓展阅读】　　从子贡的智慧看商业模式资源整合创新

春秋战国时期,齐国派国书为大将,兴兵伐鲁。当时的鲁国实力根本抵不过齐国,如果与齐国硬拼,只有死路一条。鲁国要如何运作,才能做到使自己转危为安呢?

孔子最著名弟子子贡,根据鲁国危机现状,导演了整合吴国、赵国、晋国等国,利用几国之间的资源需求,从而使鲁国转危为安、以弱胜强的资源整合游戏。

我们从春秋战国地图看出,齐国、吴国、晋国、秦国、楚国、越国是实力最为强大的国家,都想争着做春秋的霸主,这就为弱国在夹缝中生存提供了"沃土"。面对鲁国危机,子贡必须找到可以化解危机的资源,那就是齐国、吴国、晋国这三个大国,因为这几个国家在争霸的过程中,谁都没有能力凭借自己打败其他大国。那么,这些大国最担心某一个国家吞并另一个小国,当前均衡利益格局被打破,会危害自己国家的利益。子贡就是利用各个国家的资源所需,而进行了以下的运作:

第一,子贡了解到齐国的田常有蓄谋篡位的野心,有要铲除大将国书的意图,就劝说田常应该攻打吴国,借强国之手铲除异己,田常心动。

第二,子贡劝说吴王夫差,如果齐国攻下鲁国,必定攻打吴国,吴国应该联合鲁国攻打齐国,这样就能抗衡强大的晋国。

第三,子贡又跑到赵国,劝说赵国与吴国结盟,派兵随吴伐齐,这样解决了吴国的后顾之忧。

第四,子贡劝说晋国,吴国伐齐胜利,必定攻打晋国,争霸中原,于是晋国加强备战,以防止吴国的进犯。

后来发生的战争都是按照子贡的设计,吴国联合鲁国、赵国攻打齐国,齐国大败。吴王夫差在胜利的冲动下攻打晋国,由于晋国有精心的准备,吴国被打败。

这样,子贡利用大国之间的矛盾,也就是找到各国之间的资源需求,进而分解、组合,重新设定战争对象,从而使弱小的鲁国花费最小的代价取得生存的空间。从子贡的运作中,我们可以看出,鲁国虽然弱小,但是弱有弱的价值,把自己的价值发挥到极致,充分利用外部的资源,善于资源整合,形成自己独特的竞争优势,也能取得竞争的胜利。

随着工业化和互联网的高速发展,产业价值链的每个环节上都分布着大量企业,大量企业产销不平衡,就会出现产能过剩,这种产能过剩就会催生资源整合的可能,这样,整个价值链就会被拆分和重组,形成新的商业模式,资源整合是商业模式创新最重要的推动力。当前的竞争不是企业与企业之间的竞争,而是价值链与价值链之间的竞争,确切地说是商业模式创新的竞争。史石头认为,面对经济下行的压力,处于困境的很多企业像当年鲁国一样岌岌可危,但是面对危机,如何化"危"成为"机会"呢?要从商业模式的创新入手,以自身资源为中心,发现客户价值,重新定义交易结构与价值,整合其他人的资源,通过资源整合,为"我"所有,以"有限"来撬动"无限",达到四两拨千斤的效果,从而实现企业利益相关者价值最大化。危机并不可怕,最重要的是改变运营企业的惯性思维,从商业原点入手,找到企业成长的空间和利润的增长点。

(资料来源:史石头. 从子贡的智慧看商业模式资源整合创新. http://blog.sina.com.cn/s/blog_a5dc327b0102vz0y.html,2015-5-15.)

4. 核心能力群组

互联网时代,企业间的竞争更加剧烈,企业的竞争优势持续的时间也越来越短。过去企业的技术或研发优势领先于行业1~2年,而今天企业的这些优势持续时间还不到几个月。因此,企业想要获得持续的竞争优势,必须由单一竞争力打造多个竞争力群组。比如优秀的产品开发和生产能力、优秀的顾客服务能力、强势的渠道拓展能力等,如此形成核心能力群组,才能有效屏蔽竞争。

5. 生态系统

企业创新的时机,要紧密结合市场需求和竞争情况以及市场发展趋势做出有远见的提前性选择。遗憾的是,在许多企业里,直到发生了大规模的危机才会认识到创建生态创新系统的重要性,即使如柯达、索尼、诺基亚这样称霸全球的制造商,由于延误时机也付出了沉重的代价。互联网时代,企业如果没有自我换血和自我革命的能力,就会沉入"生物链"的最底端,被消耗殆尽。成功的企业必须学会如何组合创新内涵,根据环境变化不断调整,并且选择最有效的实现路径。企业必须敏锐感知外界环境的变化,并能随环境的变化与时俱进、自我调节,形成生态运营系统。

【案例分享】　　　　　　　　苹果的生态系统

苹果依托于强大的外部生态体系:近200家覆盖全球的供应商体系,超过250亿首歌曲的世界第一大数字音乐商店,覆盖全球的音乐内容提供商,苹果应用商店超过120万个软件应用的900万个注册开发者……由此打造一个由电脑、智能手机、平板电脑等产品组成的共生共荣的内部生态体系。为了扶持这个生态系统,苹果曾经出资垄断重要部件,出资帮助康宁研发屏幕玻璃技术,出资帮助合作伙伴在中国建立电镀铝板材料工厂,在软件应用商店发展初期进行"造星"运动,扶持"愤怒的小鸟"等热门应用等。

中国的互联网公司其实也在营造生态系统,也学会了在商业竞争中"打群架"。阿里巴巴和腾讯半年超过 750 亿元的投资和并购,就是在打造强大的生态系统。如果说阿里巴巴的一系列投资缺乏有效整合,更像是上市前的实用主义炒作,那么腾讯从投资搜狗之后学会的非控股投资,则更容易依托于微信的超级入口快速推动生态系统融合。成为森林之王,组成一个兽群,也许是比吃掉这些小动物变成一个臃肿的庞然大物更加正确的选择。

(三)商业模式创新的五大误区

1. 认为商业模式创新就是资源整合,资源整合得越多就越有价值。这种思维是错误的。资源并不产生价值,整合资源形成有效、有序的运营逻辑才是关键。

2. 认为商业模式创新就是技术创新。这也是错误的。创新源自需求,创新是解决需求问题,而非解决技术问题。企业创新分为技术驱动模式和市场拉动模式。那些"高科技产品"是技术驱动模式的产物,而那些"简单产品"便是市场拉动模式的产物。

3. 认为商业模式创新就是一个创意和点子。在互联网时代,商业模式创新依靠的是系统性思维、创新性逻辑、平台化角度和整体化解决。

4. 在商业模式创新时代找不到精准需求,想当然地把一个"泛泛的需求"当作客户必需的需求。比如"客户需要一匹更快的马",在这个需求中,客户需要的是"更快",而不是"马",只有找准"更快",才能颠覆"马"这个载体。哈佛大学营销学教授西奥多·列维特说过,人们不需要 1/4 英寸的钻孔机,人们需要 1/4 英寸的孔。

5. 把战略规划等同于商业模式创新。战略属于方向选择和价值主张及业务定位的范畴,而商业模式则比战略范围更广,属于经营路径和逻辑实现的范畴。战略是要在企业的经营活动中,造就自己独特的地位。无论对手采用的是不同还是相同的商业模式,只要率先采用某种商业模式,那么这就是一种差异化战略。比如,相对于传统的实体书店,亚马逊首创了网上书城,这就形成了一种差异化优势。另外,在同一个商业模式之内,仍然有不同的战略可以供企业选择。比如,专业化电商(聚美优品)的聚焦战略与综合电商(京东商城)的多元化战略之间就存在差别。就公司战略而言,不同的业务(甚至在同一业务内)可以同时采用不同的商业模式。比如,苏宁的电商业务与实体店并行共存。

总之,商业模式创新需要回答四个问题:(1)目标客户是谁以及未被满足的精准需求是什么?(2)目标客户选择什么渠道以及盈利模式是什么?(3)如何重构企业的经营逻辑并建立持续的竞争壁垒?(4)如何整合资源并构建分工协作的开放平台?

二、运用商业模式画布实现创新

马云说过:"孙正义跟我有同一个观点,一个方案是一流的 idea 加三流的实施,另一个方案是一流的实施加三流的 idea,哪个好?我们俩同时选择一流的实施加三流的 idea。"

由此可见,在这个不缺概念、不缺模式的互联网时代,缺的是将商业模式真正落地的能力。商业模式的落地执行当然和很多的因素相关,如资金、人才、市场、渠道等,正因为商业模式的落地执行需要综合地统筹各种因素,所以系统的落地执行方法才显得特别有价值,而商业模式画布就是业界应用比较多的帮助你理思路、抓重点、促落地的方法。

商业模式画布(Business Model Canvas)是指一种能够帮助创业者催生创意、降低猜测、确保他们找对目标用户、合理解决问题的工具。商业模式画布不仅能够提供更多灵活多变的计划,而且更容易满足用户的需求。更重要的是,它可以将商业模式中的元素标准化,并强调元素间的相互作用。

商业模式画布：直观描述企业的商业模式全貌

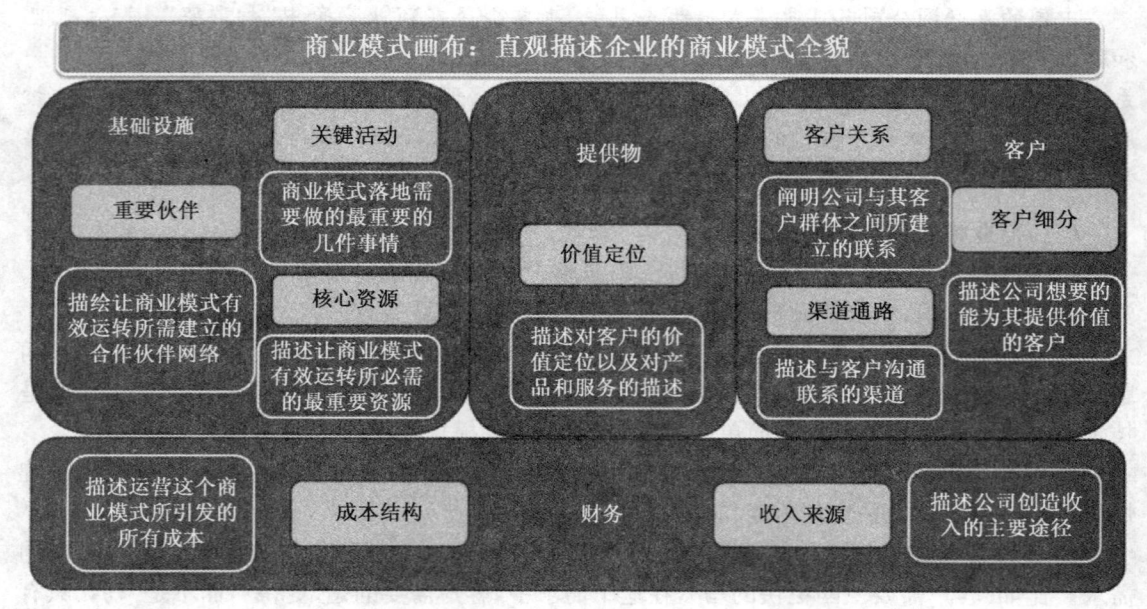

基础设施	提供物	客户关系	客户
重要伙伴：描绘让商业模式有效运转所需建立的合作伙伴网络	**价值定位**：描述对客户的价值定位以及对产品和服务的描述	**渠道通路**：描述与客户沟通联系的渠道	**客户细分**：描述公司想要的能为其提供价值的客户
关键活动：商业模式落地需要做的最重要的几件事情		**客户关系**：阐明公司与其客户群体之间所建立的联系	
核心资源：描述让商业模式有效运转所必需的最重要资源			

财务

- **成本结构**：描述运营这个商业模式所引发的所有成本
- **收入来源**：描述公司创造收入的主要途径

图 7—3

商业模式画布是最近几年流行开来的一种直观思考和描述商业模式的方法，通过彼此逻辑关联的 9 个构造块，在一张纸上帮助你将商业模式简单清晰地呈现出来。

（一）客户细分构造块

描绘问题：一个企业想要接触和服务的不同人群或组织客户细分。

群体类型：

1. 大众市场：价值主张、渠道通路和客户关系全部聚集于一个大范围的客户群组，客户具有大致相同的需求和问题。
2. 利基市场：价值主张、渠道通路和客户关系都针对某一利基市场的特定需求定制。这种商业模式常可在供应商与采购商的关系中找到。
3. 区隔化市场：客户需求略有不同，细分群体之间的市场区隔有所不同，所提供的价值主张也略有不同。
4. 多元化市场：经营业务多样化，以完全不同的价值主张迎合完全不同需求的客户细分群体。
5. 多边平台或多边市场：服务于两个或更多的相互依存的客户细分群体。

（二）价值主张构造块

描绘问题：为特定客户细分创造价值的系列产品和服务价值主张（定位）。

主要要素：

1. 新颖：产品和服务满足客户从未感受和体验过的全新需求。
2. 性能：改善产品和服务性能是传统意义上创造价值的普遍方法。
3. 定制化：以满足个别客户或客户细分群体的特定需求来创造价值。
4. 把事情做好：可通过帮客户把某些事情做好而简单地创造价值。
5. 设计：产品因优秀的设计脱颖而出。
6. 品牌/身份地位：客户可以通过使用和显示某一特定品牌而发现价值。

7. 价格:以更低的价格提供同质化的价值来满足价格敏感客户细分群体。
8. 成本削减:帮助客户削减成本是创造价值的重要方法。
9. 风险抑制:帮助客户抑制风险也可以创造客户价值。
10. 可达性:把产品和服务提供给以前接触不到的客户。
11. 便利性/可用性:使事情更方便或易于使用可以创造可观的价值。

【案例分享】 图书经销商的颠覆创新——"专业客户经理+精准数据库"

天翼图书创始人李庆月是中欧商学院教授,打算投资100万元自己创业成立公司。他发现,1914年在美国上市的100家企业中,至今仍然存活的只有两家:一家是食品企业,而另外一家则是出版企业。这证明知识和食物一样重要,对于人类的发展来说,阅读是一种伟大的推动力,于是他打算成立图书公司。

目前,我国每年人均读书量仅为4.3本(其中相当一部分还是教科书),远低于韩国人的11本、日本人的40本、犹太人的64本,市场前景可以预期,但由于我国出版产业进入了一个"大出版时代",竞争异常激烈,图书市场并不好做。虽然出版业总产值突破了1万亿元,每年出版图书超过70亿册,但是在我国图书出版社有600家,书刊印刷企业有18万家,图书销售机构有10万余家,销售竞争异常激烈。一些作为文化地标的书店已从人们的视野中消失,比如北京"万圣"、南京"先锋"、上海"季风"、杭州"枫林晚"、广州"学而优"等。主要原因有以下两点:(1)图书利润不高,人工和房租这两大成本占书店成本的50%以上;(2)来自互联网企业的竞争,当当、卓越、苏宁易购、京东等网络书店在搜索、价格等方面都有显著优势,对实体书店造成巨大的冲击。

事实上,人们一直在看书、在买书。不过,现在往往先在实体店看书、挑书,再去网上买书。天翼图书成功的关键要素有三点:(1)目标客户定位分析;(2)未被满足的精准需求分析;(3)图书产业链分析。

天翼图书分三步切入图书销售领域:

第一步,目标客户群聚焦,瞄准企业经理人。如今全球经管类图书汗牛充栋,而且出书的频率越来越快,每季度全球新出的经管类图书大约1万本,其中中文版的有3 000~4 000本,企业管理人员在挑选和鉴别适合自己的书籍时变得越来越困难。在西方发达国家,企业经理人年均图书阅读量达20本,而在中国仅为2本。中国企业管理人员的图书市场潜力是非常大的。有些顾客自己去书店挑选了10本,然而对其有用的只有1~2本,这样既浪费了时间,也浪费了金钱。加之书店如此之多,越发使竞争加剧,很多传统的书店难以为继。针对这一现状,图书经营商要如何竞争?以市场为核心,进行折扣处理?就算降低购买价格,还是不能帮助顾客实现真正的需求。

第二步,分析产业链,发现传统的图书销售模式存在弊端,出版与销售是分裂的。中国图书市场的现状是图书经销商普遍层次较低。在整个图书产业链中,出版社作为上游制造商聚集了大批精英分子,专注于出版策划,出版商将发行销售交由批发商、零售商负责;而中游批发商的专业化程度相对较低,大多只关注畅销书,忽略了其他书籍的价值。图书出版和终端未能整合在统一的公司体系和平台建构之下,各自为政,因而造成图书销售渠道的管理理念相对滞后,图书销售专业化程度较低。用这种简单、粗暴的方式出售经济管理类图书,书的价值不会增加,反而大大降低。传统的图书销售仅仅是卖书,满足的是有限的需求,实现的只是有限的客户价值。

第三步，满足目标客户未被满足的精准需求。烦恼来自选择，目标客户未被满足的需求逐渐凸显。如何在繁杂的图书中找到适合自己阅读的书籍？图书企业若想要创造顾客价值，就要帮助顾客在短时间内找到他最想要的图书。所以，实现以服务为核心、以销售图书为载体的创新营销模式才能发展。

由此，天翼图书应需而生。天翼图书先让员工对目标客户，也就是对企业经理人的需求做调研，调查他们最想要的图书的所有种类，然后再对经管类图书做分析，之后告诉顾客哪本最好、哪本最合适，并且把每本图书的摘要写出来，提供给客户选择。这样，就让客户在很短时间内能很方便地选到自己想要的书。天翼图书将各种类型的经管图书进行分析和总结，并把分析内容通过网络发布给客户，使企业管理层和他们的企业可以获得最具个性化、最适合的阅读单，其客户采纳率都保持在50%以上。

天翼图书每月挑选出20余本、每季度100本左右的管理书单，提供给会员企业。这是一个高速发展的社会中衍生出的细分市场，天翼图书存在的价值就是它不可替代的专业化和精准化。天翼图书成为中国首家专向企事业和教育机构提供从中英文图书资讯、度身筛选、购买到配送的一站式个性化服务的图书公司，帮助最具购买力也最想读书的经理人在图书的海洋里高效地买到自己真正需要的图书。天翼图书的销售模式是客户企业整体或某一部门、某一项目组通过购买天翼图书公司的会员卡成为公司会员，并且需要提前预付费用，同时在书价的基础上加收10%的服务费。

天翼图书自2003年创办至今，面临实体店、网络购书大行折扣之道的形势，其年销售额还是达到了1亿元人民币。天翼图书以服务为主的产品销售，实际上卖的是一种服务。当然，这种服务源自顾客价值的创新与增值。这家100万元起家的公司，成立第1年就实现了保本，并且在成立后的前2年都在以100%的年增长率增长。现在天翼图书的销售额连续3年翻倍增长，目前销售额已达到1.5亿元人民币。

天翼图书从上游出版社购进图书，通过筛选分类、1对1个性化服务，打破了以往客户自主选书的传统模式，同时改变了传统图书的销售模式。预付费并成为会员，不但没有折扣，还会加收10%的服务费。

天翼图书商业模式创新的关键点分析如下：

1. 会员制销售。天翼图书定位于"选最有价值的书给最需要的经理人"，因此，它所面对的客户是企业整体或某一部门。

2. 先款后货。传统的图书销售是先货后款，并且还有折扣；而天翼图书的模式却是先款后货，且加价销售。天翼图书需要提前预付1万~8万元成为会员，购书时直接在这笔预付款中抵扣。因为天翼图书面对的都是大型企业管理人员，他们对价格并不敏感，所以图书价格不但不降低，还在原价的基础上加收10%的服务费。

3. 按行业运营的销售团队。在天翼内部，客户经理完全按照行业和地域来划分客户服务，因此，可以快速理解和响应客户要求。每个客户经理组成所谓"卓越1+1"的服务团队，负责两三个行业百余家会员企业的"个性化"服务。如今，天翼图书的每名客户经理每年创造少则几十万元、多则几百万元的销售额。

4. 一站式个性化服务。天翼图书是中国首家专向企事业和教育机构提供一站式个性化服务的图书公司。

天翼图书创始人李月庆的评价十分经典：传统卖书，就是蚂蚁搬家，把书从A点搬到B点就可以了,只是一种空间的转换。而天翼则不同,天翼提供了增值的服务,所以别的书商拼命打折,而天翼则还要收取10%的服务费,但图书仍然能够快速脱销。

(三)渠道通路构造块

描绘问题:公司如何沟通、接触其客户细分群体来传递其价值主张。

渠道类型:

1. 自有渠道(直接渠道):销售队伍、在线销售。
2. 合作伙伴渠道(非直接渠道):自有店铺、合作伙伴店铺、批发商。

(四)客户关系构造块

描绘问题:公司与特定客户细分群体建立的关系类型。

关系客户类型:

1. 个人助理:基于人与人之间的互动,可以通过呼叫中心、电子邮件或其他销售方式等个人助理手段进行。
2. 自助服务:为客户提供自助服务所需要的所有条件。
3. 专用个人助理:为单一客户安排专门的客户代表,通常是向高净值个人客户提供服务。
4. 自助化服务:整合了更加精细的自动化过程,可以识别不同客户及其特点,并提供与客户订单或交易相关的服务。
5. 社区:利用用户社区与客户或潜在客户建立更为深入的联系,如建立在线社区。
6. 共同创作:与客户共同创造价值,鼓励客户参与到创新产品的设计和创作中。

(五)收入来源构造块

描绘问题:公司从每个客户群体中获取的现金收入(包括一次性收入和经常性收入)。

收入来源:

1. 资产销售:销售实体产品的所有权。
2. 使用收费:通过特定的服务收费。
3. 订阅收费:销售重复使用的服务。
4. 租赁收费:暂时性排他使用权的授权。
5. 授权收费:知识产权的授权使用。
6. 经济收费:提供中介服务的收费佣金。
7. 广告收费:提供广告宣传服务的收入。

(六)核心资源构造块

描绘问题:让商业模式有效运转所必需的最重要因素。

核心资源类型:

1. 实体资产:包括生产设施、不动产、系统、销售网点和分销网络等。
2. 知识资产:包括品牌、专有知识、专利和版权、合作关系和客户数据库。
3. 人力资源:在知识密集产业和创意产业中,人力资源至关重要。
4. 金融资产:金融资源或财务担保,如现金、信贷额度或股票期权池。

【案例分享】　　途家,通过互联网"借房"出租

酒店行业是一个相对饱和的市场,旺季资源稀缺,淡季则入住率低。优质的地段早已被如家、7天等经济型酒店以及一些知名度高的星级酒店抢占。酒店属于重资产经营,装修、物业、管理等成本极高,可回报周期较长。

目前中国的旅游市场正在爆发式增长,国内旅游市场规模全球排名第一,出境旅游消费量全球排名第一。

一方面是竞争激烈的酒店红海,另一方面是需求旺盛的市场,企业应如何有效对接市场需求、实现自身价值?

成立于2011年的途家通过互联网构建了一个资源整合平台,将闲置的房屋与游客需求对接起来,构建了一个全新的商业模式,短短两年便拿到了4亿元人民币的投资。与连锁酒店集团不同,途家并不拥有任何酒店产权,它只是代为管理和租赁。与携程、艺龙等OTA也不同,途家并不单纯做线上酒店预订,它必须对线上3万间房源负责,做好线下房间的管理和入住的服务工作。

中国目前闲置的房子有6 500万套之多,有的房子甚至闲置了3~5年。将这些闲置的房子对接给出门旅游的游客就是途家经营的核心。国外收集闲置房屋资源用作假日租赁的公司数不胜数,最大的HomeAway已经在纳斯达克上市,市值30多亿美元。

在美国,成熟的社区都有规范的物业管理公司,房地产中介机构也很发达,业主和租户之间很容易建立信任关系。HomeAway只需要搭建一个在线信息发布和交易平台就行了,然后坐收广告费。很显然,在中国这条路行不通,因为无论是出租房子还是要租房子,相互之间都很难产生足够的信任,交易做不成,广告费也就无从谈起。没有专业的管理公司,没有成熟的平台规范,小而散的个人房源根本不可能满足高品质的度假需求。

因此,途家必须承担起缺失的中间环节:一方面,向业主承诺照看好房子并帮助他们经营,所得收入五五分成;另一方面,途家作为房屋提供者直接与租房者交易。

途家构建了一个以互联网在线交易为平台,涉及房地产、酒店管理、酒店服务的复杂产业。

途家成功的关键环节如下:

第一个环节是系统。在全国各地找到不同的开发商和业主拿几万套形态各异的房源,放在一个互联网平台上供客户选择、预订、下单、支付,要应付接房、退房或换房的各种需求,还要操心业主服务、房源交换和后台支撑的十几套系统(包括采购系统、服务系统等),最后把这些系统连起来——这绝对不是一般创业者能做到的。创始人罗军把这些交给杨孟彤(途家网的CTO),杨孟彤曾负责微软亚洲地区的搜索业务,她曾在美国创办了在线度假公寓租赁公司Escapia并担任CTO。因为她的系统是度假租赁网站中做得最好的,Escapia由此被HomeAway收购。杨孟彤让途家复杂的业务流程在线上顺利地运行起来,现在途家甚至能通过客人的身份证来打开房门。

第二个环节是房源。做这件事情没有比罗军自己更合适的人选了,罗军的房地产从业背景让他在各大开发商中如鱼得水,龙湖、万科、万达……中国主要的房地产开发商都与途家有合作,从业主买房、接房时就签下大批优质房源。毕竟,靠一个小区、一个业主的模式去收房,成本和扩张速度都不可能达标。

第三个环节是引流。怎么把订单拿进来,再把客房卖出去呢?罗军在这个环节上表现得极为大胆,整合了国内最大的OTA——携程网,用股份置换的方式,换来携程的支持,轻松获得上千万的精准流量导向。

第四个环节是酒店管理。途家做标准化规范,做品质控制,然后各地的房源就交给当地第三方管理公司去做。无论是途家自己收购的房源还是第三方管理的房源,只要符合标准,都可以在途家网上线。

第五个环节是客房服务。由途家提出服务标准和考核方式,在当地招标服务公司,如果服务质量达不到要求,"随时可以更换"。

战线虽长、运营虽复杂,但精确划分之后,把每一个节点都交给最懂行的人去操作,让途家网的商业模式从理论到实践打造了一个生态系统。

途家如何与成熟的经济型酒店和星级酒店竞争呢?途家面对的目标人群是中高端收入人群、家庭以及团队。

成都鹭岛国际,388元一晚上,是当地最好的公寓,同样是五星级布草,房间面积绝对大过同价位的酒店,这是套房,你可以住进来自己洗衣、做饭。

千岛湖中心五六百平方米的别墅,1个管家24小时服务,冰箱里的依云矿泉水和德国啤酒随便喝,最便宜的时候3 000元一晚上,按人头算下来一晚上也就几百块。

从性价比来看,途家具备了超级优势。

途家如何盈利呢?

对酒店来说,即便是淡季只入住几个客人,空调和通风系统都要开,服务员都要在。途家不同,有客人来的时候,才会派服务员过来,先有收入后发生成本。例如,亚龙湾的一套小别墅,1 500元一天,跟业主五五分成各拿750元。途家几乎不产生任何成本。

途家虽然不提供客服,但每个房间都有一张手绘地图,这是每间房的标准配置,周边几公里内的全部信息——餐饮、休闲、药房、交通——一应俱全。特别是移动互联网的应用,使得客人寻找餐饮、休闲场所更加便利。

途家的房源有很多种,主要是分成模式(当有客人入住时与业主分成收入)和包租模式(途家事先向业主支付一定期限内的租金,然后将房间租赁给客人),模式不同,入住率也不同。途家网的盈利点不在于入住率,而在于房源数量和度假租赁市场的成熟度。

途家2011年成立,2013年已整合了全国66个超市、3万间客房,年营收达到1亿元人民币,两年内已经拿到了两轮4亿元人民币的融资。目前,途家之所以还不敢大规模上广告和宣传推广,就是因为房源不够。罗军预计,当房源数量提高到40万套时,途家的价值将真正体现出来。美国目前度假租赁市场在整体酒店市场中的份额是37%,而中国还不到3.7%,未来市场前景广阔。

(资料来源:石泽杰.商业模式创新设计路线图[M].北京:中国经济出版社,2016.)

(七)关键业务构造块

描绘问题:确保其商业模式可行,企业必须做的最重要的事情。

关键业务(活动)类型:

1. 制造产品:与设计、制造及发送产品有关,是企业商业模式的核心。
2. 平台/网络:网络服务、交易平台、软件甚至品牌都可以看成平台,与平台管理、服务提供和平台推广相关。
3. 问题解决:为客户提供新的解决方案,需要知识管理和持续培训等业务。

(八)重要伙伴构造块

描绘问题:让商业模式有效运作所需的供应商与合作伙伴的网络。

合作关系类型:

1. 在非竞争者之间的战略联盟关系。
2. 在竞争者之间的战略合作关系。
3. 为开发新业务而构建的合资关系。

4. 为确保可靠供应的购买方—供应商关系。

合作关系作用：

1. 降低风险和不确定性：可减少以不确定性为特征的竞争环境的风险。

2. 商业模式优化和经济规模：优化的伙伴关系和规模经济的伙伴关系通常会降低成本，而且往往涉及外包或基础设施共享。

3. 特定资源和业务的获取：依靠其他企业提供特定服务资源或执行某些行业活动来扩展自身能力。

（九）成本结构构造块

描绘问题：运营一个商业模式所引发的所有成本。

成本结构类型：

1. 成本驱动：创造和维持最经济的成本结构，采用低价的价值主张、最大程度自动化和广泛外包。

2. 价值驱动：专注于创造价值，增值型的价值主张和高度个性化服务通常是以价值驱动型商业模式为特征。

在商业模式画布的描述中，客户细分和价值定位是思考的原点；明确目标客户并确定好价值定位后，渠道通路的设计是传递价值、获得客户的关键；获得客户后，建立合适的客户关系将帮助你长期经营客户，进而你将能有多种创造收入来源的机会。要实现价值定位，需要有合适的核心资源支持，并能识别出关键活动将其执行到位。核心资源和关键活动在互联网时代，要充分利用价值网的网状思维模式，打破传统价值链的线性思维模式去获取和整合，因为任何一个公司都很难拥有实现价值定位所需的所有核心资源和关键活动，所以要深入思考如何整合关键合作伙伴。当然，核心资源和关键活动的消耗是需要成本的，需要深入理解背后的成本结构，对这9个构造块的思考，最终将帮助你建立一个"收入来源＞成本结构"的商业模式。

【案例分享】　　　　巴菲特的投资哲学

2009年，被称作"私募教父"的赵丹阳花了211万美元的天价与巴菲特共进午餐。巴菲特告知其三句话：第一，注意规避风险，保住本金；第二，规避风险，保住本金；第三，记住前两点。当然这只是一个故事。

巴菲特利用自己的投资哲学，的确创造了现代社会最大的理财神话，40多年间，从100亿美元到500亿美元，每年的平均增长率超过25％。其在2008年的《福布斯》排行榜上财富超过比尔·盖茨，成为世界首富。在2013年《福布斯》全球富豪排行榜上位列第四，净资产达535亿美元。巴菲特考察一家企业是否具有可投资性，一般会考虑以下八个要素：

第一，考察公司是否属于"收费桥"公司。所投资的公司应处于消费垄断的市场地位，即应是处于支配性市场地位的公司。他喜欢假设这样一种情况：如果他用几十亿美元的资金，并且可以从全国前50位的经理人中挑选人才，看这些人创建的企业是否可以与这家公司相竞争，如果答案是否定的，那么他就会认定该企业具有消费垄断性。

第二，考察公司是否具有成本调控能力。当发生通货膨胀的时候，公司能否随着经济情况的变化调整产品的价格，而销量不受影响。也就是说，当发生通货膨胀的时候，企业具有调价的能力，调价之后，企业的销售额不会受任何影响。但是，现实状况是很多企业调价之后，竞争对手会趁机抢占市场份额。

第三，考察公司产品的复杂程度。产品复杂程度就是该企业的产品是否易于被大众所接受，如果企业推出的产品很复杂，要解释很长时间客户才能理解，那么这产品就有问题。如饮料、剃须刀、婴儿尿布等日常消费品，个人电脑在科技高度发达的今天也属于被大众广泛接受的产品。

第四，考察公司利润的可预测性。应注重公司未来利润的可预测性，如果没有可预测的盈利，盈利能力不稳定、不持续，那么未来的任何价值计算都是投机的。

第五，考察公司负债水平。巴菲特会考察一家公司的长期负债能否用两年或两年以内的净利润来清偿。他判断一个企业负债能力的时候就是看其盈利能力，看两年内的盈利能力能不能偿还企业的长期负债和短期负债，如果不行，说明这家企业有一定的危险性，是不能投资的。

第六，考察公司权益报酬率。投资以后形成股东权益，考察股东权益报酬率是否等于或高于15%。如果权益报酬率不能高于或等于15%，说明这家企业是有问题的；若等于或高于15%，说明公司在未分配利润上做得很好，能给股东高于平均水平的回报。

第七，考察公司资本支出。考察资本的支出，就是纯粹将经营活动产生的收入与支出作对比。如果是正数，说明收入大于支出；反之，则说明支出大于收入。自由现金一定要是正数，才能说明公司创造的现金比花费的现金多。

第八，考察未分配利润的使用。若这一部分钱也参与经营，那么这部分钱的回报率是否在12%以上，如果超过15%更好。

(资料来源：石泽杰.商业模式创新设计路线图[M].北京：中国经济出版社，2016.)

【创业实践】

针对你所创的企业或项目，思考商业模式9个构造块的问题并写出你的答案。

1. 客户细分：我们的客户主要细分为哪几类群体？主要根据哪些特征分类？谁是我们最重要的客户？

2. 价值定位：针对我们的目标客户群，我们应该给他们传递什么样的价值？我们满足了他们哪些需求？我们给目标客户群提供哪些产品和服务？（针对每个目标客户群分别写出对其的价值定位。价值定位通过迎合细分群体需求的独特组合来为客户创造价值。这些价值可以是定量的，如价格、服务速度、降低客户成本、更好的性能等；也可以是定性的，如更好的客户体验、更加便利、使用更方便等。）

3. 渠道通路：我们可通过哪些渠道接触到这些客户？针对不同的客户群体分别写出这些渠道通路。我们现在如何接触这些客户？哪些渠道最有效？哪些渠道的成本效益最好？我们的渠道如何整合？（这些渠道可分为直销渠道和非直销渠道，也可区分为自有渠道和合作伙伴渠道。）

4. 客户关系：我们每个客户细分群体希望我们与之建立和保持何种关系？我们已经建立了哪些关系？这些关系成本如何？如何把他们与商业模式的其余部分进行整合？

5. 收入来源：我们的收入主要可通过哪些途径和方式获得？客户现在付费买什么？他们是如何支付费用的？他们更愿意如何支付费用？每个收入来源占总收入的比例大约是多少？

6. 核心资源：不同的商业模式所需要的核心资源也有所不同，为实现对客户的价值定位，需要什么样的核心资源？建立渠道通路时需要什么样的核心资源？客户关系的建立呢？收入来源呢？

7. 关键活动：不同商业模式所关注的关键活动也有所不同，为实现对客户的价值定位，哪些是最关键的业务活动？建立渠道通路时哪些是关键活动？客户关系的建立呢？收入来源呢？

8. 重要伙伴：谁是我们最重要的合作伙伴？我们能从合作伙伴那里获取哪些核心资源？合作伙伴能执行哪些关键活动？

9. 成本结构：商业模式中最重要的固定成本是什么？哪些核心资源花费最多？哪些关键活动花费最多？

第八章　创业计划书

学习内容与目标

1. 掌握创业计划书的撰写要求；
2. 理解并掌握创业路演的注意事项；
3. 掌握路演PPT制作的技巧。

创新实验指南

1. 通过观看成功企业的路演视频，提炼路演的技巧；
2. 通过收集和分析优秀的创业计划书，掌握其写作要点。

活动导入

观看：视频1——苹果新品iPhone X、iPhone8发布会（截图见图8—1）
　　　视频2——锤子2016年秋季新品发布会（截图见图8—2）

图8—1

图8—2

讨论以下问题：

1. 如何撰写和展示你的创业计划书？请突出路演展示的技巧。
2. 从消费者、投资商的不同角度进行角色扮演，是否会选择购买或投资苹果或锤子？并给出你的理由。

先导案例

计划书怎样写才能吸引风投呢？

在创客风频刮的当下，各类创业大赛比比皆是，"如何撰写商业计划书"这个话题经久不衰。有的创业者为了融资而写，有的是为了参加创业大赛，还有的是为了申请政府各类基金或奖励等，不同的计划书有不同的标准。其中，赢得风投的认可更为重要。到底什么样的创业计划书才能脱颖而出甚至让风投眼前一亮呢？

一、失败案例：描述冗长，重点表述模糊

在创业门槛日趋下降的今天，创业者越来越多，创业项目也越来越多，许多人寄希望于参加创业大赛或者通过某些方式结识风投而获得发展，而这些方式的基础都是一份能让风投看得上的创业计划书，许多创业者恰恰失败在这份计划书上。

带着一项智能家居应用产品参加创业大赛的年轻创业者刘师，在参赛前对于自己的产品信心满满，然而风投们对于他的创业计划书似乎并不那么认可。他告诉记者，自己带着创业计划书上台路演之后，几乎被风投们集体"抨击"了，因为他们对于自己的产品并没有清晰的认识。主要是计划书页数很多，多达 35 页，用了冗长的文字来描述市场环境与市场需求，包括列举了很多国外市场的发展情况与国内市场进行对比。"当然这些并不是不需要，只是写得过多，风投们认为已经颠倒了主次，模糊了产品方向。"

二、投资人说：直入重点，赢得初步意向

刘师的遭遇是一种比较普遍的创业计划书错误案例。每天都要看十份以上创业计划书的投资人、天津创业导师葛健表示，自己参加过很多创业大赛，站在投资人的角度来说，创业计划书应分为两部分：书面和 PPT 展示。对于初次介绍，一份不超过 10 页的 PPT 是最合适的，而且要将商业模式与股权结构加以重点描述。一旦有了初步意向，细谈时可以将涵盖公司财务分析、市场统计等细节内容的书面版拿给投资方。

这份不超过 10 页的 PPT 应包含：清楚说明市场存在什么空白，自己的项目可以解决什么社会或市场问题；产品面对的客户群是哪些；市场分析，其中包括该项目目前的市场情况及未来市场发展、产品的竞争力如何、与其他同类型产品相比优势有哪些；项目盈利点是什么；客观分析优劣势，用"前无古人，后无来者"这样的话来介绍自己的项目是投资人最不爱听的表述；简单的财务分析，不用预计未来三年甚至五年能挣多少钱，只需说未来一年或者半年需要多少钱，用这些钱来干什么；再有其他补充，包括团队优势、自身经历等。

三、导师指南：详略得当，学会分块表达

如果按照这样一个标准思路来做，一份基本合格的创业计划书就可以完成了。想要进一步完善的话，有这样一个方法值得借鉴。

北大创业训练营天津基地总经理袁航告诉记者，他们在评断计划书时，曾经看到这样一份计划书令他记忆深刻。"他的计划书分了几个部分，基础部分就是按照标准形式一步步分析，重点是除了基础部分,他还另外加了一些附页,这部分附页包含了专利说明、相关专业术语解释、媒体报道等。而在 PPT 的创业计划书中,也分别进行了基础和进阶版的划分,一些详尽的图表分析、行业报告等都放入了进阶版中。这样的话,对于有精力或者感兴趣的风投来说可以进一步了解,而如果时间不充裕,也可以直接看基础部分,完全一目了然,这样的创业计划书在我看来值得借鉴。"

袁航还表示,PPT 的界面不需要太多动态图。"如果我们看到一个超过 30 兆大小的 PPT 版创业计划书,80% 以上会认定为'菜鸟'的作品。"

(资料来源:http://news.163.com/15/0714/03/AUF2CMQ300014AED.html.)

第一节　创业计划书给谁看

一、创业计划书的定义

在创业融资之前,创业计划书首先应该是给创业者自己看的。办企业不是"过家家",创业者应该以认真的态度对自己所有的资源、已知的市场情况和初步的竞争策略做尽可能详尽的分析,并提出一个初步的行动计划,通过创业计划书做到心中有数。另外,创业计划书还是创业资金准备和风险分析的必要手段。

创业者也要认识到,创业计划书的主要用途是递交给投资方,以便于他们能对企业或项目作出实时判断,从而使拟创办的企业获得投资。对于一个拟创办的企业来说,完整的创业计划书是寻找投融资的必备基本书面材料,也是企业对未来发展战略全面思索和自身现状定位的过程。

综上所述,创业计划书是用于描述拟创办企业相关的内外部环境条件和要素特点,为业务的发展提供指示和衡量业务进展情况的标准,并结合了市场营销、财务、生产、人力资源等职能计划的综合性书面文件。

大学生撰写创业计划书要结合自身的特点和实际状况,他们大多经验不足,社会阅历尚浅,对创业的认识基本停留在理论层面。要让大学生认识到,拟定创业计划书与创业本身一样是一个复杂的系统工程,不但要对行业、市场进行充分的调查和研究,而且还要有很好的组织能力和表达能力。

二、创业计划书的意义

创业计划书是创业者的创业蓝图与指南,也是企业的行动纲领和执行方案,对创业者获得创业成功具有重要意义。

(一)创业计划书使创业者对创业项目有了更加清晰的认识

对初创的风险企业来说,创业计划书的作用尤为重要。一个酝酿中的项目往往很模糊,通过制订创业计划书,把理由都书写下来,可以迫使创业者理清思路,系统地思考项目实施的各个因素,然后再逐个推敲,这样创业者就能对这一项目有更加清晰的认识,也能对项目在实施过程中将要面临的问题与困难有所预见,这些都将给创业项目的实施提供完整的规划保障。

硅谷著名的创业家和风险投资者盖伊·卡维萨基曾经写道:"一旦他们将商业计划写到纸上,那些希望改变世界的天真想法就会变得实实在在且冲突不断。因此,文件本身的重要性远不如形成这个文件的过程。即使你并不试图去集资,你也应当准备一份计划书。"

(二)创业计划书有助于企业宣传、获得融资

创业计划书作为一份全方位的项目计划,它是对即将展开的创业项目进行可行性分析的过程,也是向风险投资商、银行、客户等宣传拟建的企业及其经营方式的过程,因此,在一定程度上它也是拟建企业对外进行宣传和包装的文件。一份完美的创业计划书不但会增强创业者自己的信心,也会增强风险投资家、合作伙伴、员工、供应商、分销商对创业者的信心。而这些信心,正是企业走向创业成功的基础。

(三)创业计划书帮助创业者凝聚人心、有效管理

创业计划书可以增强创业者的自信,使创业者明显感到对企业更容易控制、对经营更有把握。因为创业计划书提供了企业全部的现状和未来发展的方向,也为企业提供了良好的效益评价体系和管理监控指标。创业计划书使得创业者在创业实践中有章可循。同时,创业计划书通过描绘新创企业的发展前景和成长潜力,使管理层和员工对企业及个人的未来充满信心,并明确要从事什么项目和活动,从而使大家了解将要充当什么角色、完成什么工作,以及自己是否胜任这些工作。因此,创业计划书对于创业者吸引所需要的人力资源、凝聚人心,具有重要作用。

第二节 创业计划书撰写指南

一般来说,在创业计划书中应该包括创业的种类、资金规划及资金来源、资金总额的分配比例、阶段目标、财务预估、营销策略、可能风险评估、创业动机、股东名册、预定员工人数等。具体内容一般包括以下十个方面:

一、封面

做人做事有头有脸,一份好的创业计划书不光要内容精彩,封面也很重要。好的封面会使阅读者产生最初的好感,形成良好的第一印象。

封面一般包括创业计划书名称、组织名称、核心人员名单及计划书撰写时间等内容。

二、计划摘要

计划摘要一般包括公司介绍、主要产品和业务范围、市场概貌、营销策略、销售计划、生产管理计划、管理者及其组织、财务计划、资金需求状况等。一般来说,净现金流入、广泛的客户基础、市场快速增长的机会、背景丰厚的团队都可能是引起投资人兴趣的亮点。

计划摘要列在创业计划书的最前面,是投资人最先阅读的部分,却是在创业计划书写作中最后完成的部分。计划摘要浓缩了创业计划书的精华,涵盖了计划的要点,内容力求精练有力,重点阐明公司的投资亮点,尤其是相对于竞争对手的独特地方,以求一目了然,以便投资者能在最短的时间内评审计划并作出判断。

三、产品/服务

通常,产品介绍应包括以下内容:产品的概念、性能及特性;主要产品介绍;产品的市场竞争力;产品的研究和开发过程;发展新产品的计划和成本分析;产品的市场前景预测;产品的品牌和专利。

产品/服务要有商业价值,应以市场为导向,因为在进行投资项目评估时,投资人最关心的

问题之一,就是风险企业的产品、技术或服务是否能够帮助解决现实生活中的问题,或者能否帮助顾客节约开支、增加收入。有市场机会的创意才最有价值,才能够满足目标市场领域的要求。

在产品/服务介绍部分,企业家要对产品/服务作出详细的说明,具体应突出产品/服务的特点、潜在商业价值、技术的领先性、是否适应现有消费水平等内容。一般地,产品介绍必须回答以下几个问题:

1. 产品能解决顾客什么问题?
2. 顾客为什么会选择本企业的产品而不是竞争对手的产品?
3. 企业为自己的产品采取了何种保护措施?是否拥有或正在申请专利?
4. 企业产品如何定价才能有足够的利润?
5. 企业对发展新产品有哪些计划?如何改进产品?

在创业计划书中,最容易犯的错误就是对于产品技术的介绍过于专业和生僻,占用了过长的篇幅。这是因为创业计划书的执笔者通常就是创业者本身,他们大多是技术出身,对于产品技术的阐述经常会陷入"滔滔不绝"的情境中;而投资人本质上是极为看重收益和回报的商人,他们多是具有经济或金融背景,对于技术方面的专业介绍也不是特别在行,他们更加认同市场对于公司产品的反应。所以,建议在产品/服务部分要讲清楚公司的产品体系,向投资人展示公司产品线的完整和可持续发展,将更多的笔墨放在对产品的盈利能力、典型客户、同类产品比较等内容的介绍上。

四、人员及组织结构

有了产品之后,创业者要做的就是结成一支有战斗力的管理队伍。创业离不开团队,创业团队是创业组织的核心,建设一个高效的创业团队对创业的成功起着非常重要的作用。美商中经合的总裁刘宇环先生曾经说过:"就像做房地产位置是最重要的一样,风险投资最重要的三个要素就是 People、People、People。"可见,风险投资家对于人的因素在整个项目中的作用看得至关重要。

创业团队结构一般是风险投资家在阅读概要部分后首先要关注的内容,他们急于知道管理队伍是否有能力和经验管理好公司的日常运作,因为企业管理的好坏,直接决定了企业经营风险的大小。而高素质的管理人员和良好的组织结构则是管理好企业的重要保证。因此,风险投资家会特别注重对管理队伍的评估。高效的创业团队有利于分散创业风险,团队成员之间的技能互补还可以提高企业家驾驭环境不确定性的能力,从而降低新创企业的失败风险。很多研究报告也显示,创业投资公司都认为创业团队在创业的过程中是很重要的。针对投资者的调查显示,有将近一半没有成功的投资案是因为创业团队的关系。越来越多的证据表明,一个好的管理团队对于初创企业的成功起着举足轻重的作用。

在创业计划书中,创业者应在这部分介绍创业团队成员所具有的教育及工作背景、具体分工情况、产权股权划分情况、创业信念、风险识别并反映实施计划能力的情况。此外,还应对公司结构做简要介绍,包括:公司的组织结构图;各部门的功能与责任;各部门的负责人及主要成员;公司的报酬体系;公司的股东名单,包括认股权、比例和特权;公司的董事会成员及各位董事的背景资料。

五、市场分析

市场分析是投资人决定是否进入市场的关键因素,市场分析的核心内容是在市场细分的基础上确定目标市场。要让投资者了解市场的规模有足够大的盈利空间和发展空间;知道市场有良好的发展前景,即所确定的目标市场在未来将会长盛不衰。清晰的市场机会是对风险投资商最具吸引力的方面,目标市场应具有相当规模和发展潜力。

创业计划书要给投资者提供企业对目标市场的深入分析和理解,要细致分析经济、地理、职业和心理等因素对消费者选择购买本企业产品这一行为的影响,以及各个因素所起的作用。创业计划书中还应包括一个主要的营销计划,计划中应列出本企业打算开展广告、促销以及公共关系活动的地区,明确每一项活动的预算和收益。

市场分析一般回答以下问题:
1. 该行业的发展现状和前景如何?
2. 该行业总的销售额有多少?发展趋势怎样?
3. 国家相关法规政策对该行业的影响是怎样的?
4. 进入该行业的障碍是什么?如何克服障碍?

六、竞争分析

天下没有无竞争的生意。充分了解竞争对手和潜在竞争对手的优势和劣势是确保企业生存和发展的关键。与其他融资方式不同,风险投资者的超额收益更多来源于未来的增长。所以,投资者对于项目所处市场的未来发展非常重视。人们常犯的错误是认为自己的优势是比任何竞争对手更努力,比竞争对手更聪明。有经验的投资人知道,任何生意都将面临激烈的竞争。所以,充分展示出你对于竞争对手的了解、对于竞争中优势和劣势的分析、对于未来竞争格局变化的心理准备,是至关重要的。因此,当企业要开发一种新产品或向新的市场扩展时,首先就要进行市场竞争分析。

在创业计划书中,创业者应细致分析竞争对手的情况。要明确每个竞争者的销售额、毛利润、收入以及市场份额,然后再讨论本企业相对于每个竞争者所具有的竞争优势。要向投资者展示,顾客偏爱本企业的原因是本企业的产品质量好、服务细致周到、渠道广、定位适中、价格合适等。创业计划书要使它的读者相信,本企业不仅是同行业中的有力竞争者,而且将来还会是制定行业标准的领先者。在创业计划书中,企业家还应阐明竞争者给本企业带来的风险以及本企业所采取的对策。

竞争分析一般回答以下问题:
1. 你的主要竞争对手和潜在竞争对手是谁?
2. 竞争对手的主要营销策略是什么?
3. 竞争对手的产品与本企业的产品相比,有哪些相同点和不同点?
4. 在竞争中,你的优势是什么?
5. 如果有新的竞争者进入市场,你会怎么做?你将如何应对新的挑战?

七、营销策略

营销是企业经营中最富挑战性的环节。营销策略是指企业以顾客需要为出发点,根据经验获得顾客需求量和购买力的信息、商业界的期望值,有计划地组织各项经营活动,通过相互协调一致的产品策略、价格策略、渠道策略和促销策略,为顾客提供满意的商品和服务而实现企业目标的过程。

企业要在市场竞争中处于不败之地,必须根据企业的具体情况制定适合本企业的竞争策略。比如,为了实现公司的市场目标,公司制定怎样的营销推广方案来销售产品？公司的整体市场理念和发展计划是什么？影响营销策略的主要因素有国家相关政策因素、企业自身的状况、产品的特性和消费者购买行为的差异等。

在创业计划书中,营销策略应包括以下内容:

1. 产品和产品的选择。调整和计划合理的产品数量以适应各个市场的现实和潜在需求。调整和改进产品的式样、品质、功能、包装,开发新产品,优化产品组合,确定产品的品牌和商标、包装策略。

2. 价格决策。确定企业的定价目标、定价方法、定价策略,制定产品的价格和价格调整策略。

3. 渠道计划。企业在市场竞争条件下,根据自身经营目标,对整个营销渠道进行合理布局和合理规划的过程。

4. 促销计划。人员推销,广告,公共关系,营业推广,组织售前、售中、售后服务等。

八、生产经营计划

生产经营计划主要阐述创业者新产品的生产制造以及经营过程。这一部分非常重要,风险投资者从这一部分要了解产品的原材料采购情况、供应商的资信状况、劳动力和雇员的情况以及生产资金的安排等。

生产经营计划是以后投资谈判中对投资项目进行估值时的重要依据,因此,在筹资过程中,为了增大企业在被投资前的评估价值,创业者应尽量使生产制造计划更加详细、可靠。

生产计划一般回答以下几个问题:

1. 企业生产制造所需的厂房需求情况怎样？

2. 企业现有生产设备情况,包括设备价值、最大生产能力以及是否满足产品销售增长的需求等。

3. 产品的生产制造过程、工艺流程是怎样的？

4. 如何保证主要原材料、配件以及关键零部件等生产必需品的进货渠道的稳定性和可靠性？

5. 产品成本和生产成本如何控制？有怎样的具体措施？

6. 产品批量销售价格的制定是怎样的？产品毛利润率是多少？纯利润率是多少？

7. 怎样保证新产品在进入规模生产时的稳定性和可靠性？

九、财务规划

财务分析的目的是为了显示公司的财务健康状况,因此,财务规划需要花费较多的精力来做具体分析,其中就包括资金预算、收入预测和项目的资产负债表。

流动资金是企业的生命线,项目的现金流量对企业来讲是一个非常重要的信息,它可以让风险投资家确信公司不会破产和面临金融崩溃,展现了计划执行中的资本需求数量。因此,企业在初创或扩张时,对流动资金需要有预先周详的计划和进行过程中的严格控制。

风险投资家会对项目资产负债表感兴趣,因为他们想知道资产的预期增长情况。资产负债表反映在某一时刻的企业状况。资产的类型和价值放在资产负债表的资产方,而负债和收入则放在另一边。投资者可以用从资产负债表中的数据得到的比率指标来衡量企业的经营状况以及可能的投资回报率。和收益表一样,要用标准的账户格式。资产负债表也应该以每年的实际交付为基础计算。

财务规划的具体内容包括:

(一)投资分析

1. 股本结构与规模。
2. 资金来源与运用。
3. 投资收益与风险分析。

附投资现金流量表,再从以下几方面分析:(1)投资净现值;(2)投资回收期;(3)内含报酬率;(4)项目敏感性分析;(5)盈亏平衡分析;(6)投资回报。

(二)财务分析(主要是财务报表)

1. 会计报表及附表:(1)主要财务假设;(2)收益表;(3)现金流量表;(4)资产负债表。
2. 会计报表分析:(1)比率及趋势分析;(2)预计销售趋势分析;(3)风险假定与分析。
3. 财务附表:(1)第一年收益表;(2)第二年收益表;(3)成本费用表;(4)资产负债表(第一年季报);(5)资产负债表(第二年季报);(6)现金流量表(第一年季报);(7)现金流量表(第二年季报)。

十、风险与风险管理

经营企业一定会有风险,这应该是每个创业的大学生预知的问题。对于一个新创的企业,其未来所面临的情况总是未知的,这也正是创业的魅力所在。如果可能的话,对公司一些关键性参数做最好和最坏的设定,估计出最好的机会和最大的风险,以便风险投资家更容易估计公司的可行性和相应的投资安全性,这样获得风险投资的可能性就大些。对于缺乏社会经验和必要的工作经历而又要尝试创业的大学生来讲,涉及以下问题:

1. 你的公司在市场、竞争和技术方面都有哪些基本的风险?
2. 你准备怎样应对这些风险?
3. 就你看来,你的公司还有一些什么样的附加机会?
4. 在你的资本基础上如何进行扩展?
5. 在最好和最坏的情形下,你的5年计划表现如何?

【拓展阅读】　　　　创业计划书的编写步骤

准备创业方案是一个展望项目的未来前景、细致探索其中的合理思路、确认实施项目所需的各种必要资源、寻求所需支持的过程。

需要注意的是,并非任何创业方案都要完全包括大纲中的全部内容。创业内容不同,相互之间差异也就很大。

第一阶段:经验学习。

第二阶段:创业构思。

第三阶段:市场调研。

第四阶段:方案起草。写好创业方案全文,加上封面,将整个创业要点抽出来写成提要,然后按下面的顺序将全套创业方案排列起来:(1)市场机遇与谋略;(2)经营管理;(3)经营团队;

(4)财务预算;(5)其他与项目有直接关系的信息和材料,如企业创始人、潜在投资人,甚至家庭成员和配偶。

第五阶段:最后修饰阶段。首先,根据你的报告,把最主要的东西做成一个1~2页的摘要,放在前面。其次,检查一下,千万不要有错别字之类的错误,否则别人对你是否做事严谨会怀疑的。最后,设计一个漂亮的封面,编写目录与页码,然后打印、装订成册。

第六阶段:检查。可以从以下几个方面加以检查:(1)你的创业计划书是否显示出你具有管理公司的经验?(2)你的创业计划书是否显示了你有能力偿还借款?(3)你的创业计划书是否显示出你已进行过完整的市场分析?(4)你的创业计划书是否容易被投资者所领会?创业计划书应该备有索引和目录,以便投资者可以较容易地查阅各个章节。还应保证目录中的信息流是有逻辑的和现实的。(5)你的创业计划书中是否有计划摘要并放在了最前面?计划摘要相当于公司创业计划书的封面,投资者首先会看它。为了保持投资者的兴趣,计划摘要应写得引人入胜。(6)你的创业计划书是否在文法上全部正确?(7)你的创业计划书能否打消投资者对产品(服务)的疑虑?如果需要,你可以准备一件产品模型。

(资料来源:http://www.qncye.com/qibu/jihua/04083941.html.)

【拓展阅读】　　　创业计划书目录

第一部分:摘要

第二部分:公司概况

一、基本信息

二、组织结构

三、公司价值观及战略规划

四、专利技术与知识产权

五、场地资源与设施设备

六、协作与公共关系资源

第三部分:项目表述(含产品与服务)

一、项目背景

二、产品和服务

第四部分:行业及市场分析

一、行业分析

二、市场分析

三、竞争分析

四、SWOT分析

第五部分:项目执行计划

一、总体战略目标与规划

二、研发与生产计划

三、营销计划

四、经营管理计划

第六部分:财务预测与融资计划

一、历史财务状况

二、财务预测

三、投资分析

四、盈亏平衡点分析

五、融资计划

第七部分：项目风险与机遇

一、项目风险分析

二、项目机遇

第八部分：管理团队概述

一、管理团队成员介绍

二、管理团队整体描述

第九部分：附录

(资料来源：何建湘. 创业者实战手册[M]. 北京：中国人民大学出版社，2016.)

第三节　如何展示你的创业计划

今天，"大众创业、万众创新"已成为时代的主旋律，基于互联网技术将催生出更多"小而精"的创新型企业。拥有知识、技术和团队合力的大学生们正是时代的创新者和创业者。你的创业构思通过研讨、市场调研、撰写商业计划，已经相对完善和成熟，该到向他人展示的环节，特别是面向投资人路演的时候了。

创业计划书的展示一般分为两种形式，即书面展示和陈述展示。陈述展示就是我们经常说的路演，也是创业计划展示最普遍、最重要的形式。

一、创业路演及展示注意事项

(一)创业路演

路演(Road Show)是指在公共场所进行演说、演示产品、推介理念，让投资方、创业评审专家和专业人士等了解你的创业想法的一种方式。

由于投资人最终选择的投资项目是有限的，而他往往会约见很多创业者，你只是他约见的其中一位，那么，你就应该好好把握住难得的机会，尽可能在短时间内给投资人留下深刻的印象，让他认可你的创业项目。基于此，在路演之前，一定要做好充分的准备。

你要重点考虑以下三个问题：由谁来完成路演？采用何种方式进行路演会使得效果更佳？在项目陈述过程中，产品或服务介绍、市场分析、团队人员结构等内容的时间比例该如何分配？

(二)创业路演展示注意事项

你的创业项目通过路演，一旦获得投资人的青睐，就能帮助你的企业腾飞；相反，路演失败，你的创业想法可能就永远无法实现。因此，应该注意以下几点要求：

其一，在路演展示前：

1. 进行"30秒电梯演讲"训练

正式路演前进行"30秒电梯演讲"训练，要求你在30秒之内简明地告诉投资人创业计划的内容。用第一句话概括清楚你要做的事；在第二句话中，说明申请资金的数量和用途；第三句话说明未来的市场潜力有多大。

【拓展阅读】 　　　　　　　　电梯演讲

　　麦肯锡公司曾经得到过一次沉痛的教训：该公司曾经为一家重要的大客户做咨询。咨询结束的时候，麦肯锡的项目负责人在电梯间里遇见了对方的董事长，该董事长问麦肯锡的项目负责人："你能不能说一下现在的结果呢？"由于该项目负责人没有准备，而且即使有准备，也无法在电梯从30层到1层的30秒内把结果说清楚。最终，麦肯锡失去了这一重要客户。

　　从此，麦肯锡要求公司员工凡事要在最短的时间内把结果表达清楚，凡事要直奔主题、直奔结果。麦肯锡认为，一般情况下，人们最多记得住一、二、三，记不住四、五、六，所以凡事要归纳在3条以内。这就是如今在商界流传甚广的"30秒电梯理论"或称"电梯演讲"。

　　（资料来源：https://baike.baidu.com/item.）

2. 真诚负责的态度很重要

　　真诚的态度是对自己负责也是对他人负责，在把创业计划书投递到投资人手中之前，创业者一定要想想这份创业计划书是不是自己竭尽全力完成的，首先能否说服和打动自己。

　　此外，创业者写创业计划书时不要直接从网上下载模板，因为每个项目都有差异之处，而核心往往都会展现在差异化的地方。一味地套用模板反而会破坏其精华的部分，更会让投资人感觉你不认真。

3. 从投资人的角度去思考

　　创业者在任何时候都不要太以自我为中心，在找投资人时，要学会换位思考，想其所想。投资者较为关心的问题是商业模式、市场规模与策略、团队以及中小企业融资财务计划四大内容，这四块内容尤其需要创业者在计划书中重点分析和描述。为此，在你的创业计划书里，就一定要突出体现项目的核心竞争力、市场机会、成长性、发展前景、盈利水平、抗风险能力、回报率等内容，让投资人知道有利可图。

4. 学会讲故事

　　目前人们对会讲故事的人的兴趣急剧增加。在文学领域关注讲故事能力是理所当然的事情，但是在商业领域中对会讲故事的人的关注也大幅增加了，这是为什么呢？

　　（1）为什么要会讲故事

　　随着互联网的普及，信息越来越对称，信息量越来越大，造成人们的注意力集中的时间越来越短，记忆力越来越差，分析能力越来越弱。在这个信息发散且过剩、时间碎片化的年代里，人们传统的沟通技巧、沟通方式都不容易产生快速的认同感，甚至以前借助PPT开展的演讲也被如今的微信群分享等线上手段所取代。

　　这种情况在生活中很常见，所以我们要懂得学会用别人感兴趣的方式去阐述哪怕是很平常的经历，要懂得收集和包装你的故事元素。既然可以被称为"故事"，当然要跟一般的经历有所区别。故事本身是有传播属性的，可以被别人作为传播的内容；而吃饭、打水这种人人都有的经历，是没有传播价值的。

　　一个有故事的人或者会说故事的人必然更有吸引力，起码别人都有点兴趣想了解他背后的故事。同样，一个有故事的项目，也会被某种吸引力笼罩，让这个项目自身带有传播属性；相反，一个没故事的项目，则很难吸引目光，没有目光的聚集，金钱也不可能跟随。创业者讲故事的能力已经成为必备的基础技能，如果不会讲故事，你可能打动不了任何人，这样你就不可能形成有竞争力的团队，更不可能说服资本，结果一定是没有办法打动你的用户。

　　这种有内容的并经过渲染的故事，类似今天在创业圈中盛行的"内容营销"。其本质是把自己的故事用别人喜闻乐见且善于接受的方式表达出来,迅速获得认同和传播,扩大你故事(项目)的听众(用户)范围,将自己的品牌理念、企业文化、产品信息、服务水平、员工素质等信息无形地传输出去。

(2)讲故事的技巧

一个好的故事能解决"信任"的问题,让用户相信你不会骗他,这是新秀产品最需要解决的问题。同时,故事也向用户传达你的创业理念。

好的故事不需要你挖空心思去发明、创新,故事需要能够回答为什么做(Why)、怎么做(How)、做出了什么(What)这三个问题。这就是万能的 2W1H 法。

①Why——你为什么要做这个产品?你的初衷是什么?

很多创业者做的产品在市场上可能是罕见的,或者是市场上没有针对某个用户群体的产品出现,此时你创造的产品就刚好能够解决该类用户群的需求。

所以,这样的产品就可以站在目标用户的角度来放大痛点,让用户相信你的产品就是来帮助他解决痛点的。拿小米举例,最初小米的目标用户群是发烧友,而当时没有一款智能手机能满足发烧友玩机。小米就可以讲:"我们的研发团队也是发烧友,他们也有玩机的需求(用户角度),在用其他手机玩机时遇到哪些困难、不爽(放大痛点),最终他们走到一起,开发小米手机(解决痛点)。"

还有一类创业的产品同质化很严重,并且该行业中可能已经有巨头,这种情况下就可以从热爱的角度切入。自己曾经热爱某个领域,并且从小就有这方面的天赋,现在开始一心一意地专注这项事业。这种故事最能引发听众的共鸣。

②How——为什么要相信你能做好产品?你是怎么做的?

首先,要做好产品,你必须懂得你的用户,更要让用户感觉你是多么了解他们的痛点,你自己经历了多少这个痛点带来的折磨。

久病成医是一个传统的、靠谱的逻辑,自己亲身经历并完美解决的方案才是好方案;反之,没体会过就诞生的产品,很难让用户有认同感。

所以,怎么做的过程应是艰辛的,需要经历九九八十一难。什么样的故事能打动他们? 穷人逆袭、富二代吃苦、融资失败、用户增长缓慢、人员流失、合作伙伴毁约等,此时故事达到一个低谷。但创业者仍不忘初心,坚持高品质的标准,最后通过奋斗,克服这些困难逆袭成功,完成华丽的转身。

③What——你创业的发展目标是什么?

作为创业者,你必须制定切实可行的发展目标。像"3 年占领国内市场,5 年上市"这种纯商业性的空话可能会起到适得其反的效果。创业者的目标应该是站在用户的角度,例如,能够帮助用户解决什么问题,像"未来几年可帮助更多人实现……"这类话语便能很好地引起用户的好感。

除了上述三点,讲故事时还要注意:故事必须"实在",它并不一定就是真人真事,但是要能够自圆其说,不被用户抓住漏洞;故事不能平铺直叙,要像电影一样有低潮也有高潮,这样才能突出主题,才能够打动用户,产生共鸣;故事要有个性,有的故事听得太频繁,用户早已开启防御模式,不会买账。所以,无论是匠心还是情怀都要重新包装一个新的故事,一个适合自己的故事。

其二,在路演展示时:

1. 让投资家们感受到你的激情

马云说过,在"加速你成功的5种好习惯"中第一条就是:保持激情。只有激情你才有动力,才能感染自己和其他人。激情是指一种强烈的内驱力、一种极度的喜爱、一种偏执的信念。人在激情的支配下,常能调动身心的巨大潜力,完成看起来不可能完成的事情。投资家们都很看重创业者的激情,因此,在你进行路演时,要充满发自内心的激情。

【拓展阅读】　　　　　　　乔布斯演讲

乔布斯在斯坦福大学2005年毕业典礼上说:"我很清楚唯一使我一直走下去的,就是我做的事情令我无比钟爱。你需要去找到你所爱的东西。对于工作是如此,对于你的爱人也是如此。你的工作将会占据生活中很大的一部分。你只有相信自己所做的是伟大的工作,你才能怡然自得。如果你现在还没有找到,那么继续找,不要停下来,只要全心全意地去找,在你找到的时候,你的心会告诉你的。"

2. 讲清你做的事情

投资人在决定是否要投资你的项目之前,首先想知道你是干什么的。一定要讲你的团队最擅长的那些问题,比如通过技术解决了用户的哪些问题。例如,你的开场白最好是:"我们是××创业团队,我们正在做一个××APP应用平台,下面我将介绍一下为什么用户会需要这个产品。"

为了让投资人印象深化,最好提炼出一句足够吸引人的口号,并在展示过程中多次提及,让投资人牢记。

3. 详细介绍你的团队

大部分需要融资的新创企业还没有将创意转化为真正的业务,盈利模式还不明确。投资人最终投资的还是"人",所以团队介绍是路演中重要的环节。

你要向投资人展示出你们对这个项目有多么热爱,团队成员在行业中的经验,甚至团队成员之间认识多久、彼此的默契程度,这些都决定着潜在投资者是否相信你们有能力将梦想变为现实。

4. 注重你的演讲技巧

为了不让"千里马"错过"伯乐"的眼光,你还需要一些演讲的技巧。谁都喜欢与自信的人合作,如果你自己都不够自信,那凭什么要求投资人投资呢?自信不是自负,不是夸夸其谈,而是言谈举止自然从容。

优秀的演讲者不是天生的,你可以适当地控制语速,让你的讲话听起来更清晰。这些没有诀窍,只能靠你反复练习。

5. 合理使用你的非语言表达技巧

PPT一定要做得简明扼要,只提供总体框架以及发言的重点内容,你一定要让听众的目光聚集在你身上,合理使用你的非语言表达技巧就显得很重要。你可以通过眼神的转换、表情的传递、手势的示意、位置的移动、语音语调的变化与停顿来吸引听众的注意力,提高互动的沟通效果。

当然,这些非语言表达技巧都要适度,毕竟是为你创业项目以及演讲起辅助作用的,如果你使用过度就显得太做作了。

【拓展阅读】 　　　　　　　　如何做好项目路演

一、路演葵花宝典三大招

第一大招：多演练！

第二大招：继续演练！！

第三大招：反复演练！！！

直到演讲人把路演的演讲稿熟记于心，可以脱口而出。

二、演练需要做的准备

第一步：准备路演PPT

第二步：准备路演PPT相对应的演讲文字稿

第三步：反复演练全过程(15次以上，直到熟悉且找到最佳状态为止)

三、关于路演的主讲人选择

1. 主讲人的数量：1人

2. 谁来做主讲人最好(优先级排序如下)：

(1)CEO(通常也是创始人)

(2)联合创始人

(3)其他高管

二、路演PPT制作技巧

创业计划书PPT就是创业团队的第一张脸，见创业计划书如见团队，第一印象很重要。一份逻辑清晰、文字精练、观点鲜明、视觉美观的PPT会让你从众多的项目中脱颖而出。通常，路演创业计划书PPT可以按照以下三个模块来准备：

(一)封面

项目名称＋一句话描述。例如，OFO共享单车：共享单车的原创者和领骑者。

(二)正文

第一部分(1~2页)：分析行业背景和市场现状(Why/Why now)

1. 项目相关的行业背景、市场发展趋势、市场空间。行业和市场分析要具体且有针对性，与所要做的事紧密相关，避免空泛论述。

2. 描述在目前的市场背景下，发现了一个什么样的痛点(市场需求点/机会点)。在分析时，如已有相关的产品或服务，请对已有的产品或服务做简要的对比分析，表明当前项目的差异化机会。

3. 请说明目前是做该项目正确的时机。

第二部分(1页)：讲清楚要做什么(What)

请用一两句话讲清楚准备做什么事，最好能配上简单的产业链上下游图(或产品示意图、简要流程框图等)，让人对要做的事一目了然，不要整页PPT都是大段文字。

第三部分(5页左右)：如何做以及现状(How)

1. 讲清楚有什么样的解决方案，或者什么样的产品能够解决发现的痛点。

2. 明确产品将面对的用户群是谁(要有清晰的目标用户群定位)。

3. 说明产品或解决方案的竞争力。(为什么这件事情你能做，而别人不能做？或者为什么你能比别人干得好？你的特别核心竞争力是什么？项目与众不同的地方是什么？)

4. 说明未来如何实现盈利,即商业模式。
5. 横向竞争产品对比分析(选取关键维度做对比分析,要客观、真实)。
6. 产品或解决方案的研发、生产、市场、销售等环节相关策略。
7. 目前阶段已经达成的关键指标(研发、销售等环节的进展,尽量用数据)。

第四部分(1~2页):项目团队(Who)

1. 团队的人员规模和组成。
2. 团队主要成员的分工、背景和特长,并说明个人能力与岗位的匹配度。
3. 团队的核心竞争优势。

第五部分(1页):财务预测与融资计划(How much)

1. 未来1年左右项目收支状况的财务预估。
2. 未来6个月或1年的融资计划。(需要多少资金?释放多少股份?用这些资金干什么?达成什么目标?)
3. 目前的估值及估值逻辑(估值逻辑请说明是基于何种估值方式)。
4. 之前的融资情况(如果有的话)。

(三)封底

常见的PPT最后一页是"Thank you"或者"谢谢观赏"。除此之外,你也可以附上公司的愿景及联系人的电话等。

切记,PPT中太多的文字会让观众迷茫,要用简洁和凝练的语言表达出你的所思所想。要仔细斟酌自己的每一页讲稿,确保没有多余的文字和图片,每一个元素都提醒你应该说什么,而不是将文字堆砌到PPT上。

【拓展阅读】 永远不要忽略这些细节,它会让你的路演加分不少

每个创业者都坚信,自己的产品是好的,是值得被投资人投资的。然而,现实总是很残酷。失败的原因,可能是创业者的项目本身存在缺陷,也可能是创业者过于"初生牛犊不怕虎",在路演中犯一些常识性错误。那该如何少犯甚至不犯这些错误呢?

一、抓住核心价值,讲清产品是什么

通常,在路演中要讲清楚的核心点有两个:产品是什么以及用户为什么会喜欢它。但往往就是这些基本的要求,反而把创业者给难住了。

例如,一个研发单车功率计的创业项目,路演一开始,创业者就和投资人说外国竞品价格虚高之类的,却没有说明自己的产品是怎样的,以及用户放弃大品牌而选择它的原因。

也许创业者的初衷是想通过对比来突出产品优势,但在投资人看来,这种贬低他人、抬高自己的做法,实有"忽悠"的嫌疑。

其实,投资人在决定是否要投资前,首先要明晰产品的功能。所以,路演开场应直接说:"我们是某某公司,正在做一个功率计系统,下面我们将说明为什么用户会需要这个产品。"这样简单直白的表达,比拿一大堆数据说事的效果好得多。

二、做好这些细节,将为路演加分

不要觉得,只要我的产品好,那么演说不讲究技巧也可以轻松获得投资。其实,对创业者来说,光有一个好的产品是不够的,好的演说技巧可能会让你少走许多弯路。

(一)带着产品去路演

"为什么3分钟能讲清楚的东西却要用上1小时呢?"许多投资人都会有这种想法。所以,智能硬件类的项目,创始人最好拎着产品进行路演,可以起到事半功倍的效果。一是投资人可以快速了解你的产品;二是即便产品只是初样,也能增加投资人对项目的信任和兴趣。

(二)即便是质疑,也要保持尊重

创业者需要谨记,路演时要给予投资人充分尊重,态度决定了成败。路演上常会看到创业者和投资人"掐架"的场景,多半是因为投资人对项目提出了质疑,而创业者自然会表现出一种"保护孩子"的"母性"心理,立即反攻投资人。

其实,投资人对于初创项目的选择,首先投的是人,其次才是产品本身。因此,态度是投资人初识创业者的首道门槛。所以,聪明的创业者千万别在路演时自掘坟墓。

(三)表达节奏感与激情同样重要

韩后创始人王国安,他的演讲因激情饱满被称为"电动小马达",且激情中不乏节奏感。但并不是所有创始人都是优秀的演讲者,很多创业者在路演时确实做到了激情饱满,但因没掌握好语言的节奏而唾液满天飞,让投资人避之不及。

以上的小技巧希望能给创业者一些启发。不重视路演技巧,或许会让原本好的产品被蒙上一层灰。多走了弯路不说,更是在浪费你和投资人宝贵的时间。

(资料来源:http://www.jiemian.com/article/462036.html。)

【创业实践】

基于本门课程之前所进行的各个创新实验项目,进行优化整合,选择最具商业价值和市场前景的项目进行立项,并结合本章知识点撰写你的创业计划书;然后提炼要点制作路演PPT,进行现场展示。以小组形式进行评比,评分标准参考表8—1。

表8—1

模块	指标	要素	分值	得分
创业计划书情况	创业背景描述	包括行业现状、发展趋势	5	
	创业项目描述	具体包括想做什么、想解决什么问题、怎么做、已取得的成绩、未来规划等方面	10	
	市场分析	包括目标客户、竞争对手、自身竞争优势、前景预估等	10	
	团队介绍	主要看团队架构是否完善、能否满足现阶段项目开发运营需要、下一步的团队构建思路	10	
	需求描述	结合项目情况对所缺资源的描述是否准确	10	
	风险规避	对项目发展中可能遇到的风险(包括技术、项目运营、财务等)是否有清晰的认识和一定的规避方案	10	
路演情况		思路清晰,能清楚介绍整个项目情况	10	
		时间把握准确,团队服装得体,言谈举止自然从容	10	
		PPT结构清晰,有逻辑性,内容完整,重点突出,形式美观大方	10	
		准确理解评委问题,回答问题时思路清晰、逻辑严密、语言简洁流畅	15	

第九章 创业融资

学习内容与目标

1. 了解创业资金由哪些构成,学会创业资金的估算;
2. 掌握创业融资的几个重要渠道;
3. 掌握创业各阶段的资金需求特点和融资方式。

创新实验指南

1. 通过资料收集、案例讨论,深入学习创业融资各个渠道的优缺点和具体适用情况;
2. 通过收集和分析案例,观看视频,采访老师、学长和创业人士,了解创业初期甚至其他几个发展阶段相应的融资计划,以及在融资过程中要注意经验教训的积累。

活动导入

《合伙中国人》是由深圳卫视推出的中国首档殿堂级创投真人秀,是一档由5名总身价超千亿元的商界大佬坐镇、与创业者进行融资谈判的节目。请观看《合伙中国人》2016年第0522期其中一个片段:00后少女融资100万元(截图见图9—1)。

图 9—1

通过观看该视频,讨论以下问题:

1. 你所了解的融资渠道有哪些?
2. 如何获得投资人的青睐?

先导案例

大学生创办公司 9 天就倒闭——问题何在?

开业时的鲜花还在绽放,但仅仅坚持 9 天,公司却要宣告"破产"。昨日下午,面对媒体镜头,舒正义有种说不出的滋味。

1. 创业时信心十足

23 岁的舒正义是"陕西正氏科技发展有限公司"的创办人,2007 年从西安工程大学电子信息专业毕业,和许多大学毕业生一样,他跑过招聘会、托过家人找工作。后来虽然有一份不错的工作,但他却选择了辞职,他想在自己的专业上有所发展。今年初,舒正义和同学、朋友等 8 人筹资 7.8 万元,开始创办自己的公司。4 月 21 日,这家主营域名注册、网站建设开发等项目,并取得了一种环保防水手电陕西总代理的公司成立了。"把一件平凡的事做好就不平凡,把一件普通的事做好就不普通——这是我和我们公司的宗旨。"公司成立当天,舒正义信心十足。

2. 9 天后陷入困境

公司先后招聘了 20 多名员工,而且大多数都是在校大学生,他们代理的产品也在不断地拓宽市场。但是,经营公司和上学完全是两回事,短短几天时间,舒正义就感到了压力,而且当初承诺办理公司注册手续的代理公司在拿了他 1 万元后杳无音讯,一时资金短缺成了这家刚刚起步的公司的绊脚石。4 月 29 日,舒正义一天没有吃饭,他拖着疲惫的身体跑学校、跑银行,但是没贷来款,"原因很简单,现在我没有房子、汽车做抵押,也没有公司当担保"。在这个困境中,舒正义没有跳出来,而是作出了一个决定,通知媒体,召开记者招待会让公司"破产"。其实,由于注册一直没办下来,因此,从严格意义上来讲,舒正义的公司还未成立便告夭折。

(资料来源:http://www.dxs518.cn/html/dxsjywt/102551472.shtml。)

第一节 创业资金

创业者往往充满激情地投入创业的前期准备中,但创业的整个过程很容易受到资金的制约而面临失败的风险,因此,创业者在创业各个阶段要正确衡量创业过程中所需要的各种费用,选择恰当的融资方式,确保在创业过程中不会受到资金不足的困扰。

一、创业资金的估算

由于创业项目的不同,以及创业模式的不同,创业者所要考虑的创业成本可能会有些差异,但总体来说,创业资金主要有以下几大类:

(一)场地费

项目不同,创业模式不同,场地选择不同,相应地,所需场地费也不同。如餐饮店、体育用品店、文具店、文印店等适宜选择在学校或机关团体周边。对于策划、市场研究、互联网、软件、咨询等信息服务业而言,则可以选在商业密集的写字楼,当然,初创期也可以选择在家办公。总体来说,可以有租用办公室或生产厂房、购买现成的办公室或生产厂房、使用自己拥有的办公室或生产厂房三种方式。确定具体的经营场所后,我们需要根据装修、布局、租金或购买费用等估算所需要的费用。

(二)各类设备费

这里包括所有机器、工具、车辆、办公家具、工作设施等设备,即便选择在家办公,也必须准备诸如办公桌椅、电话、传真机、计算机、打印机、货柜货架、维修工具等。创业者根据创业项目需要和自身资金情况,合理购买必需的设备,并计算相应的费用。提醒一点,尤其在创业初期,无需为了撑场面买高档却并不适用的设备,这只会给企业增加不必要的负担。

(三)原材料和库存费

无论是生产业企业、服务业企业,还是商业企业,必须有足够的库存保证生产和运营的顺利进行。但这里并不是要求预计的库存越多越好,而是根据实际的需求和合理的计算,确保一定程度的原材料和库存,即既能确保生产经营顺利进行,又能确保资金的流动性。在此,需要估算原材料成本,外加生产成本,或者你所销售的产品的批发价格;还要计算运输和包装成本、销售佣金以及其他任何与产品销售有关的成本。

(四)工资

依据国家有关规定和劳动关系双方的约定,用人单位必须以货币形式支付给员工相应的劳动报酬。一般有计时工资、计件工资、奖金、津贴和补贴、福利、加班加点工资、特殊情况下支付的工资。这里要估算维持项目正常运营需要聘用的各类人员的工资、福利和保险费,以及相关税项、加班工资等的合计值。注意,创业者自己投入企业实际运营的,也应该给自己计算工资报酬。

(五)管理和营运成本

主要是计算你所需支付的保险和办公费用,包括水电费、办公文具费、互联网服务费、招待费、差旅费、清洁费以及设备维护费用等。

(六)营销费用

即项目销售推广、物料包装以及与营销相关的各类服务、促销发生的一切费用。营销费用按大类划分为以下几类:媒介推广费、促销活动费、顾问合作费、地区销售奖金、销售工具制造费、临时设施费、现场管理费、现场示范单位装修工程费、现场包装及品质提升费、物管前期介入顾问费。

(七)专业服务费用和许可费

计算你所需支付的律师、会计师或者其他咨询顾问费用,所需支付的执照费用或经营许可费等。

表9—1是某中档餐饮店首期投入资金的估算表,可供大家参考。

表9—1　　　　　　　　某中档餐饮店首期投入资金的估算表

投资项目	具体内容	估算金额(元)
固定资产投资	地产	0
	新建厂房	0
	办公楼房	0
	场地装修	50 000
	购置厨房机器	30 000
	桌椅、餐具、吧台等	20 000
	投资所需资金	100 000

续表

投资项目	具体内容	估算金额(元)
原材料首期进货	厨房所需油、盐、酱、醋等材料	5 000
	酒水、饮料等	20 000
	原材料库存所需资金	25 000
经营费用	员工工资(6人,按4个月合计数计)	86 000
	房租(按一年付)	60 000
	开办费	2 000
	水电费(按4个月合计数计)	5 000
	广告费(按一年付)	5 000
	初创期所需流动资金	158 000
合　计		283 000

二、预估创业资金注意事项

(一)计入不确定费用

在创业过程中,总会有一些或大或小的、不可预见的事情发生。因此,在最后固定资产和流动资产总和上(表9—1中的合计),还要把合计乘以一个系数作为不确定费用,建议创业者按5%～10%计算即可。在预估创业资金时,为了应对那些意料之外的支出,应计入不确定费用。

(二)留有一定的储备金

即使创业成功,我们也需要考虑投资回报所需的时间,因此,创业者必须对从开业到盈利阶段的资金储备做足够的预算。因为资金的断流会给后期的经营带来很大的创伤,甚至有可能导致失败。一般情况下,在计算员工工资、水电费等的时候,会按照4个月来计算,这样做的目的就是确保这笔储备金能够支付企业正常经营所需要的费用。

(三)不能过分依赖融资

在预估创业资金时,你必须清楚一件事,即任何融资都是有代价的,目前虽有很多途径可以相对快捷地筹措到一定的资金,但这会存在一定的隐患,比如烧钱!因此,在创业融资阶段,应用理性的态度对待外来资金,合理安排使用,有时暂时的资金短缺也许正是你奋力拼搏、争取客户的动力。因此,不能过分依赖融资。

(四)计算盈亏平衡点

创业者必须对自己的经营状况做到心中有数,并且在以后的经营活动中,严格遵守财务制度,做好经营情况的统计和分析。

盈亏平衡点的计算能够帮助我们确定保本销量,也就是当企业支出与收入完全相等时的销量。当企业盈亏平衡时,销量的计算公式如下:

$$Q_0 = \frac{CF}{P - CU}$$

其中:Q_0为盈亏平衡时的销量;CF为固定成本;CU为单位可变成本;P为产品价格。

(五)计算投资回收期

投资回收期的计算,可以帮助创业者明白他的所有投入需要多少时间才能收回来。投资少、回收快,可以很快收到盈利的效果;投资大、回收慢,会有很长时间的经营都是为了收回投

资。当然,这还是在确保经营能够按照预期顺利进行的情况下计算的。投资回收期计算公式为:

$$投资回收期=投资总额÷每月净利润=可以收回的月份数$$

例如,上述餐饮店总投资 283 000 元,假设每月净利润 35 000 元,则:

投资回收期=283 000÷35 000≈8(月)

第二节　创业融资渠道及注意事项

一、创业融资渠道

融资渠道是指协助企业的资金来源。依据《2014 年全国创业者报告》统计显示,自主资金、金融贷款和天使投资是创业第一桶金的主要来源。报告显示,2014 年"个人积蓄和亲友投资"资金占了 88.65%。这足以证明,筹集外部资金相对来说更不容易。

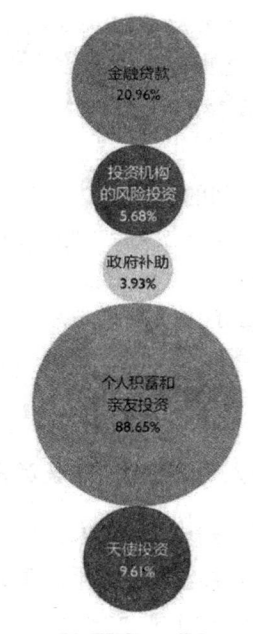

创业的第一桶金
"个人积蓄和亲友投资"是创业第一桶金的最主要来源

资料来源:http://www.cyzone.cn/a/20141218/267225.html.

图 9—2　创业者第一桶金的来源

(一)自筹资金

中小企业资本构成主要以自筹资金为主,在自筹资金中,主要来源于创业者自有资金、亲朋好友借款、合伙人资金。

1. 自有资金

融资首先最直接的方式就是动用自己的资金,使用个人储蓄,可以减少寻找外部资金所需的时间和精力,减少投资者对创业者的经营干扰。对于年轻人而言,尤其是刚毕业的大学生,自有资金积累需要时间,但是世界上很多白手起家的企业家都是靠自己最初打工赚来的钱和积累的宝贵经验开始创业的。

【案例分享】　　　　　大学生彭敏的创业路

到 2012 年,彭敏的企业已经创建了 4 年。

他创业之前每周末和节假日都会到上海市徐汇区的"百脑汇"里打工,为客户组装电脑。在装机的过程中,他学会了组装计算机的流程并找到了销售电脑的渠道,同时也发现了他们营销的缺点,他便率先在电脑城里提出了"整体装机只挣 100 元",元部件价格全透明。一时间,他的生意好到一个人忙不过来了。

于是,他用打工积累的钱租了一个摊位,请了几个工人做起了自己的电脑维修、装机服务。到 2009 年毕业那年,他的资产已经超过了 20 万元。于是,他把这笔资金作为启动资金,利用自己在大学所学的安防技术专业知识,注册了"上海讯敏安防技术服务有限公司",并且在全国大学生创新创业大赛中得了金奖。如今彭敏已经买了自己的商务车,每年营业额稳定在 300 多万元。彭敏就是用打工积累创业并发展壮大起来的。

(资料来源:李肖鸣,朱建新. 大学生创业教育(第 3 版)[M]. 北京:清华大学出版社,2017.)

2. 亲朋好友借款

除了个人储蓄,创业者最方便接触到的就是家人、亲戚、朋友的借款,借款成功率高、利息低甚至无息,而且能够快速拿到钱。目前来说,亲朋好友借钱在融资渠道中占最高的比重。年轻创业者大多采取这样的方法,但是,有一个不可忽视的问题,即在经营过程中有的亲朋好友会插手公司事务,或者因为没立字据而导致债务纠纷。在此,提醒大家注意,无论向谁借钱,要先立好字据,说明清楚利息、还款时间等重要信息。同时,创业者必须诚实地表达投资机会的风险,以避免在经营失败时陷入众叛亲离的局面。

【拓展阅读】　　借钱创业的人更容易有"破釜沉舟"的勇气

很多经济学家研究之后发现,那些借钱创业的人更容易取得成功,首先是因为借钱创业的人往往是借亲朋好友的钱,这样就不用考虑利息问题。不要小看利息,这些时间长了也会是一笔不小的财富。其次是因为欠着钱的人会不自觉地忽视自己得到的利润,光想着自己还欠别人多少钱,这样就能减少他们骄傲自满的情绪。现在,对年轻人来说,"负资产"有时候就是一种财富。机会是不等人的,有时候明明看见眼前有一个很好的机会,但是因为资金短缺而不得不放弃,那就非常遗憾了。这种情况下,向亲友或是银行借钱,无疑是一个非常好的选择。

(资料来源:http://blog.ci123.com/xi2011/entry/1553176.)

3. 合伙人资金

不少人在创业过程中选择合伙创业的方式来减轻创业过程中所面临的各种压力。其中之一就是资金压力。合伙人参与合伙经营,依协议享受权利、承担义务,并对企业债务承担无限或有限责任。在个人合伙中,合伙人除了可以提供资金作为投资外,还可以通过实物、技术等作为投资。但在合伙人共同出资创办企业的前期,一定要注意建立一套明确的合作规则。

【案例分享】　　　　朋友合伙创业亏本反目成仇，两人大打出手被刑拘

王某和张某曾是非常要好的朋友，处得时间长了，双方的家人彼此都很熟悉。2012年初，同样靠打工赚钱养家的王某和张某看到别人揽工程来钱快，便决定合伙创业搞工程，并达成口头协议：生意盈亏均由两人平摊。很快，他们备齐启动资金开始"淘金"，可半年过去了，两人由于经验不足不仅没赚到钱，本钱也打了水漂。起初，王某和张某还能平和应对，相互鼓劲儿，但从2012年7月起，两人因为账目不清频繁争吵，矛盾越来越深，双方家人曾找中间人调解，也没有结果。

2013年4月初，张某上门找王某算账时，两人发生冲突，张某一气之下将王某打倒在地。王某不甘示弱，起身抄起桌上的菜刀将张某头部砍伤，经鉴定构成轻伤。4月14日，当地派出所民警将畏罪潜逃的王某抓获并刑拘。

（资料来源：http://www.chinanews.com/fz/2013/05-02/4781170.shtml.）

（二）风险投资

从投资行为的角度来讲，风险投资（Venture Capital，VC）是把资本投向蕴藏着失败风险的高新技术及其产品的研究开发领域，旨在促使高新技术成果尽快商品化、产业化，以取得高资本收益的一种投资过程。从运作方式来看，是指由专业化人才管理下的投资中介向特别具有潜能的高新技术企业投入风险资本的过程，也是协调风险投资家、技术专家、投资者之间的关系，利益共享、风险共担的一种投资方式。

风险投资不需要抵押，也不需要偿还。如果投资成功，投资人将获得几倍、几十倍甚至上百倍的回报；如果失败，投进去的钱就算打水漂了。对创业者来讲，使用风险投资创业的最大好处在于，即使失败，也不会背上债务。这样就使得年轻人创业成为可能，但是风险投资比较青睐高科技创业企业。

【案例分享】　　　　　　　　　聚美优品的融资

聚美优品由陈欧、戴雨森等创立于2010年3月，专注于美妆产品的网络销售。创办之初，聚美优品便获得徐小平18万美元天使投资，第二年接受红杉中国、险峰华兴等几家风投机构合计1 200万美元投资，其中红杉中国出资585万美元，险峰华兴出资90万美元，徐小平追投20万美元。截至上市前，陈欧为第一大股东，持有公司40.7%股份；联合创始人戴雨森为第五大股东，持股6.3%。此外，红杉中国、险峰华兴、徐小平分别持有聚美优品18.7%、10.3%和8.8%股权。

按聚美优品发行价22美元计算，红杉中国、险峰华兴的账面收益为5.15亿美元和2.85亿美元，投资回报率高达87倍和315倍。而天使投资人徐小平则将2.43亿美元收入囊中，用4年时间获得了近640倍回报。与此同时，聚美优品创始人陈欧的身价达14亿美元。但遗憾的是，上市3年股价暴跌九成！聚美风光不再。

（资料来源：http://news.confol.com/it/20140419117.626059.shtml.）

（三）天使投资

天使投资（Angel Investment，AI），是指富有的个人出资协助具有专门技术或独特概念的原创项目或小型初创企业，进行一次性的前期投资。它是风险投资的一种形式，属于一种自发而又分散的民间创新投资形态。天使投资人愿意在风险资本公司和机构投资者涉足之前，向处于最初阶段的初创企业投资,对资金需求超过亲朋好友的投资能力,又不足以吸引风险投资公司兴趣的企业而言,天使投资是理想的方式。

【案例分享】　　快手早期投资人:6年前投了200万元,现在赚了几千倍

几年前还不为城市人群所熟知的短视频APP,2017年市场估值已经高达40亿美元,并刚刚获得腾讯公司3.5亿美元的巨额投资。快手似乎一夜之间火爆起来,它给了不论年龄大小、美丑的用户表达自己的机会。过亿的用户量、老少皆宜的软件引起外界大量关注。作为快手及秒拍的第一位投资人,张斐拥有逾18年的风险投资经验,他同时也是PPS、迅雷、雪球和脉脉等公司的早期投资人。2011年他投资200万元,帮助程一笑把公司成立起来,如今赚了几千倍。

(资料来源:http://www.jfdaily.com/news/detail? id=49403.)

(四)银行贷款

银行贷款,是指银行根据国家政策以一定的利率将资金贷放给资金需要者,并约定期限归还的一种经济行为。一般要求提供担保、房屋抵押或者收入证明,个人征信良好才可以申请。但是,银行贷款对中小企业来说融资比较困难。首先,银行融资门槛高,银行对借款人的资信条件要求苛刻,贷款手续繁杂、审批周期长。其次,银行对中小企业信心不足,加之中小企业贷款数额不高,因此,银行更愿意贷款给实力强、贷款额度高的大型企业。正是银行贷款的这些缺陷,给市面上其他融资渠道带来了发展空间。

不过,针对大学生来说,很多地区对大学生创业贷款有扶持政策,常见的有贷款补贴或者无息贷款。一般来说,大学生创业贷款要求:在读大学生以及毕业两年以内的大学生;大专以上学历;18周岁以上。相对而言,对于该类贷款的申请条件还是比较宽松的,而后只需将学生证、成绩单、对账单等资料提交给银行,审核通过后即可获得贷款。

【案例分享】　　小企业贷款难

2013年9月,某公司向银行申请一笔50万元贷款,贷前调查过程中,银行掌握到该公司尚处于创业开发阶段,主打产品为地铁电子大屏幕。由于企业主为电子产品技术人员出身,技术能力精湛,打算加入电子屏幕大军大展拳脚。通过不懈努力,他研发的电子屏幕得到地铁相关部门的技术认可,但由于产品尚未打造成型,其间所有启动资金使用殆尽,他打算用贷款来支撑余下的开发之路。

纵使企业主书写了精彩蓝图,但审慎的银行认为,其产品距离市场化还存在诸多不确定因素,诸如50万元解决不了企业的根本问题,还款能力存悬念。因此,企业主的融资梦破灭,理想终究没能照进现实。

(资料来源:http://www.fromgeek.com/finance/21833.html.)

(五)政府扶持

创业者还要善于利用政府扶持政策,从政府方面获得融资支持。近年来,各级政府为了鼓励和支持年轻人创业,不断采取各种方式扶持科技含量高的产业或优势产业,相继设立了一些基金和专项资金。如福州2015年出台政策,对于高校毕业生首次创业,领取工商营业执照或其他经营资质,且正常纳税经营6个月以上的,由创业纳税所在地县(市)区财政给予5 000元的一次性开业补贴。大中专院校(含技工院校)在校生及毕业5年内毕业生、登记失业人员以及就业困难人员租用经营场地的,可享受最长2年、不超过租金50%、每年最高3 000元的创业资助。此外,还有各种减免税(费用)、创业担保贷款、创业带动就业补贴等优惠政策。但是,政府扶持更多是无偿且面向特定行业和用途的,面太窄,申请不容易审批下来,或者需要等待的时间过长,会错过创业的最佳时机。因此,并不是所有创业者都适合这一融资方式。

(六)民间借贷

民间信用借款,是借贷双方以信用为基础,通过签订书面借贷协议或达成口头协议形成特定的债权债务关系,从而产生相应的权利和义务。民间借贷相对来说,参与主体和资金来源都比较广泛,借贷形式多样化,比较灵活。摩拜单车创始人胡玮炜在一次接受采访的时候提到:"刚开始阶段性成果有所延迟,加之摩拜比较低调,持续有半年时间,摩拜融资困难,为了让项目继续运营下去,甚至通过亲友去找民间借贷借钱。"但是,民间借贷必须谨记"空口无凭,立字为证",才能明确双方的关系以及责任,避免发生债务纠纷。

【案例分享】 借条陷阱

钱某向陈某借款5万元,陈某自己写好借条让钱某签个名字,钱某看借款金额无误,遂在借条上签了自己的名字。后陈某持钱某签字的欠条起诉要求钱某归还借款15万元,钱某大呼冤枉。后经其代理律师向法院申请书写时间鉴定,确认陈某起诉前在"50 000元"前面加了个"1"字,变成了"150 000元",而且借条上面没有同时写上大写金额,导致债权人涂改借条。

(资料来源:http://gac.chd.edu.cn/aqjy-info.asp? id=15&bh=584.)

(七)众筹融资

即大众筹资或群众筹资,是指以"团购+预购"的形式,向网友募集项目资金的模式。众筹利用互联网和SNS传播的特性,让小企业、艺术家或个人向公众展示他们的创意,争取大家的关注和支持,进而获得所需要的资金援助。相对于传统的融资方式,众筹更为开放,能否获得资金也不再是由项目的商业价值作为唯一标准,只要是网友喜欢的项目,都可以通过众筹方式获得项目启动的第一笔资金,为更多小本经营或创作的人提供了无限的可能。近几年,国内众筹平台如雨后春笋般出现,如京东众筹、分分投、天使街、融诺网、多彩投等。

【案例分享】 2013年最受瞩目的自媒体事件

《罗辑思维》——知识类脱口秀视频节目,主讲人是罗振宇。《罗辑思维》发布了两次"史上最无理"的付费会员制:普通会员,会费200元;铁杆会员,会费1 200元。成为会员不保证任何权益,却为该节目筹集到了近千万元会费。爱就供养,不爱就观望,大家愿意众筹养活一个自己喜欢的自媒体节目。

而《罗辑思维》的选题,是由专业的内容运营团队和热心罗粉共同确定的,用的是"知识众筹",主讲人罗振宇说过,自己读书再多,积累毕竟有限,需要找来自不同领域的牛人一起玩。众筹参与者名曰"知识助理",为《罗辑思维》每周五的视频节目策划选题,由老罗来主讲。

(资料来源:http://www.cyzone.cn/a/20140420/256670_2.html.)

(八)融资租赁

融资租赁是指出租人根据承租人对承租物件的特定要求和对供货人的选择,出资向供货人购买租赁物件,并租给承租人使用,承租人则分期向出租人支付租金,在租赁期内租赁物件的所有权属于出租人所有,承租人拥有租赁物件的使用权。融资租赁是国外发达国家在设备投资中仅次于银行信贷的第二大融资方式,它是集信贷、贸易、租赁于一体,以租赁物所有权与使用权相分离为特征的新型融资方式。

【案例分享】　　　　　游乐设施租赁

成都 A 公司计划追加主题公园的后续开发。考虑到游乐设施设备占整个项目投资的比例较大,且公司资金不足的问题,A 公司经过了解决定以融资租赁方式来购买游乐设施设备。

经过考察,A 公司选择了成都本土国有背景的成都金控融资租赁有限公司来解决这笔融资款项。金控租赁公司经过前期考察,给出以下融资方案:A 公司自行选择游乐设备生产厂商,采购总金额为 4 759 万元的设施设备,由 A 公司支付 30% 首付款给生产商,剩余 70% 资金由金控租赁公司提供。租赁期间,设备所有权属于金控租赁公司,由金控租赁公司将游乐设备租给 A 公司使用,A 公司向融资租赁公司支付租金,3 年期满后,设备所有权从金控租赁公司转移给 A 公司。这样,既解决了 A 公司资金缺口问题,使得项目顺利开园,又满足了 A 公司最终获得设备所有权的需求。

(资料来源:http://www.sohu.com/a/20373892_205304.)

(九)典当融资

典当融资,指中小企业在短期资金需求中利用典当行救急的特点,以质押或抵押的方式,从典当行获得资金的一种快速、便捷的融资方式。典当行作为国家特许从事放款业务的特殊融资机构,与作为主流融资渠道的银行贷款相比,其市场定位在于:针对中小企业和个人,解决短期需要,发挥辅助作用。正因为典当行能在短时间内为融资者提供更多的资金,目前正获得越来越多创业者的青睐。因此,小企业的扩张过程中可以通过典当融资的方式解决资金周转问题。

【拓展阅读】　　　易当:独创具有中国特色的物贷新模式

上海易当典当有限公司是一家由商务部认证的实体典当机构。在开展线下实体典当业务的同时,上海易当典当有限公司于 2015 年 7 月上线了互联网物贷(在线典当)平台(易当网),为客户提供有别于传统典当及其他互联网借贷的借款方案。用户可足不出户,在线提交典当物品进行评估,然后将物品快递或自行上门,由上海易当典当有限公司鉴定师团队根据实物进行精准报价,达成意向后当日放款。用户可在线灵活选择贷款期限,也可分期还款。

(资料来源:http://www.easydang.com/.)

(十)上市融资

将经营公司的全部资本等额划分,表现为股票形式,经批准后上市流通,公开发行;由投资者直接购买,短时间内可筹集到巨额资金。不过,上市融资门槛很高。此外,市场不好时,实际上是便宜卖公司股权。并且,上市公司始终有维持成长的压力,而一般股东与创业者对公司的关注角度是有差别的,二级市场的股东更注重短期回报,而短视不利于公司的长远发展,使公司容易被市场牵着鼻子走,因为流通股价最终影响到企业的发展。公司只有到了扩张期或成熟期,才会开始考虑上市融资。

【案例分享】   "新美大"融资 33 亿美元冲刺上市

2016 年 1 月,合并后的美团、大众点评完成新一轮融资,金额超过 33 亿美元,融资后新公司估值超过 180 亿美元。此次融资不但创下中国互联网行业私募融资单笔金额的最高纪录,同时也成为全球范围内最大的 O2O 领域融资。此次融资由腾讯、DST、挚信资本领投,其他参与的投资方包括国开开元、今日资本、Baillie Gifford、淡马锡、加拿大养老基金投资公司等国内外知名公司。据知情人士透露,"新美大"计划在 2~3 年内启动上市,上市后市值估计有 800 亿美元。

(资料来源:http://money.163.com/16/0120/07/BDONJQKM00253G87.html。)

(十一)P2P 贷款

P2P 贷款是指个人与个人之间的小额信用借贷交易,一般需要借助电子商务专业网络平台帮助借贷双方确立借贷关系并完成相关交易手续,只要贷款利率不超过银行同期贷款利率的 4 倍就属于合法的。P2P 贷款的出现,与国内中小企业,特别是小微企业融资难有一定的关系。目前国内 P2P 贷款平台比较多,规模较大的有陆金所、开鑫贷、招行"小企业 e 家投融资业务"、金开贷、拍拍贷、人人贷等。

二、创业融资的注意事项

对于新创企业来说,缺乏启动资金是创业者面临的一大难题。对于成功的创业者来说,一个重要的原因就是他懂得如何通过正确的渠道找寻到合适的投资人,从而获得资金上的支持。在融资过程中,有以下几个方面需要我们注意:

(一)创业融资计划书

在创业融资的过程中,一份详细、完善的融资计划书有助于我们取得最佳的融资效果。创业者应该精心设计和策划企业的融资方案。一份完整的融资计划书大致包含企业的商业模式、产品和服务、市场分析、融资需求、运作计划、竞争分析、财务分析和风险分析等方面,实际上就是一份说服投资者投资的证明书。创业者在制订融资方案之前,要对自己的有形和无形资产的价值做一个准确的评估,同时为了有效地降低企业融资成本、提高企业融资效益,创业者要加强对创业融资信息的收集与整理,在充分掌握信息的前提下,做出最优的选择。在这要提醒大家,创业融资计划书的内容是不需要写进商业计划书的。

(二)融资知识

首先,应充分了解各类融资渠道的适用情况、优缺点,以便在需要的时候选择恰当的融资方式。其次,融资经验要比较丰富,要充分认识和了解投资者和资本市场,要有很强的专业策划能力以及解决企业融资过程中遇到的各种现实问题的应变能力。因此,创业者必须加强对融资知识的学习和掌握,当企业有能力聘请融资顾问时,还可以聘请他们从培育和铸造企业资金链的高度,帮助企业打造维持企业发展所需的资金支撑。

(三)适度包装

这里要强调的是,在融资过程中,不要为了争取融资而过度包装自己,把计划书写得天花乱坠、夸大其词,这在投资人面前只能是适得其反;同时,也不要不愿花时间和精力在对企业融资计划书的包装上,建议创业者认真用心编写计划书(哪怕是排版),让投资者看到产品美好的细节和团队的创造力。因此,创业者一定要有一个清醒的、理性的认识和思考,在理性思路的前提下进行适度包装。

(四)企业信誉

无论是融资过程还是其他经营活动,企业信誉都是一个重要标志。银行、风投公司、天使资金等,都是极其看重企业或创业者个人信誉的,"有借有还,再借不难",企业的信誉良好才能换来更多的融资机会。另外,创业者不宜拿着投资者的钱大肆挥霍,而是要为投资者创造出更多的价值,这样才能继续得到更多更好的融资机会和成长机会。因此,创业者不仅要加强自身的技术能力,还需要具备企业家的道德风范。

【创新实验】

1. 先由教师确定一个主题,可以是学校食堂的改进方案、宿舍改进方案或某一产品的改进方案等。
2. 学生以小组为单位,根据教师给定的主题,构想一个创意并上台进行简短陈述。
3. 每个小组拥有虚拟资金100万元(可分散投资,最低10万元),对其他小组所陈述的方案进行组内评估筛选,确认投资对象和投资额度(要求100万元虚拟资金必须全部参与投资,且不能投资本组)。
4. 评价标准:
(1)最具商业价值奖——获融资额度最高;
(2)最具人气奖——获融资次数最多;
(3)最具投资眼光奖——对最具商业价值的项目投资金额最高。

第三节 创业各阶段的资金需求和融资方式

1989年,美国最有影响力的管理学家之一、企业生命周期理论创立者爱迪思博士提出了企业生命周期理论,他认为企业生命周期是指企业从创办开始到其消亡为止所经历的自然时间,包括孕育期、婴儿期、学步期、青春期、壮年期、稳定期、贵族期、官僚化早期、官僚期、死亡期。在此基础上,国内学者提出企业生命周期的四个不同发展阶段,包括初创期、成长期、成熟期和衰退期,每个阶段资金的需求和融资方式各有不同。创业者应充分了解各个阶段资金需求的情况,恰当选择合适的融资渠道。

一、初创期的资金需求和融资方式

(一)初创期的资金需求

在初创期,大致可以分为两个过程。首先是创业准备阶段,创业者在这个阶段主要做的事情是前期的反复市场调研和认证,测试创业是否可行。例如,创业者打算加盟韩国料理店,那么对如何选择加盟店、加盟方式和费用、市场行情、店面位置等的考察是创业者在这个阶段的主要任务,创业者需要有一定的资金来完成初步的企业谋划工作。在这个阶段,创业者对资金的需求较少,主要是调研费和差旅费等。其次是起步阶段,随着准备阶段工作的顺利进展,创业意向逐步成熟,创业者已经选择好了某一品牌进行加盟,付加盟费、总部学习、选址、装修、店内设施的购买和布置、人员招聘、工商注册、原料进货、广告宣传等,并正式投入运营,因此,需要一定数量的运营前期资金来帮助这家店能顺利营业。如果营运资金不足,企业往往会很快陷入困境,相当数量的企业就此夭折。同时,在初创期,我们还得准备一些预留资金,创业是有风险的,以防现金流不够、融资渠道不畅,我们应在这个阶段准备至少 4 个月的员工工资、租金、原料进货费,确保能够继续维持下去。综上所述,初创期的企业生产规模小、市场份额低、固定成本大、现金流转不顺,经常出现财务困难,因此,对资金的需求还是很大的。

(二)初创期的融资方式

在创业准备阶段,创业还处在概念和构想阶段,创业成功的不确定性很大,这个阶段不符合银行的贷款原则,获得银行贷款的难度很大。所以这个阶段所需的资金主要还是依靠自己的储蓄、父母和亲朋好友的支持,当然在这个阶段,大学生创业者可以留意学校出台的大学生创业基金、当地政府部门的创业基金或国家创业贷款基金等。

在创业起步阶段,需要大量资金的投入,但是这个阶段由于企业资信水平低、偿债能力差、资产抵押能力有限、负债融资缺乏信用和担保支持,大多数情况下银行也不会提供贷款。所以,这个阶段创业者依然还是要动用自己的储蓄。对年轻的创业者来说,个人储蓄毕竟有限,所以更为常见的是取得有条件的亲朋好友的资金支持。当然,往往很多年轻人还会组建创业团队,通过合伙人的方式为创业获得更多的资金和其他技术等方面的支持。另外,如果能在这个阶段获得天使投资人的支持,也不失为一个好办法。最后,创业者依然要更多地关注相关创业政策,尽量利用国家、学校支持创业的优惠条件,获取国家或学校创业基金。

当然,有远见的银行或风投公司此时已经开始在用发展的眼光来筛选有价值的企业,甚至会发放小额创业贷款或风投基金来支持有发展空间和潜力的企业,这种情况的发生概率比较低。

二、成长期的资金需求和融资方式

(一)成长期的资金需求

度过初创期,企业就进入成长期。成长期分为迅速成长阶段和稳定成长阶段。在迅速成长阶段,产品市场份额稳步提高,市场竞争能力逐渐增强,业绩增长速度加快,但这个阶段企业还在不断调整和磨合中,并未实现效益的最大化。企业必须大力开拓市场,努力推销产品、加大新产品的开发,以期获得更大的发展空间,因而需要大量资金投入。经过快速增长和积累后,企业到了稳定成长阶段,这个时候企业有了明确的市场地位,经营者也积累了比较丰富的管理经验,管理体制逐步规范。在这一阶段,企业生产效益明显,现金流入相对较大,资金紧张的状况得到缓解。为了保持现有的发展速度,应采用扩张策略,不断追求规模效应,企业管理层的决策管理和风险管理能力较强,具有管理经验的职业经理人会不断地被吸引进来以提高经营效果,这一阶段企业的融资需求依然旺盛。

(二)成长期的融资方式

在迅速成长期这个阶段,产品市场根基未稳,企业存在比较大的管理风险,还未形成足够的抵押资金和建立足够的市场信誉,银行贷款依然比较难获得。这一阶段,资金困难应该是摆在企业面前最大的问题。一般在这个阶段的企业家不能掉以轻心,需要非常仔细、全面地安排好每天的现金收支计划,同时积极开拓各方面融资渠道,合理地选择并应用。如果创业者风险承担能力比较强,这个阶段的融资重点可以定为充分利用借款、商业信用、租赁等负债融资。

如果企业顺利进入稳定成长阶段,这个时候才比较容易引起银行和风险投资公司的青睐,创业者此时不能错过这个关键时期,应牢牢抓住机会制订出比较合理的融资方案,争取获得大量外来资金的支持。由于这个阶段能够让外部融资渠道看到企业良好的发展预期,因此,此时所能接触到的渠道应该是比较多的,除了银行和风投,企业还可通过企业内部职工借款、民间借贷、企业间的商业信用、信用担保机构融资、租赁融资、票据融资、典当融资和股权的场外交易等方式获得融资。总体来说,这个阶段的企业筹资能力提高,融资渠道呈现多元化的特点,企业一旦在这个阶段获得大量的外来资金,对企业进入成熟期甚至上市都将是极大的帮助。

三、成熟期的资金需求和融资方式

(一)成熟期的资金需求

成长期后,企业会进入一个相对稳定的成熟期。在这个阶段,企业生产经营风险下降,营收稳定、盈利状态平稳、资金雄厚、技术进步、人力资源丰富、管理水平提高,已经建立良好的市场信誉,企业处于良性的发展状态。这个时期,企业对资金需求不再像前几个时期那么迫切。但这里要警惕,成熟期其实也有成熟前期和后期的区别。当企业在成熟期后期的时候,原有产品市场已经饱和,生产能力出现过剩,效益下降,所以在后期尤其要注意把资金用于技术和管理创新,或通过分立、合并、重组等方式进行合理转型。

(二)成熟期的融资方式

成熟阶段企业的经营已比较稳定,市场前景也比较明朗,它能够从银行获得贷款,资金已不是最主要的问题。而为了实现风险投资的成功,顺利获得资本利润,企业会考虑引进一些知名企业、知名机构的资金,以进一步提高知名度,为下一阶段股票顺利上市做准备。在企业成熟期实施企业兼并,在国内市场的成熟期实行国际化经营。随着企业的进一步发展,新产品的市场认同度、企业的经营业绩和经营规模等都具备了一定的条件。此时,企业与银行的合作关系已相对稳定,获取银行贷款比较容易,采取的融资方式通常是授信额度管理。在这个时期,创业者如果想朝着更大的方向前进,一方面可以在自有资金积累到一定程度的时候进行扩大再生产,另一方面也可以积极准备上市筹集资金,通过发行股票来获得大额融资。

四、衰退期的资金需求和融资方式

(一)衰退期的资金需求

有的企业在成熟期后,很快因为没有更新换代而进入衰退期,当然有的企业在成熟期停留的时间可能很长,这个要看具体的行业和产品。但是,有一点是可以明确的,即如果企业经营者不能预测和判断市场的未来走向,对产品和经营方式没有进行改革创新,迟早要进入衰退期。在成熟期逐渐过渡到衰退期时,企业在技术装备和产品或服务等方面已无法满足现阶段市场的需求,消费者转而投向更新的、更能满足其需求的产品,最后只能出现营业收入明显下降、现金流短缺的现象。在这个阶段,企业盈利能力下降,财务状况趋于恶化。随着问题的逐渐暴露,银行不但会停止新的融资,还会向企业催收现有未偿贷款,加速企业走向破产。这个阶段对创业者来说生死攸关,如果一如既往地投入大量资金维持原有生产,产品积压、现金断流、企业倒闭的风险极高。更为理性的做法是,在过渡到衰退期之前,要做好未雨绸缪。创业者应该扩大眼界,寻找新的发展空间和方向。企业既可以在原来的产品生产基础上,通过更新企业的组织形态、产品的更新换代、收缩战线或转入相近行业来拓展新的业务,也可以通过企业的转产、转型、重组等手段而进入一个新的行业。这样,企业将又面临一轮新的资金需求周期。当然,此时创业者已具备经营企业的丰富经验,融资渠道要比初创期更多、更好。

(二)衰退期的融资方式

处在衰退期的企业,股票价格开始下跌,发行股票、债券融资十分困难,银行信用贷款收紧,企业筹资能力下降。在企业现金流转不畅、融资困难的条件下,企业的财务状况开始恶化。

企业为了重生或蜕变,除获得银行的部分贷款外,商品贸易融资、租赁融资、票据融资、典当融资也可以使企业获得部分资金,还可以通过企业内部职工借款、企业间的商业信用、信用担保机构贷款获得债权融资,或是通过产权交易市场、股权的场外交易获得股权融资等。

表9—2　　　　　　　　　　创业资金需求的阶段性特征和融资渠道

发展阶段	资金需求特征	融资渠道
初创期	创业准备阶段,资金需求少;创业起步阶段,资金需求逐步增大	自有资金、亲朋好友借贷、国家创业贷款、合伙人投资、天使基金、银行贷款、风险投资
成长期	资金需求量增大,尤其是现金需求量增加	银行贷款、风险投资
成熟期	资金需求量稳定	银行贷款、股票融资、债券融资
衰退期	资金需求量减少或增大	风险投资、商品贸易融资、租赁融资、票据融资、典当融资

以上介绍了各个发展阶段资金需求的特征,创业者需要先对企业所处的阶段有一个明确的判断,再结合所处阶段的发展特征、资金需求情况,制订相应的融资计划,将融资需求与资金运作合理匹配。在我国,对于大多数初次创业的年轻人来说,资金主要来自个人或家庭,也有个别在校或毕业不久的大学生能得到校园创业基金或政府贷款。在这个时期,资金能否合理有效地获取和使用,从一定程度上影响企业能不能成立和起步。在企业发展中后期,创业者所需要的资金更多来自风险投资和银行贷款,当然,这个时候项目的核心价值和盈利能力非常重要,决定了能否吸引风投和银行机构的注意力。这个时候,创业者必须做好融资计划,将资金需求量与企业发展计划相匹配。

【案例分享】　　　　成就巨头企业的融资历程

一、创业伊始,内部融资

1999年3月,阿里巴巴静悄悄地诞生在杭州湖畔花园的一间小公寓里。门上连一个牌子都没有挂,简陋、质朴、无名。马云决定在杭州成立公司,远离当时已成为IT中心的北京和深圳,这样会使公司运营成本更低。

阿里巴巴成立那天的第一次集会也成了筹资会。参会的18人都是马云在杭州电子工业学院(现为杭州科技大学)任英语老师时夜大英语班的学生,被称为阿里巴巴的"十八罗汉",他们拿出自己的存款,凑了50万元,作为初始投资。

二、小有名气,天使投资

阿里巴巴网站很快就上线了,马云立刻进入外媒的视野。互联网是个烧钱的行业,它的规模效应比其他行业都重要,所以对资本最为渴求,马云需要风投资金。到了1999年底,钱已经成了公司的最大问题。1999年10月,高盛的500万美元天使投资把阿里巴巴从悬崖边拉了回来。

三、成长阶段,二轮融资

2000年1月,马云收到软银2 000万美元的投资。就在同年4月,美国纳斯达克市场IT泡沫破灭,股价暴跌。这之后再没有投资者向中国的IT企业投资,而阿里巴巴却有充裕的资金度过寒冬。

四、快速扩张,三轮融资

2004年2月17日,马云在北京宣布,阿里巴巴第三轮融资8 200万美元,软银牵头出资6 000万美元,其余2 200万美元由富达、TDF和GGV出资。这笔投资是当时国内互联网金额最大的一笔私募投资。三轮融资过后,阿里巴巴的持股结构改变为:马云及其团队占47%,软银占20%,富达占18%,其他几家股东占15%。三轮融资合计1.12亿美元,并没有改变马云在阿里巴巴大股东的地位。

五、上市准备,雅虎入股

2005年8月11日,阿里巴巴创始人马云与雅虎全球首席运营官丹尼尔·罗森格高调宣布,阿里巴巴收购雅虎中国全部资产,同时得到雅虎10亿美元投资。而雅虎获得阿里巴巴40%的股权及收益权和35%的表决权。这是中国互联网史上最大的一起资本运作。完成收购后,阿里巴巴公司新董事会共有4席,其中,阿里巴巴2席、雅虎公司1席、阿里巴巴的投资人日本软银公司1席,阿里巴巴创始人马云仍担任公司的CEO与董事会主席。

六、港交所首次IPO融资

自2007年以来,阿里巴巴就一直寻求在香港上市。2007年,阿里巴巴进行了第一次重大的重组,在香港上市了公司的一部分,成功筹集到15亿美元的资金。之后在2012年2月21日,阿里巴巴集团和阿里巴巴网络有限公司联合宣布,阿里巴巴集团向旗下港股上市公司阿里巴巴网络有限公司董事会提出私有化要约。

在阿里巴巴私有化要约中,回购价定为13.5港元/股,巧合的是,这一价格与2007年11月阿里巴巴在港上市时的发行价一样。

5年间,马云用与最初相同的价格买下了净利润增长6倍多、现金增长25倍的企业股权,相当于在这5年之间阿里巴巴使用了一笔15亿美元的无息贷款。

七、纽交所二次IPO融资

2年后,马云再踏征途。美国时间2014年9月19日,马云在纽约证券交易所敲钟,阿里巴巴正式登陆纽约证券交易所,股票代码BABA。

阿里巴巴此次上市成为全球最大规模IPO。十几年前,马云在杭州湖畔花园的一间小公寓里创立的"阿里巴巴",现在终于叩响美国资本市场大门。在纽交所上市交易首日开盘价92.70美元,收于93.89美元,市值为2 314亿美元,超越Facebook成为仅次于谷歌的世界第二大互联网公司。

(资料来源:施永川. 大学生创业基础[M]. 北京:高等教育出版社,2017.)

第四节 大学生创业融资现状与建议

一、大学生创业融资现状

近年来,在"大众创业"、"草根创业"的新浪潮下,政府以及社会各界对大学生创业的支持力度逐年加大,在融资、税收、创业培训等方面均出台相应的政策,给予创业大学生一定的帮助。但是,资金困难依然是制约大学生自主创业的主要影响因素之一。

(一)融资渠道的局限性

目前大学生创业资金大多来自个人储蓄、家庭、朋友,但是取决于亲朋好友的物质条件及对创业的支持程度;其次是银行贷款,大学生创业者通过商业银行、农信社等金融机构来获取资金的支持,但是商业贷款门槛高、贷款额度较低、手续环节相对滞后;第三是风险投资,由于大学生创业的投资风险高、投资回报率较低,绝大多数大学生创业者并未获得投资机构的青睐。另外,针对在校或已毕业的大学生而言,对创业金融支持政策的了解十分有限,很多大学生并不知道国家对大学生创业活动有哪些优惠政策,这也进一步加大了大学生创业资金的获取难度。

(二)大学生融资政策的局限性

虽然国家和各地政府出台了一系列关于大学生创业的政策法规,但由于政策涉及多个单位,单位之间协调和沟通存在一定的障碍,手续繁琐,资金申请周期过长,导致很多鼓励性政策并未得到落实,大学生无法真正享受创业的优惠政策,融资问题依旧制约大学生创业活动的顺利进行。另外,国家和地方政府提供的扶持仅在项目创办初期给予一次性的补贴或优惠,在经营过程中难以得到后续的支持,融资支持缺乏连续性,这也在一定程度上影响了企业的发展与成熟。最后,由于大学生创业风险高,银行缺乏参与大学生创业融资的积极性。

(三)大学生自身的局限性

大学生在融资过程中也存在一些局限性。创业大学生并未根据自身情况,形成一份相对比较完善的融资计划书,融资存在盲目性。如有些大学生在创业过程中急需资金,轻易把创业或者关键技术出售,最后导致毁约;还有部分大学生在寻求融资过程中,通过P2P网贷来获取资金,承担较高的贷款利息,增加了财务风险和运营压力。

二、大学生创业融资建议

(一)政府层面的建议

政府应该作为完善大学生创业融资渠道和方式的主要领导者。首先应发展并完善创业小额贷款政策。大学生创业资金除了自筹,主要来自贷款,但以目前商业银行贷款申请要求和手续来看,大学生创业贷款并不能享受到真正意义上的优惠。因此,应规范贷款制度,成立小额贷款服务机构专门服务于大学生创业者。同时,还可以与高校教师或相关机构合作组建专业评估团队,根据评估结果进行贷款额度、贷款利率的确定。另外,应鼓励大学生创业者面向市场融资,采用合法的手段通过P2P借贷、民间借贷等拓宽融资渠道,为大学生创业融资提供宽松的政策环境。

(二)高校层面的建议

从高校层面来看,高校应成立专门的创业指导机构,对有创业意向的大学生进行创业过程相关知识和经验的培训,使其具备基本的创业知识和能力;帮助其了解大学生创业融资的各类优惠政策及社会支持,扩大创业融资的渠道,缓解资金压力。高校还可以邀请创业成功的学长、学姐,以沙龙对话的形式,指导大学生如何顺利走上创业道路并成功运营。此外,高校还应该组织学生积极参加大学生创新创业大赛,激发学生创业的积极性,提前模拟创业过程,感受创业过程的艰辛。

(三)大学生创业者的建议

大学生创业者应该注重自身能力和素质的提高,才能在当前激烈的市场竞争中立足。所以,要求大学生创业者通过不断学习,获取更多融资的相关知识和经验,根据自身拥有的资源,制订相适应的融资方案,在创业不同时期,采取合理的融资方式,应对不同时期的融资需求。另外,要想获得银行的支持,财务管理是非常重要的一项工作。大学生创业者要时刻注意自身财务状况的变化,在经营过程中,将自身财务透明化并符合当前财务制度的相关规定。这是获取银行或投资机构青睐的基本要求。

【创业实践】

　　把你自认为最具商业价值和市场空间的创业项目或点子详细阐述给你的父母听,试试看他们是否认同你并愿意支持你多少的启动资金。这可能是你人生吸引到的第一笔风投哦!

创业实践篇

第十章 创立你的企业

学习内容与目标

1. 理解创业项目的选择和深度评估；
2. 掌握新创企业形式的选择、名称和地址的确定、登记注册流程等；
3. 掌握创立、培养明星企业的相关策略。

创新实验指南

1. 通过大量收集相关创业资料，深入学习创业项目的选择和深度评估，以及选择创业项目的原则和注意事项；
2. 通过企业创立全流程模拟系统的操作，人机对话完成整个模拟过程；
3. 通过收集和分析案例，观看视频，采访老师、学长和创业人士，了解创立企业过程，吸取经验教训。

活动导入

以你现有的团队基础，我们即将设立一个企业，请为这个企业命名并解释这个企业名称的由来及要传达的价值使命。

先导案例

扎克伯格是如何创建 Facebook 来改变世界的？

近年来，Facebook 的市值已经突破 4 000 亿美元，Facebook 是全球第一大社交网站，其全球活跃用户普及率为 61%。

Facebook 诞生于哈佛大学本科生宿舍 Kirkland House 中。2003 年，哈佛大学二年级学生马克·扎克伯格建立了一个名为"Facemash"的程序，扎克伯格从学校宿舍身份管理文件中窃取同学照片，并对其进行评论。在发布最初 4 个小时，就有 450 人对这个程序进行了 2.2 万次页面浏览。可是仅仅数天后，哈佛大学就下令关闭这款应用程序，因为其涉及版权和安全问题。扎克伯格本人受到学校纪律处分，但被允许继续留校。在此期间，他于 2004 年 2 月 4 日推出了 Thefacebook。

发布 Thefacebook 6 天后，3 名哈佛大学高年级学生宣称，他们与扎克伯格达成协议，后者将为他们创建名为 HarvardConnection.com 的网站。但是,扎克伯格最终抛弃了他们,并根据自己的心意创建了 Facebook。为此,扎克伯格与 3 名学长对簿公堂,他最终拿出 120 万股 Facebook 股票和解此案。当 Facebook 上市后,这些股票价值 3 亿美元。

当时,Facebook 已经耗尽了宿舍的空间,为此,扎克伯格 2004 年决定从哈佛大学退学,就像比尔·盖茨(Bill Gates)一样。

2004 年中期,扎克伯格聘请了 Napster 联合创始人肖恩·帕克作为公司首任总裁。大约在同一时间,也就是在 2004 年 6 月,Facebook 搬到美国加利福尼亚州的帕洛阿尔托市中心一个小办公室中。当时,Facebook 被称为派对中心,而非严肃的初创企业。Facebook 在帕洛阿尔托市中心的办公区域不太张扬,那里有楼梯,可以直接通向 Facebook 的办公室。扎克伯格经常穿着短裤、赤着脚在办公室中游荡,手里还拿着一瓶啤酒。确切地说,是所有人都喜欢喝啤酒。此外,这个办公室的墙上也有很多不知名的涂鸦。

在搬到这间办公室的当月,Facebook 获得首轮外部投资,即在线支付公司 PayPal 的前首席执行官彼得·泰尔(Peter Thiel)提供的 50 万美元资金。此后,Facebook 开始迅速崛起为明星企业。2005 年 5 月,Facebook 已经筹资 1 370 万美元。2006 年,Facebook 创建了其标志性的 News Feed,让人们可以获得朋友们正在做什么的实时信息。

在 2007 年底,扎克伯格在圣诞派对上遇到了一个名叫雪莉·桑德伯格(Sheryl Sandberg)的谷歌高管。经过交谈,扎克伯格认为她就是 Facebook 所需要的首席运营官,并设法说服桑德伯格于 2008 年初加盟 Facebook。这是一个有先见之明的举动:Facebook 的增长速度不断加快,随着智能手机的崛起,Facebook 的用户越来越多。2009 年,Facebook 的业务呈现爆炸式增长,为此,它搬到帕洛阿尔托市斯坦福研究园区一个稍大的办公室中。到 2010 年末,其网页月浏览量已经达到 1 万亿次。但是,Facebook 在这个层次停留的时间也不长。2011 年,Facebook 搬入曾如日中天的工作站及服务器制造商 Sun Microsystems 曾占据的园区,后者衰败后被甲骨文收购。Facebook 甚至在园区内的主要通道建立"黑客路径",以体现扎克伯格的著名理念——"快速行动,破除陈规"。

2012 年 5 月 22 日,Facebook 成功上市,IPO 融资额度高达 50 亿美元,打破了此前一直由谷歌保持的全球互联网企业 IPO 纪录。从 2012 年开始,Facebook 雇员开始获得传奇"小红书",这本书类似宣传口号,确保公司员工能够精诚团结。

Facebook 总是在寻找下一个威胁要颠覆它的初创企业。因此,该公司已经收购了多家热门初创公司,包括 2012 年斥资 10 亿美元收购照片分享服务公司 Instagram,现在后者的用户已经达到 4 亿人……Facebook 于 2014 年 3 月斥资 20 亿美元收购了虚拟现实初创企业 Oculus。2014 年 2 月,Facebook 斥资 190 亿美元收购移动通信公司 WhatsApp。WhatsApp 的联合创始人简·库姆(Jan Koum)已经成为 Facebook 的董事会成员,该应用现在用户超过 9 亿人。

在 Facebook 创建 10 周年时,即 2014 年 2 月 3 日,其月活跃用户超过 12.3 亿人,其中有 10 亿人都通过移动设备访问其网站。尽管世界已经发生改变,但 Facebook 的增长依然未停下脚步。为了保持这种增长,Facebook 已经扩展其办公空间。今年,Facebook 开放了新的园区。新园区由传奇设计师弗兰克·盖里(Frank Gehry)设计,可容纳 2 800 多名员工。

无论将来发生什么变化,Facebook 依然坚持扎克伯格所赋予它的使命,即连接世界上的每个人。正如扎克伯格在 Facebook 申请 IPO 时向投资人发出的公开信中指出的那样:"不要为了赚钱而建立服务,我们应该赚钱来建造更好的服务。"

(资料来源:http://www.fuliba.com/11427.html。)

本书前面的章节已经教会大家如何进行创新思维和能力的开发,如何挖掘准备创业的"天时、地利、人和",如何对创业机会进行识别和评估、筹集资金、整合资源,以及如何做市场调研和创业计划书等,这些都是为了新创企业的创建而做的前期准备工作。万事开头难,创业的前期工作如同盖房子打地基,好的开始才是成功的一半。在这个阶段,我们已经打好地基了,接下来要做的就是如何创建我们的企业,包括企业形式的选择、新企业名称和地址的确定、各类企业工商行政登记注册的流程,以及创建明星企业的步骤等。

第一节 创业项目的选择和深度评估

一、选择创业项目

一份创业调查报告显示,在创业前期,80%的创业者感到确定创业项目"十分头疼"、"很难抉择"。在创业失败的案例中,60%的创业者觉得是因为"创业项目不对"或"创业项目选择失误";在成功创业人群中,70%的创业者认为是"良好的创业项目成就了自己的事业"。因此,创业项目的选择至关重要。创业项目的选择一般要经历几个步骤:项目预选、市场调研、创业机会评估、确定立项。

(一)项目预选

在项目预选阶段,创业者首先应该清醒地审视自己的优势、兴趣、强项、知识积累、性格特质等,以及对社会未来发展趋势的认识,做到知己知彼。尽量在这个阶段发挥自身优势,做自己最擅长的、最喜欢的、业务最熟悉的、资源最齐全的项目,这样能够降低创业风险,提高创业成功率。

其次,从项目本身来看,要能做到别人没有的、先人发现的、与人不同的、强人之处的,或者我们在预选阶段可以遵循一个这样的思路,即这个项目是否发现了市场空白,可以进行一个全新的设计?或者这个项目所在市场是否还未饱和?再或者我们能否改造或更新现有的业态,用创新的方法去完善它?

最后,在项目预选阶段,我们也要考虑项目将来的发展潜力。选择那些朝阳行业去创业,而不要选择夕阳行业,我们要观大势,顺势而为。一份2014年的创业报告显示,创业者青睐的创业方向有8.73%是非互联网行业,20.52%是互联网相关领域,70.74%青睐于将两者进行结合,这与时下"互联网+"社会新形态的发展是密不可分的。"互联网+"的推动,为大学生提供了新的创业机会。

(二)市场调研

当对项目有了预先选择后,我们还要通过市场调研弄清楚这个项目的产品或服务有没有市场、这个项目是否真实可行,这决定了我们是否要真正去做这个项目。对于市场调研,我们主要通过调查市场需求、顾客情况、竞争对手、市场销售策略等方面,具体调研方法可参照本教材第十一章。

(三)创业机会评估

通过市场调研后,我们能对预选项目有一个全面的把握。预选的创业项目是否符合国家政策或本地发展业态?是否有很好的市场需求?创业者对该项目的硬件和软件设施是否都能解决?该项目还有哪些细节需要重新评估?创业风险如何?也就是要进一步验证创业项目的可行性,在这个阶段,我们要利用定性和定量的方法,科学严谨地对项目本身做一个全面的、细致的、充分的评价,形成最终的市场调研结论,确保该项目有实施的必要。

(四)确定立项

上述三个方面都已得到解决的话,我们可以考虑着手进行项目计划书编写等事项,并进入实施准备阶段。

【拓展阅读】　　选择创业项目要遵循的几个原则

不论你的具体情况怎样,如果你要创业、要选择创业项目,必须遵循这样几个普遍原则:

1. 选项是搞对象

创业的感觉可以同初恋相比,选择项目的重要性可以同搞对象相比。任何项目本身有一个怀胎、孕育、出生、发育的过程,这是一个自然的过程;创业者对一个具体项目有一个认识、理解、通透、把握的过程,这是一个历史过程。由此决定了创业的过程是人与项目长期相互融合的过程,也决定了选择项目必须立足长远。

2. 选项首先选自己

选择项目需要四个字——"知己知彼"。知己,就是清醒地审视自己:优势、强项、兴趣、知识积累与结构、性格与心理特征等。知彼,是对社会未来发展趋势的认识:稳定的、恒久的、潜在的需要。

3. 选项要下功夫

有一个人,当过一周时间的世界首富,他就是软银公司的孙正义。他大学毕业后从美国回到日本,选出了50个创业目标,用一年时间逐个进行考察,写出了几尺厚的资料,最后选择了做软件。既然选择目标事关人生,就不可随随便便,必须要经过一个充分的论证过程。在这个过程中,要舍得花时间、花力气,要能够静下心,认真调查研究,寻找事实根据。

4. 选项要有特色

选择的项目一定要有"根",就是项目生命的根子、生存的权利、活下去的条件。可以表示成四句话:别人没有的;先人发现的;与人不同的;强人之处的。

如"别人没有的",可以是某种资源与某种特定需要的联系,可以是某种公认资源的新商业价值。一个走亲戚的人发现附近的山上有白色的土,可以制作陶器。他进一步了解到附近有铁路,于是他买下这块下面有陶土的地,把土晾干磨成粉,卖起陶土来了。

再如"强人之处的",一个项目中不论哪个方面,哪怕是有一点高人一等、优人一档就是资本。比方说成本,谁能想到世界500强排名第一的是一家叫沃尔玛的零售企业。他们能够把管理费用控制在销售额的2%。据说,他们总部的办公室像卡车终点站的司机休息室,可见,他们为降低成本而努力的背后是一种什么样的精神。

此外,确定选择投资项目路径要按以下4个步骤:

第一步,排除一大片。

即知道什么事情是不可以做的。说有个地方有100户人家,每家有1元钱;你有很大本事,把所有人家的所有钱都赚来了——100元。还有个地方有100户人家,每家有1万元;你本事不大,只能把1/10人家的1/10的钱赚来——10 000元。

第二步,划出一个圈。

即知道哪些事情是能长期做的。把社会恒久需要的、已初露端倪的大趋势划进来。例如,由环境保护引发治理江河,导致关闭中小造纸厂,产生纸制品的供求不平衡,腾出了一块市场。

如果用再生纸做资源去填补,会怎么样呢?

第三步,列出一个序。

即把可能做的事情排列起来。回头看看过去的20年中,做强、做长的企业生存在哪些行业,很大程度上能够证实行业与发展的联系,比如房地产、医药、保健品、证券、建材、装修、交通、教育、通信等。那么,就把大的范围圈定在这里,选出若干项。

第四步,切入一个点。

成就事业的公认法则是集中和持续在已经缩小的范围内,可做的事仍然很多,这时,比较优势的道理是有用的——认真地审视自己的强项、优势、兴趣何在,可能同时有几个,与他人比较哪个优势是最有利的。这时,机会成本的概念也是有用的——同样多的时间,同样的付出,哪个能力所对应的事业会有更大的前景收益,在比较中优势会凸显出来。

(资料来源:https://baike.1688.com/doc/view-d36786266.html.)

二、创业项目深度评估

我们在对创业项目进行可行性分析时,需经历一种思想上的转变,将单纯的商业创意视为一个真实的企业,通过从市场调研获得的数据信息,再进行可行性分析,也就是对项目进行深度评估。如果分析结果表明创业项目可行性大,我们就要为进一步创建企业做好各种准备;反之,如果一个或多个方面不具有可行性,我们就需要对所选择的创业项目进行重新考虑或放弃该项目。本文采用中国林业出版社出版的《大学生创新创业基础》这一教材相关章节内容来阐述创业项目的深度评估。

创业项目可行性分析包括六个方面,分别为产品分析、目标行业分析、目标市场分析、竞争情况分析、组织情况分析、财务情况分析。最后,还需要对项目运营的风险进行仔细评估(见图10—1)。

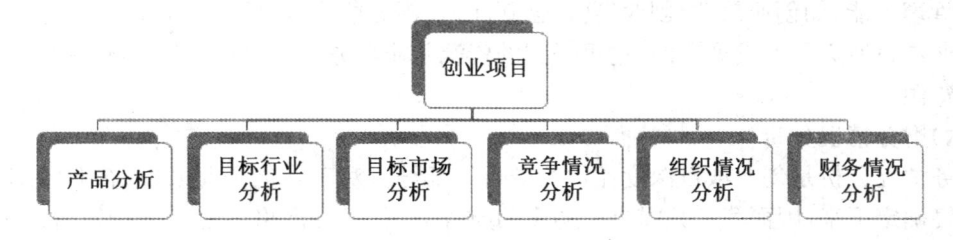

图10—1 创业项目深度评估的内容

(一)产品分析

这个阶段我们要对产品进行可行性分析,具体来说,包括产品的吸引力、产品满足市场需求的程度。通过确认产品或服务受消费者欢迎的程度来确定产品吸引力的大小。在这里,我们可以通过消费者市场调研获得产品的价值、消费者喜欢程度,还可以通过向业内专家展示产品获取信息。为了获得产品或服务的真实需求,我们可以进一步整理分析消费者购买意愿的资料信息,此项调研用来评价消费者对产品或服务感兴趣的程度。

(二)目标行业分析

目标行业是创业者进行创业和运行企业的大背景、大环境。从创业机会识别开始到创办企业的整个过程中,目标行业分析都会帮助我们对行业内相似企业的运营方法和沟通手段做一个深入的了解。通过分析目标行业,我们还能更容易地找到潜在消费者、合适的战略伙伴、创业资金和销售渠道。在目标行业分析这个阶段，我们需要进一步分析以下问题：目标行业处于行业生命周期的哪个阶段？新创企业在该行业存活的概率有多大？目标行业成长的空间大吗？目标行业的利润情况如何？目标行业是否存在潜在的威胁？诸如此类。总体来看，我们所选的创业项目最好是发展潜力大、利润空间大，且处于生命周期早期而非晚期的行业。

（三）目标市场分析

目标市场分析是对创业项目的目标市场进行评估，本质上是对创业项目所面对的消费群体进行分析，目的是评估创业项目是否有明确的目标市场以及目标市场的容量。创业项目的目标市场分析，可以说是创业项目深度评估中非常重要的任务。对创业项目的目标市场进行准确定位以及准确把握目标市场的规模和趋势等情况，对于评估创业项目的可行性是非常重要的。在这一阶段，我们所做的市场分析包括目标市场分析、目标市场规模和趋势分析。

（四）竞争情况分析

竞争情况分析就是要分析创业项目在市场中的竞争情况。通过对竞争情况的分析，我们可以了解竞争者的战略、目标及手段，还可以在竞争分析的基础上发现各自的优劣势，有利于我们制定更合理明确的市场定位，也有利于制订相应方案来应对与竞争对手的差距。

在竞争情况分析中，我们需要通过市场调研确定创业项目有多少竞争者？是否会出现潜在的竞争者？我们与竞争者之间的优劣势是什么？消费者对竞争者产品或服务的反馈情况如何？诸如此类。

（五）组织情况分析

组织情况分析是对创业项目所需要的管理才能和必要的资源进行分析，这里实际上是对创业者及其创业团队的整体情况做一个全面评估，旨在评估创业团队是否具备运营该项目所需要的管理才能，如创业热情、创业经验、创新能力、领导能力等；同时还要评估创业团队是否具备创业项目所必需的发展资源，这里提到的资源并非财务资源，而是实现该创业项目所需要的其他资源。

（六）财务情况分析

财务情况分析是创业项目深度评估的最后一部分。对于新创企业来说，企业的细节问题还未最终确定下来，因而我们只需进行初步的财务分析，过分严格的财务分析暂时还不需要。当然，在进行初步的财务分析时也不可草率。财务分析包括创业项目启动资金需求量分析、同类企业的财务绩效分析和拟建企业财务吸引力分析。

通过以上六个方面的分析，最终我们可以给出一个全面的可行性分析。这是对创业项目的整体情况进行分析，目的是在对产品（服务）、目标行业、目标市场、竞争情况、组织情况、财务情况六个方面作分析后，再对创业项目的整体情况进行分析，进而确定创业项目是否具有可行性。

综合上述的说明，我们可以通过项目可行性综合测评表进行评估，见表10-1。评估项目包括七个部分，每个部分都有高潜力、中等潜力、低潜力三个选项，各部分得分值在-5~+5之间，每个部分都有提高潜力的建议。创业者必须根据实际情况，如实填写项目可行性综合测评表。该表格填完后我们会发现，每一个项目并非都具有较高的得分，因为任何创业项目都存在不同程度的不确定性和风险性，评估的目的主要是加深对创业项目的印象和认识。

表 10—1　　　　　　　　　　　项目可行性综合测评表

评估项目	得分(-5~+5)	总体潜力	提高潜力的建议
产品分析		□ 高潜力 □ 中等潜力 □ 低潜力	
目标行业分析		□ 高潜力 □ 中等潜力 □ 低潜力	
目标市场分析		□ 高潜力 □ 中等潜力 □ 低潜力	
竞争情况分析		□ 高潜力 □ 中等潜力 □ 低潜力	
组织情况分析		□ 高潜力 □ 中等潜力 □ 低潜力	
财务情况分析		□ 高潜力 □ 中等潜力 □ 低潜力	
全面可行性分析		□ 高潜力 □ 中等潜力 □ 低潜力	

第二节　新创企业的设立

一般来说，设立新企业的注册流程是比较简单的，只要按照当地相关政府部门的规定，按部就班地以标准化流程提交所需材料实施登记注册即可。但关键的问题是，在新创企业设立之前，必须明确三个重要事项：第一，应该选择哪种企业组织形式？第二，企业的经营地址选哪里？第三，该给新创企业取一个什么好听的名字？

接下来，我们按照这个思路分别阐述这三个重要事项在新创企业设立时该如何操作。

一、企业形式的选择

(一)企业类型

1. 个体工商户

个体工商户，是指有经营能力并依照《个体工商户条例》的规定，经工商行政管理部门登记，从事工商业经营的公民。这是以个人财产或家庭财产作为资本创办的一种简单的企业形式。

个体工商户是我国市场经济中非常活跃的一员。2016年，我国个体工商户已突破5 500万户，从业人员近3亿人。自然人从事个体工商业经营，必须依法核准登记。个体工商户的登记机关是县以上工商行政管理机关。个体工商户经过工商行政管理机关核准登记，取得营业执照后，才可以开始经营。如个体工商户转业、合并、变更登记事项或歇业，也应办理登记手续。个体工商户只能经营法律、政策允许个体经营的行业。

【案例分享】　　　　　　福州大学毕业生开粥店

开粥店近几年是一个不错的项目。"我刚从北京加盟店总部学习回来。"电话另一端的陈文彬信心十足,"希望粥店 8 月 10 日能够开张。"陈文彬是福州大学阳光学院工商管理系 2005 届毕业生。

根据他的创业计划,他将在家乡泉州开一家加盟特色粥店。最近他都在筹备开店事宜:选址、装修、职员培训、申请营业执照……福州大学阳光学院去年设立了毕业生创业基金,每年从学院学费收入中提取 100 万元人民币,用以鼓励毕业生自主创业。而个体工商户也是目前大学生创业较受欢迎的形式。

(资料来源:http://www.u88.com/article/20160726-3442572.html.)

2. 个人独资企业

依据《个人独资企业法》,个人独资企业是由一个创业者投资设立的经营实体,对企业事务有完全控制支配权,个人对企业债务承担无限责任。独资企业不具备法人资格,投资人不仅要以全部的出资额为企业清偿债务,而且还要以他的其他个人财产来对债务进行清偿。

个体工商户和个人独资企业都是一种个体经济。但是,个人独资企业的出资人只能是一个自然人,出资人在一般情况下仅以其个人财产对企业债务承担无限责任;而个体工商户是以自然人财产或家庭财产出资设立,对于债务来说,个人经营的,以个人财产承担,家庭经营的,以家庭财产承担。另外,两者所依据的法律不同,在企业特征方面也有一些细微的区别。

【案例分享】　　　　　　一个人创业的楷模

2015 年 7 月 14 日,婚恋网站 Plenty of Fish 以 5.75 亿美元的价格被 Match Group 收购,它的创始人 Markus Frind 现年才 36 岁。网站长期由 Markus 自己一个人从 2003 年开始经营,就靠放谷歌广告赚钱。因为网站太赚钱,又没有什么员工,所以 Markus 完全不需要合伙人,不需要融资,公司的股权 100% 属于他一个人。卖掉公司时,没有任何人来分这 5.75 亿美元,5.75 亿美元全部属于他一个人!这简直就是屌丝一个人创业的楷模。

(资料来源:http://bbs.paidai.com/topic/407608.)

3. 合伙企业

合伙企业是指两个以上的自然人、法人或其他组织通过订立合伙协议,共同出资、合伙经营、共享收益、共担风险,并对合伙企业债务承担无限连带责任的经营模式。合伙企业在法律形态上不具备完全独立的法律地位,不具有法人资格,合伙企业不缴纳企业所得税,缴纳个人所得税。这种方式是许多小微企业初创时最常见的模式。

有一点必须清楚,合伙企业和前两种企业的一个明显区别是,前两种企业的投资者都是自然人,而合伙企业的投资者除了可以是自然人外,还可以是法人或其他组织。也就是说,如果我们要设立一个合伙企业,不仅可以找同学、朋友、家人、亲戚等个人,也可以找一家公司或别的组织进行合作。所以,合伙企业的形式相对比较灵活一些。

4. 公司

公司是指一般依法设立、有独立的法人财产、以盈利为目的的企业法人。根据现行中国《公司法》(2005)的规定,公司的主要形式为有限责任公司和股份有限公司。根据《民法通则》

第 36 条的规定,两类公司均为法人,投资人以其投资额为限对公司负责。

公司是一个由股东出资入股组成的法人团体,按照一定规章制度成立,拥有独立财产。公司财产完全独立于投资股东的个人财产,投资者个人无权直接处分公司财产,公司对其财产拥有独立的支配权,以其全部财产对外承担民事责任,投资股东仅以其出资额或所持股份为限对公司承担责任。

【案例分享】　　　　　　　　腾讯的创业团队

1998 年 11 月,马化腾与他的同学张志东"合资"注册了深圳腾讯计算机系统有限公司。之后又吸纳了三位股东:曾李青、许晨晔、陈一丹。这 5 个创始人的 QQ 号,据说是从 10001 到 10005。为避免彼此争夺权力,马化腾在创立腾讯之初就和 4 个伙伴约定清楚:各展所长、各管一摊。马化腾是 CEO(首席执行官),张志东是 CTO(首席技术官),曾李青是 COO(首席运营官),许晨晔是 CIO(首席信息官),陈一丹是 CAO(首席行政官)。从股份构成上来看,5 个人一共凑了 50 万元。其中,马化腾出资 23.75 万元,占 47.5%的股份;张志东出资 10 万元,占 20%的股份;曾李青出资 6.25 万元,占 12.5%的股份;其他两人各出 5 万元,各占 10%的股份。马化腾所占的股份在一半以下(47.5%)。"他们的总和比我多一点点,不要形成一种垄断、独裁的局面。"而同时,他自己又一定要出主要的资金,占大股。"如果没有一个主心骨,股份大家平分,到时候也肯定会出问题,同样完蛋。"

(资料来源:http://bschool.hexun.com/2013-05-27/154539481_5.html.)

(二)选择企业形式的注意事项

1. 个人创业还是合伙

创业者如果选择个人创业,必须考虑清楚两个问题。第一,凭借一个人的力量和资源能否顺利创建企业并正常经营?第二,企业建立之后,个人是否有能力让企业盈利,并顺利迎接企业的每一次挑战和机遇?如果这些问题无法给出满意的答案,建议创业者慎重地修改创业方式,或者降低经营规模,从小做起,从头做起,白手起家。另外,还要强调,创业者家庭的支持也是创业成功必须具备的因素。

合伙创业是适应相对更大的创业规模和更大的风险承受能力而产生的创业模式,相对于个人创业来说,资金比较充足,经营规模较大,容易产生效益。合伙创业可以发挥集体智慧,取长补短,加快企业创办过程,促使企业顺利开展经营。但是,由于每个人创业的心理素质各有不同,风险承受能力差的容易影响企业发展决策,制约团队的发展。还有一个重要的问题是,合伙创业必然导致利润要在几个合伙人之间分配,而利润分配是根据投资比例进行的,不管是盈利还是亏损,每个人心里都有各自的小算盘,会影响工作的积极性,合伙人随时有可能中途退出,这对创建的企业也是一种巨大的风险。

从形式上来看,个人创业可以选择个体工商户、个人独资企业、一人有限责任公司等,合伙创业的话可以选择合伙企业和公司。

2. 启动资金

选择何种企业形式,还要考虑启动资金的多少。在创业者进行创业时,前期的资本投入,比如厂房新建、装修、相关配套设施等的投入,一般情况下,如果采取公司形式,则要求资金比较雄厚,项目规模比较大;而资金较少、规模较小的项目,则适合采取个体工商户、个人独资企业或合伙企业等形式。

3. 项目风险

创业风险与回报率是密切相关的。项目风险低,回报率低;风险高,则回报率相对高一些。因此,创业者在前期准备阶段要对创业项目本身的风险做一个全面的评估。对于风险较大的项目,建议选择仅承担有限责任的创业形式,如公司;对于风险较小的项目来说,可以选择承担无限责任的创业形式,如个体工商户、个人独资企业或合伙企业。

4. 税负

不同形式企业的税负是不一样的,如个体工商户、个人独资企业、合伙企业不用缴纳企业所得税,但公司要缴纳企业所得税。税负水平还取决于企业规模的大小,如我国增值税暂行条例及其实施细则按照生产经营规模,将增值税的纳税人分为小规模纳税人和一般纳税人。对小规模纳税人按照3‰的征收率征收增值税,而一般纳税人的税率则为17%。不过,需要结合各方面的因素进行综合权衡,才能确定具体企业承担的税负如何。另外,针对大学生创业者,在税负方面有相应的优惠措施,详见本书第五章第二节。

5. 企业长远规划

创业者在选择企业形式时,还需要考虑到企业的长远规划和将来的发展空间。为了吸收新的股东,吸引更多资金、人才、技术等的投入,合伙企业、公司显然比个体工商户、个人独资企业更具有优势。另外,还要考虑到法律法规的一些特别规定。

二、新企业的名称和选址

(一)新企业的名称

1. 企业命名的规定

企业名称是企业在经营过程中使用的名称,用以署名或与他人进行交易。公司名称对一个企业长远的发展是至关重要的,创业者在创建企业之初应该花时间为自己企业起一个好听、好记又有意义的名字,这样才能比较容易赢得消费者的关注并印象深刻,有助于企业品牌的打造和推广。一般来说,企业名称包括行政区划、字号、行业或者经营特点以及组织形式。例如,厦门恒晟世纪房地产营销策划有限公司,其中"厦门"表示行政区划,"恒晟世纪"是字号,"房地产营销策划"表明行业或者经营特点,"有限公司"是企业的组织形式。其中,最关键的当属"字号",这是企业名称的核心所在。

(1)行政区划

企业名称首先应当体现企业所在地县级以上行政区划的名称或地名,例如,福建加多宝饮料有限公司。当然,也有例外。对于全国性公司、国务院或其授权机关批准的大型企业集团、国家工商行政管理总局规定的其他企业,可以在名称中使用"中国"、"中华",或者冠以"国际"字词;一些历史悠久、字号驰名的企业、国务院或其授权机关批准的大型进出口企业或者外商投资企业,可以使用不含行政区划的企业名称。

(2)字号

字号也称为"商号"。字号是一个企业名称的灵魂,是最能体现企业个性或者核心价值的称呼。享誉国内外的一些企业名称中,消费者对其字号的熟悉程度甚至超过了整个企业名称,如"蒙牛"、"联想"、"吉利"、"麦当劳"等。根据规定,字号应当由两个或两个以上的汉字组成。在字号的命名中,可以选择自然人或投资人的姓名,行政区划不能用作字号,但县以上行政区划的地名具有其他含义的除外。

(3)行业或者经营特点

企业名称中一般还需要表明企业所属的行业或者经营特点,这实际上就是在给企业做广告。例如,福建加多宝饮料有限公司,表明其所属行业为"饮料"。

按照规定,企业应当依照国民经济行业分类,根据其经营的范围,在企业名称中直接写明所属行业或者经营特点。

(4)组织形式

企业名称中必须根据法律法规的规定标明组织形式。目前来说,主要有以下两类:一是公司类,根据《公司法》设立的企业名称中必须标明"有限责任公司"、"有限公司"或"股份有限公司"、"股份公司"等字词。二是非公司企业类,包括合伙企业、个人独资企业等。这些企业只能申请使用"店"、"场"、"馆"、"所"、"中心"、"城"、"社"、"厂"、"铺"等作为企业名称的组织形式。

另外,在这里要特别强调一下,个体工商户取名相对而言比较自由。个体工商户在经营过程中可以使用名称,也可以不使用名称;名称中可以使用阿拉伯数字,更显特色;为了方便个体工商户宣传自己的区位特点,可以在名称中标示所在地的乡镇、街道或者自然村、社区、市场名称等;个体经营者之间转让生产经营实体,可以保留原有名称继续开展经营活动。但是,个体工商户不得使用"企业"、"公司"等字样,名称中也不能出现"全国"、"中国"、"中华"、"国家"、"国际"等字词。

2. 企业名称的登记注册

企业名称登记主要是通过我国各级工商行政管理机关来进行的,当创业者给自己的企业确定好名称后,还需经过登记注册才能生效并进行使用。企业名称在登记注册之前,建议创业者先向工商机关进行名称查询或多取几个名称进行备用。登记注册流程大致如下:

(1)申请。首先必须向工商部门提交"企业名称预先核准申请书"(含指定代表或者共同委托代理人授权委托书及身份证件复印件),进行名称预先核准。工商部门在受理企业提交的上述申请材料之日起 10 日内,对申请核准的企业名称作出核准或驳回的决定。若核准,发给"企业名称预先核准通知书";若驳回,发给"企业名称驳回通知书"。预先核准的企业名称将有 6 个月的保留期,如若企业有正当理由在 6 个月内未能完成设立登记的,在保留期届满前,可以申请延长保留期,但延长的保留期不得超过 6 个月。

(2)获得核准后,在有效期内办理企业设立登记,同时完成企业名称的登记注册。

(二)新企业的选址

1. 新企业选址的注意事项

新企业选址在新创企业准备初期具有十分重要的地位,这是决定新创企业成败的一大关键要素。尤其是以门市为主的餐饮、零售等服务业,店面的选择更是至关重要。当然,由于新创企业的类型不同,需要的经营场所也会有本质的区别。如需要的是工厂还是店面,或者是写字楼?每一个类型的办公场所在选择时要注意的问题各有不同,但总的来说,我们在选址的时候要注意以下几个问题:

(1)是否方便?

现代人的生活节奏不断加快,便利性几乎成为购物的首要因素。正如我们身边的超市、便利店、理发店一样,商家希望消费者不用花时间和精力在寻找店铺上。麦当劳"得来速"经营模式,即通过三个窗口让消费者在汽车上完成全部购物过程:消费者驾车在第一个窗口点餐,在二个窗口付钱,然后在第三个窗口取东西,最后开车离去。其全新的服务思路就是将"麦当劳真正快餐的感觉"传递给新顾客,让他们体验不用下车就可以享受到麦当劳特有的美味和服务。因此,要想使你的生意兴隆,最好的办法就是让你的顾客能随时随地享受你的服务。对于工厂或写字楼,同样也需要注意便利性的问题。

(2)愉悦舒适度如何?

创业者在选址时,要注意你所选择的场所及其周边设施的愉悦舒适度如何。经营场所附近的配套设施要齐全一些,空气比较清新。如果是店面的话,装修要简洁、美观、大方,店外远离垃圾和其他污染源,给消费者一种清新愉悦的感觉。如果是工厂或写字楼,除了装修问题,还要注意周边环境是否适合办公,诸如此类。

(3)人流量有多少?

一般情况下,繁华的商业区和人口密度较高的大中型社区,人流量大,市场需求旺盛且比较稳定,能在一定程度上保证创业的持续性和较高的盈利;相反地,如果地处偏僻或小型的、不成熟的社区,人流量小,客源不稳定,就无法保证经营的可持续发展。这个主要是针对店面来说的,有些类型的工厂或写字楼未必需要人流量的保证,具体问题要具体分析。

(4)竞争程度如何?

选址还要考虑经营场所所在位置的竞争程度。我们经常在街上看到一整条街都是餐饮店或者服装店,或者都是某一个行业的聚集地,这是一个常态,因为在竞争对手云集的地方创业,有利于获得同行的经营状况甚至整个行业的发展状态,可以适时调整自己的经营方向与运作策略。麦当劳和肯德基的扎堆选址也正说明了这一点。有的时候,选择工厂地址或写字楼地址,也需要考虑竞争程度的情况。

(5)租赁价格是否合适?

不管是需要店面还是工厂或写字楼,最终拍板还需要考虑租赁的价格是否合理。这要根据创办企业的性质、经营定位和自身的经济实力来综合考虑。现在全国各地大大小小的城市为了鼓励和吸引投资,都在本区域范围内设立了开发区、软件园、高科技园区等名目繁多的特别经济区域,在这些区域内设立企业可以享受很多优惠政策。因此,年轻人在创业选址时也可以了解一下相关政策,尽量把创业场所选择在特别经济区域内,既可以简化手续,又能节省费用。

2. 新企业选址的原则

(1)考虑行业和经营内容

新企业在选址时,要充分考虑行业和经营内容的特性。创业项目所在的行业以及经营内容的不同,对经营场所的要求也不同。各行各业都有不同的特点和消费对象。如果经营的是日化、副食等快速消费品,宜选择居民区或社区附近;如果经营的是电器、家具等耐用消费品,交通便利的商业区较为合适;如果是保健用品商店和老人服务中心,就适宜开在偏僻、安静一些的地方。对于工厂和写字楼也是如此,甚至有的工厂出于环境保护的因素,必须远离城市,远离居民所在地。

(2)接近用户

新企业的选址还要考虑接近用户原则,即是主要面向普通大众消费群体,还是主要面向中高阶层消费群体?简言之,就是要选择能够接触较多目标消费群体的地方。对于一些制造业企业来说,接近用户很重要,比如说啤酒厂,其产品大多在产地销售,所以就要离人口密集的城市近一些,这样可以接近市场,节省运费,减少损失。而对服务业来说,则无一例外地都需要遵循这条原则,银行、邮局、医院、学校、商场等都是如此。

(3)集聚人才

人才是企业中最有价值的资源,人力资本的作用在现代市场经济条件下已经变得越来越突出,企业选址选得恰当有利于吸引人才。四川长虹是国内彩电业的老大,但就因为其厂址在偏远的四川,使得很多高级人才不愿意去那里扎根;而地处深圳的康佳在这方面就显出了优势,每年都有许多名牌院校和科研院所的中高级人才加盟进来。原来在陕西的大唐电信也将其总部由西安迁到了北京,吸引人才是其中一项重要的考虑因素。当然,企业的竞争力是多种因素作用的结果,但不可否认,地理位置非常重要。

(4) 费用

企业是独立自主、自负盈亏的市场竞争主体,经济利益对于企业来说当然是最重要的考虑因素。建设初期的固定费用、投入运行后的变动费用、产品出售以后的年收入,都与选址有关。因此,想办法使企业选址所带来的费用最小化就成为企业选址的首要原则。

(5) 长远发展

企业的地址一旦确定下来,将长期在那里从事生产经营活动。因此,企业选址原则是一项战略性的决策,必须要有战略意识。选址工作要考虑到企业生产力的合理布局,要考虑市场的开拓,要有利于获得新技术、新思想。在当前全球经济日益走向一体化的背景下,还要考虑如何有利于参与国际竞争。

(6) 关注政府政策

企业选址不仅需要重点考虑企业投资所需的运营成本,还需要关注政府因素的影响。如政府是否鼓励该产业的发展,是否已通过产业规划、财税政策、人才培养等多种途径保障该产业的发展,能否提供高效优质的服务,乃至是否有一定的政府采购市场。

三、工商注册登记

为贯彻落实国务院办公厅关于加快推进"三证合一、一照一码"登记制度改革,自 2015 年 10 月 1 日起,各级工商行政管理或市场监督管理部门在办理企业设立登记时,核发加载统一代码的营业执照,并在全国企业信用信息公示系统公示。企业无须再到质监部门、税务部门办理组织机构代码证和税务登记证。工商注册流程简化为:核名→整理材料办照→刻章→银行开户→税务报到→会计报税。

以下简要地介绍一下工商注册登记的流程及所需提交的资料,具体情况以创业企业所在地工商行政管理部门的规定为准,各创业者可以在注册登记之前登录当地工商行政管理部门相关网站进行查询。

(一) 注册登记所依据的相关规定

1. 如若设立公司,可以依据《中华人民共和国公司法》(2013 年 12 月 28 日全国人大常委会修订)第 6 条第 1 款相关规定:"设立公司,应当依法向公司登记机关申请设立登记。符合本法规定的设立条件的,由公司登记机关分别登记为有限责任公司或者股份有限公司;不符合本法规定的设立条件的,不得登记为有限责任公司或者股份有限公司。"公司经公司登记机关依法登记,领取企业法人营业执照,方取得企业法人资格。自该条例施行之日起设立公司,未经公司登记机关登记的,不得以公司名义从事经营活动。有限责任公司和股份有限公司(以下统称公司)设立、变更、终止,应当依照《中华人民共和国公司登记管理条例》(2014 年 2 月 19 日国务院修订)第 2 条第 1 款来执行。

2. 合伙企业登记管理可以参照《合伙企业登记管理办法》。一般情况下,国务院工商行政管理部门负责全国的合伙企业登记管理工作;市、县工商行政管理部门负责本辖区内的合伙企业登记。

3.《个人独资企业登记管理办法》则适用于全国或省、自治区、直辖市、县等个人独资企业的登记。

4. 个体工商户依照《个体工商户条例》的规定,经当地工商行政管理部门登记注册。

(二)申报条件

1. 有限责任公司

由全体股东指定的代表或者委托的代理人向公司登记机关提出申请,且满足以下条件:

(1)股东符合法定人数(50个以下)。

(2)有符合公司章程规定的全体股东认缴的出资额。

(3)股东共同制定公司章程。

(4)有公司名称,建立符合有限公司要求的组织机构。

(5)有公司住所。

2. 股份有限公司

由董事会向公司登记机关提出申请,且满足以下条件:

(1)发起人符合法定人数(2~200个)。

(2)有符合公司章程规定的全体发起人认购的股本总额或者募集的实收股本总额。

(3)股份发行、筹办事项符合法律规定。

(4)发起人制定公司章程,采用募集方式设立的,须经创立大会通过。

(5)有公司名称,建立符合股份有限公司要求的组织机构。

(6)有公司住所。

3. 独资企业

(1)投资人为一个自然人。

(2)有合法的企业名称。

(3)有投资人申报的出资。

(4)有固定的生产经营场所和必要的生产经营条件。

(5)有必要的从业人员。

4. 合伙企业

(1)有两个以上合伙人,并且都是依法承担无限责任者。

(2)有书面合伙协议。

(3)有各合伙人实际缴付的出资。

(4)有合伙企业的名称。

(5)有经营场所和从事合伙经营的必要条件。

(三)申报材料

1. 有限责任公司

(1)公司登记(备案)申请书。

(2)指定代表或者共同委托代理人授权委托书及指定代表或委托代理人的身份证件复印件。

(3)全体股东签署的公司章程。

(4)股东的主体资格证明或者自然人身份证件复印件。①股东为企业的,提交营业执照复印件;②股东为事业法人的,提交事业法人登记证书复印件;③股东为社团法人的,提交社团法人登记证件复印件;④股东为民办非企业单位的,提交民办非企业单位证书复印件;⑤股东为自然人的,提交身份证件复印件;⑥其他股东提交有关法律法规规定的资格证明。

(5)董事、监事和经理的任职文件(股东会决议由股东签署,董事会决议由公司董事签字)及身份证件复印件。

(6)法定代表人任职文件(股东会决议由股东签署,董事会决议由公司董事签字)及身份证件复印件。

(7)住所使用证明原件或复印件。

(8)企业名称预先核准通知书。

(9)各省(市、自治区)人民政府公布的《企业登记前置许可项目目录》(以下简称《目录》)规定设立有限责任公司必须报经批准的,提交《目录》规定的批准文件或者许可证件复印件。

(10)公司申请登记的经营范围中,有各省(市、自治区)人民政府公布的《目录》规定必须在登记前报经批准的项目的,提交《目录》规定的批准文件或者许可证件复印件。

2. 股份有限公司

(1)公司登记(备案)申请书。

(2)指定代表或者共同委托代理人授权委托书及指定代表或委托代理人的身份证件复印件。

(3)由会议主持人和出席会议的董事签署的股东大会会议记录(募集设立的,提交创立大会会议记录)。

(4)全体发起人签署或者出席股东大会或创立大会的董事签字的公司章程。

(5)发起人的主体资格证明或者自然人身份证件复印件。①发起人为企业的,提交营业执照复印件;②发起人为事业法人的,提交事业法人登记证书复印件;③发起人为社团法人的,提交社团法人登记证书复印件;④发起人为民办非企业单位的,提交民办非企业单位证书复印件;⑤发起人为自然人的,提交身份证件复印件;⑥其他发起人提交有关法律法规规定的资格证明。

(6)募集设立的股份有限公司提交由依法设立的验资机构出具的验资证明。涉及发起人首次出资是非货币财产的,提交已办理财产权转移手续的证明文件。

(7)董事、监事和经理的任职文件及身份证件复印件。依据《公司法》和公司章程的规定,提交由会议主持人和出席会议的董事签署的股东大会会议记录(募集设立的,提交创立大会会议记录)、董事会决议或证明任职的文件材料。其中,股东大会会议记录(创立大会会议记录)可以与第(3)项合并提交,董事会决议由公司董事签字。

(8)法定代表人任职文件(公司董事签字的董事会决议)及身份证件复印件。

(9)住所使用证明原件或复印件。

(10)企业名称预先核准通知书。

(11)募集设立的股份有限公司公开发行股票的,应提交国务院证券监督管理机构的核准文件。

(12)各省(市、自治区)人民政府公布的《企业登记前置许可项目目录》(以下简称《目录》)规定设立股份有限公司必须报经批准的,提交《目录》规定的批准文件或者许可证件复印件。

(13)公司申请登记的经营范围中,有各省(市、自治区)人民政府公布的《目录》规定必须在登记前报经批准的项目的,提交《目录》规定的批准文件或者许可证件复印件。

3. 独资企业

(1)投资人签署的个人独资企业设立申请书。

(2)投资人身份证明。
(3)企业住所证明。
(4)国家工商行政管理总局规定提交的其他文件。

从事法律、行政法规规定须报经有关部门审批的业务的,应当提交有关部门的批准文件。委托代理人申请设立登记的,应当提交投资人的委托书和代理人的身份证明或者资格证明。

4. 个体工商户
(1)申请人签署的个体工商户设立登记申请书。
(2)申请人身份证明。
(3)经营场所证明。
(4)国家法律法规规定提交的其他文件。

从事法律、行政法规规定须报经有关部门审批的业务的,应当提交有关部门的批准文件。

(四)办理流程

受理→审查→核准→发照。各个类型企业的办理流程可以参照当地工商行政管理部门的相关规定。

(五)受理形式

自2004年7月1日起,根据《企业登记程序规定》,申请企业设立登记可以采取现场办理和网络办理的方式。

(六)受理期限

工商机关收到登记申请后,将对申请材料是否齐全、是否符合法定形式进行审查,并根据审查情况决定是否受理。根据不同受理情况,期限在5~15个工作日。

【自由思考】

小赵是高职毕业生,主攻烹饪专业,很想自己开一家餐馆,但苦于空有一身厨艺,缺乏资金。于是,他找来了自己的好朋友小钱、小孙商量。小钱手头有资金10万元,小孙在市中心拥有一间店面。经过商量,大家提出了三种合作方案:(1)小赵说自己打算成立个人独资企业,向小钱借款10万元,再向小孙租赁店面;(2)小钱说不如三人以各自拥有的资产成立合伙企业,鉴于小赵没有钱,可以用他的厨艺和经营管理能力作为出资;(3)小孙说同意小钱的方案,但是认为要创业就要成立有限责任公司,反对成立合伙企业。

要求:1. 上述三种方案是否可行?各自的利弊是什么?
2. 拟订若干公司名称,并填写"企业名称预先核准申请书"。

【创新实验】　　　　　创业实训模拟

采用创业实训模拟平台进行创业认知、企业成立过程的模拟操作。

第三节　明星企业法则

不想当将军的士兵不是好士兵。同样的道理,自然有很多创业者希望把自己的企业做到行业最好,成为行业中的佼佼者,所以接下来我们要介绍什么是明星企业,以及我们该如何去打造它。

本书采用英国成功的商业顾问、企业家、作家理查德·科克对明星企业的界定,他认为,明星企业具有以下两个特征:

第一,明星企业必须是细分市场的领先者,即该明星企业在细分市场内所占的份额要大于市场中的其他公司。

第二,在今后5年(或几十年)内,该细分市场的平均年增长率必须达到10%。很显然,这里强调的是未来的增长,增长速度越快越好。

一、创立明星企业的7个步骤

理查德·科克通过多年的工作经验,总结出创立明星企业的7个步骤。这7个步骤在实践中得到反复的充分认证,因此,可供创业者在创立明星企业的时候使用。虽然每个创业者都希望自己的企业能成为明星企业,但现实总是残酷的,脚踏实地一步一个脚印地往前走,方有实现的可能。现在我们一起来学习一下这7个步骤。

步骤1:对市场进行分割。在很大的程度上,很有可能我们的细分市场是很弱小的、不成熟的,不过这不是重点,重点是我们能把现有的市场分成两个市场:别人的市场和我们的新市场。

步骤2:对细分市场增长速度进行评估。在前面我们明确指出,明星企业的市场增长率不能低于10%。因此,需要对我们的细分市场进行评估:未来的发展前景如何?有多大的把握每年的增长率不低于10%?有无充分的依据能够确保实现这一增长率?如果依据不足、信心不够,我们就要摒弃这一细分市场,重新回到步骤1,另选一个细分市场;如果对增长速度有足够的信心能超过10%,我们可以顺利走到第3步。

步骤3:明确目标客户的喜好。满足目标顾客的需求是任何一个企业生产经营的出发点。该步骤的目的就是要对我们目标顾客的需求做一个明确的说明,即他们喜欢什么、想要的是什么。同时,这个需求是目前市面上相对比较空缺的、可以识别的、有盈利空间的。我们必须确信,与现有的市场相比,我们通过步骤1确定出来的新细分市场上的产品或服务,可以更好地满足消费者的需求。也许有的时候我们面对的消费者会不同于主流市场的消费者,但是没关系,我们的细分市场能够以不同方式满足消费者的需求就够了。例如,一个消费者有时候会选择"乐事薯片",有时候会选择"薯愿",这两个品牌能带给他不同的消费体验,他对这两个品牌都有忠诚度。

步骤4:进一步明确细分市场的优势。通过这个步骤,我们要明确目前主流市场上的产品满足消费者哪些需求?哪些是它们做得好的?哪些是做得不好的?跟它们相比,我们能为目标顾客提供什么?我们能提供的产品或服务对目标顾客来说吸引力有多大?回答清楚这几个问题,我们就能够很清楚地列出细分市场的优势,即将给予它何种定位,以及未来它能够给目前主流市场的产品带来多大的冲击。

步骤5:预测细分市场的盈利能力。该步骤主要的目的是分析新细分市场的盈利能力,它将帮助我们过渡到步骤6,否则需要重新回到步骤1。通过步骤4,我们已经能明确新细分市场的优势,那么接下来,我们应该分析这些优势能够带来的盈利。一句话,它为什么比现有的市场更有利可图?如果我们无法分析或预测这一细分市场的盈利能力,无法给出合理的解释,那么很抱歉,我们必须回到步骤1,从头来过。

步骤6:给新细分市场一个准确的定位。市场定位算是对前面几个步骤的一个最终交代。我们必须给新细分市场一个准确的定位,能够与竞争对手形成鲜明的对比,让消费者感受到我们与其他产品的差别在哪里。在这个阶段,当我们有了创立新企业的创意时,或许无法确保自己会成为细分市场的领先者,但如果我们能在消费者面前标新立异,满足他们的不同需求,至少已经抢得先机。从此,我们都要努力增加自己经营模式的深度,将竞争对手甩得越来越远,拉开与竞争对手或潜在竞争对手的差别。

步骤7:设计品牌。这个步骤要完成品牌名称、logo、标识、广告语等品牌元素的设计。这些元素要好记、易识别,对目标市场有吸引力,要与我们的细分市场有关联。

我们一旦完成了以上7个步骤,并且对每个步骤都很满意(注意,是满意,而不是一般),那么,创业之初的创意构思就算是顺利完成了。这是创立明星企业最重要的。接下来的事情就是努力去完成这个构思,把企业创办起来就行了。如果该构思很好,真的是明星创意,那么你就已经创造了最大的价值;如果该构思并不好,你创办企业的技巧再多也没用,无法打造明星企业。

【案例分享】　　　　　　明星企业麦当劳的创办

麦当劳是全球大型跨国连锁餐厅,主要售卖汉堡、炸鸡、薯条以及汽水,是快餐食品行业的领头羊,是典型的明星企业。接下来,我们通过麦当劳创办的7个步骤来看看明星企业是如何创办起来的。它会使我们再次学习上述7个步骤的诀窍,并对这7个步骤充满信心,能够在我们的创业过程中给予很重要的帮助。

麦当劳成为明星企业的7个步骤:

步骤1:对市场进行分割。麦当劳兄弟于1948年推出汉堡的"快速服务体系",而当时美国市场上已经有一些类似咖啡店这样的快速食品店,在那种咖啡店,消费者可以选择冷饮、咖啡,以及其他一些零食。于是,麦当劳公司将咖啡店这个市场分割为主流市场和自己的新细分市场(即快餐汉堡店)。主流市场主要还是以咖啡和其他冷饮为主,搭配一些小点心、小零食供客人选择。

步骤2:对细分市场增长速度进行评估。由于当时所处的环境,可以说麦当劳兄弟俩开辟了一个高速增长的细分市场。因为这个细分市场几乎是当时的市场空白,于是他们不断拓展连锁店,不断进行市场渗透,使营业额有了很大的提升。雷·克洛克于1961年买下麦当劳,通过特许经营和国际化扩张的方式,使麦当劳进入了快速增长的时期,麦当劳的年增长速度已经远远超过10%。

步骤3:明确目标客户的喜好。麦当劳目标客户的喜好很简单,他们较为年轻,喜欢吃汉堡,吃饭时间不多,希望能够快速吃到自己喜欢吃的东西,而且就餐环境不错。除此之外,麦当劳成功地把小孩当成了它的目标市场。麦当劳推出了儿童餐,每个门店均设立小型游乐场,成功地把年轻家长和小孩都吸引到麦当劳餐厅,这在快餐连锁店中是第一家。

步骤4:进一步明确细分市场的优势。麦当劳的优势明显:食品质量可靠,满足消费者对食品安全的需求;服务快捷,尤其深受年轻上班族和学生的喜欢;价格低廉,在美国,麦当劳的价格低廉,属于大众消费。由此,"快速服务体系"使汉堡和炸薯条的销售量有了成倍的提升。当然在这里,减法起了主要作用。麦当劳眼光独到,并没有像一般的咖啡店或饮品店那样,品种丰富且齐全,它削减了咖啡店菜单上的大部分内容,只卖汉堡和相关食物,通常这样的做法可以让消费者在店里做出快速的选择。同时,麦当劳也可以在数量不多的几个品类中做到精益求精。

步骤5：预测细分市场的盈利能力。通过步骤4的优势分析，我们要对麦当劳的盈利能力做一个全面的分析。麦当劳的标准化和速度使它能够快速、高效、高品质地满足消费者对快餐食品的需求，同时标准化的经营也降低了麦当劳的各项成本，使其能够做到物美价廉，深受当地消费者的喜爱。到1951年时，设在加利福尼亚州圣贝纳迪诺的麦当劳快餐店的营业额已经超过了40万美元，麦当劳兄弟在接下来的5年中又开了7家新店。1961年，雷·克洛克以270万美元收购麦当劳兄弟的餐厅，从此走上了特许经营和国际化的道路，将麦当劳推向全世界。1962年，麦当劳叔叔在华盛顿首度亮相，成为麦当劳的招牌吉祥物和形象代言人，风靡全美国乃至全世界。从另一个角度来说，麦当劳叔叔从视觉识别上、心理上吸引住了顾客，给消费者留下深刻而良好的印象，这也是麦当劳具有充分的盈利能力的一个铁证。

步骤6：给新细分市场一个准确的定位。在1948年的时候，麦当劳兄弟采用"快速服务系统"，将餐厅简称为"快餐厅"，这其实就是后来麦当劳"快餐服务"定位的前身，雷·克洛克接管以后，通过特许经营的方式，使麦当劳成为美国最主要的汉堡连锁店，甚至在全世界范围内，麦当劳都是最大的汉堡连锁经营餐厅。它是第一个全球性快餐食品品牌，并且一直是规模最大的。

步骤7：设计品牌。麦当劳是一个很棒而且经久不衰的品牌，它的品牌形象深入人心。M形的黄金双拱门设计非常柔和，象征着麦当劳的品质、服务、清洁、价值，其核心灵魂人物麦当劳叔叔是友谊、风趣、祥和的象征。它最受欢迎的汉堡是"巨无霸"，这和它的金色拱门标识一样，都是富有灵感的。

通过对麦当劳上述7个步骤的介绍，可以引导创业者们创立属于自己的明星企业。但细心的读者一定能发现，其实在打造明星企业的7个步骤中，第一重要的是市场定位。通过市场定位，我们能够适应细分市场消费者的特定要求，通过创造差异来塑造企业与众不同的形象，进而形成竞争优势。

二、培养明星企业四大法则

一旦我们创办了一家明星企业，就要通过以下四个法则的运行来让企业真正成为具有明星价值的企业。在运行的过程中，整个创业团队将创意转化为在实践中可行的商业模式，这期间有可能会经历一次又一次的失误或者危机，创业者们要同心协力、全力以赴地努力让企业走上正轨，并成为真正意义上的明星企业。理查德·科克通过多年的工作经验，提出了培养明星企业的四大法则，这是宝贵的经验，我们一起来学习。

法则一：维护老客户，吸引新客户

这一法则是使销售额不断增加的可靠方法。它具有以下两个部分：(1)产品必须与众不同、富有吸引力和招人喜欢；(2)进行有组织、有计划的公关和销售。

以上两点旨在告诉我们，企业应该想办法留住老客户、吸引新客户，这是能够确保产品销售额大幅增加的最有效的办法。产品与众不同、富有吸引力、招人喜欢，能够提供主流市场不具备的某种优势或特色，就必然能够吸引客户并将其长期留住。如果在新产品、产品类别和品牌设计阶段就把工作做到位，让目标客户感受到产品的差异性和价值，那么留住老客户、吸引新客户将不是问题。以下是一些典型例子：

麦当劳快餐店——快捷、简便的用餐体验；

星巴克——高品质咖啡及轻松、温馨的"小资"情调氛围；

唯品会——一家专门做特卖的网站，名牌折扣＋限时抢购＋正品保障；

优信二手车——专注于二手车零售服务的电商平台,充分满足广大消费者一站式购车的需求;

ZARA——买得起的快速时尚。

上述提到的企业,皆是各自细分市场中的佼佼者,它们的立足点就是产品或服务能够提供市场上其他同类企业所不具备的优势或特色,能够以较大的优势吸引客户的到来。

除此之外,还要靠有组织、有计划的公共关系和口碑宣传来确保销量的稳固提升。凭借公共关系或口碑宣传而造就的明星企业有很多,企业可以凭借公共关系宣传引导一些客户先进行产品试用,再依托口碑效应为公司带来更多的客户。要做好公共关系,就必须有组织、有计划地进行,即所谓的公关策划。企业公关人员可以针对创始人、产品、消费者或某一特殊事件,利用合适的手段对公关活动进行整体的运筹规划,对全过程进行预先的考虑和设想,方能达到公关的目的。

【案例分享】　　　　　　　有故事的褚橙

褚橙,一种云南特产的冰糖橙,以味甜皮薄著称。它由昔日烟王褚时健在年逾八旬之际开始种植,由此东山再起而闻名,并被王石等企业界名人称作"励志橙",商业品牌为"云冠橙"。2012年,褚橙联合本来生活网,展开"褚橙进京"的营销活动。本来生活网通过微博发布了褚时健的再次创业经历以及褚橙进京的消息,消息由《经济观察报》发出去,《经济观察报》微博第一时间做了转发。微博发出来的10分钟后,王石就转发了这条微博,他还引用了巴顿将军的一句话:"一个人的高度不在于他走得多高,而是在于他跌到谷底以后能反弹到多高。"

王石周围的一些商界朋友都迅速做了一个转发,当时百度的搜索量获得了迅速的提升。在接下来不到一周的时间里,第一车20吨货很快就销售一空,网站从日均70单,一周之内上升到日均500~600单,最高达到700~800单。之后,经过迅速调整策略,发现在整个褚橙微博传播中有一个词被大家反复提到,那就是"励志"。

这次营销活动最大的特点就是,参与传播者或者购买者以60后的企业家为主,这些人对褚老的故事比较了解,他们会参与到整个传播中来,并且有很多人把褚橙买回去当做自己企业的礼品和员工福利。

2013年的时候,网站面临的一个问题就是与褚老的合作升级了,销售上与褚老之间达成的合约要将近3 000吨,2012年销量在200吨,翻了十几倍销量的压力。如果2012年是褚橙元年,那么2013年则是全年营销能力的展现。

(资料来源:http://www.sohu.com/a/116653382_519649? qq-pf-to=pcqq.c2c.)

法则二:创新商业运作模式

创新商业运作模式是企业获得核心竞争力的关键。麦当劳、亚马逊、ZARA、星巴克、沃尔玛等企业皆是由于独特且具有竞争力的商业运作模式而异军突起,在激烈的市场竞争中成为各自行业的领袖。虽然创新商业运作模式很重要,但也面临很大的挑战。首先,相对于产品创新而言,商业模式创新是无形的,也是一个相对较新的概念。针对商业运作模式的讨论目前缺乏统一性和准确性,在一定程度上会造成一些认识上的误区,这个我们在本书第七章第三节中已反复提到。事实上,很多创业者对本企业的商业模式缺乏充分的理解,更谈不上创新。一般而言,商业运作模式的创新有四种方法:改变收入模式、改变企业模式、改变产业模式和改变技术模式。

在"互联网+"新形态下,涌现出一系列互联网思维的商业运作模式,如以 ofo、Uber 为代表的共享经济模式,以 Warby Parker 为始创的互联网直销模式等。它们的共同点在于,这些商业模式创新的根本价值是实现目标顾客不同消费层次的价值满足。

【案例分享】　　　　**Warby Parker 开创互联网直销模式**

互联网眼镜品牌 Warby Parker 是垂直电商领域的佼佼者。Warby Parker 向意大利和中国生产厂商直接采购,以自己的官网为主要销售渠道,消除了传统的中间环节。这一模式显示了强大的生命力,在保持低价位的同时拥有健康的毛利率。据称,他们 95 美元一副的眼镜,其品质相当于纽约零售价 610 美元的高档眼镜。

在完成 D 轮融资后,公司估值已达 12 亿美元,挺进"十亿美元"俱乐部。

(资料来源:http://www.managershare.com/post/234349.)

法则三:产品交付模式

在交付产品的过程中,要做到可靠、稳定和节省费用,这是培养明星企业的第三个法则。在初期,要紧的是赢得订单,以及不管采用何种方式把产品生产出来。不过,长期来看,企业要按照严谨细致的标准来生产产品并交付。

当下列情形频繁出现或长期出现时,产品交付模式便已构建好了:(1)每次都能以相同的高标准按时交付产品,保质保量;(2)生产标准和程序逐渐完善,员工严格遵守;(3)产品质量逐年变好,甚至可以计算出变好的程度;(4)每年制造成本都比前一年低 5% 以上;(5)工作场所井然有序,工人生产能力提升,前提是不以牺牲质量为代价;(6)公司可以运转平稳、可靠,并具有自我维护和自我改善的功能;(7)公司离开谁都可以运转,即如果最好的员工离开公司了,公司照样向前发展,新的领导会涌现出来。

法则四:产品创新模式

明星企业不会改变原先的定位,把目标转向另一产品类别。在最成功的明星企业里,创新意味着朝着原先设定的方向不断往前走,越走越远,研发水平越来越高,经营渠道越来越宽,增长势头越来越强。产品创新模式会帮助企业拉开与竞争对手的距离,使明星企业为目标客户提供更优质的服务。超级明星企业在其选择的产品类别方面,已经通过市场层层考验,成为目标对象日常生活的关键组成部分,有时甚至成为他们个性、身份、地位的象征。明星企业在其细分市场上的供应能力很强,总是能给消费者带来惊喜,使他们不考虑转而购买其他供应商的产品。明星企业成为垄断型企业,变革是其保持市场领先地位的手段。

【案例分享】　　　　　　**宝洁的创新**

梅莉莎·克罗伊泽尔是宝洁研究中心的产品研究员,每个月她都要离开实验室几天,去做一些看似与本职工作无关的事——拜访消费者。她的拜访不只是一般的访谈,而是要到消费者家里实际观察,了解他们在生活中遇到的麻烦以及需要。让研究人员走出实验室的政策,是宝洁 CEO 雷富礼上任后开始实行的。不仅研究人员,就连雷富礼这个教授模样的 CEO 也会时不时化名到消费者家中"微服私访"。其实,这只不过是雷富礼 4 年前开始推行的创新模式的一部分。

不创新就难以生存,然而,大多数创新又会以失败告终。宝洁成功化解了这个两难命题,虽经百年风霜,宝洁脸上却无丝毫苍老,其关键所在就是对产品模式的创新。该公司强调指出,创新是其实现增长的主要驱动器。过去 4 年,宝洁实现了 200 个品牌产品的更新换代,并创造了不少全新的产品类别,如美白牙贴,现在这种产品的销售额已达到 20 亿美元。曾经被认为在一个传统行业里暮气沉沉的宝洁,成了创新能力最强的国际大公司之一。

（资料来源:http://www.uggd.com/article/gl/cxgl/35881.html.）

【创业实践】　　　　　　　创业者的沙龙对话

邀请 2~3 位创立企业并成功运营的学长、学姐返校举行专场沙龙,与学生进行创业对话。

可以事先准备谈话的内容:(1)创业者的专业经验或背景;(2)创业者如何选择项目并评估项目;(3)创办企业的流程;(4)按照何种标准可以被视为创业成功;(5)在创办企业并经营过程中有哪些经验教训;(6)创业者的素质和能力等。

第十一章　新创企业经营管理

学习内容与目标

1. 了解市场调研活动的重要性；
2. 掌握市场调研的步骤和方法；
3. 理解STP理论；
4. 理解新创企业的价格、分销和促销策略，并能够灵活运用于实际工作中；
5. 掌握人力资源管理的六大模块；
6. 掌握新创企业财务管理的内容和职能；
7. 理解新创企业风险评估的途径和方法；
8. 掌握创业各阶段的风险管理。

创新实验指南

1. 通过分享和学习成功企业的市场调查故事，总结经验，为后续的经营推广活动指明正确的方向；
2. 通过案例分享，了解企业在成长经营过程中可能会遇到的人、财、物的风险，并掌握风险防范的措施。

活动导入

小实验：描绘企业的成长

材料准备：几张A4白纸

活动安排：

1. 初始讨论

教师开始时这样问学生："每个企业都必须成长吗？或者说，企业可以选择不成长吗？"该问题预计会引发对竞争、顾客、家庭因素以及整体经济状况等话题的热烈讨论。5分钟后，教师可以开始分配任务。

2. 描绘成长曲线

教师在黑板上画一个简单的图表，横轴（X轴）代表"时间"，纵轴（Y轴）代表"收入"，并让学生考虑如下问题："思考你感兴趣的领域中的企业在过去5年内是如何实现成长的，你会如何绘制那些企业的成长曲线？"让学生在一张空白纸上画出简单的图表。

3. 对成长进行小组讨论

教师让学生以 4~5 人为一组,相互比较绘制的图表并留意异同点。

4. 成长曲线分享与班级讨论

教师让每组学生花 5 分钟绘制一幅整合后的成长曲线图,使其张贴在教室前面供全班分享,并简要解释这幅图是如何画出的以及他们对企业成长的想法。

先导案例

阿里巴巴的创业管理

"良好的定位、科学的管理、优秀的服务、出色的盈利模式"使阿里巴巴成为全球首家拥有 210 万名商人的电子商务网站,成为全球商人网络推广的首选网站,被大家评为"最受欢迎的 B2B 网站"。

在互联网发展的初期,全球互联网所做的电子商务基本上是为全球顶尖的 15% 的大企业服务的。马云是从底层的市场打拼出来的,他生长在私营中小企业发达的浙江,因此,他深知中小型企业的困境,他决定选择 85% 的小企业、放弃 15% 的大企业。马云觉得小企业才是最需要互联网的群体,它们什么都没有,而大企业有自己的信息渠道,有巨额的广告费。马云想要提供这样一个平台,将全球中小型企业的进出口信息汇集起来。

创业初期的企业对人才的需求十分迫切。企业的管理者要让员工自己的发展和切身利益与企业发展捆绑在一起,并且要将自己的决策贯彻到企业经营管理的各个环节,让每个员工知道经营管理者的理念。"阿里巴巴"的管理层可以说是绝对豪华。它的顾问是孙正义和前世贸组织总干事萨瑟兰,而在这里,聚集了来自 16 个国家和地区的网络精英,并且越来越多的哈佛大学、斯坦福大学、耶鲁大学的优秀人才正涌向阿里巴巴。创业 5 年,尤为令人惊讶的是,从来没有人提出来要走,公司最初的 18 个创业者,到现在一个都不少。即使别的公司出 3 倍的工资,员工也不动心。对其中的奥妙,马云也说得很简单:"在阿里巴巴工作 3 年就等于上了 3 年研究生,他将要带走的是脑袋而不是口袋。"

正确、严格的财务控制是新创企业和小公司成败的关键之一。企业财务管理首先应该关注现金流量,其次要加强企业财务风险控制。成长期的公司需要大量的运营资本来应付快速增长的应收账款和存货,举债经营成为企业发展的特征之一。阿里巴巴网站注册成立一个月后,由高盛牵头的 500 万美元风险资金立即到账。1999 年,马云得到孙正义的赏识,单独谈判后,获得 3 500 万美元的风险投资。2000 年,阿里巴巴引进软银的 2 000 万美元投资。2003 年,阿里巴巴投资 1 亿元人民币推出淘宝网,致力于打造全球最大的个人交易网站。2004 年 7 月,又追加投资 3.5 亿元人民币。2005 年 10 月,再次追加投资 10 亿元人民币。2003 年 10 月,阿里巴巴创建了独立的第三方支付平台——支付宝,正式进军电子支付领域。目前,支付宝已经与国内的工商银行、建设银行、农业银行和招商银行以及国际的 VISA 组织等各大金融机构建立战略合作关系,成为全国最大的独立第三方电子支付平台。2005 年 8 月,阿里巴巴和全球最大门户网站雅虎达成战略合作,阿里巴巴兼并雅虎在中国的所有资产,阿里巴巴因此成为中国最大的互联网公司。2007 年 11 月,阿里巴巴网络有限公司在香港联交所主板挂牌上市。2014 年 9 月 19 日,阿里巴巴集团于纽约证券交易所正式挂牌上市。2017 年 8 月 3 日,"2017 年中国互联网企业 100 强"榜单发布,阿里巴巴排名第二位。

一个优秀的创业家,可以不具有精深的技术知识,但必须具有强烈的创新精神和创业意识,有追求成就的欲望,富有冒险精神和忍耐力,具有敏锐的洞察力和高超的决策水平。

阿里巴巴的创始人马云成为中国电子商务网站的开拓者。他曾经说过:"我自己觉得,算,算不过人家,说,说不过人家,但是我创业成功了。如果马云创业成功了,我相信80%的年轻人创业都能成功。"大学生可以自主创业,但是不能只因一时冲动就毫无计划地去创业。我们应该优先考虑自己的条件,是否具备创业者的素质、敏锐的市场洞察力、高超的决策能力。

(资料来源:陈晓暾.创新创业教育入门与实战[M].清华大学出版社,2017.)

第一节 市场调研的价值

市场调研对于创业者而言,如同军队里的情报,是明确方向、制定战略决策和计划的重要依据。简单理解,市场调研就是指运用科学的方法,有目的地、系统地收集、记录、整理有关市场营销信息和资料,分析市场情况,了解市场的现状及其发展趋势,为市场预测和营销决策提供客观的、正确的资料。

一、市场调研活动的重要性

企业或商家在进入市场前,首先要经过认真细致的市场调研,确定市场目标,否则就会像盲人摸象那样忽视全局,不能正确认清市场前景。《孙子·谋攻篇》曰:"知己知彼,百战不殆。"从市场营销的角度看,所谓知己知彼,就是要清楚地了解自己、了解目标顾客、了解你的竞争对手。只有在获得大量可靠的市场信息的基础上,才能做到"知己知彼,百战不殆"。市场调研就是我们的"眼睛",它不仅可以帮助我们把握准确的市场信息,对创业项目更好地进行可行性分析,还能了解创业项目所在行业的发展现状以及市场竞争状况,从而提高创业企业市场定位的准确性,并为新创企业的经营决策提供必要的依据。

(一)有助于创业项目更好地进行可行性分析

通过市场调研,我们对拟提供的产品或服务的市场潜在需求、消费者情况、市场竞争情况等信息会有一个大致的了解,据此可以进一步验证创业项目的可行性。市场调研还可以对市场未来的发展趋势及消费习惯的变化进行预测,以此来判断项目的持久性。创业团队可以根据调研信息对创业计划做出适当调整,使创业团队更好地驾驭创业项目。

(二)有助于提高新创企业市场定位的准确性

每个创业项目都有所属行业,通过准确的市场调研,可以帮助创业者了解行业相关信息,包括行业所属生命周期的阶段、行业竞争状况、行业的进入和退出贸易壁垒等,据此可以更准确地明确新创企业自身的差异化优势,从而进行更科学的市场定位。

(三)有助于为新创企业的经营决策提供客观依据

创业的任何经营决策都必须立足于市场,了解内外部环境信息,而准确的信息是建立在科学的调研基础上的。掌握了这些信息,你会对市场了解得更加全面、透彻,企业初创期的战略规划制定也就更加有据可循。

二、市场调研的原则

(一)时效性原则

在现代市场经营中,时间就意味着机遇和金钱。市场调研的时效性表现为及时发现和抓住市场上任何有用的信息,并及时分析、反馈,为创业企业在经营过程中适时地制定和调整策略创造条件。调查工作的拖延不但会增加费用支出,浪费人力、物力、财力,也会使生产和经营决策出现滞后,影响新创企业的发展。

(二)准确性原则

市场调研收集到的资料经过调研人员的分析后得出调研结论,调研结论是供创业企业制定决策所用的。因此,市场调研收集到的资料,必须体现准确性原则,对调查资料的分析也必须实事求是、尊重客观实际,切忌以主观臆造来代替科学的分析。

(三)科学性原则

市场调研不是简单收集情报和信息的活动,而是在时间、经费有限的情况下,获得更多、更准确的资料和信息,那么,就必须对调查的过程进行科学的安排。由于市场复杂多变,如果在调查时不能全面考虑问题,难免会本末倒置、事倍功半。同时,市场调研要在科学方法的指导下进行,这就要求你在调查方法的选取、调查对象的选择、问卷的拟定上进行认真的研究,遵循科学的程序,才能全面系统地反映调查结果。

(四)经济性原则

市场调研是一项费时、费力、费财的活动。它不仅调查范围广、调查周期长,人员的需求量也比较大。创业前期,资金紧缺,所以必须根据新创企业的实力来确定费用的支出,并制订相应的调查方案。

(五)保密性原则

在激烈的市场竞争中,信息是非常重要的。市场调研所获得的信息可能蕴含着某些商业机密,如果信息外泄,会给你的创业带来意外风险。因此,市场调查机构以及从事市场调研工作的人员必须对调查所获的信息保密。此外,对被调查者的信息也要保密。如果被调查者发现自己提供的信息被泄露出来,不仅会对他们造成伤害,也会失去他们的信任,那么整个市场调研行业的前景是不堪设想的。

三、市场调研的步骤

为了使市场调研工作顺利进行并保证其质量,在进行市场调研时,应按照一定的程序和步骤进行。

(一)确定市场调研的目标

明确市场调研的目标是进行市场调研必须首先解决的问题。在这一步,我们应结合创业的项目来进行。要明确为什么进行此项调研、通过调研要了解哪些问题、调研结果的具体用途是什么。这是市场调研的第一步,也是一项关键的工作。只有对市场调研问题有清晰的认识和准确的定义,市场调研项目才能有效地实施。

(二)设计市场调研方案

调查问题明确后,就要为开展调研设计方案。调研方案的设计主要包括确定调研目的、调研内容、调研对象和调研方式,安排调研进度,确定经费预算,并制订具体的调研和组织计划。

(三)实施调研

在完成上述准备工作之后,市场调研就进入了实质性阶段,也就是按照调研设计的要求,收集并记录相关信息和资料。资料收集是关系到市场调研成功与否的关键一步,可以通过两种方式,即查询二手资料和实地调查获取原始资料。

(四)调查资料的整理和分析

现场实施调查所获得的数据为原始数据,需要进行处理,因而也称为"生"资料。处理时,首先需要将"生"数据录入计算机,而后进行逻辑检查获得"干净"的数据库,再进行数据分析。与原始资料相比,二手资料的收集相对容易些,所花费的时间和费用也相对较少。但是,二手资料可能存在的一个问题是,缺乏准确性和时效性。所以,在使用二手资料之前,有必要对二手资料进行整理和加工。

(五)撰写调查报告

调查报告是新创企业获得调查结果的最主要形式,也是市场调研活动的最终成果。一份好的市场调研报告能为新创企业提供有效的市场策划指导,也为争取合作伙伴和投资商发挥非常关键的作用。

四、市场调研的方法

方法得当,事半功倍。在市场调研的一般流程中,当我们定义了市场调研的问题、制订了市场调查方案以后,就要根据方案的要求进行资料的收集工作。在资料收集中,就涉及各种市场调研方法的运用。比较常用的市场调研方法有文案调查法、抽样调查法、访问法和观察法。

(一)文案调查法

文案调查法是指利用企业内部和外部现有的各种文献资料、情报资料,对调查内容进行研究的一种调查方法。文献资料包括年鉴、报告、文件、期刊、数据库、报表等。文案调查所获得的资料属于二手资料,在市场调研活动中,调研人员一般是先考虑收集二手资料,因为二手资料调查收集的速度较快并且费用较低。其缺点在于,二手资料随着时间的推移和市场环境的变化,难免不能准确反映当下的市场环境。总之,文案调查法是市场调研中短期获取初步信息的一种重要的调研方法。

(二)抽样调查法

抽样调查法是指从研究对象的全部单位中抽取一部分单位进行考察和分析,并用这部分单位的数量特征去推断总体的数量特征的一种调查方法。抽样调查适用于调查对象数量庞大导致难以进行全面调查的情况。根据抽选样本的方法不同,抽样调查可以分为概率抽样和非概率抽样两类。概率抽样是按照概率论和数理统计的原理,从调查研究的总体中,根据随机原则来抽选样本,并从数量上对总体的某些特征作出估计推断,对推断可能出现的误差可以从概率意义上加以控制。习惯上,我们将概率抽样称为抽样调查。

(三)访问法

访问法是指调查人员通过口头交谈等方式直接访问被调查者,从而取得所需市场调查资料的一种方法。访问法是市场调研中最常用、最基本的调研方法,主要包括入户访问调查、街头拦截访问调查、问卷调查、电话调查、网络调查等形式。

1. 入户访问调查

入户访问调查是调查人员按照抽样方案中的要求,到抽中的家庭或单位中,按事先规定的方法选取适当的被调查者,再依据问卷或调查提纲,进行面对面直接访问的一种方法。

入户访问法的优点是:问卷回答的完整率高,可以很好地避免有意漏答题目的现象;调查人员在询问过程中可以观察调查者的表情、姿势等非语言行为,可借此判断被调查答案的真实性;易于回返复核,可以更好地检验访问的真实性。缺点是:调查费用高;对访问过程的控制比较困难,对调查员的要求较高;拒访率高。

2. 街头拦截访问调查

街头拦截调查方法相对简单，超市、写字楼、街面、车站、停车场等公共场所均可以进行这样的访问。具体做法是，由经过培训的调查人员在事先选定的若干地点，按照一定的程序和要求选取访问对象，在征得其同意后，现场按照问卷进行简短的面对面调查。

由于街头拦截访问是在户外进行，环境较为嘈杂，所以要求调查人员掌握一定的操作技巧。比如，要能准确寻找出可能会接受调查的目标对象；上前询问时要注意自己的姿态；开口的第一句话要有准确的称呼、致歉词和目的说明；在收集被调查者的信息资料（比如姓名、年龄、电话）时要小心处理，要尊重被调查者的权利，千万不能强求。

街头拦截访问调查与入户访问相比，可以明显地节省时间及人力，因此，费用低于入户访问，这是其最大的优势。此外，可以在拦截访问过程中安排督导员现场指导，因此，可以保证调查的质量，还便于对调查人员进行监控。

3. 问卷调查

问卷调查法是市场调研采用的最为普遍的方法之一，它是用书面形式间接收集调查材料的一种调查手段。它通过向被调查者发出简明扼要的调查问卷，请示填写对有关问题的意见和建议来间接获取信息。

(1) 问卷的一般结构

一份完整的调查问卷通常采取以下结构：

① 问卷的标题

标题的作用就是概括地说明调查活动的主题，使被调查者对要回答什么方面的问题有一个大致的了解。标题应该简明扼要，易于引起受访者的兴趣。

② 问卷说明

问卷说明也称前言，其作用是让受访者明确我们的调查目的，引起他们的兴趣和重视，争取他们的积极配合。问卷说明中一般包括以下内容：调查员的身份介绍、调查的目的、访问时间的长短、受访者意见的重要性和保密原则等。为了给受访者留下良好的第一印象，前言的语气要谦虚，态度要诚恳，文字要简洁。

③ 问卷的主体

问卷的主体是问卷最重要的部分，它主要由两大类问题组成：一类是开放式问题，即不给出问题的答案，给受访者自由的空间，畅所欲言；另一类是封闭式问题，即事先设计好答案，受访者只要从备选答案中作出选择即可。封闭式问题又可以分为两项选择题（答案只有两种，这两种答案是对立的、互斥的，非此即彼，受访者只能从中选择一个）和多项选择题（有两个以上的答案备选，受访者根据自己的情况，可以选择一个，也可以选择多个）。

④ 作业证明记载

在调查表的最后，附上调查人员的姓名、调查日期、访问开始的时间以及结束的时间等，以明确调查人员完成任务的性质。

(2) 问卷设计的注意事项

为了使调查问卷更好地实现调研目的，在设计调查问卷时还需注意如下事项：

① 避免使用语意不清的词语

有一些词语，如"经常"、"一般"、"偶尔"等，不同的人有不同的理解，在问卷设计中应避免使用。例如，请问您上个月乘坐飞机的频率如何？设置答案为：A. 从不　B. 偶尔　C. 有时　D. 经常。我们看到，四个选项里只有"从不"一词的含义是非常明确的，它代表了零发生率，而其他三项的含义都是非常不明确的,因此,建立在这样的数据上的结论是非常不可靠的。

②避免使用专业术语

在问卷中应该使用通俗易懂的词语,并且应该与受访者的文化水平相适应,避免使用专业术语。例如,请问您认为本店的POP广告如何?因为非专业人士对"POP"这个术语比较陌生,难以理解,因而也就无从回答。

③避免使用诱导性问题

诱导性问题是指向调查对象暗示了答案的问题。问卷设计应保持中立,不能暗示或带有倾向性,不要诱导受访者按照调查者的意图回答问题,否则会造成调查资料的失真。例如,消费者普遍认为苹果手机好,您认为呢?这样的问题容易诱导受访者得出肯定的答案,也容易引起受访者的反感,结论缺乏客观性。

【拓展阅读】　　宝洁公司品牌认知度的调查问卷

宝洁公司始创于1837年,是世界上最大的日用消费品公司之一。每天,在世界各地,宝洁公司的产品与全球160多个国家和地区的消费者发生着40亿次接触。宝洁公司是中国最大的日用消费品公司。飘柔、舒肤佳、玉兰油、帮宝适、汰渍和吉列等品牌在各自产品领域内都处于领先的市场地位。为了更好地了解宝洁公司的品牌形象和大家对宝洁的认知度,特编写了如下问卷,欢迎您的参与!

第1题:您买过宝洁公司的产品吗?(　　)

A. 购买过　　B. 没有购买过

第2题:您每月花在洗漱和美容方面的费用大约是多少?(　　)

A. 100元以下　　B. 101～200元　　C. 201～300元　　D. 301～400元

E. 401元以上

第3题:您知道宝洁公司经营哪些方面的产品吗(可多选)?(　　)

A. 美容美发　　B. 家居护理　　C. 家庭健康用品　　D. 健康护理

E. 食品及饮料

第4题:迄今为止您购买过的宝洁公司旗下的产品有哪些(可多选)?(　　)

A. 飘柔　　B. 海飞丝　　C. 潘婷　　D. 沙宣　　E. 伊卡璐　　F. OLAY

G. SK-Ⅱ　　H. 威娜　　I. 吉列　　J. 舒肤佳　　K. 帮宝适　　L. 欧乐B

第5题:您认为宝洁公司是哪个国家的呢?(　　)

A. 美国　　B. 英国　　C. 中国　　D. 法国

第6题:提到宝洁公司,给您的印象是(可多选)?(　　)

A. 积极创新的　　B. 放心负责的　　C. 热心公益的　　D. 诚实守信的

E. 富有社会责任的　　F. 绿色环保的　　G. 不好说

第7题:您对宝洁公司产品的信任度如何?(　　)

A. 十分信任　　B. 不太信任　　C. 不信任　　D. 不好说

第8题:您对宝洁公司的产品广告满意度如何?(　　)

A. 满意　　B. 不太满意　　C. 不满意

第9题:您认为宝洁公司在公益慈善方面做得如何?(　　)

A. 做得很好　　B. 一般　　C. 做得不好,有待提高　　D. 不好说

第10题：您认为宝洁公司的产品有哪些不足(可多选)？(　　　)
A. 价格太高　　B. 广告做得不好　　C. 促销活动少
D. 产品效果不好　　E. 包装不好　　F. 打假力度不够
(资料来源：可问可答网.)

4. 电话调查

电话调查法指的是调查者按照统一问卷，通过电话向被访者提问，笔录答案、收集资料的调查方法。具体做法是，由经过培训的调查员在电话室内按照调查设计所规定的随机拨号的方法，确定拨打的电话号码，拨通后按照准备好的问卷和培训的要求，筛选被访对象，然后对合格的调查对象对照问卷逐题逐字地提问，并迅速及时地记录下答案。

电话调查的优点是速度快、范围广、费用低、回答率高，在电话中回答问题一般较坦率，适用于不习惯面谈的人；缺点是时间短、答案简单，难以深入，受电话设备的限制。

5. 网络调查

互联网的迅速发展为市场调研提供了最现代化的工具。网络调查，又称在线调查，是指通过互联网及其调查系统把传统的调查分析方法在线化、智能化。与传统的调查方法相比，网络调查在组织实施、信息采集和信息处理等方面具有明显的优势，但也存在一些缺点和不足。

优点：(1)组织简单，费用低廉。网络调查在信息采集过程中不需要派出调查人员，不需要印刷调查问卷，调查过程中最繁重、最关键的信息采集和录入工作被分布到众多网络用户的终端上完成，可以无人值守和不间断地接受调查填表，信息检验和信息处理由计算机自动完成，而且可以节省调查的费用。(2)效率高，时效性强。传统的市场调查周期一般都较长，而网络调查省去了邮寄和印刷的过程，几个小时内即可完成，且不受时空的限制。

缺点：(1)调查对象的局限性。网络调查只能在那些已联网的用户中进行，多以年轻人和知识分子为主，网络调查的样本还不具有普遍的代表性。(2)网络安全隐患。网络的安全性一直是影响网络调查发展的制约性因素，间谍软件、木马病毒都成为网络安全性的最大隐患。而且许多网友会担心自己的信息在网络调查中被外泄，影响了网络调查参与的积极性。

(四)观察法

观察法是指研究者根据一定的研究目的、研究提纲或观察表，用自己的眼睛、耳朵等感官和辅助工具(照相机、录音机、录像机)去直接观察被研究对象，从而获得资料的一种方法。

为了验证创业项目的可行性，也为了更好地洞悉市场，我们需要对市场环境和消费者行为进行细致观察，记录相关信息，获得调查资料。比如，对某一社区的社会环境进行调查，就可以通过观察该地区的企业数量、企业类型、街道状况、交通状况、人流量等来进行判断。例如，可以根据一页纸上不同指纹的数目来衡量一本杂志中不同广告的读者人数；可以根据一个停车场内汽车的车龄和车况来评价顾客的富裕程度。

与其他几种调查方法相比，观察法具有独特之处，包括它的优点和缺点。

优点：(1)观察法可以比较客观地收集第一手资料，直接记录调查的事实和受访者在现场的行为，调查结果直观、可靠。(2)观察法基本上是调查者的单方面活动，可以避免许多由于访问员的语言交流不当所产生的误会和干扰。(3)观察法简便易行、灵活性强，可随时随地进行观察。

缺点：(1)观察法只能反映客观事实的发生经过，而不能说明发生的原因和动机。(2)被观察到的公开行为并不能代表未来的行为。(3)只能观察到公开的行为，一些私下的行为超出了观察范围。

【拓展阅读】　　　　观察法的运用——"神秘顾客"

"神秘顾客"(Mystery Customer)是指进行一种商业调查的、经过严格培训的调查员。他(她)们在规定或指定的时间里扮演成顾客,对事先设计的一系列问题逐一进行评估或评定。

由于被检查或需要被评定的对象事先无法识别或确认"神秘顾客"的身份,故该调查方式能真实、准确地反映客观存在的实际问题。"神秘顾客"监督方法最早是由肯德基、飞利浦等一批跨国公司引进国内为其连锁分部进行管理服务的。

"神秘顾客"这个职业其实在欧美等国家早已经风行数十年,还成立了世界性的行业协会,协会对"神秘顾客"这一工作的定义是:他们受雇于一家与商家签约的神秘购物公司,平时以一个普通消费者的身份,应一些企业的要求到它们的商店踩点"购物",通过实地观察体验,了解产品在市场上的受欢迎度以及清洁、服务和管理等诸多方面的问题,然后将这些"情报"整理成报告,交给这家企业的老板。

做"神秘顾客"看似轻松惬意,其实也不那么简单,事先要经过培训,主要是在网上进行。在"中国神秘顾客检测网"上有些初级的培训内容,例如,"神秘顾客"入店检测时最需要注意的五大部分:(1)清洁度;(2)客户服务;(3)质量控制;(4)可能导致危害的因素;(5)产品摆放和库存。其中,"客户服务"这一项规定:"这类检测一般用于入店后对店员给予的服务质量的检测,其中包括从'神秘顾客'入店到离开的每一个环节的服务质量。例如,是否对顾客的光顾使用了问候语,是否仔细地询问顾客的要求并耐心地提出适合顾客要求的建议,是否在顾客离开时留下客户的联系方式,是否帮助顾客开门并说'再见'等。"

"做'神秘顾客'虽然白吃白喝,但是并不轻松。"扮演"神秘顾客"最重要的是观察力,有些客户会让你假装投诉,看服务人员的态度;有的客户会要求"神秘顾客"在购物消费时表现出不满,观察服务人员的处理方式。另外,由于委托的任务细节很杂,做任务前要牢记问卷问题,这就需要超强的记忆力。执行完任务后,"神秘顾客"要填写问卷调查报告,像快餐店这类任务算简单的,约20~30道题,而有些任务提问可能多达十来页。

(资料来源:https://baike.baidu.com.)

第二节　新创企业营销管理

一、STP 理论

STP 理论中的 S、T、P 分别是 Segmenting、Targeting、Positioning 三个英文单词的首字母,即市场细分、目标市场和市场定位的意思。STP 营销是现代市场营销战略的核心。具体指的是企业在一定的市场细分的基础上,确定自己的目标市场,最后把产品或服务定位在目标市场中的确定位置上。

(一)市场细分

市场细分的概念是美国市场学家温德尔·史密斯(Wendell R. Smith)于 20 世纪 50 年代中期提出来的。它是指营销者通过市场调研,依据消费者的需要和欲望、购买行为和购买习惯等方面的差异,把某一产品的市场整体划分为若干消费者群的市场分类过程。每一个消费者群就是一个细分市场,每一个细分市场都是由具有类似需求倾向的消费者构成的群体。市场细分的作用表现为:有利于发现市场机会,开拓新市场;有利于根据目标市场的特点制定营销策略;有利于集中人力、物力、财力投入目标市场,提高企业的竞争力;有利于企业提高经济效益。

一种产品的整体市场之所以可以细分,是由于消费者的需求存在差异性。引起消费者需求差异的因素很多,概括起来主要有四类,即地理因素(国家、地区、城市规模、气候、交通状况等)、人口因素(年龄、婚姻、性别、职业、收入、民族、家庭人口等)、心理因素(社会阶层、生活方式、个性、态度等)、行为因素(购买的时机、数量、频率和品牌忠诚度等)。

大学生创业者在进行市场细分观念理解时,要区分市场细分不是对自己企业的产品进行分类,也不是按企业的性质进行分类,而是按照顾客的需求和欲望进行分类。新创企业在进行市场细分时,一般来说,还应把握以下四个要求:

1. 要有明显特征

市场细分应使企业营销人员能够识别有相似需求的顾客群体,这些群体应有企业能分析的明显的特征和行为。

2. 要可以实现

要根据企业的实力,量力而行。在进行细分时,企业应考虑划分出来的细分市场必须是企业有足够的能力去占领的子市场,在这个子市场上,能充分发挥企业的资源优势。

3. 要有适当的盈利

在市场细分中,被企业选中的子市场还必须有一定的规模,即有充足的需求量,能够使企业有利可图,并实现预期利润目标。如果细分市场的规模过大,企业"吃不了,无法消化",就会在竞争中处于弱势;如果规模过小,企业又"吃不饱",现有的资源得不到最佳利用,则利润都难以确保。因此,细分出的市场规模必须恰当,才能使企业得到合理的利润。

4. 要有发展潜力

市场细分应有相对的稳定性。如果细分市场一旦被企业选定为目标市场,它给企业带来的利益应不仅是眼前的,还必须能够给企业带来较长远的利益。所以,企业在进行细分时,必须考虑市场未来发展是否有潜力。

(二)目标市场

目标市场就是通过市场细分后,企业准备以相应的产品和服务满足其需要的一个或几个子市场。企业通过对市场进行细分,发现一些潜在需求或未被满足的需求,并结合企业自身的目标和资源,分析竞争的情况,寻找到理想的市场机会,这就是目标市场的选择。

在买方市场的情况下,除了极个别的产品外,大多数产品对顾客而言,都有很多种选择。同时,任何企业不可能满足一种产品的所有市场需求,而只能满足其中一部分消费者的需要。企业应把"这一部分顾客"筛选出来,确定为自己的主要进攻市场即目标市场,并充分利用企业的资源,发挥企业优势,形成企业的特色,制定出有针对性的市场营销策略。在撰写创业计划书时,大学生创业者就要科学分析计划中经营的目标市场,这不仅直接关系到企业在初创阶段是否顺利,甚至将长久地主导企业的发展方向、发展速度。

1. 目标市场的选择模式

通过对有关细分市场进行评估,企业会发现一个或几个值得进入的细分市场。这时新创企业需要进行选择,即决定进入哪个或哪几个细分市场。新创企业目标市场模式主要有以下五种类型:

(1)产品/市场集中化(单一细分市场)

企业只选择一个子市场为目标市场,然后集中全部资源生产单一产品来满足这一细分市场消费者的需要。这种战略最大的优点就是成本的经济性,企业可以集中有限的资源更好地满足目标顾客的需要,在提高顾客满意度的同时还能提高企业的经济效益。该模式一般适用于资源有限的新创企业。但它也存在着较大的风险,如消费者的爱好突然发生变化,或有强大的竞争对手进入这个细分市场,企业很容易受到损害。

(2)产品专业化

企业只生产一种产品来满足若干个细分市场中不同目标消费者的需要。这种策略有利于发挥企业生产、技术潜力,又可以使企业在某个产品方面树立起很高的声誉。不过,科学技术的进步对企业威胁较大,一旦出现全新技术,市场需求会大幅萎缩。

(3)市场专业化

企业选择一个细分市场作为目标市场,并生产多种产品来满足这一市场消费者的需求。企业提供一系列产品专门为这个目标市场服务,容易获得这些消费者的信赖,产生良好的声誉,打开产品的销路。但如果这个消费者群体的购买力下降,就会减少购买产品的数量,企业就会产生滑坡的危险。

(4)选择性专业化

企业选择若干个互不相关的细分市场作为目标市场,并根据每个目标市场消费者的需求,向其提供相应的产品。这种策略的前提就是每个市场都有潜力、有吸引力,并且符合公司的目标和资源。它可以较好地分散新创企业的经营风险,即使某个市场失利,也不会使企业陷入绝境,仍可以继续在其他细分市场获利。该模式适合具备较强资源和营销实力的新创企业。

(5)市场全面化

企业把所有细分市场都作为目标市场,并生产不同的产品来满足各种不同的目标市场消费者的需求。只有大公司才有实力采用这种策略,大学生创办企业经过艰苦积累后发展为大型企业时,可以根据企业发展战略目标选用这种策略。

2. 目标市场策略的类型

企业在选择了目标市场模式后,为了更好地满足目标消费者的需求,有三种目标策略可供选择。

(1)无差异性市场营销策略

无差异性市场营销策略是指企业将产品的整体市场视为一个目标市场,用单一的营销策略开拓市场,即用一种产品和一套营销方案吸引更多的购买者,如图11-1所示。

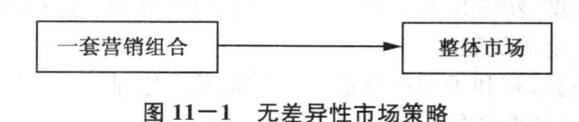

一套营销组合 → 整体市场

图11-1 无差异性市场策略

这种市场策略不搞市场细分,只生产单一的产品,采用单一的价格,无差异地进行广告宣传和其他促销活动,可以减少企业的营销投入,节约成本。对于需求广泛、市场同质性较高的产品是比较合适的,但是由于消费者的需求千差万别,且不断变化,因此,对于绝大多数产品来说,是行不通的。

(2)差异性市场营销策略

差异性市场营销策略是指将整体市场划分为若干细分市场,针对每一细分市场的需求差异制订一套独立的营销方案,如图11-2所示。

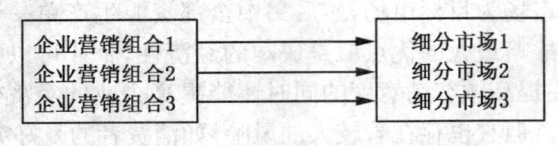

```
企业营销组合1 ──→ 细分市场1
企业营销组合2 ──→ 细分市场2
企业营销组合3 ──→ 细分市场3
```

图11-2　差异性市场策略

比如纳爱斯牙膏，将产品细分为吸烟者用的去渍快白牙膏、清新口气用的清新鲜果牙膏、儿童用的科学防蛀伢牙乐牙膏等，并采用不同的营销组合方案，满足不同目标顾客的需求。这种市场策略的优点是多品种、针对性强，能更好地满足消费者的需求，由此促进产品销售。另外，由于企业在多个细分市场上经营，可以有效分散经营风险。不足之处在于产品品种多，必然增加了营销成本，还可能使企业顾此失彼，拳头产品难以形成优势。

(3) 集中性市场营销策略

集中性市场营销策略指的是集中力量进入一个或少数几个细分市场，实行专业化生产和销售，如图11-3所示。

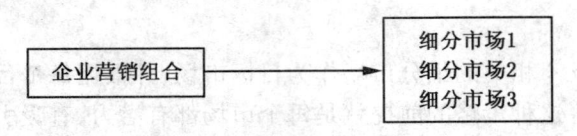

```
                     细分市场1
企业营销组合 ──→   细分市场2
                     细分市场3
```

图11-3　集中性市场策略

集中性市场策略的指导思想是，与其四处出击收效甚微，不如突破一点取得成功。这一策略特别适合资源力量有限的新创企业。新创企业大多受财力、技术等方面因素的制约，在整体市场可能无力与大企业抗衡，但如果集中资源优势在某个细分市场进行竞争，成功几率可能会更大。

(三) 市场定位

新创企业在市场细分的基础上选择了自己的目标市场，并确定了目标市场营销策略，这就明确了新创企业的服务对象和经营范围。接下来的问题是，新创企业要在目标市场上进行定位。

1. 市场定位的概念

市场定位也称作竞争性定位，是根据竞争者现有产品在细分市场上所处的地位和顾客对产品某些属性的重视程度，塑造出本企业产品与众不同的鲜明个性或形象并传递给目标顾客，使产品在市场上占有一定的优势。

市场定位能创造差异，有利于塑造企业特有的形象。它能适应细分市场消费者或顾客的特定要求，以更好地满足消费者的需求，形成企业竞争优势。

2. 定位的策略

定位策略主要包括产品定位策略、品牌定位策略和企业定位策略三种。市场营销中的产品是一个包含三个层次的整体产品，产品定位的目的是让有形、无形的产品在顾客心目中留下深刻的印象，因此，产品定位必须从产品的各种特征（如功能、价格、技术、质量、安装、应用、维护、包装、销售渠道、售后服务等方面）入手，使其中的一个或几个能与其他同类产品区别开来，且区别越大越好，特色越明显越好，看上去就好像是市场上的"唯一"。归纳起来，产品定位策略有属性定位、价格与质量定位、功能和利益定位。

【拓展阅读】　　　　值得收藏的经典 10 条定位理论

作为全球著名的战略大师之一,杰克·特劳特提出的"定位"理论被评价为能够一招制敌且在商战中无往不利的理论。

1. 心智第一

定位不是围绕产品进行,而是围绕潜在客户的心智进行,因为胜负存在于潜在客户的心智中。

——《定位》

2. 成为第一

如果你不能在某一方面争得第一,那就寻找一个你可以成为第一的领域。宁为鸡头,不为凤尾。

——《定位》

3. 跷跷板原则

一个名字不能用来代表两个彼此完全不同的产品;一个上升,另一个就会下降。

——《定位》

4. 最好的广告标题不要把话说尽

最好的标题总是能让读者说出某个词或短语使意思更完整。正是这一点使广告"引人入胜"。

——《定位》

5. 定位的基本方法

不是去创造某种新的、不同的事物,而是去操控心智中已经存在的认知,去重组已存在的关联认知,并让这些新组织的认知在客户心智中占据一定的位置。

——《定位》

6. 借势

通往成功的道路很少能从自己身上找到自我的定位,唯一有把握获得成功的方法是为自己找到一匹马骑。所谓的"骑马",即是"借势"。它可以帮助我们成功定位,在职业发展道路上脱颖而出的六匹马是你的公司、你的老板、你的朋友、好的想法、信心和你自己。

——《定位》

7. 延伸定律

多便是少。产品越多,市场越大,阵线越长,赚的钱反而越少。

——《22 条商规》

8. 阶梯定律

产品都非生来就是平等的,潜在顾客在作购买决策时总会对各种品牌进行排序。对于每一个品类,顾客的心智中都会形成一个有选购顺序的阶梯。每个品牌占有一层阶梯。

——《22 条商规》

9. 取悦客户

如果你只想取悦目标客户,不在潜在顾客的心智中建立"差异化",这样的广告则没有多大用处。

——《特劳特营销十要》

10. 品牌战略的目的是差异化

品牌战略的目的是为产品或公司在你所属的领域建立差异化。而品牌战略的难点在于保持专注。

——《特劳特营销十要》

(资料来源:http://www.sohu.com/a/147898500_773646,有删减.)

二、产品策略

"苹果教父"史蒂夫·乔布斯说过:"消费者不懂他们想要什么,得靠我们拿出东西给他们看。"你或许会因为解决"痛点"寻找到了创业商机、确定了创业项目,但你的产品能够激发出消费者需求的那个"痒点"吗？有能够给客户带来兴奋感、刺激客户产生快感的"卖点"吗？挑剔产品时，消费者大多是理性的。所以，想让消费者有"出手"的冲动，你必须仔细研究论证。

（一）"产品"是何物

"产品是什么？"这看似是一个不难回答的问题，甚至不算是一个问题。房屋、汽车、面包都是产品，但是，随着市场竞争的加剧、营销理论的发展，产品的概念不再是简单的某种产品的物质属性，而有了更宽广的外延和更深刻的内涵。美国著名化妆品制造商说："我们在车间里生产的是化妆品，但在商场里销售的是梦。"

我们提到的"产品"早已超越了实体形象，其内涵已从有形物品扩大到服务（教育、美容等）、人员（体育、影视明星等）、地点（桂林、维也纳等）、组织（消费者保护协会）和观念（环保、公德意识等）等；其外延也从其核心产品（基本功能）向形式产品（产品的基本形式）、期望产品（期望的产品属性和条件）、延伸产品（附加利益和服务）和潜在产品（产品的未来发展）拓展。具体如图11—4所示。

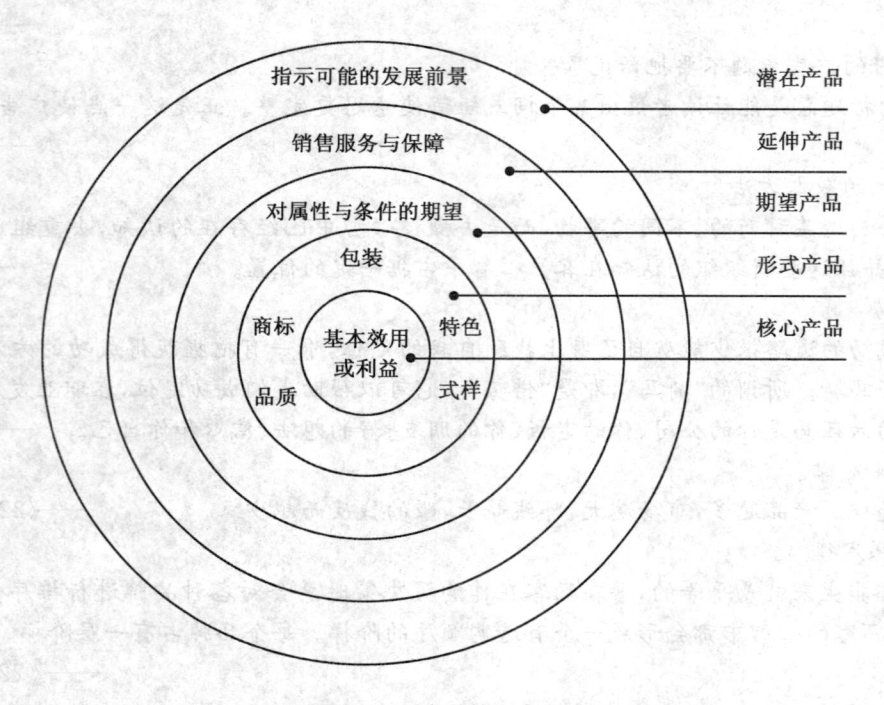

图11—4 产品的五个层次

（二）品牌和包装不容小视

不断地拓展产品的外延部分已成为现代企业产品竞争的焦点，消费者对产品的期望价值越来越多地包含了其所能提供的服务、企业人员的素质及企业整体形象的"综合价值"。美国著名管理学家哈罗德·利维特曾说过："新的竞争不在于工厂里制造出来的产品，而在于工厂外能够给产品加上包装、服务、广告、咨询、融资、送货或顾客认为有价值的其他东西。"因此，你还需要格外注意产品品牌和包装的设计。

品牌不仅是产品的标识，它是产品的灵魂；而产品是品牌的载体，是品牌的一个特殊元素。品牌有自己的内容，是具有经济价值的无形资产，承载着消费者对企业或产品的认可。品牌注册后形成商标，企业即获得法律保护，拥有其专用权。在品牌命名时，需要注意：简洁明快，便于识别记忆；内涵丰富，情意深重；构思巧妙，暗示属性等。

【拓展阅读】　　　　　　　　品牌是屁

品牌是屁。不见其形，但闻其声，味可以弥漫。

中国画里山水是实、云是虚，没有虚的飘渺就无法衬托实的灵性。

产品是实，品牌是虚。只有实、没有虚，产品卖不好。

产品好不一定卖得好，产品不好不一定就卖得不好。

产品与产品之间日趋同质化，但贴上品牌的标签，命运就截然不同了。

打造品牌的运作是理想的，品牌所产生的效应却是感性的。

品牌，其实就是一种幻觉，就像音乐、风，看似无形，却又实实在在地存在着。

（资料来源：叶茂中．叶茂中的营销策划．中国人民大学出版社，2007．）

"包装是立在货架上的广告"，精美的包装，给人以美感。造型美观、制作精细、颜色协调鲜明，都可能激发消费者的购买欲望。美国杜邦公司研究发现，63％的消费者是根据商品的包装做出购买决定的。因此，可以看出，包装在一定程度上充当着无声推销员的角色，已成为企业开展市场营销活动刺激消费的主要竞争手段之一。在产品包装方面，主要有类似包装、等级包装、分类包装、组合包装、再使用包装、附赠品包装六种策略。

三、确定产品价格

企业在进行市场细分、确定目标市场之后，紧接着思考的是目标市场各方面的竞争情况。对新办企业而言，面对的目标市场中往往存在一些捷足先登的竞争者，有些竞争者在市场中已占有一席之地，并树立了独特的形象。新进入的大学生创办企业怎样使自己的产品有效区别于现存的竞争者产品，这就是市场定位的问题。确定产品价格，是市场定位的重要方面。

价格是最明显、最能反映产品质量和档次特征的信息。新创企业的产品从一定意义上就是一种全新的产品，新产品上市前的价格制定是一个企业产品定位的重要内容，直接关系到企业形象，甚至企业的存亡。新产品上市后的价格管理，是评判一个营销组织对新产品营销执行水平的一个重要标志，也是极其重要的内容。

（一）定价方法

企业定价是一项十分复杂而又难以准确掌握的工作。任何企业都不能凭借直觉随意定价，必须借助于科学而又行之有效的定价方法。产品价格主要受市场需求、产品成本费用和竞争状况等因素的影响，基于此，在制定产品价格时，主要有需求导向定价法、成本导向定价法和竞争导向定价法。

（二）定价策略

定价策略是企业为了实现营销目标，根据企业的定价目标和定价方法，结合当时市场和产品的具体情况，灵活地制定价格的方针、艺术和技巧。对于新创企业来说，主要可以参考以下两类定价策略：

1. 新产品定价策略

新产品定价是新产品开发的一个重要环节。价格策略选择的正确与否关系到新产品能否打入市场、能否在市场上立足，并给企业带来预期的收益。常见的新产品定价策略有三种：

（1）撇脂定价策略：在新产品上市初期，价格定得较高；以期在短时间内取得最大利润，随着产品的进一步成长再考虑适当降低价格。这种定价策略可以使新创企业在短期内取得较大利润,而且可以树立较高的企业形象,但高价不利于快速打开市场。

(2)渗透定价策略:在新产品推向市场时,尽量把价格定得低一些,采用薄利多销的方法,尽快争取到最大可能的市场占有率。这种策略市场接受程度高,而且低价薄利能有效阻止竞争者进入市场,从而扩大新创企业的市场占有率。但是,定价太低,不利于企业尽快收回成本。

(3)满意定价策略:又叫中间定价策略,是介于"撇脂"和"渗透"之间的定价策略。价格定得比"撇脂"低、比"渗透"高,定价水平适中,在产品成本的基础上加上适当的利润,对买卖双方都有利。这种策略的优点是价格不高不低,容易被消费者认可;缺点是中间价格没有特点,不容易打开销路。

2. 心理定价策略

心理定价是指新创企业利用消费者不同的心理需求和对不同价格的感受,有意识地采取多种价格形式,以促进销售。主要有以下四种形式:

(1)尾数定价:定价保留小数点后的尾数。比如本应定价为200元的商品,定价为199.9元。调查研究表明,价格尾数的微小差别,可以使消费者产生便宜的感觉。

(2)整数定价:这种策略正好和尾数定价相反。它正是迎合了消费者"便宜无好货,好货不便宜"的心理,故意把价格定成整数,以显示其商品质量的不一般。这种策略特别适用于高档名牌商品或一些消费者不太了解的商品。

(3)声望定价:企业利用消费者求名的心理和企业的品牌知名度,将价格定在高于同行业同类产品水平之上。在现代社会,消费高价位商品被人认为是财富、身份和地位的象征。声望定价正是利用品牌优势使消费者产生信任感,故意把价格定得较高,基本不影响销量,反而还可能有利于销售。

(4)招徕定价:企业利用消费者的求廉心理,特意将某几种商品的价格定得较低以吸引顾客。超市的低价促销属于典型的招徕定价。在使用招徕定价的时候,要特别注意应该选择适宜的品种和降价幅度,否则会让消费者对产品质量提出质疑。

一般情况下,新创企业在定价时,还要考虑如下方面的注意事项:

第一,利用产品自身的差异化。新创企业在新产品价格策略上要善于制定原则,结合企业发展愿景和产品定位进行。(1)高质高价定位:高价格是高品质的象征。只要企业或产品属于"高质"的类别,且高质量、高水平服务、高档次能使顾客实实在在地感受到,就可以用这种定位。(2)高质低价定位:新创企业将高质低价作为一种竞争手段,目的在于渗透市场,提高市场占有率。对新创企业来说,由于产品和企业的知名度低,很难进入其他企业已经稳定的销售渠道中。因此,企业不得不暂时采取高成本、低效益的营销战略,如上门推销、大量进行商品广告、向批发商和零售商让利,或交给任何愿意经销的企业销售。

第二,考虑渠道环节的影响。新创企业相对而言销售渠道少,但是有限的渠道要充分发挥其作用,它是影响新产品价格的重要因素之一。"什么样的渠道就有什么样的价格"几乎成为中国市场新产品价格的判断标准。即使是同样产品,在不同渠道也有不一样的价格。新产品选择什么样的渠道,基本上决定了新产品定价策略上的取向。

第三,发挥技术水平在新产品价格中的影响。新创企业从事原创性技术水平下的新产品生产,那么,高技术产品的角色对价格的影响是十分巨大的。大学生创办的企业要努力在专业技术应用的新产品上动脑筋,企业未来发展就会快速迅猛。这是大学生群体创业的优势特征,也是未来企业的希望所在。

第四,遵从行业价格水平的影响。新创企业制定任何新产品价格都不可能摆脱企业所处的行业,因为行业价格水平会自动为企业的新产品设定上限。客观上,新技术的价格优势在技术壁垒消除后消失,规模效益成为行业特征,价格就会回归。

第五,采用成本价格核定方法制定新产品价格。新创企业不能忽视成本价格制定方法的作用,它能规避由于大学生创业者市场经验的缺乏而导致的盲目决策所形成的失误。

【拓展阅读】　　占领了一个价格带,就占据了一个时代

哈佛商学院开学的第一天,新生是要抢座位的。很多学生天刚亮就去抢座位,还不一定能抢到好座位。第一天抢到的座位,以后几年就是你的了。座位决定了学生与老师的互动关系,也影响到学业成绩。由此可见占位的重要性。

价格带也是占位。

过去,中国企业没有价格带意识,大家都在抢"金字塔底的财富",产品整体上处于价值链最底端。虽然价格有高低,但总体上挤在相同的价格带上。过去的消费是两极消费,一极是最底端的消费,另一极是奢侈品消费,形成"中间塌陷",也难以形成价格带。

现在产品在升级,其实也就是价格带延伸。每个时期,一定有主流价格带。处于这个价格带的产品就是主流产品。比如,瓶装水行业,1元/瓶曾经长期是主流价格带。现在,主流价格带上升到了2元/瓶。相应地,处于1元/瓶价格带的企业就没落了。

2元以后的主流价格带是多少? 恒大推出5元的产品,而且到处铺货,有点操之过急。前不久遇到一个瓶装水老板,做3元的价格带。他说他们的价格有点贵。我说不贵,未来的主流价格带可能就是3元,你不过是抢先占领了这个价格带。

主流价格带,也就是销量最大的价格带。无论是传统的大单品还是互联网的爆品,都产生在主流价格带上。

中产崛起,造成了价格带往上走。便利店是中产的标配,所以便利店也成了风口。有人问,便利店与原来的超市有何不同? 我说除了购物体验环境,还有一点就是主流产品处于不同的价格带。

价格带往上走,原有的大单品就落后了,新的大单品就产生了。比如,乳制品行业,原来的酸奶品牌不仅产品落后了,价格带也太低了。新的价格带,就是莫斯利安、安慕希、纯甄系列产品所在的价格带。因此,三家乳制品巨头才在这个价格带拼命。

老大一定要占据主流价格带。占领了一个价格带,就等于占据了一个时代。一个价格带,在相当长时间内是稳定的,而且主流价格带的销量是最大的。所以主流价格带就是社会需求的"最大公约数",是诞生超级大单品的价格带。

有一家瓶装水企业,当主流价格带是1~1.5元时,它在做2元产品,销量很小。当主流价格带上升到2元时,这家企业又转移做3元产品。这就是一家有问题的企业,因为它总是处于非主流价格带。

边缘企业应先抢占未来价格带,然后等待新价格带的到来。这不失为一个提前布局的好方法。但是,等到新主流价格带真的到来时,就要敢于及时放量,坚守这个长期培育的价格带才对,不能轻易放弃。

边缘企业之所以边缘,就是不敢抢占主流。在价格上,要么比主流价格低,成为底端;要么比主流价格高,成为边缘。

价格带越往上走,资源越稀缺。在金字塔底部,价格带可容纳的产品很多;越往上走,越像是走独木桥。你抢占了独木桥,其他企业就很难过去。正如定位是抢占消费者的心智一样,抢占价格带也是抢占消费者的心智。人们购买产品,总是在自己的价格带内选择。在这个价格带,消费者先想起谁,谁就有优势。

正因为价格带资源稀缺,当主流价格带被竞品抢占后,就不得不拼命挤进这个价格带。

科特勒说,营销不是卖产品,而是卖价格。在科特勒的《营销管理》中,讲到价格时,他首先讲的是"价格点"(price points)。我觉得价格不是一个点,而是一个价格区间,所以"价格带"比"价格点"更形象。

科特勒甚至说到,在每个价格带,总会对应一个品牌,依据价格带展开就会形成所谓的产品档次,一旦占据这个档次,就会形成心智资源。

(资料来源:刘春雄. 占领了一个价格带,就占据了一个时代. 销售与市场(管理版),2017 年第 7 期.)

四、疏通分销渠道

分销渠道即分销路径或分销路线,它是指商品从生产者转移到消费者手中所经过的路径。一个新创企业在激烈的市场环境中使自己的产品畅通无阻,不是一件容易的事。企业应建立一套适合自己优势的产品分销渠道,使企业产品进入目标市场路径多、渠道畅。

(一)建立合适的分销渠道

菲利普·科特勒认为:"一条分销渠道是指某种货物或劳务从生产者向消费者移动时,取得这种货物或劳务的所有权或帮助转移其所有权的所有企业和个人。因此,一条分销渠道主要包括商人中间商(因为他们取得所有权)和代理中间商(因为他们帮助转移所有权)。此外,它还包括作为分销渠道的起点和终点的生产者和消费者,但是,它不包括供应商、辅助商等。"新创企业应选择经济、合理的分销渠道,把商品送到目标市场。

合适的分销渠道就是考虑如何把企业的产品在适当的时间、适当的地点,以适当的方式送到适当的消费者和用户手中。

(二)设计有效的分销渠道

在设计分销渠道之前,要先考虑到影响分销渠道的四大因素,它们是产品因素(包括产品的价值、体积、重量、耐久性、技术性等)、市场因素(包括市场范围、市场需求特征、市场竞争状况和消费者购买习惯等)、企业自身因素(包括企业的财力、经验、信誉和控制能力等)和环境因素(包括国家的方针政策、法令法规等)。

1. 确定渠道模式

企业分销渠道设计首先是要决定采取什么类型的分销渠道,是派推销人员上门推销或以其他方式自销,还是通过中间商分销。如果决定中间商分销,还要进一步决定选用什么类型和规模的中间商。

2. 确定中间商的数目

即决定渠道的宽度。这主要取决于产品本身的特点、市场容量的大小和需求面的宽窄。通常有三种可供选择的形式:

(1)密集性分销。运用尽可能多的中间商分销,使渠道尽可能加宽。消费品中的便利品(洗发水、沐浴露、口香糖等)和工业用品中的标准件、通用小工具等适合采取这种分销形式,以提供购买上的最大便利。

(2)独家分销。在一定地区内只选定一家中间商经销或代理,实行独家经营。独家分销是最极端的形式,是最窄的分销渠道,通常只对某些技术性强的耐用消费品或名牌货适用。独家分销对生产者的好处是,有利于控制中间商,提高他们的经营水平,也有利于加强产品形象,增加利润。但这种形式有一定风险,如果这一家中间商经营不善或发生意外情况,生产者就要蒙受损失。

(3)选择性分销。这是介于上述两种形式之间的分销形式,即有条件地精选几家中间商进行经营。这种形式对所有各类产品都适用,它比独家分销面宽,有利于扩大销路、开拓市场、展开竞争;比密集性分销又节省费用,较易于控制,不必分散太多的精力。有条件地选择中间商,还有助于加强彼此之间的了解和联系,使被选中的中间商愿意努力提高推销水平。因此,这种分销形式效果较好。

3. 规定渠道成员彼此的权利和责任

在确定了渠道的长度和宽度之后,企业还要规定与中间商彼此之间的权利和责任,如对不同地区、不同类型的中间商和不同的购买量给予不同的价格折扣,提供质量保证和跌价保证,以促使中间商积极进货。此外,还要规定交货和结算条件,以及规定彼此为对方提供哪些服务,如产方提供零配件、培训技术人员、协助促销,销方提供市场信息和各种业务统计资料。在生产者同中间商签约时,应包括以上内容。

五、整合促销手段

新创企业在正确地选择自己特定的服务对象后,在企业与中间商和消费者之间建立起稳定有效的信息联系,实现有效的信息沟通,通过整合促销,想方设法地将产品推向市场,有效地发展市场,从而增强企业的竞争优势。根据大学生创办企业的现状,促销的整合主要是指企业在市场营销中,对广告、人员推销、营业推广和公共关系等促销手法的综合运用。

(一)广告促销

广告促销策略是在一般营销策略的基础上,利用各种推销手段,在广告中突出消费者能在购买的商品之外得到其他利益,从而促进销售的广告方法和手段。它既要告知消费者购买商品所能得到的好处,又要给予消费者更多的附加利益,以激发消费者对商品的兴趣,在短时间内收到即效性广告的效果,从而推动商品销售。

在新创企业进行广告促销活动时,要考虑顾客对各种媒体的使用情况来选择投放。既可以选择传统的大众媒介,如宣传单、报纸、杂志、电视、广播、POP等;也可以选择新媒体,如微信、微博、户外视频、地铁电视、互联网等。

(二)人员推销

推销员是沟通企业与顾客关系的纽带,人员推销是人类最古老的促销方式。在商品经济高度发达的现代社会,人员推销这种古老的形式更焕发了青春,成为现代社会最重要的一种促销形式。人员推销是指通过推销人员深入中间商或消费者进行直接的宣传介绍活动,使中间商或消费者采取购买行为的促销方式。

人员推销能主动与客户进行有效接触,面对面地交流,服务及时,当场解答消费者提出的问题,取得消费者的信任;而且灵活多样的服务容易产生"不一样"的效果,形成事半功倍的成效,如容易取得第一手资料,并把它及时反馈给企业产生新产品、新市场。

要达到人员推销应有的效果,企业应加强对推销人员的服务理念和销售思想、推销技术的训练。通常,应注意以下内容:(1)通过市场调查、查阅资料、广告开拓、他人介绍等方式寻找消费者(包括潜在客户)。(2)在推销前进一步了解消费者情况,并设计在面对顾客后如何推销的行为。(3)利用多种合情合理的方式接近顾客,即直接与顾客接触。(4)重视推销面谈,抓住顾客心理,灵活地在服务交流中说服顾客购买企业产品。如将商品特性与顾客的购买欲望联系起来,通过产品、文字、图片、音响、影视、证明等样品或资料去劝导顾客购买商品,通过售后追踪消费者等。(5)审时度势,抓住时机,促使交易达成。

(三)营业推广

营业推广指能够迅速刺激需求、鼓励购买的各种促销活动。目前采用比较多的营业推广方式有赠送样品、送优惠券、附送赠品、有奖销售、现场演示、购买折扣、展销等。

1. 确定营业推广目标

目标市场不同、产品不同,营业推广的目标也不同。通常,新创企业的早期营业推广目标是针对消费者,即刺激消费者购买,鼓励现有消费者增大购买量,吸引潜在消费者使用,争取其他品牌的使用者。在新创企业发展阶段,营业推广目标是针对中间商,即刺激中间商购买、销售本企业产品;同时刺激推销员推销新产品,开拓新的市场,努力提高企业销售业绩。

2. 选择营业推广工具

营业推广的方式方法很多,但如果使用不当,则适得其反。因此,选择合适的推广工具是取得营业推广效果的关键因素。企业一般要根据目标对象的接受习惯和产品特点、目标市场状况等来综合分析选择推广工具。

3. 确定营业推广的时机

营业推广的市场时机选择很重要,如季节性产品、节日产品必须在季前、节前做营业推广,否则就会错过最佳时机。

4. 确定营业推广期限

即营业推广活动持续时间的长短。推广期限要恰当:过长,消费者新鲜感丧失,产生不信任感;过短,一些消费者还来不及接受营业推广的实惠。

除此之外,营业推广要与营销沟通其他方式(如广告、人员推销等)整合起来,相互配合,共同使用,从而形成营销推广期间的更大声势,取得单项推广活动达不到的效果。

(四)公共关系的应用

很多新创企业在面对公共关系时会很头疼,它们知道要通过公共渠道发声,但是又经常没有很强大的渠道去通过公共关系来给公司塑造一个良好的形象。公共关系是指企业或组织为了适应环境,争取社会公众的了解、信任、支持和合作,树立企业良好的形象和信誉而采取的有计划的行动。企业公共关系的对象主要是顾客、供应商和经销商、政府、社区和媒介等。

新创企业进行公共关系的活动方式主要通过新闻媒介传播企业信息,即通过新闻媒介向社会公众介绍企业、产品、团队,以吸引消费者的注意。如撰写各种新闻稿件、产品介绍、人物专访等;举办专题活动、邀请参观企业、举办联谊活动等,主动与政府机构、社会团体、供应商、经销商等外部组织加强联系和沟通,争取它们对企业的理解和支持;建立电子网站,发布企业公关广告,介绍宣传企业;利用处理异议,传播新创企业良好口碑,即在企业生产推销过程中,针对顾客提出的异议,企业要认真分析异议的类型及其主要根源,有针对性地、实事求是地进行处理,做到时效优先、客户优先。

实践中,整合促销应结合新创公司的发展状态和战略目标而定。如在成长期,创业者可以根据企业所掌控的资源情况,改变企业创业初期的销售渠道,着重沟通渠道,引导需求、扩大销售,突出企业特点,树立企业形象,实现稳定的销售市场。

【拓展阅读】　　　　　　想做好营销？先跳出营销

营销的功夫在营销之"外"。如同写诗,功夫在诗外。只学营销,一般很难学好营销。

一、营销是变化多端的套路

营销既简单又复杂,如同象棋、围棋,规则并不复杂,但变化多端。

都知道营销"4P",其实这是最简单的概括。营销有20多项要素,后来被一位美国专家(反正不是科特勒)归纳为4P,其实每个"P"下面还有多个"子要素",总共是20多个要素。

4P是战略营销,后来科特勒又提出战术营销,那都很勉强,也可以说是营销强行延伸的结果。

战术营销,其实就是套路。但是20多个要素不断组合,套路很多。很多学营销的人把4P看成是死的,不会灵活应变。一个套路用得顺手,就一直用,这就没学到灵魂。

因为营销是竞争性领域,你用什么套路,还取决于竞争对手。很多人说只要盯着消费者就行,别盯着对手。这是"假清高"的思想,教授可以这么讲,营销人不能这么做。打仗的时候,如果只顾按照自己的打法,那一定是"不对称"的打法,要么特别强,要么特别弱。

那么,要做好营销,需要学习哪些营销之外的东西呢?我觉得应该研究下列几个方面:行业、心理学、战略、管理学、逻辑学等。

二、理性中的非理性,非理性中的理性

有人说,营销的父亲是管理学,营销的母亲是心理学。营销的对象是人,即使再差的营销,对象仍然是人。只要是人,就有心理学问题。

在读研究生的时候,我就莫名其妙地自学了各类心理学,如社会心理学、管理心理学、消费心理学等。后来有人让我推荐心理学书,我说随便拿一本看就行,因为我那时就是这么干的。

心理学研究什么?我认为是理性中的"非理性",非理性中的"理性"。

因为理性,所以有规律,可探究;即使是非理性,其实深究起来仍然是有规律的。只要是有规律的,就容易掌握,为我所用。

我曾说:"营销心理学就是让消费者掏了钱,感觉还赚了。"所谓的"双赢",其实就是厂商赢了钱,消费者赢了心理。

三、不懂战略,说服不了老板

单用"营销"说服老板很难,用"战略"说服老板很容易。说服不了老板,就是因为没有站在老板的角度思考。所以,我说过一句话:"站在老板角度思考,站在员工角度做事。"

很多人说老板不了解市场,可是你们了解老板吗?

只要是老板,一定有自己的战略。有人说,"我们老板就没有战略",那是你错误地理解了战略。战略不是一套工具、模型和知识,战略是由"位置"天然决定的,站在老板位置,一定有战略。那些说老板没有战略的人一定错了。

只不过,多数老板的战略你领会不了。有的老板看得不够远,但并不代表他没有战略,因为他的视野只有这么远。有的老板的理想不够大,那是老板有自知之明,因为他的能力不足以支持太大的理想。

战略是由视野、能力、资源决定的。我们认为老板没战略,通常意味着你的视野和能力超出了老板,老板的战略没有你宏伟、没有你长远,但不能说老板没有战略。

我的体会是,要想说服老板,不要站在营销的角度,先从老板能够理解的战略角度谈,然后再讲营销。

四、营销学的父亲是管理学

营销的思想产生于管理学领域,特别是德鲁克。营销学领域基本没有思想家。营销学一直不是"显学",管理学和经济学才是显学,像包政等老师都说是研究管理的,偶尔客串营销。

翻看管理学的历史,其实就是管理思想家的历史。"有思想,就有灵魂。"在美国,德鲁克并不被学者认为是管理学家,而说他是思想家。

管理学对于营销之重要,还在于中国一直有个现象:成于营销,败于管理。没有管理支撑的营销,撑不了多长时间。

星巴克创始人有个说法:"前台得分,后台得胜。"这与中国的说法极其相似。

五、营销背后一定有逻辑

很多人特别关注营销的创意,其实我更关注创意背后的"逻辑"。无论多么惊奇的创意、策划,背后一定有逻辑支撑。即使是"灵感乍现",背后一定要找到符合逻辑的解释。

围棋高手能看到20步以上,普通棋手可能只看到几步,这就是差距。做营销也是一样,"逻辑链"有多长,决定了你能做得多大、多复杂。

做得越大、越复杂,把复杂的问题想明白,一是取决于"结构化能力",即将复杂的问题梳理得有条理;二是取决于"逻辑链的长度",逻辑链短,就只能想明白简单问题。营销问题往往是逻辑分析很复杂、结论很简单,最怕逻辑很简单、结论很复杂。

最重要的逻辑能力,一是归纳,二是演绎。只要做过一段时间,一定有"最佳实践",就看你是否有归纳能力。只要是规律,一定可以演绎出众多有效方法。

第三个逻辑能力,就是概念化能力。最简单的概念,就是从方法到方法论。要掌握逻辑能力,不一定要学逻辑学,那会很枯燥。跟着逻辑能力强的人一起,做几次实务分析,有灵性的话,很快就掌握了。

写了这么多,会不会吓到做营销的人?其实不仅营销,做其他的事也是如此:要弄懂,得走进去;要彻底弄懂,得走出来。

(资料来源:刘春雄. 想做好营销? 先跳出营销. 销售与市场(渠道版),2017年第8期.)

第三节 新创企业"人"和"财"的管理

一、新创企业人力资源管理

著名的管理学大师彼得·德鲁克说过:"卓有成效的管理者善于用人之长。用人不在于如何减少人的短处,而在于如何发挥人的长处。"可见对于新创企业来说,如何选人、用人、育人、留人是需要认真研究的问题。

人力资源是指能够推动整个经济和社会发展的、具有智力劳动和体力劳动能力的人们的总和。而人力资源管理则是为了实现组织目标,运用现代科学的方法,对与一定物力相结合的人力进行合理的培训、组织和调配,使人力、物力经常保持最佳比例,同时对人的思想、心理和行为进行恰当的诱导、控制和协调,充分发挥人的主观能动性,使人尽其才、事得其人、人事相宜。

(一)人力资源管理的六大模块

在学术界,一般将人力资源管理分为六大模块。

1. 人力资源工作规划

人力资源工作规划指的是对新创企业一定时期内的人力资源供给和需求做出预测,并根据预测的结果制订平衡供需的计划等。

人力资源的规划工作主要有几个目标:(1)建立一支运作灵活的劳动力团队,以增强企业适应环境的能力;(2)充分利用现有的人力资源;(3)获得并保持一定数量的具有专业技能、知识结构和能力的人员;(4)能够预测企业中潜在的人员过剩或不足。

2. 员工的招聘

招聘是"招募"与"聘用"的总称,指组织根据自身发展的需要,依据人力资源规划的要求制订相应的职位空缺计划,并为这些空缺的职位寻找到合适的人选的过程。在新创企业招聘过程中,要遵循因事择人、能级对应、德才兼备等原则,在保证招聘质量的前提下,用最低的成本把最合适的求职者招进公司,并把他放在最合适的岗位上。企业的招聘渠道有两个:一是内部招聘;二是外部招聘。这两种渠道相辅相成,共同为企业获取人员提供支持与保障。

内部招聘是从企业内部选择合适的人才来填补空缺,主要有工作公告法和档案记录法两种方法。这种招聘方式的好处是:有利于节省时间和费用;可以提高内部员工的工作积极性;招聘的员工对企业的工作环境和企业文化都比较熟悉,工作上手比较快。缺点是:可能影响到员工关系,造成内部矛盾,甚至导致人才的流失;容易出现近亲繁殖问题,可能产生"团队思维"现象,不利于组织的长期发展。

外部招聘指从组织外部招聘德才兼备的人才加盟企业。主要可以通过广告、职业中介机构、推荐等多种方式。这种招聘方式的优点是:为企业注入新鲜的"血液",能给企业带来新理念、新技术;增加了企业内部人员的压力,更好地激发他们的工作动力,引发"鲶鱼效应"。缺点是:外部人员对企业情况不太了解,需要较长时间了解并适应,进入角色状态较慢;外部人员不一定认同企业的价值观,会影响企业稳定。

3. 培训与开发

培训与开发是指组织通过学习、训导的手段提高员工的工作能力、知识水平和潜能发挥,最大限度地使员工的个人素质与工作需求相匹配,进而促进员工现在和将来的工作绩效的提高。严格地讲,培训与开发是一个系统化的行为改变过程,这个行为改变过程的最终目的就是通过工作能力、知识水平的提高,以及个人潜能的发挥,明显地提高员工的工作绩效。

在实践中,进行培训与开发有多种方法可供选择,方法选择恰当与否对于培训与开发的实施以及效果具有重要的影响。企业在进行培训与开发时,应当根据培训的目的、培训的对象、培训的内容以及培训的费用等因素来选择合适的方法。

4. 绩效管理

绩效是指对应职位的工作职责所达到的阶段性结果及其过程中可评价的行为表现。所谓绩效管理,是指管理者与员工之间在工作目标与如何实现目标上达成共识的基础上,通过激励和帮助员工取得优异绩效从而实现组织目标的管理方法。绩效管理的目的在于,通过激发员工的工作热情以及提高员工的能力和素质,达到改善公司绩效的效果。

绩效考评是绩效管理的重点内容,在实践中,进行绩效评价的考核方法有很多,主要归结为三类:比较法、量表法和描述法。各种方法都有自己的优缺点,企业在进行考核时,应当根据自身具体的情况选择合适的考核办法。

5. 薪酬与福利

薪酬是指企业为认可员工的工作与服务而支付给员工的各种直接和间接的经济收入。一般来说,在企业中,员工的薪酬由三部分组成:基本薪酬、可变薪酬和间接薪酬。薪酬管理指的是新创企业在经营战略和发展规划的指导下,综合考虑企业内外部各种因素的影响,确定薪酬水平、薪酬结构、薪酬形式、薪酬体系,明确员工所应得的薪酬,并进行薪酬控制和薪酬调整的过程。作为人力资源管理的一项主要职能活动,有效的薪酬管理的重要意义主要表现在:有助于吸引和保留优秀的员工;有助于实现对员工的激励;有助于改善企业的绩效;有助于塑造良好的企业文化。

福利是指企业不考虑员工的劳动表现,只是以组织成员身份为依据,支付给员工的间接薪酬。福利又称为小额优惠,是组织为了提高员工的满意度和企业的归属感,向员工及其家属提供的旨在提高其生活质量的措施和活动的总称。福利作为员工薪酬的重要组成部分,一直发挥着十分重要的作用。就员工而言,福利可以增加员工的收入,满足员工多样化的需求,保障员工家庭生活及退休后的生活质量,满足员工的平等和归属需要。就企业来说,福利可以吸引和保留员工;可以享受国家的税收优惠政策,提高企业成本支出的有效性;可以树立良好的企业形象,营造和谐的企业文化。

6. 劳动关系

劳动关系指的是劳动者和用人单位(包括各类企业、事业单位、个体工商户等)在劳动过程中建立的社会经济关系。劳动关系在劳动者与用人单位签订劳动合同后确定。签订劳动合同时,要秉承自愿平等、协商一致的原则,所有违反法律、行政法规的劳动合同,以及采取欺诈、威胁等手段订立的劳动合同,都属于无效的劳动合同。

长期以来,人力资源管理由于受国内计划经济体制的限制,在企业中经常被忽视,仅仅看作在需要时才发挥作用,严重地阻滞了人才的流动,造成了巨大的人力资源浪费。为了面对经济全球化的现状,人力资源管理是不得不关注的一块。我国人力资源管理要采用计划、组织、领导、监督、协调、控制等有效措施和手段,不但要考虑人才需要和人才配备,而且要着眼于未来,重视人力资源的规划与开发。

(二)新创企业遵循人力资源管理规律

新创企业要克服人员少、资金少、市场小等困难,建立相应的部门组织,正可谓"麻雀虽小,五脏俱全",要充分调动"所有的人做所有的事"。实际上,新创企业虽然有名义上的分工,但运作起来是哪急、哪紧、哪需要,就都往哪去,呈现出一种高度"有序"的状态,很少按正式人力组织方式来运作。这个阶段看似"混乱",实际上每个人都清楚组织的目标和自己应当如何为组织目标做贡献,没有人计较越权或越级,没有人计较得失,相互之间只有角色的划分,没有职位的区别。然而,随着企业进入发展期,人与人之间逐步发生微妙变化,效率低了、怨言多了、团队散了。

怎样保证新创企业即使将来事业发展了,也能实现企业组织规范化运转、员工的企业归属感强呢?

第一,新创企业在早期应重视企业文化的打造,明确一个大家共同追求的、有意义的远景目标,每个成员都能主动承担责任。也就是要使企业员工树立为企业贡献力量的价值观,每个人都清楚地知道哪些是个人的责任、哪些是大家共同的责任,具有执着的敬业精神。

第二,新创企业人事关系与协调最好在开始时就有原则性章程,依照企业发展目标设立岗位职责,制定基本的行动准则;选择合适的员工匹配岗位,适度交叉任职;绩效评价应重视决策过程的民主。争取做到用制度规定职责、用岗位规范流程、用绩效倡导平等。

第三,新创企业在管理中要强化员工队伍建设,尤其是打造核心团队。创业的成功与否,在很大程度上取决于员工队伍的素质,特别是创业团队的建设,其中创业团队领袖是核心。在创业阶段,创业团队负责人既要重视全员培养,更要注重核心成员的训练,必须尽力使新创企业成为真正的团队。创业团队必须确立领导核心,选择有能力胜任关键任务的适当人选作为团队负责人,并清楚地明确其岗位职责。在创业团队逐步实现企业目标的过程中,保持激情,超越自我,共同发展。

"细节是魔鬼",新创企业容易忽视人事管理的细节问题,下的功夫不够多。大学生创业者一定要遵循现代人力资源管理的要求,尽快在总结中科学地量身定制企业规章制度,提升企业发展愿景,重视员工素养,注重平等绩效,实现人职合一,倡导新技术、新管理。

二、新创企业财务管理

财务管理是在一定的整体目标下,关于资产的购置(投资)、资本的融通(融资)和经营中现金流量以及利润分配的管理。财务管理工作是新创企业经营管理的核心。创业者在进行创业的过程中,从融资到资金的使用,再到利润的分配,都需要创业者具备良好的财务管理能力。大学生创业必须熟悉一定的财务知识,学会创业的财务基础知识,千万不能盲目行事。

(一)财务管理的内容

1. 资金筹集管理

资金筹集既是企业从事生产经营活动的前提,又是企业财务活动中首要环节和基础工作。目的在于,采用适当的方式及时、足额地从有关渠道筹集到企业所需要的一定质量和数量的资金。具体包括两层含义:一是内涵的相对筹集,主要指在各财务主体资金总量规模既定的情况下,通过结构调整、潜能发展和效率提高而实现的资金内涵数量的相对增加;二是外延的绝对筹集,它呈现出资金外延数量规模随业务量的增加而不断扩张的趋势特征。

2. 资金投放管理

投资是筹资的归宿,它关系到企业生产经营活动的规模、企业资源的配置和企业潜在经济效益的实现。资金投放是以财务目标为依托,又进一步成为实现财务目标的手段和保证。资金投放是指企业将从有关渠道筹集到的资金投入生产经营活动或其他经营活动的过程。在资金投放上,可将资产对外投放,也可将资产对内投放。对内投放包括短期投资及长期投资,对外投放主要包括企业营业活动、购建资产等。

3. 资金营运管理

资金营运是指企业通过对资金投放所形成的各项资金进行有效的管理和调度。它最能显示企业财务管理水平的高低,应力争将资金营运的安全性、流通性与收益性协调统一。

4. 财务分配管理

企业资金运行系统的直接运行目的在于获取收益,并对其进行合理分配。财务分配存在广义和狭义之分。广义的财务分配包括对投资收入(如营业收入)的分配(如缴纳营业税)以及对利润进行的分割和分配。狭义的财务分配单指利润分配或股利分配。

财务分配,尤其是利润分配或股利分配,是资金一次周转活动的终点,同时又是下一次资金周转活动的起点,起着两次资金循环连接的中介作用。

(二)财务管理的职能

1. 财务决策

财务决策是指企业财务人员根据企业经营目标和财务管理目标的总体要求,从若干个可供选择的财务活动方案中选择最优方案的过程。财务决策程序一般包括:确定财务决策目标;制订可实现目标的各种方案;评价和比较各种方案;确定最优方案。

财务决策的目的在于,确定合理可行的财务方案。

财务决策是财务管理的核心职能。管理的重心在经营,经营的重心在决策。财务决策正确与否,取决于财务信息情报的收集以及财务决策方案的设计、抉择和审查。

2. 财务计划

财务计划就是财务规划和财务预算。规划和预算在市场经济条件下显得尤为重要,没有长期的规划和科学合理的预算,很难想象一个企业的管理是有效的。制订财务计划的目的是,为财务管理确定具体量化的目标。

3. 财务分析

财务分析是以财务报表资料及其他相关资料为依据,采用一系列专门的分析技术和方法,对企业过去有关筹资活动、投资活动、经营活动、分配活动进行分析。

财务分析的目的是,为公司及其利益相关者了解公司过去、评价公司现状、预测公司未来作出正确决策提供准确的信息或依据。

4. 财务控制

财务控制就是通过计划、预算和规划,对整个资金运动的过程加以控制。财务计划制订出来就要执行,所以执行计划的手段就是财务控制。比如,实际成本与预算成本之间可能存在差异,在分析这些差异后,通过财务控制对财务计划、财务规划和财务预算进行调整。

(三)重视新创企业财务管理

1. 新创企业财务管理的新特点

与传统企业相比,新创企业的财务管理伴随着企业的成长而在不断地完善,实现动态平衡。它主要为企业实施成长战略提供支持,目标定位于可持续地价值创造,并不断完善财务结构。

2. 新创企业财务管理的新问题

新创企业从成立到快速发展,是企业最需要资金的一段时期,而由于新创企业的特殊性,容易引发一些问题。

首先,新创企业对资金的强烈需求与企业实际的融资能力产生矛盾。一方面,有些新创企业先天不足,创业之初就存在资金短缺的问题,同时还面临着产品研发、市场推广等活动带来的资金压力;另一方面,新创企业信用水平较低,贷款成本高甚至贷不到款,还要面临市场风险造成的收入不稳定等现象。

其次,新创企业对现金管理方式比较随意,经常通过赊销等方式进行促销。这几乎是新创企业的通病,资产管理比较松散,财务控制能力较差,普遍缺乏科学合理的成本控制体系,产品服务成本高。

再次,新创企业的财务管理人员较少,而且素质不高。大学生创办企业之初,在资金本身有限的情况下,往往自己决策、自己管理资金、自己赚的钱自己花。正是由于这种过度的自信或不愿意受阻于财务的约束,导致了新创企业的财务计划、决策、控制等功能丧失,容易使新创企业的发展陷入步履维艰之窘境。

3. 新创企业财务管理的新办法

如今,越来越多的创业大学生、越来越多的新创企业开始重视财务管理的科学运用。

第一,在新创企业成立之初,不仅在岗位设置上有专业财务人员的岗位,而且要尊重财务人员的管理行为。企业可以根据自身实际情况,逐步增加财务人员或以咨询的形式多多听取经验丰富的财务人员的评估。

第二，新创企业必须牢固确立现金管理使用的科学规范，必须保证有一定的现金来支持日常运作的开支。创业者要自觉遵守财务规定，不擅自借用现金，项目决策中要审时度势，万万不可以背离企业的战略管理或抱有投机的心态进行投资、盲目扩大。

第三，建立评价企业财务状况的工作机制，实施财务比率分析。大学生在新创企业过程中，要时刻关注国家、行业、同类企业经济发展的趋势，并在财务人员帮助下，认真建立企业的财务管理制度，坚持认真学习财务管理知识，经常研究和分析财务报表，合理避税，科学融资。同时，综合使用财务比率，如流动比率、杠杆比率、获利能力比率、存货周转期等，使创业者全面把握企业的财务状况，准确管理，科学发展企业。

第四节 新创企业风险管理

万事开头难。在我国，每年有成千上万的新创企业因为经营管理或决策上的失误而破产。创业是一个需要勇敢面对然后战胜困难的艰苦过程，然而，新创企业的各项工作都处于刚刚起步阶段，规模小，资金实力也较薄弱，此时的抗风险能力最差。因此，如何对创业时期的各种风险进行有效的管理，如何评估和化解风险，对于新创企业来说尤为重要。

一、风险评估的概念与任务

新创企业面对的运营环境千变万化，无论是社会、经济、法律、政治、文化等宏观环境因素，还是企业自身、竞争者、供应商等微观环境因素，都会使企业面对种种不确定的风险。关于风险，创业者可以从两个方面来认识它：一方面，创业者必须正确认识到风险的存在，尽量避免或减少风险带来的损失；另一方面，创业者也应明确的是，风险和机遇并存，挑战和发展同在。没有风险就不会有超额的利润或收益，所以创业者的重心应放在密切监视风险上，并将损失控制在新创企业的可接受范围内。

创业风险评估的目标在于，如何正确发现及识别创业风险，从而为有效地控制风险奠定坚实的基础。

（一）风险的概念

风险，就是生产目的与劳动成果之间的不确定性。它有广义和狭义之分：一种定义强调了风险表现为收益的不确定性，此时说明风险产生的结果可能带来损失、获利或是无损失也无获利，属于广义上的风险；另一种定义则强调风险表现为损失的不确定性，此时不可能从风险中获利，风险只能表现为损失，属于狭义风险。

风险是可以被感知的客观存在，无论是从宏观角度还是从微观角度，都可以对其进行判断和估计，在此基础上进行有效管理。正是风险的这种可识别性和可管理性，使得新创企业越来越重视这项活动，从而更顺利地实现组织的目标。

（二）风险的特征

市场风险、环境风险、技术风险、管理风险、财务风险等都是新创企业面临的主要风险，概括起来，这些风险具有以下5个特征：

1. 客观必然性

风险的客观性指的是风险本身是不以人的意识为转移而客观存在的，是由自然现象和社会现象所引起的，风险的发生是不可避免的。但是，人们在风险面前是具有主观能动性的，人们可以根据所掌握的客观规律对其进行判断和选择。可见，风险的选择和评价程度都是由人主观进行的。主观能动性的作用效果取决于人们判断和选择的能力。

2. 不确定性

虽说风险的发生是必然的,但是,风险是否真实发生,何时发生、何地发生以及如何发生,造成多大的损失等都是不确定的事件。这是由风险形成过程的随机性和复杂性决定的,人们对其不能全面掌握。

3. 双面性

风险的双面性指的是风险既有损失的一面,又有获利的一面。风险的这一特性有助于新创企业全面把握风险的实质。既要提高风险的控制能力,深刻意识到风险的危害性,尽量消除、转化或降低风险对于企业的伤害;又要加深对风险的认识和研究,准确把握时机,进行科学决策,获取风险收益,促进企业快速发展。

4. 可度量性

尽管风险具有不确定性,但是任何事物的产生、发展都不是偶然的,而是有规律可循的。随着社会的进步和人们素质的提高,风险的规律是可以逐步被认识和掌握的。比如,新创企业可以运用一定的技术方法,根据以往类似事件的统计资料,对各种结果发生的几率作出判断和估计。如果风险程度不能加以度量,风险管理便失去了存在的意义。

5. 转移性

通过采取适当的风险管理措施和新创企业生存环境的变化,风险的性质、后果和形态在一定条件下会发生转化。风险转移性的基本表现为:一是风险性质的转移。风险会随着风险管理措施的实施,由一类风险转化为另一类风险。二是风险承担者的转移。通过一定的风险管理机制,可以把风险从一部分人身上转移到另一部分人身上。三是风险形态的转移。随着科学技术的进步发展,消除风险与制造风险几乎是同步的,高科技在提供征服自然能力的同时,又带来了新的风险。

(三)风险的类型

根据划分标准不同,创业风险大致有三种分类方法:

1. 按风险来源分类

根据风险来源,可以将风险分为系统风险和非系统风险。系统风险是指企业本身控制不了的风险因素,创业者只能在创业过程中尽量回避,因而又称为不可分散风险,主要指企业所面临的环境中的风险因素,比如市场风险、政策风险、自然风险等。非系统风险是指企业从一定程度上可以控制的风险因素,它可以通过设立风险防范机制来加以控制或化解,因而又称为可分散风险,主要包括技术风险、财务风险、管理风险等。

2. 按风险成因分类

按照风险产生的原因,可以将风险划分为主观风险与客观风险。主观风险本质上是创业者一种心理的不确定性,而这种心理的不确定性源于个人的思维方式和心理状态。客观风险主要表现为一种客观存在性,但持不同风险态度的人对其处理方式是不一样的,所以仅意识到客观风险的存在是不够的,还必须了解人们对风险的态度。客观风险和主观风险的不同之处主要在于其更精确的可观测性以及由此而来的可衡量性。

3. 按创业阶段分类

就新创企业产业化过程而言,可分为四个阶段:技术开发阶段、产品开发阶段、生产能力开发阶段和市场开发阶段。新创企业的风险也就相应地分为技术开发风险、产品开发风险、生产能力开发风险和市场开发风险。一般企业的生命周期由导入期、成长期、成熟期和衰退期构成,从这个角度看,风险也就相应地分为导入期风险、成长期风险、成熟期风险和衰退期风险四种。

(四)风险评估的任务

新创企业通过对风险的识别、衡量和控制,以最小的成本使风险损失降到最低。创业风险评估的任务主要有:

1. 减少决策失误

正确的经营决策必须综合考虑企业内外部各种因素的影响,否则会因定位不当或缺乏长远规划而使企业陷入困境。通过对风险的识别、评估和预测,运用各种控制手段对风险进行处理,有助于减少新创企业生产经营中的各种风险,避免决策失误。

2. 实现经营目标

企业的首要经营目标是盈利,增加收入和减少支出是实现盈利的基本途径。通过风险评估和管理,企业可以调整产出比,将损失降到最低,有助于企业增加收入和降低支出,提高经济效益。企业通过及时把握风险因素,排除各种经营障碍,合理调整营销策略,为经营目标的实现提供了保证。

3. 保障财务安全

由于缺少积累,新创企业往往资金实力薄弱,现金流量不足。在新创企业的发展过程中,资金问题一直是困扰创业者的主要问题。即使是有一定实力的企业,也会有资金周转不灵的困扰。所以,采用合适的风险管理,有助于降低管理成本,使企业资金得到更有效的使用。

二、风险评估的途径和方法

创业风险评估是企业依据创业活动的迹象,在各类风险事件发生之前运用各种方法对风险进行识别和分析的过程。由于新创企业的特殊性,企业除了要识别如国家经济政策的调整、法律法规的变化、市场需求的变化等显性风险,还要识别遭遇突发事件带来的隐性风险。

(一)风险评估的基本途径

1. 环境分析

新创企业面临的环境比较复杂,可以分为微观环境和宏观环境两大类。微观环境主要包括投资者、消费者、竞争者、供应商、政府部门等;而社会、经济、自然、政治、法律、技术等构成了企业的宏观环境。创业风险评估的环境分析是指通过对环境的分析,结合企业自身的优势和劣势,找到企业可以利用的机会,尽量避开环境威胁,减少环境可能引发的不良风险和损失。

在运用环境分析方法的时候,重点在于分析环境的不确定性,发现其变动趋势。要分析环境中的变动因素及其相互作用对企业经营活动产生的影响,并找到相应的对策。

2. 专家调研

专家调研是通过运用专家的丰富经验、专业知识和出众能力,结合专家的特长,对风险的可能性及其后果做出判断和估算。这是一种重要而且被广泛使用的风险评估途径。

运用专家调研的基本步骤为:第一步,根据主要的风险项目,选聘相关领域的专家;第二步,由专家对各类可能出现的风险进行评估;第三步,回收、整理、分析专家意见,再将结果反馈给专家;第四步,专家根据反馈结果,进行第二轮的风险评估工作,再进行分析反馈,以此类推,直到得到令人较为满意的结果为止。

3. 财务分析

财务分析是以新创企业的资产负债表、利润表以及现金流量表等资料为依据,对企业的固定资产、流动资产等情况进行风险分析,以便从财务的角度发现新创企业面临的潜在风险。财务报表集中反映了企业的财务状况和经营成果,通过对报表的分析,管理人员可以掌握大量的资料,为发现风险因素提供线索,提高风险评估的工作效率。

(二)风险评估的主要方法

风险评估是风险管理中最关键的环节。具体做法是,在识别出风险的基础上,结合定性与定量分析,主要利用统计分析技术方法对风险进行测量。常见的风险评估方法有以下几种:

1. 概率估计法

概率估计法是风险评估的主要方法,具体做法是,首先估测出各种风险事件发生的概率及其结果的大小,然后求出其期望值和方差,从而判定风险的大小。概率通常有两种:一是客观概率。这主要是根据大量试验,对大量统计数据采用统计方法进行估算。二是主观概率。有些风险事件很难计算出客观概率,不能做出准确分析,而又必须作出估计,这时就只能运用主观概率来测算风险的大小。概率估计法具体又可分为概率树与逻辑树分析法、外推法、蒙特·卡罗模拟分析法等。

2. 风险价值法

风险价值指的是在一定时期内,在一定的置信水平下,由于市场风险要素发生变化而对新创企业造成的最大损失。它可将企业的风险大小以一定的货币量表示出来,实现不同风险之间的相互比较。风险价值还是一个概括性数值,能够直接刻画企业具体的风险大小,与之前以方差来代表企业风险的做法相比有了很大的改进。目前求解风险价值的方法主要有两种:参数方法和模拟仿真法。

3. 德尔菲法

德尔菲法又称专家调查法,即通过建立风险指数和风险评级表,组织专家对各风险项目进行打分,在此基础上判定风险程度的风险估计方法。企业针对某个风险同时咨询多个专家,专家们根据自己的专长和经验做出各自的评估;企业再综合这些评估得到一个折中的结果,把该结果反馈给专家们,专家们再据此对自己的评估进行修改,直至一致的评估结果。

德尔菲法的优点是简单易行、取长补短,有一定的科学性和实用性;缺点是反复进行评估和修改,所需要耗费的时间较长,而且仍属于主观判断。

除了上述三种,还有其他一些风险估计方法,如全面风险管理法、敏感分析法、层次分析法等。而在实际估计新创企业的风险时,应结合企业的具体情况和要求及各种方法的适用性来选用合适的评估方法。为了达到更准确的评估效果,常常会同时或交叉使用几种方法对同一种风险进行估计。

三、创业各阶段风险分析

创业是一种高风险的活动。虽然信息可获得性在逐渐提高,市场有效性也在逐渐提高,然而创业的不确定性却增大了,创业的风险也会进一步加大。当前的创业大多是凭借创业者的高智力劳动进行的,主要发生在高科技产业,比如信息、生物、新材料、新能源等,而更多高智力的劳动使得创业过程更难以把控,这必然会加剧创业的风险,提高不确定性。

创业阶段的具体工作包括从有一个好的创意,到注册公司,最终使公司成为稳定、可盈利的企业。一般要经过以下若干环节:形成创意—第一笔投资—注册公司(组建公司)—产品开发—新产品上市—营销推广—构建经营网络—完善组织结构—盈利。跨过这一阶段就进入发展阶段,要进行再融资活动。无论在哪个创业时期,风险都是存在的,只是因为阶段不同而表现出不同的强弱程度罢了。

(一)创业前期面临风险

本书提出的"创业前期",从本质上讲,是指创业活动从创业概念构思形成到走向企业生存的阶段,它应包括孕育、论证、筹建、开业等过程。资金不足是新创企业前期遇到的主要问题,还包括缺乏长期目标和长期投资能力,或者将短期资金用在长期项目上,不注意资本运用和资本结构,投机意识强,风险意识差,缺乏经营管理的计划和目标,在遇到复杂情况或困难时缺乏应变策略和抗风险能力。按照企业生命周期理论,这个阶段是最容易遭遇挫折或失败的。具体来说,创业前期面临的风险主要分为以下几类:

1. 项目风险

(1)时机不当

有的创业者创业不久就受到国家、地方新颁布的行业管理条例的限制,只好被迫停业或关门,造成资源浪费。这是因为国家有规定,许多行业是不能由私营业主经营的。也有一些行业原先允许经营,因政策改变而受到限制,甚至会无限期对某个行业关停并整改。因此,创业者在创业之前对这些规定都要了解清楚。

(2)盲目跟风

"一窝蜂"热潮有时意味着"恶性竞争"。有些创业者在确定经营方向时爱盲目跟风,对当下市场的需求变化草率作出决断,哪行赚钱就做哪行。然而,市场运作有其自然周期,创业前周密的市场调查和理性的分析尤为重要。一些创业者由于缺乏管理的能力,重大决策缺乏可靠依据,也没有建立必要的财务会计管理系统,容易草率估算或低估企业的资金需求,从而错误选择设备和技术。成功的创业者关键就在于迈好了这第一步,而在创业失败的案例中,不少创业者就是夭折在这一关。

2. 资源配置风险

(1)资金短缺

处在创业前期的企业融资条件苛刻,只能主要依靠自有资金运作来创造自由现金流。自由现金流一旦出现赤字,企业将发生偿债危机,甚至导致破产。有些创业者在没有足够的流动资金的前提下就贸然创业,对现金流入的状况预计得太理想,就容易出现流动资金不足,影响企业的盈利能力和偿债能力,从而影响企业的信用等级和资金周转,甚至出现资不抵债的情况,最终迫使企业走向破产。只有提供足够的现金,创业项目才能实施,企业才能生存。

出现资金短缺、产生现金风险的主要原因有:过分注重销售和利润的增长,忽视现金管理;不考虑条件和时机,盲目扩张;固定资产投资过多,使资金沉淀;等等。

(2)配置失衡

在创业初始阶段,要精兵简政,有限的资源应该用在刀刃上。新创企业初期规模必须精简,生产、管理和营销要重实质、讲效率,不要着急过大老板的瘾,一味追求表面的浮华,徒增费用。有些创业者在创业初期提出不切实际的扩张目标,盲目铺摊子、上规模,结果只能资源分散,力不从心。

3. 管理风险

由于创业者缺乏管理经验,在创业前期管理风险就更加凸显出来。比如用人不当,造成不必要的内耗;缺乏有效的领导和管理方式,不论工作轻重,事必躬亲,觉得"只有我才能干好",对下属缺乏信任感;财务制度存在漏洞,可能产生损公肥私现象;缺乏良好的沟通能力,当员工提出利益诉求,创业者就视其为不忠,从而影响彼此的有效沟通和合作。

4. 团队风险

创业团队的组建对于新创企业来说是一个十分重要的任务。创业前期,创业团队的成员大多是自己的亲朋好友,经过一段时间的合作后,各种矛盾就会显现出来,制约企业的发展。这时,创业团队就要经过一个痛苦的"洗牌"过程。创业团队的风险主要来源于以下几个方面:

(1)效率低下

许多创业者刚刚取得一些成功,创业成员内部之间就会为了各自的利益开始争斗,导致企业财产、技术、市场、人才分割,最终迫使企业关门倒闭。管理团队的合作必须以明确的责、权界定为基础,有的创业团队主要由同学、亲戚组成,产权关系不清晰,权责不明确,缺乏有效的激励机制和监督机制,常常会为职位安排、报酬分配而产生矛盾,使得合作协同困难重重,严重影响了企业形象和运行效率。

(2)结构松散

企业管理团队必须在专业领域、经验、技能等方面保持一个合理的平衡关系,并且应保证团队结构与企业发展不同阶段的主要任务动态适应。而新创企业初期的人力资源结构显然无法达到这种要求,也就难以实现企业经营管理的专业化,使企业经营隐藏着巨大的风险。

(3)纪律松懈

在创业企业的团队创建过程中,有一个比较普通的现象是,团队成员之间不论职位高低,皆以兄弟相称,这种过于追求人情味与亲和力的团队容易形成松散的工作气氛,影响管理制度的执行情况。比如,虽然制定了相应的管理制度,但由于管理人员执行力不够,导致管理制度形同虚设。

(二)创业过程中面临风险

创业过程与创业前期和创业后期很难明显区分。因此,创业前期和创业后期新创企业面临的各类风险在创业过程中也相应存在。在创业过程中,主要的风险来自两个方面:一是资金;二是市场。

1. 资金风险

对新创企业来讲,普遍存在的问题是缺乏资金。资金作为企业的生命线,直接关系到企业的生存和发展。资金风险是指因资金不能适时供应而导致创业失败的可能性。

(1)筹资风险

筹资风险是企业风险管理的首要环节和重要内容。它是指企业因借入资金而产生的丧失偿债能力的可能性和企业利润的可变性。也可以理解为,由于筹资效益带来的不确定性给出资人带来的损失或不确定性。

企业筹集资金给财务带来的风险主要表现在两个方面:一是指负债筹资导致企业所有者权益下降的风险;二是指负债筹资可能导致企业财务困难甚至破产的风险。筹资风险产生的原因主要是举债方式和负债结构不尽合理、举债规模过大以及制度环境的变化。筹资风险的防范策略主要有:根据企业的实际情况,在适当的筹资时机选择正确的筹资方式;合理确定财务经营结构,应该把握好负债经营的"度",合理确定企业一定时期所需筹集资金的数额。

(2)投资风险

投资风险是指对未来投资收益的不确定性,在投资中可能会遭受收益损失甚至本金损失的风险。它会影响创业企业的盈利水平和资金回收。

投资总会伴随着风险。投资的不同阶段有不同的风险,风险性质、后果都不一样,投资风险也会随着投资活动的进展而变化。投资风险一般具有可预测性差、可补偿性差、风险存在期长、造成的损失和影响大等特点。

对投资风险的防范策略主要有：一是优化资金配置。由于固定资产、无形资产的流动性较差，因此，要降低固定资产、无形资产等在资产总额中的比重。二是将有限的资金用在高效产品上，择优投放建设项目。三是在项目选择上，尽可能选择技术成熟、短平快的项目。技术不成熟，就会给市场开拓造成困难，项目的销售周期太长，有限的资金很可能在项目成功之前就被耗尽，创业企业经不起太长时间的入不敷出。四是在立足主业的基础上适当进行多元化经营，以分散风险。但多元化经营要把握好"度"的问题，所经营的业务要符合新创企业资源的优化配置，这样才能更好地整合资源，否则就会给企业带来更大的资金风险。

(3) 现金流量风险

现金流量风险是指企业现金流出与现金流入在时间上不一致所形成的风险。也可以理解为，企业在收益不错的情况下，由于实行权责发生制，不错的收益并不等于有足够的现金，一旦资金链断裂，企业就会陷入困境。其产生的主要原因是，很多新创企业并没有将企业的营运资金用在日常的生产经营中，而是将其用于对外投资或购置固定资产、无形资产等长期资产。而对外投资或购置长期资产项目都不可能在短期内形成收益，使现金流入存在长期滞后的现象，从而造成企业营运资金不足。企业片面重视利润和销售的增长，忽视手头可以使用的资金。

防范现金流量风险的主要策略有：一是缩短现金周转期，让有限的流动资金创造出更大的收益。比如，通过减少存货、增加对供应商的欠款和加快应收账款的回收等手段来缩短现金周转期。二是密切关注现金流量指标。权责发生制在确认、计量和记录企业的资产、负债、收入、费用时采用了一系列应计、分配和摊销的方法，难免带来人为的主观因素，而相对客观的现金流量成为衡量企业经营业绩和财务状况的一个日益重要的指标。三是改善企业经营活动，开源节流，增收增效。

2. 市场风险

这里的市场风险是指新创企业从事经营活动所面临亏损的可能性和盈利的不确定性。主要表现为竞争激烈程度的不确定性、市场接受能力的不确定性和市场接受时间的不确定性等。

无论是出于分散风险的考虑，还是为了发现更多的市场机会，多元化曾经一度成为企业发展的一个趋势和潮流。但对于很多企业尤其是新创企业来讲，目前最大的市场风险来自多元化的经营。虽然俗话说"不要把鸡蛋都放在一个篮子里"，但对新创企业来讲，有时候把鸡蛋都放在一个篮子里，集中精力看管好这个篮子，不失为一个聪明的选择。

(1) 市场进入与市场进入风险

市场进入是一项富有挑战性的、充满风险的事业，指的是企业根据自身的发展战略而决定进入一个尚未涉足的新领域或新产业领域的行为或过程。在市场进入中，由于各种因素的复杂性、变动性的影响，往往使企业进入的实际后果与预期发生背离，导致利益损失。

市场进入风险主要可以从以下几个方面进行分析：一是市场进入收益与进入成本。进入成本主要是企业在退出时无法收回的费用，一般称为沉没成本，包括处置专用性资产、设备所造成的损失，无形资产的损失以及取得政府许可的费用。这些成本在企业退出市场以前是无法预期和弥补的，也是企业在整个生命周期内所无法收回的。沉没成本越大，意味着企业进入市场的机会成本越高。二是市场进入的定位。从整体而言，市场是一个巨大的整体，它是由众多提供各种产品的子市场和区域市场构成的。因此，任何一个企业都没有能力进入所有的市场，无法为所有的客户服务，只能根据自己的优势和特长，进入某一细分市场，在其目标市场上确定自己的竞争优势。企业在做进入区位(包括产业区位和地理区位)选择时，既要考虑竞争者,又要考虑消费者,做到消费导向与竞争导向有机结合。

(2)市场营销风险

市场营销风险源自以下三个方面:一是源于消费者。消费者对于产品的接受和认可程度,直接决定新创企业的生存和发展。消费者的购买行为受到如下因素影响:信息不对称导致消费者对创新产品的认知存在障碍;消费者存在对新产品的缺陷和副作用的恐惧心理及预防心理;消费者不愿投入太多使用成本。二是源于竞争者。企业在市场上面对的竞争者有两类:一类是同行业中的中低端竞争者,这类企业往往通过低价来提高产品的性价比,并通过全方位的服务提高企业的竞争力;另一类是同行业中的同类竞争者,为了避免老产品被市场淘汰,他们也会推出同类新产品,也可能出现价格竞争的情况。三是源于国家政策和相关法规。很多国家对于新技术的产品检查和管制日益加强,很多地方受到法律法规的强制性和规范化的控制。

市场营销风险主要有以下几点:一是企业的营销实力不足。降低市场风险首先要靠一个过硬的营销队伍,新创企业的销售人员不仅要负责产品的销售,还要负责技术推广工作以及市场信息的收集和反馈工作,因此,要求他们不仅仅是营销专家,还要是技术行家。二是市场选择的错误。以何种方式在何时进入何种市场对于企业来说是一个需要认真研究的问题,如果进错市场或者太晚进入市场,则很难挤占现有市场,取得理想的销售业绩。三是过分依赖价格优势。如果只是盲目地利用低价来吸引顾客,提高市场占有率,只会引发价格大战,最终两败俱伤。

规避市场营销风险的基本策略有:一是树立以市场为导向的整合营销理念。从客户的需求出发,在产品规划、价格制定、销售渠道和促销方式的选择上以市场为导向。二是组建一支战斗力强的营销队伍。在营销团队的招聘中,注意选拔符合条件的人员,同时加强对现有销售人员营销技巧和技术知识方面的培训,争取建立一支高效、高素质的销售团队。三是制定合适的价格策略。在商品定价时,不能一味地考虑低价或降价,尤其是对于技术含量比较高的产品,顾客会产生高价质优的感觉。

(三)创业后期面临风险

创业后期的企业,在生产、营销、管理、财务、人力等方面都比较正规和稳定,企业面临的某些盲目性和不确定性在经过创业初期的摸爬滚打之后相对减少了,企业外部的风险不确定性在经历了残酷的市场竞争后也相对缓解了。此时,对于风险的分析要站在宏观的立场上进行了,主要可以将创业后期的风险影响因素分为三大类,即环境因素、管理能力因素和技术与产品因素。各类风险因素相互作用、相互影响。

1. 环境因素

环境因素是指属于外部环境的风险因素,包括经济环境、消费者需求和竞争对手。

(1)经济环境

经济环境是新创企业风险环境因素中最根本的组成要素,国家或地区的经济发展水平、经济体制和经济结构直接限定了新创企业发展的方式、方向和规模,进而影响到企业的发展。

(2)消费者需求

新创企业面对的是一个全新的市场,产品能否适应市场需求,关键在于是否准确了解到消费者需求的变化,产品是否能够有效满足消费者的消费诉求。对消费者需求有三点理解:一是只有生产出令消费者满意、受消费者欢迎的产品,才是富有竞争力的企业。二是消费者已经培养出对于某品牌的忠诚度,即使新产品有明显的质量或价格优势,消费者也不愿意尝试购买,这就是对原有产品的依赖性。消费者对竞争品牌依赖程度的大小,直接影响到新创企业产品的市场占有率和市场前景。三是消费者对于新产品信息的了解和熟悉程度会直接影响到新产品的销路。如果消费者对新产品在使用方便性、安全性、节能性等方面的知识掌握得比较清楚,就会比较容易接纳新产品,接纳的程度越高,新产品的销路就会越好。

(3)竞争对手

包括现实的竞争对手和潜在的竞争对手。新创企业不仅面临国内同行的竞争,而且也面临着来自进口产品的威胁。创业者应该了解国际市场信息变化的情况,追踪同类产品的技术发展趋势,熟悉进口产品在国内的市场竞争地位,将进口产品的负面影响降到最低限度。竞争对手的数量和竞争力的大小也是新创企业不可忽略的风险因素。

2. 管理能力因素

新创企业的管理十分复杂,拥有一支高素质的管理团队则是评判新创企业是否具有发展潜力的前提和基础。

(1)创业者素质

首先,创业者是否有行业从业经验是一个重要因素。创业者对行业越熟悉,就越能洞悉行业的发展变化趋势,避免行业的变动带来的技术和市场风险,也有利于把握行业先机,赢得市场竞争优势。而且,行业从业经验可以帮助创业者熟悉行业规范,了解行业的技术标准和操作模式,快速建立盈利模式,提高创业成功的可能性。其次,创业者应该具有支撑其持续奋斗的进取心,具备领导能力与战略眼光,了解目标市场,团结协作,开拓创新。

(2)团队结构

首先,创业企业管理团队的人员结构必须合理,应该包括产品开发、运营管理、财务管理及人力资源管理等各种具有专业特长且经验丰富的人士。其次,创业企业内部的产权关系必须明晰,否则待创业企业发展壮大以后就会引发团队成员之间的财产之争,进而导致核心团队的瓦解,增加管理风险。

3. 技术与产品因素

拥有创新技术,开发出功能独特的产品,无疑将增强企业的竞争力。

(1)技术优势

新技术是创造市场、使新创企业获取超额利润的决定性因素。技术创新内容主要包括设备与工具、生产工艺、能源与原材料等方面的创新。技术的独占性是获取技术垄断的前提,增加技术的独占性、减少可能带来的竞争对手,是新创企业保持竞争优势、赢得市场主导地位的有效途径。

(2)产品研发

高技术的市场垄断性和高附加值使得产品的更新换代速度加快,拥有新产品的持续开发能力是创业企业维持竞争优势的重要保证。一般新创企业的技术更新速度要比社会或同行业同一种技术的更新速度快,才有竞争力。

(3)知识产权

具有独立知识产权的技术有高度的专属性与排他性,对创业企业的发展起着重要的保护作用。

大学生创业者常常表现为粗放式管理,初创企业的核心一般就是创业团队的负责人,其能力的大小、社会责任意识等直接关系到企业的成败。在创业之初,大学生创业者常常身兼多职,事必躬亲,直接向顾客推销过产品,亲自与供应商谈判过,亲自到车间里追踪过顾客急要的订单,甚至在库房里卸过货、装过车,还跑过银行、催过账,策划过新产品方案,制订过工资计划,被经销商骗过,也让顾客给当面训斥过等,因为这才叫创业。只有对企业经营全过程的细节了如指掌,才使得"生意"越做越精、企业越来越红火。

【创业实践】　　　　　　　　沙盘经营模拟实验

在 ERP 实验室进行:首先进行分组,每组一般为 5~6 人,这样全部学生就组成了若干个相互竞争的模拟企业;其次进行每个角色的职能定位,明确企业组织内每个角色的岗位责任,一般分为 CEO、营销总监、运营总监、采购总监、财务总监等主要角色;最后在给定的行业背景和市场条件下,按照实验规则,模拟企业 5~6 年的经营。

通过企业经营模拟,使学生在分析市场、制定战略、营销策划、组织生产、财务管理等一系列活动中,感悟科学的管理规律,同时也对企业资源的管理过程有一个实际的体验。在经营过程中,还可以进行角色互换,从而体验角色转换后考虑问题的出发点的相应变化,培养学生换位思考的能力。

第十二章 "互联网+"创新创业实践

● 学习内容与目标

1. 了解当前创新创业的热点方向；
2. 熟悉各行各业"互联网+"的商业模式；
3. 能够结合某个行业的发展趋势，进行"互联网+"的创业项目分析；
4. 理解"互联网+"带来的趋势和影响。

● 创新实验指南

1. 通过案例分析、解读、判断和讨论，培养统摄思维及评价综合能力；
2. 通过项目调研和反思，提升对组织商业行为的判断能力；
3. 通过商业模式设计、项目实践、路演和校企多类合作，从实践中提升创新创业能力。

● 活动导入

定义创造力

1. 请学生按个头高低分成小组。
2. 请学生阅读问卷——"你能够定义创造力吗？"告诉学生给创造力定义在本次活动中的重要性。每个小组必须先给出一个创造力的书面定义，并给出描述及象征性符号。
3. 各小组完成任务后选出代表，在班上进行交流。

问卷——你能够定义创造力吗？

1. 创造力定义：
_____
_____
_____

2. 利用五种感官来描述创造力：
创造力看起来像：_____
创造力闻起来像：_____
创造力摸起来像：_____
创造力听起来像：_____

创造力品尝起来像：_____

3. 画出象征性符号：

先导案例

互联网创业3.0：借助平台快速创业致富的黄金时代

Web3.0时代意味着什么？从新浪、搜狐打头的Web1.0资讯时代，到以猫扑、天涯、人人为代表的Web2.0社交时代，再到如今微博、微信领导的Web3.0碎片化沟通互动时代，时光匆匆，信息传播方式也从"别人说，我们听"进化成了"我们说，我们听，人人参与且乐此不疲"。Web 3.0带来的改变就好像让你拥有了一个贴身的私人网络助理，网络将对你无所不知，能够自主地查询互联网上的所有信息来回答任何问题，且人人都是自媒体。这意味着人人都可以通过网络来快速实现自己的价值和目标，将随时冒出的新想法迅速变成现实商业模式的科幻大片式景象。一起来看一个提供这类景象的平台，一家有态度的网站——36氪。

图12—1

36氪，由名校毕业的88后刘成城在大四期间创办于2010年12月，专注于创业服务，目前已成长为一家科技创新企业综合服务集团，同时也是国内规模最大、产业链覆盖最完善、理念最先进、综合实力最强的科技创新创业生态服务平台。2015年10月，36氪作为全国双创周4家创业企业代表之一，受到了李克强总理的重视。在最近两年里，国务院副总理刘延东、科技部部长万钢等各级领导，先后来36氪进行实地调研，非常认可36氪在创业服务上所做的探索和所取得的成绩。

36氪为中国无数创业者以及广大中小企业提供全方位的系统服务，从信息咨询到帮助对接融资渠道、直接获得资金,再到解决办公场地以及相关的配套孵化服务。这些年,36氪服务了超过20 000多家创业企业,整个服务过程全部免费。36氪线上平台已经汇集了超过90 000多个创业项目,整个市场上八成的优质创业项目都可以在这里找到。另外,建立了由国内排名前15的顶级投资机构组成的联盟,从而为这些优质创业者的成长提供最好的融资支持。2015年,36氪得到了国内最大的科技金融公司蚂蚁金融服务集团的投资。除此之外,全球知名风投机构经纬中国、传统金融背景的国内领先券商华泰证券等也都是36氪的股东。2016年,36氪引入了新股东招商局创投基金,帮助创业企业跨出走向成功的第一步。

目前的36氪网站由36氪媒体、36氪创投以及氪空间三大业务板块构成。

一是36氪媒体。目前36氪是中国最主流、最权威和影响力最大的互联网新商业媒体。迄今为止,已让20 000多家初创公司在全球上亿受众面前曝光,其中有90%的初创项目是首次曝光。在国内早期被投项目中,有75%被36氪报道覆盖,通过36氪的报道,有54%的项目获得机构投资,34%获得顶级机构投资,垄断了早期项目入口。2016年7月,冯大刚出任媒体公司总裁,从此36氪媒体从创投视角加大对中后期创业公司乃至大公司的报道,从而逐步拓展到全商业领域,在传递商业价值上更趋完善。

二是36氪创投。由于多年开展媒体业务,36氪对国内创业者以及投资机构的需求有深刻的了解,因此,36氪创投就成为中国一级市场的领先资讯对接服务平台,也是唯一一家专注于以创业公司为核心的数据平台。36氪能够为投资机构提供及时、完整、准确的以创业公司数据为核心的金融和财经数据仓库,这些数据内容将涵盖创业公司人事、领域方向、融资动态、核心优势、用户数据、行业分析报告以及新闻动态等诸多领域;同时,新的信息内容会及时进行更新,以满足投资者的最新需求。2016年,36氪推出了创投助手APP,这是36氪主推的"去中介化"一站式融资平台。创投助手致力于打造一级市场的金融信息服务平台。平台现已收录和维护包括一、二级市场以及TMT项目和非TMT项目在内的共50多万个项目。其中,人工精心运营上万个行业标签数据,为投资人的投资决策、数据分析以及媒体报道提供了深度分析依据。目前平台已入驻了6 000多家投资机构、10 000多个投资人。

三是氪空间。不论项目好坏,在创业初期,创业者往往需要花费30%以上的时间与投资人进行沟通。据统计,如果在3个月内不能达成投资意向,创业者很有可能就此丧失创业机会。为了解决这一难题,2014年4月,36氪成立自己的众创空间——氪空间,也是最早一批中关村管委会认定的"创新型孵化器",为全球的创业者提供高性价比的极致办公体验和全方位的深度创业服务,倡导共享的价值理念和开放的社群氛围,立志为创业者提供最好的产品和服务。目前,氪空间在北京、上海、深圳、杭州、苏州、南京、武汉、成都、天津等城市布局了30座社区,开业社区入驻率超过94.2%。氪空间从空间、社区、服务三个维度为企业提供"全生命周期"办公空间解决方案。氪空间已为超过1 000家企业提供相配套的办公空间服务,从真正意义上实现了企业人才、技术、资本、资源的对接和交互。如今的氪空间已成功孵化了9期共207个项目,项目融资总额29.9亿元,项目估值总额超过160.5亿元,成为创业者心之向往的"独角兽"训练营。

(资料来源:36氪官方网站. http://www.36kr.com.)

"人家争住水东西,不是临溪即背溪。捞得一家无去处,跨溪结屋更清奇。"

——宋代著名诗人 杨万里

第一节 "互联网+"商务服务:跨境电商/社区O2O/余额宝/物联网/途牛

"互联网+"应该是中国人提出的一种概念,寓意每个企业都有自己的"互联网+"商业模式,腾讯马化腾也曾在2015年全国"两会"提交全国人大代表提案,建议将"互联网+"作为国家战略。如今市场上,"互联网+"已经成为企业整体的一部分,不可分离,并将不断创新融合到实体经济中去。

一、跨境电商

在互联网时代初期,有个销售柳编狗窝的公司,利用网络外贸销往海外市场,跨境电商随之而来。其后由于国家外贸政策的灵活变化、加入WTO等有利政策,再有2008年经济危机等因素的刺激影响,跨境电商逐渐火爆起来。截至2016年初,在浙江、广东等地已经涌现出大约10万家从事跨境电商的企业,这些企业已经成为"中国制造",是走向海外的重要力量。

(一)跨境电商的基本内容

1. 跨境电商的定义

跨境电商不是简单的零售、批发,它是发生在产品销售渠道过程中一系列参与者的服务行为与商业行为。从概念可知,跨境电商可以分为零售型B2C和批发型B2B,或者出口型(速卖通)和进口型(京东全球购)。eBay公司和速卖通属于典型的B2C,即企业直面消费者。阿里巴巴国际站属于B2B交易类型,这类企业级市场在跨境电商领域中约占据九成的市场份额。

2. 跨境电商五大构成要素

跨境电商商圈系统示意图如图12-2所示。

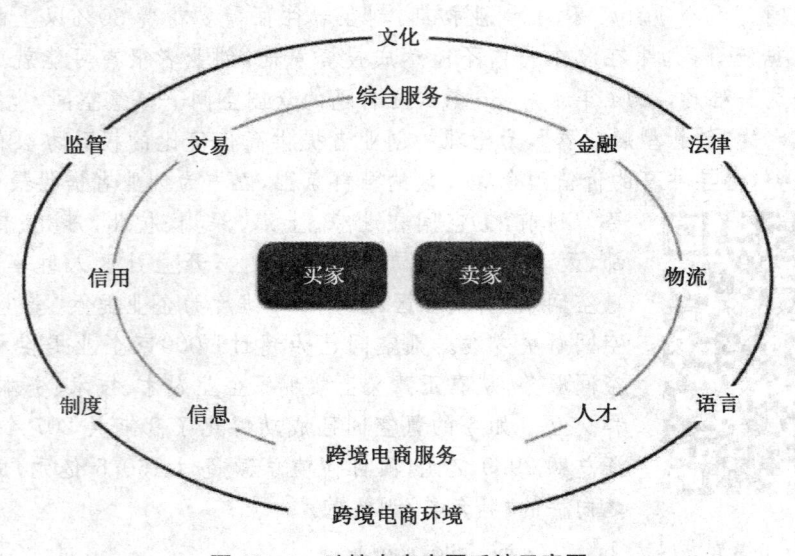

图12-2 跨境电商商圈系统示意图

(1) 买家

买家是客户，与国内电商市场不同，若是出口电商，则买家遍布全球，需要分析不同特征区域的需求和文化。如巴西，由于网上付款不方便，所以消费者在网上购物时会先抄下单号，然后去线下的 ATM 机转账付款，这样等卖家收到钱时，已经一个星期过去了。因此，为了推动跨境电商交易，平台往往会根据买家的信用记录，提前垫付款项给卖家，以缩短这一收付款过程。这种垫款比例在目前巴西电商交易中约占一半。若是进口电商，则需考虑国内消费者的需求和习惯。近年来，85 后成为电商市场的主力消费群体，因此，进口电商主要集中在母婴用品和保健品领域。如果只从买家的角度看，跨境电商就不是一件轻松的事儿。

(2) 卖家

在跨境交易流程中，卖家可以是公司，也可以是个人，承担着组织货源、调研市场、经营网上商铺等职责。因此，卖家应具备如下本领：在交易过程中，卖家要能够定位客户需求，从而制定产品策略；卖家要熟悉各类进出口贸易的法律法规和海关政策，熟悉国际物流的费用和组织方式等。除此必须具备的硬件基础之外，成功的卖家也要具备审时度势的能力和眼光。

【案例分享】　　　　　　　　假　发

谢荣钿 2007 年大学毕业后的第一次创业是做椰棕床垫的在线外贸批发，然而一年下来，生意并没什么起色，主要问题是旺季时找不到稳定的货源，淡季时又几乎没生意。后来通过朋友介绍，他改行做起了假发出口生意。要做假发出口，就需要研究海外市场。慢慢地，他从中摸到了门道。例如，在美国，做一套假发的平均成本在 500~600 美元，而在线外贸平台上的中国卖家只卖 100 美元左右。这样，美国消费者网购中国的假发商品，即使加上其他各项费用在内，也只有 300 美元左右。在目标顾客中，深肤色消费群体占比较高，这些人对假发需求量大，通常 1~3 个月就要更换一次。在美国，生活质量稍好的黑人女性平均会拥有六七套假发。

谢荣钿在美国亚特兰大考察时，发现那里的假发生意主要被韩国厂商垄断了，实体店也大多是韩国人在做，而这些韩国厂商的货源基本上来自中国。发现这一秘密后，他通过跨境电商直接把假发销往亚特兰大。中国是原产地，只要把最终价格控制在比当地实体店略低，同时把控好商品质量和服务，竞争优势显而易见。

通过许许多多"谢荣钿"们的手，跨境电商平台上最受外国人欢迎的出口小商品中，假发销售量已经上升到第三位，仅次于服装和手机。

谢荣钿刚开始在跨境电商做假发出口时，从采购、跟单到发货，都全靠自己一个人，第一个月的销售额为 3 万元人民币，第二个月的销售额达到 10 万元人民币。于是，他从第三个月开始招聘人手，包括业务、采购、后台操作等，同时注册公司，第三个月的销售额高达 15 万元人民币。2011 年，他注册成立了一家新公司，注册资金 300 万元人民币，他个人占股 40%，员工发展到 40 多人，营业额在短短一年间从每月 30 万元做到 400 万元。在全球速卖通平台，他所拥有的 ROSA 和 LUVIN 两个假发品牌均位居假发行业前 5 位，九成以上包裹是发往美国的。而这一切，与他当初深入调研海外市场、搭准市场脉搏密切相关。

(资料来源：严行方. 跨境电商业务一本通[M]. 人民邮电出版社，2016.)

(3) 跨境电商平台

所谓平台，就是市场，提供场所、产品展示和各种保障体系。它是跨境电商的载体，**处于整**个商圈系统的核心位置。目前我国已经有 5 000 多家跨境电商平台，有进口、出口不同形态。

比如速卖通,全品类国际淘宝平台,全球排名第三。卖家免费注册、免费发布商品,但需要按经营大类交纳年费;订单成交后,需要按销售额的5%支付佣金;同时卖家通过国际支付宝取现时,需要支付一笔相应的手续费。这构成平台盈利点之一。而eBay有自己独特的拍卖模式和支付平台PayPal,靠广告和成交佣金支撑平台。其他电商如亚马逊、Wish、敦煌网等平台,也分别有各自的独特优势和业务类型。

(4)外贸服务商

外贸服务商主要是帮助中小微企业降低运营难度,提升运营效率,使更多的企业可以参与到跨境电商中;同时通过大数据服务,为企业提供数据反馈,帮助跨境电商企业产品升级、服务优化。而这些服务职能则通过专业的服务机构来实现,包括国际物流、金融、培训、人才、咨询等类型的公司,可以推动跨境电商行业更快、更好地发展。

(5)政府等其他公共机构

政府在跨境电商商圈系统中主要负责海关、商检、税务和外汇管理等,为企业办理通关、结汇、退税等事务。公共机构指的是商会组织、教育事业单位等,它们帮助跨境电商中的各个主体顺畅地完成各项流程。

【自由思考】

如果你是个英语不好的跨境电商卖家,那么请想办法快速、准确地找到发布商品的英文信息,以及与客户顺畅地进行沟通的途径。

(二)跨境电商实例互动

1. 速卖通

(1)简介

全球速卖通(www.aliexpress.com)是阿里巴巴旗下面向全球市场打造的跨境电商出口平台,2011年成立,覆盖全球200多个国家及地区,是目前国内最大的跨境电商出口平台。官网日均浏览量2亿,APP在100多个国家排第一,无线交易额占比超过55%,2015年"双十一"当天订单成交量高达2 124万笔,成为跨境出口电商行业的领头羊。有意向的卖家只要通过认证注册→发布商品→快速发货→完成交易,即可体验"买全球,卖全球"的快速创业之路。

(2)主要服务和功能

提供的服务包括购物、加入卖家平台、国际支付宝电子支付系统服务、第三方营销工具服务、金融贷款服务、外贸圈交流系统服务、菜鸟物流及国际邮政速递业务服务等。卖家选择速卖通的理由:享受六大资源支持。第一是营销资源:Featured Brands品牌闪购、Flash Deal无线抢购周六专场。第二是流量支持:搜索首页直通车广告位——头等舱,只对好卖家金牌、银牌店铺开放,更有直通车红包赠送。第三是品牌保护:提供二级域名服务。第四是规则升级:申诉流程升级,提供知识产权专项培训。第五是提前放款:直接开通且额度更高。第六是服务升级:交易仲裁享受48小时优先处理。

(3)成功因素分析

①速卖通依靠阿里巴巴庞大的会员基础,成为目前全球产品品类最丰富的平台之一。

②速卖通的特点是对价格比较敏感,低价策略比较明显,这也与阿里巴巴导入淘宝的卖家客户策略有关联,很多人现在做速卖通的策略就类似于前几年的淘宝店铺。

③速卖通市场的侧重点在于新兴市场,特别是俄罗斯和巴西。对于俄罗斯市场,截至

2013年3月底,速卖通共有超过70万的俄罗斯注册用户,占平台所有注册用户约9%。现在的注册数据应该更加火爆。

④速卖通因为是阿里系列的平台产品,整个页面操作中英文版简单整洁,非常适合新人上手。

⑤阿里巴巴一直有非常好的社区和客户培训传统,通过社区和阿里的培训,跨境新人可以通过速卖通快速入门。

2. Wish平台

(1)简介

Wish是2013年由欧洲的Peter Szulczewski和广州的张晟一起创建的。它是非常年轻的基于APP的跨境平台,主要靠价廉物美吸引客户,在美国市场有非常高的人气和市场追随者,核心的产品品类包括服装、珠宝、手机等,大部分是通过中国发货。Wish的主要吸引力就是价格特别便宜,因为Wish平台个性的推荐方式,产品品质往往比较好,这也是平台在短短几年内发展起来的核心因素。Wish上97%的订单量来自移动端,APP日均下载量稳定在10万,峰值时冲到20万,目前用户数已经突破4 700万。

(2)主要服务和功能

实施免费开店策略,零付出、零风险,售出产品之前无需支付任何费用,只有当卖家有收入的时候,平台才收取费用。智能推送产品给合适的消费者,拥有良好的物流服务平台——中国邮政速递公司,推出"店小秘"免费店铺后台管理系统和"芒果店长"等系统,帮助卖家简单快速地完成店铺经营。智能订单追踪系统17TRACK等平台方便使用者,提供给卖家一系列培训平台,如鸟课网络等。此外,还向卖家推出专门提供资金贷款等增值服务的商通贷等平台。

(3)成功因素分析

①不同于亚马逊、eBay、速卖通等跨境电商平台,Wish有更多的娱乐感,有更强的用户黏性。亚马逊、eBay等平台是由PC端发展起来的传统电商,更多的是注重商品的买卖交易。Wish虽然本质上也是提供交易服务的电商平台,但其专注于移动端的"算法推荐"购物,呈现给用户的商品大多是用户关注的、喜欢的。每一个用户看到的商品信息不一样,同一用户在不同时间看到的商品也不一样,正是所谓千人千面的良好范例。

②不同于Wanelo等社交导购网站,Wish不依附于其他购物网站,本身就能直接实现闭环的商品交易。作为社交导购网站,用户在Wanelo上发现自己喜欢的商品后,如果需要购买,则会跳转到相应的购物网站上,无疑妨碍了购物体验。在Wish平台上,用户在浏览到自己喜欢的商品图片后,可以直接在站内实现购买。

③不同于Pinterest等社交图片网站,Wish提供商品的购买服务。在Pinterest上,用户可以收集并分享自己喜欢的图片,但如果想要拥有图片上的商品,却只能通过其他渠道去购买。Wish上面也有大量的精美商品图片,但只要用户喜欢,便可以随时购买拥有。

【自由思考】

除了本书介绍的这两个网站,还有eBay、亚马逊海外购、网易考拉等网站都是跨境电商中的佼佼者。如果让你选择一个平台开展跨境电商业务,你会选择哪类,是选择进口平台还是出口平台?如何开始?

【拓展阅读】

跨境产品的选择应该考虑以下几点:

1. 市场潜力巨大,利润率比较高,做跨境电子商务产品利润率最基本是50%以上,甚至是100%的利润。

2. 适合国际物流、产品体积比较小、重量轻、不容易破碎的产品,这点非常关键。

3. 选择操作简单的产品,类似于需要指导安装的产品不要做跨境,因为后续的投诉和客户服务成本非常高。

4. 售后服务简单或基本上不需要有什么售后服务的产品。

5. 有自己的产品独立设计,包括产品研发能力、包装设计能力等,这点非常关键。

6. 最后一点最核心的是,不要违反平台和目的国的法律法规,特别是盗版或者违禁品,这类产品千万不要销售,不仅仅赚不了钱,甚至需要付出法律代价。

二、社区O2O

社区O2O指的是将家政服务、社区配送、社区外卖订餐、洗衣到家等覆盖在社区周围的实体服务,通过网络技术和GPS技术对接到手机客户端,只要轻轻点击就能享受到的一种线上线下联动模式。从现在市场所具有的产品上看,社区O2O服务大体有两大类:电商类和整合服务类。

(一)电商类

包括以京东、苏宁、1号店等传统电商和社区001网站为首的新型社区电商,如图12—3所示。

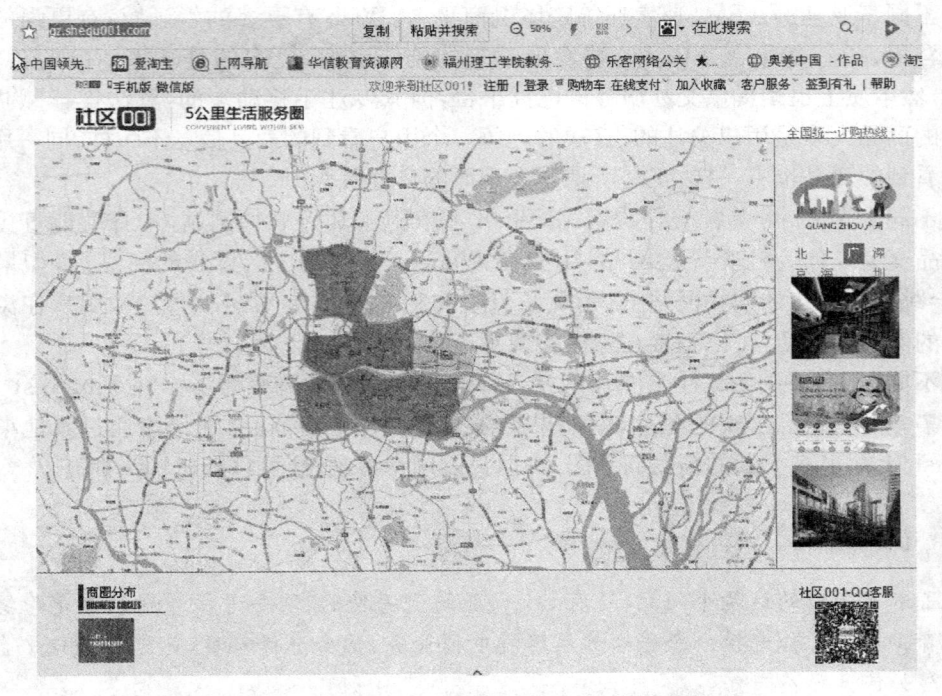

图12—3 社区001网站(目前只有4个城市实现服务)

社区001扮演的角色更多的是社区服务商,找商超、供应商、厂家来合作,对于厂家和供应商,不收取任何费用。社区001的盈利模式是扣点,没有平台费、广告费、推广费,模式其实与百货店的联营模式一样。

(二)整合服务类

包括家政服务类、社交类、分类信息类、生活服务类。

1. 家政服务类

如e家洁、云家政、猫屋男孩、荣昌e袋洗、阿姨帮等商家,主要以保姆、钟点工、月嫂、保洁、维修等各类家政服务、配送服务、收发件服务等进行运营的模式。

2. 社交类

如叮咚小区、小区管家等。

3. 分类信息类

如云家园、小区无忧等。

4. 生活服务类

如美团外卖、饿了么、百度糯米、淘宝到家、京东到家、永辉生活、到家美食会等。

社区O2O服务类别繁多、产品品类多,细分品类往往有质量较高的服务,相对而言,配套服务(如物流、售后服务等)则无法跟上目前社区电商的发展速度。另外,社区用户中价格敏感型的用户居多,对于具体服务类的O2O产品,必须要求高品质的服务外加实惠的价格。

O2O模式的缺点是各成一体,有利有弊,容易被饿了么、美团、58同城等综合服务平台快速吞并和整合,缺少独立发展下去的市场空间。

【案例分享】

获得第五届中国创新创业大赛(海南赛区)网络人气奖和入围第五届中国创新创业大赛互联网及移动互联网行业总决赛的企业项目,围绕海南这个宜居的区域打造以公寓为载体的社区共享生态圈。项目具体内容落实在海南尊旅在线信息技术有限公司上,这家公司成立于2015年12月,尊旅网是一个实现度假房产增值管理及预订服务的平台。尊旅通过优质的房屋托管增值服务和O2O信息化管理系统,为闲置度假房产提供一站式整体解决方案。既解决了业主购房后闲置度假房产的管理与增值问题,又满足了旅行者对于高品质度假生活的个性化、人性化需求,创建以"互联网＋管家式度假公寓"为载体的社区共享生态圈。重视互联网产业与旅游目的地各类资源的优化整合,既为房产企业及业主提供灵活的闲置资产增值服务,又为旅行者提供优质的度假体验。主营业务包括英式管家服务、公寓托管经营、闲置房产分销以及旅游与生活的配套服务等。

(资料来源:中国创新创业大赛官网. http://www.cxcyds.com/.)

思考:案例中的项目如何实现智能化社区服务?

三、余额宝

(一)简介

余额宝是支付宝打造的余额理财服务。把钱转入余额宝即购买了由天弘基金提供的天弘余额宝货币市场基金,可获得收益。余额宝内的资金还能随时用于网购支付,灵活提取,随时消费或转出。收益日结,多重保障,账户交易风险实时监控,账户资金由保险公司保障,极速赔付。截至 2017 年 8 月,已经有 2.6 亿注册用户使用。

(二)主要服务和功能

1. 购物

余额宝不仅可以在天猫、淘宝等网络平台购物,还可以线下支付。

2. 转账

通过余额宝可以免费转账到支付宝账户及银行卡。

3. 买基金

余额宝对接的是天弘增利宝货币基金,通过余额宝可以在天弘基金网上买基金,如容易宝 300 和容易宝 500 指数基金。

4. 芝麻信用评分

芝麻信用通过经常使用余额宝或是余额宝理财数额较高来提高芝麻信用分,而这个虚拟的评分则会在出行、住宿、金融、购物、社交等方面给消费者带来优惠。

5. 交首付

2015 年 3 月 21 日,方兴地产联合淘宝房产上线了余额宝购房项目,购房者在线签约后,并不需要付款给开发商,而是将房款冻结在自己的余额宝。直到合同约定的回款期或者交房期到时,才把余额宝冻结的房款打给开发商。冻结期间,首付款在余额宝中的收益仍然全部归买房者所有。

(三)成功因素分析

1. 余额宝门槛低,操作方便

余额宝推行最低购买金额为 1 元的政策,被称为"屌丝理财神器"。余额宝采用基金直销的方式,不同于以往的间接销售方式,避开了银行理财产品高门槛的弊端,减少了中间的手续费,为客户带来更高的收益;而且用户可以随时用余额宝里的钱购物,随时能收回成本,极大地降低了顾客的顾虑并方便了顾客日常资金的使用。

2. 余额宝的收益高,且收益当天就可以转入客户的账户

据统计,余额宝七日年化收益率平均为 3%～6%,高于银行活期存款利率 0.35%,在这样的收益对比下,客户当然更愿意把自己的活期存款甚至是部分定期存款转入自己的余额宝账户里。相对于传统银行远距离不可直接"触摸"的收益,人们更倾向于余额宝里每天可见的收益。

3. 余额宝积极创新,降低成本,提高效率

余额宝突破了传统金融低效率和高成本的压制,满足了民众的有效需求。随着金融深度和广度的提升,大众金融需求呈现多样化和复杂化的趋势,金融作为要素供给部门,实际上仍缺乏金融产品创新的动力。尤其是在利率管制的情况下,存在巨大的套利空间。以银行存款为例,活期存款年息为 0.35%,1 年期定期存款利率为 3%,而协议存款利率达 5%～6%,余额宝正是抓住这种息差机会,通过互联网汇聚用户"小额"资金,然后通过存入银行同业账户,由此向用户提供高于活期存款利率 10～15 倍的理财产品。

现如今,余额宝被纳入蚂蚁金服的监管之下,和其他娱乐宝等定期或不定期理财产品一起为用户提供理财服务。

4. 互联网金融市场力量焕发生机,政策环境逐步变好

在新一届政府强调简政放权、发挥市场在资源配置中决定性作用的大背景下,传统"风险零容忍"的金融监管理念和监管政策出现了阶段性调整,金融监管部门以开放的态度为互联网

金融留下了一定的"容错、试错"空间,余额宝这类跨界产品才有了"监管套利"的时间窗口。

5. 互联网普及率的提升和网上消费习惯的形成,成为余额宝快速发展的土壤

2010年以来,我国互联网普及率迅速提升,截至2017年6月,我国网民规模达到7.51亿,互联网普及率从2003年的6.2%提升至2017年的54.3%。手机网民规模从2007年的5 040万人上升至2017年的7.24亿人。互联网已经成为人们生活的一部分,尤其是移动互联网的崛起,更是让用户可以24小时在线,这使消费行为开始从线下向线上转移,由此成为余额宝快速发展的土壤。

6. 余额宝利用理财和现金管理两种功能的结合,深度挖掘支付宝用户

支付宝8亿注册用户,无疑是余额宝的客户基础。而余额宝挖掘客户的手段,则是理财和现金管理功能的结合。

【自由思考】

有专家认为,余额宝严重干扰货币市场秩序,基金规模飞速增长,行业间竞争加剧,导致传统银行业反击,热推类余额宝产品,借助网上银行进行销售。虽然余额宝的规模还不到银行理财产品的1/10,仅占全部人民币存款的百分之一,其规模还不能影响货币市场的稳定性,但是余额宝类产品的发展速度较快,其市场影响力在不断上升。同时,央行的货币政策也会有所弱化。

你如何看待这类观点?你看好余额宝类产品的网络金融化发展吗?

四、物联网

(一)简介

物联网为我们开启了人、机器、物体之间相互连接形态的世界。物联网的定义:通过给物体安装电子标签并将物体与互联网连接,我们可以追踪物体,收集整个供应链上关于物体的数据,并将这些数据结合起来,以获得更高水平的信息和知识,应用于商业、生活等各个领域的技术。物与物之间能交流、会通信是物联网的重要特征,这个过程应该不再有人参与其中。这是物联网未来的思维模式,由于信息传输通道的碎片化和多样化,新的商业模式将在此基础上产生。

(二)物联网的应用领域和展望

1. 按物的终端分类

物联网中的"物",包括机器(装备)、汽车(火车)、电梯等各种形式的"物(端)",智能终端可以有固定式与移动式两类。因此,就有了机联网、车联网、梯联网等。

一是机联网。对企业机器设备进行智能化与联网改造,并由云存储、云计算进行统一管理,形成连续生产、集中管控、资源共享的网络制造模式,如厂联网。

二是车联网。通过泛在网,对车载电脑、驾驶员的手机、加油站、维修点、停车场等智能终端进行物联,对出行车辆进行跟踪服务,包括出行的气象服务、实时路况服务、加油停车服务等全面、全程服务,如上海、台北建设的车联网。

三是梯联网。通过对一个城市的电梯进行联网,对其运行状态进行实时监控,提供有效运维和安全保障服务,如杭州开展的梯联网试点。

2. 按网络类型分类

一是区联网。即在一个区域内建立物与物联网的业务应用模式,相当于局域网的一种类型。按照对环境与安全事故"重在预防"、"控在始发"、"应急重在施救与阻断灾害的扩大"、"救灾要防次生灾害"等积极应对治理的理念,对各类产业园区、产业基地的各种装备(包括生产、检测、监控等装备)进行联网,对各企业进行全面、全程监控管理,防控废气、污水、固废排放和避免安全生产事故发生,实现绿色安全生产目的,为产业园区或产业基地提供安全环保服务保障。

二是市联网。即在一个城市的区域内对各类传感器、探头、声像等装备进行全面联网,并进行实时数据监测,分别开展"智慧交通"、"智慧环保"、"智慧安居"等业务,为市民提供高效、优质、方便、舒适、安全的网络服务体系。

3. 按业务类型分类

包括"智慧环保"、"智慧交通"、"智慧电网"、"智慧气网"、"智慧油网"等。智慧电网由智能家庭综保装置、智能电表、智能变电所、电网云等组成,可实现对电网的全面监控,对电网的发电、变电、输电、供电、用电全程进行智能化计量、调度、安全保障等。智慧气网是对智能供气站、智能加压站、智能计量检测的管阀进行联网,并由气网云进行经营管理的体系,具有智能服务管理、实时自动计量检测、智能安全保障等功能。

因此说,物联网是一个实体和虚拟不可分割的整体体系,它是一个把"各类终端装备、网络服务、云技术使用"融为一体的体系。未来的物联网系统应该会是全行业的大融合,无论是农业、工业还是服务业,凡是会产生信息的地方,都能够以某种方式接入网络。与互联网的概念不同,这些信息的采集将不再依托于人的感知,更多依靠设备本身的感知能力。在过去,我们对各种信息的运用更多是直接的、未经处理的。而在未来,跨行业的信息调用和分析可能变得普遍,这也将导致一种有趣的物联网蝴蝶效应的发生:你今天买了一种新款的手机,可能导致亚洲某个国家总统候选人落选。

【案例分享】　　　　　　　　　　**Nest**

2014年谷歌以32亿美元收购Nest公司被认为是智能家居产业爆发的信号。Nest里面集成了很多类型的传感器,能够不间断地监测它周围室内的温度、湿度、光等环境的变化。比如,它可以判断房间中是否有人及人是否移动,并以此决定是否开启温度调节设备。更重要的是,Nest具有记忆能力和学习能力:用户每次在某个时间设定了某个温度,它都会记录,再经过一周的时间,它就能根据用户的日常作息习惯和温度喜好,利用自身算法自动生成一个设置方案。只要用户生活习惯没有发生变化,就不再需要手动设置Nest恒温器。物联网就是基于感知层的开发与应用。

(资料来源:物联网智库. 物联网:未来已来[M]. 机械工业出版社,2015.)

【案例分享】　　　　　　　　**当想象变成现实**

现在是周一早上7点。我的Fitbit Force智能手环轻轻震动,将我叫醒。几分钟后,我伸手拿起iPhone,查看电子邮件和其他信息。我打开手机上的Fitbit(一个健康和睡眠追踪应用),查看昨天夜间的睡眠情况,包括在床上躺了多久之后入睡和睡眠中间醒来几次。然后我从床上爬起来,走进浴室,用Fitbit体重秤计量体重,体重数据会被自动发送到云服务器上。然后,云服务器会对数字进行分析,通过网页或者智能手机应用提供反馈。这样,我就可以追踪我的体重、体脂、饮食、水消耗和整体的身体情况。

吃早餐的时候,我用 iPhone 上的 MyFitnessPal(一个健康及营养追踪应用)扫描麦片包装上的条形码。这个应用会利用互联网上包含 300 多万项条目的数据库,计算出食物的卡路里和营养数据。之后,我开车到健身房锻炼。在跑步机上登录我的账号,它就能记录我的活动情况,包括我跑了多久、强度如何以及消耗掉多少卡路里。当我从跑步机上下来后,跑步机将我的锻炼数据发到 iPhone 上与 Fitbit 应用相互连接的 MyFitnessPal 应用里。这些器械与应用联合在一起,比较全面地展现出了我每天运动和食物消耗的情况。我可以看到我的卡路里和锻炼水平是否达到目标。我可以研究一下我的营养信息,通过这些应用提供的图表和仪表盘,了解我是否喝了足够多的水。走回房间,我打开 iPhone 上的 Metromile(一个追踪车辆驾驶里程的应用)看一下自己的行驶数据。Metromile 利用车内的仪器测量行驶里程、油耗及其他信息。冲过澡,我拿起 iPad,查看 Facebook,整理大量的电子邮件信息。然后,我走进家庭办公室,坐在台式电脑旁开始工作。一段时间后,我记起来周末会在外面过夜。于是,我通过手机将 Ecobee(联网智能恒温器)设定为休假模式。我也为前门的 Kevo(智能门锁)设定了临时的密码,这样邻居就可以进门帮我给植物浇水。

完成当天的工作之后,我开始准备晚餐,然后使用安装在 iPhone 上的 Harmony(智能家居遥控器,可以通过配套软件在手机上进行操控)打开视频网站。利用通过无线网络连接到互联网的蓝光 DVD 播放器,我看了一部电影。傍晚,WeMo(智能开关)根据我所在地理位置每天的日落信息,自动打开门廊灯。WeMo 每天获取信息,随时更新。几分钟之后,我的手机接到一条提醒:我车库门已经开着 30 分钟了,原来是孩子在开门扔完垃圾后没有关门。我点了一下应用中的一个按钮,关上车库门。

晚上 11 点半,WeMo 关闭了门廊灯。我钻进被窝,开始阅读纸质期刊上刊载的一篇文章。我想要对其进行电子剪辑,于是拿出 iPhone,打开 DocScanner(一个文件扫描应用)。DocScanner 能帮我将文章传到印象笔记,实现云同步,这样我就可以在我任何一台设备上的项目文件夹中继续阅读这篇文章。我设定好第二天的 Fitbit 智能闹钟,关灯,然后渐渐睡着了。

这些场景不是虚构的,而是对我家典型的一天的真实快照。虽然我家里有许多联网智能设备,却很难算得上是一流的互联设备实验室。我的路由器一共连着 19 个无线客户端,每个都有各自的 IP 地址,包括计算机设备、媒体播放器、家庭自动化设备以及其他设备。其中,许多设备由手机应用控制,连接到了物联网之中。不管怎样,这些互联的设备替代了人工,为我们提供了全新的方式去获取数字内容和增长见识,以及管理门、锁、灯和自动恒温器。一些互联的设备同时也通过更智能、更有效率地运行实现了节能,另外一些设备则提高了安全性。

(资料来源:内森·伊格尔,凯特·格林著.吕荟,陈菁菁译.物联网[M].中信出版社,2016.)

五、途牛

(一)简介

"要旅游,找途牛。"途牛旅游网是由于敦德和严海锋在 2006 年 10 月创建的。目前已在北京、上海、深圳等城市设立了近百个区域服务中心,提供全年 365 天 24 小时 400 电话预订、网络、APP 服务。网站主要提供旅游度假产品的预订服务,产品全面,价格透明,提供丰富的后继服务和保障。2014 年 5 月,公司在美国纳斯达克成功上市。

(二)主要服务和功能

途牛旅游网将国内众多旅行社的旅游线路集中在一起分类管理,游客可以在途牛旅游网访问、咨询和完成预订。而当游客与旅行社签订合同时,途牛可以获得旅行社3%~7%的佣金。

1. 旅游项目

包括旅游线路、机票、酒店、牛人专线等产品。由于途牛开发具有自己特色的旅游线路市场,所以在这一块的收益率相对较高。同时,海内外邮轮票务销售、景点门票销售和酒店预订等也是途牛的主要盈利来源之一。

2. 各类特色项目

包括特卖线路、积分商城、银行合作优惠游等,用于吸引客户和维护客户。

3. 攻略互动项目

包括游记和攻略以及达人玩法等。这已成为网站和客户之间沟通交流的平台。

4. 用户俱乐部项目

包括用户帮助中心和积分俱乐部等,是网站维系客户、管理客户的平台。

5. 网络购物商城

出售旅游相关产品,形成集旅游、消费、体验于一体的电子商务系统。

(三)成功因素分析

1. 途牛网的成功在很大程度上依赖于其旅游线路

在途牛网刚刚成立的时候,携程网就已经是在线旅游市场毫无争议的老大,艺龙网也是在线旅游市场的佼佼者。较早成立的携程和艺龙等网站在渠道、产品资源等方面的优势,为后来者的发展壮大建立了较为坚实的竞争壁垒。然而,前者主要致力于酒店、机票的预订服务,对旅游线路的预订很少。这就为途牛的发展留下了机会,所以途牛是在针对旅游市场的客户个性化定制需求基础上产生的。此后,途牛的发展突飞猛进,在2015年4月27日与携程达成协议,在途牛IPO完成时,以发行价收购途牛价值1 500万美元、折合人民币9 080万元的股份,助力途牛的发展。

2. 产品层次丰富

从2016年开始,途牛网把更多心思花在产品和服务上。比如,以往出现的是单个旅游路线产品,现在变成了多个产品可同时出现,力求帮助客户最简略、最便利地找到适合的路线;增强网络数据的实时更新,确保客户可以清晰地看到所有旅游路线的订单数量、最新订单、热点订单、老客户评价等,以此为自己提供出行参考。

3. 客户服务

途牛网还制定了回访制度,对所有订单进行逐个回访,确保服务质量。所有的回访记载公开透明地显示在网站上,分5项内容依据客户的评价进行打分,并最终盘算出每个产品的满意度,便于跟踪晋升质量以及便利后续客户选择。据目前数据,客户的总体满意度达到了97%。

【自由思考】

以福州理工学院为地点,开展移动旅游平台构建计划。

【创业实践】

请你为大学城这个生态社区设计一个 O2O 服务项目。

要求：

1. 需要考虑服务对象的需求，做好用户积累和服务。
2. 调查上下游合伙的伙伴，并进行对接。
3. 设计可持续盈利能力，并形成创业计划书。
4. 完成后填写能力测评表，见表 12-1。

表 12-1　　　　　　　　　　　评分方法和规则

项目分析方向	具体内容	自评	互评	教师评	高管大咖点评
项目团队	团队成员互补与协调				
	解决问题和资料搜集能力				
	团队组织结构设置方案				
	团队股权结构设置方案				
商业性	生存性和盈利能力				
	可行性和完整性				
	可复制性				
	未来 3 年可持续发展能力				
创新性	思维创新				
	岗位创新				
	技能创新				
	技术创新				
	产业协同创新				
	模式创新				
带动就业	与当地经济发展紧密结合，促进区域社会经济转型升级				
	预计带动就业人数				

第二节　"互联网＋"信息技术服务：支付宝/快手/爱奇艺

一、支付宝

(一)简介

截至 2017 年 8 月，支付宝已有 4.5 亿实名用户、1 000 多万商户资源，与合作伙伴共享蚂蚁生态资源。支付宝（中国）网络技术有限公司是国内领先的第三方支付平台，致力于提供"简单、安全、快速"的支付解决方案。支付宝公司从 2004 年建立开始，始终以"信任"作为产品和服务的核心。支付宝主要提供支付及理财服务，包括网购担保交易、网络支付、转账、信用卡还款、手机充值、水电煤缴费、个人理财等多个领域。在进入移动支付领域后，为零售百货、电影院线、连锁商超和出租车等多个行业提供服务。此外，还推出了余额宝等理财服务。支付宝与国内外 180 多家银行以及 VISA、MasterCard 国际组织等机构建立战略合作关系，成为金融机构在电子支付领域最为信任的合作伙伴。

(二)主要服务和功能

1. 转账类产品

支付宝的转账类产品主要包括"我要付款"、"找人代付"、"我要收款"等产品,致力于为支付宝平台用户提供一个快捷、安全的转账平台。比如,当我们点击"我要付款"选项时,款项就会马上从用户的自身账户到达对方的支付宝账户。还可以"找人代付",当用户在网上购买中意的商品后,可以联系友人代为付款。

2. 生活助手类产品

用户登录支付宝平台后,选择需要归还借款的银行,便可以开始还款。支付宝信用卡还款功能目前已经支持中行、招行、广发、交行、农行、建行、工行、平安、浦发、兴业、宁波、华夏等多家银行的信用卡业务,有多达 17 家银行的网上银行和 53 家银行的支付宝卡通可供支付宝用户选择,帮助用户为这些信用卡还款,并且还款资金最快可以在归还借款的当日到账,非常方便快捷。传统的水电费、煤气费、固定电话通信费等公共事业费用的缴费问题是通过相关公共事业单位的营业厅或者银行来完成,并陆续新推出养路费、学费、有线电视费、行政代收费等各种费用的缴费服务,打造"生活因支付宝而简单"的网络时尚生活新理念。

3. 金融类产品

余额宝、淘宝理财、淘宝保险等是支付宝推出的金融产品,其中,余额宝是目前大部分支付宝群体都在使用的理财类产品,普及率非常高。余额宝有利息收入,且年利率高于银行存款,同时能够随意用于日常的购物、还信用卡等支付。在用于支付时,余额宝的优势在于额度较大,支付成功率非常高。目前,余额宝占支付宝支付的比例正在逐步升高。

(三)成功因素分析

一方面,支付宝在依托于淘宝和阿里巴巴各项电子商务产业的发展壮大自己的同时,又将自己定位在第三方独立支付,兼顾网上支付与具体行业相结合的应用工作。支付宝专门设计银行不愿做的特别服务,做市场空缺者,又能真正地掌握用户的个性化需求,积累了大量的用户,增强了用户的黏性。与此同时,支付宝利用自己现有的用户资源优势,以微利的模式为用户提供服务,有效地保持用户黏性,保证了其他业务增值在平台上顺利延伸。

另一方面,在支付宝进行一系列战略合作的背后,它拥有一个具有一定技术优势的费率架构。其独特的服务收费理念不仅保证了消费者用户能够免费便捷使用,也降低了中小商家企业开展网络营销的门槛。在这种理念被行业普遍认可的同时,迅速成为同行竞相模仿的价值所在。

【案例分享】

2017 年"金砖五国"会议在厦门召开,中国已经连续 8 年成为南非最大的贸易伙伴、出口市场和进口来源地。南非总统顾问 Mfeka 认为,从南非的角度来看,中国是领先的经济体,两国在经济、贸易领域不断加强合作,"金砖国家"、"一带一路"都创造了这样的机会。刚来中国不久,Mfeka 就尝试了中国最火爆的手机软件:微信。在记者问及有没有尝试过手机软件支付时,Mfeka 笑言:"我准备尝试一下(支付宝)。"几天前,支付宝刚刚宣布进入南非市场,随之产生的安全与隐私问题也开始被关注。Mfeka 表示,当下的数字经济发展迅速,支付宝这些软件让人们的生活更加便利,所以监管机构也需要迅速进步,以更好地管理这些支付工具。

(资料来源:凤凰财经. http://finance.ifeng.com/.)

【自由思考】

请对比日本、美国等国家,为什么中国市场上支付宝是消费者的消费习惯依赖?像日本这样的发达国家,为什么没有支付宝这样的产品存在?它们使用什么产品进行电子支付活动居多?

二、快手

(一)简介

快手,之前叫"GIF 快手",创立于 2011 年,是一款将视频转化为 GIF 格式图片的工具,转化后用户可以分享至微博、QQ 空间。此前,红遍社交网络的"走你"航母 style 等 GIF 动图就是通过"GIF 快手"制作的。如今的快手已经成为记录和分享生活的视频交友平台,2017 年 4 月 29 日,快手注册用户超过 5 亿,月活跃用户数 1.5 亿左右,日活跃用户数 6 500 万左右。快手上每天产生约 600 万条照片或短视频,已经名副其实是中国最大的生活分享平台。

(二)主要服务和功能

1. 提供一个以视频、图片为主要载体的交友平台,不打扰用户,分享视频到快手社区和第三方平台。

2. 开放电脑直播、手机直播平台功能,提供亿级用户平台,快速积累粉丝,成就你的网红之路。

3. 快手正能量,换个角度记录中国,愿景是千年以后,只要打开快手就能知道中国人的样子,打造快手的"中国历史博物馆"。

4. 创建自律委员会,维护快手社区秩序,遏制不良信息的传播,更好地保障用户合法权益。

5. 设置虚拟货币系统——快币,支持视频社区的虚拟消费,10 快币＝1 元人民币。

6. 提供"粉丝头条"等付费推广功能,提升网络曝光率。

(三)成功因素分析

1. "接地气"——快手用户群体广泛,达人用户多从草根发展而来

快手的用户大致可以分为以下几类:一二线城市网民、三四线城市用户、农村留守人群以及城市回归农村即"城归"群体。而这些用户多是草根出生,排行前十的快手用户都有一个共同点,即都是生活中平凡的草根型小人物,一般没有太高的学历或者太高的社会地位,生活在社会基层,他们所展现出的也就是社会基层的生活面貌。而快手的用户群体特点决定了它的"简单粗暴",体现在产品设计上。打开这个软件,UI 设计上只有三大界面:"关注"、"发现"和"同城",没有排行榜,也没有其他扰乱分散注意力的东西,软件的交互设计理念十分简洁。

2. "傻瓜动图工具"——由成熟工具向风格鲜明的互动社区转型

GIF 动图制作难度大、程序繁琐,一般人都不会制作,快手 GIF 就是在这样的背景下诞生的。因此,最初的产品功能属性定位于工具软件。伴随着微博、微信等社会化媒体的兴起,快手 GIF 成为内容媒体传播中重要的工具,可以制作"高逼格"动图,形成独特原创,至今在微博上依然流行。但快手考虑到工具软件的发展具有一定局限性,因此,为了寻求更广阔的发展前景,快手通过两年的转型探索,最终在 2012 年 11 月开始向短视频社区应用实行强制性转型,随后将"GIF 快手"更名为"快手"。至此,快手从一个软件工具一跃成为短视频行业的黑马。

3. 产品逻辑简单，不干扰用户，不给用户贴标签

快手的理念是，尽量不去打扰用户，它现在社区核心采取的是算法推荐，即旁观用户在快手上的行为，并以此推算他们的兴趣点，因此，它的思考方式变得很简单。软件对用户有吸引力，就有用户黏性；反之，则用户不会继续使用。产品越简单，它越能被快速理解、快速使用。尽管快手公司也会与用户进行访谈，但只是与其中的部分，而且不允许有任何私交。

4. 在"互联网＋"大背景下街头卖艺的网络化和满足"审丑"需求

在"互联网＋"大背景下，快手上出现的各类被称为"鬼畜"表演的内容，都与早期的街头卖艺无异，换句话说，这些就是街头卖艺的网络化表现。而更为便捷和庞大的信息制作与传播工具对此类内容起到的是推波助澜的作用，它使都市大众的窥探和猎奇欲望被激发和膨胀，让各类"奇闻趣事"集中地被挖掘、制作，并迅速被分享。全民参与的媒介环境为猎奇类的作品提供了平台，最终刺激其全面喷发。而当猎奇的心态产生时，普通内容已满足不了用户的需求，这时一些极端的"审丑"快感应运而生。越来越快的生活节奏和现代人越来越大的生活压力，让人们对平淡的日常事务的反应变得容易迟钝甚至麻木，而"雷人雷语"带来的强烈感官刺激恰好迎合了其猎奇心，激发了大家的观看欲。快手里的用户在相对公平的空间环境里，依靠"三俗"、刺激甚至极端的表现方式积累人气，以达到内心的满足。他们的走红，推动了快手的野蛮生长，也使快手得以迅速发展。

【自由思考】

请登录网络搜索快手有关资料，分析快手平台现有的盈利模式，并分析其缺陷，最后完成快手的盈利模式创新设计。

三、爱奇艺

(一) 简介

爱奇艺，原名奇艺，中国高品质视频娱乐服务提供者。2010年4月22日正式上线，秉承"悦享品质"的品牌口号，积极推动产品、技术、内容、营销等全方位创新，使得爱奇艺品质、青春、时尚的品牌风格深入人心，网罗了全球广大的年轻用户群体。爱奇艺打造涵盖电影、电视剧、综艺、动漫在内的十余种类型的正版视频内容库。同时，作为拥有海量付费用户的视频网站，爱奇艺倡导"轻奢新主义"的VIP会员理念，主张人们对高品质生活细节的追求，坚持为广大VIP会员提供专属的海量精品内容、极致的视听体验，以及独有的线下会员服务。目前已成功构建了包含电商、游戏、电影票等业务在内，连接人与服务的视频商业生态，引领视频网站商业模式的多元化创新发展。

(二) 主要服务和功能

1. 视频服务，包括正版视频库、奇秀直播平台、网民个人上传作品等。
2. "轻奢新主义"VIP会员理念。推崇精致而实用的生活态度，倡导格调与乐趣的双重质感。轻奢与"财富多寡、地位高低"无关，代表着对高品质生活细节的追求。
3. 网络原创作品合作平台。爱奇艺网络大电影频道成立于2014年，专注于网络电影内容，如今已成为全网最大、最专业的网络大电影播放和合作平台。
4. 网络购物商城。提供视频周边产品、广告商品直接购买等。
5. 影视相关文学作品链接和泡泡交流平台。

(三)成功因素分析

1. 背靠"百度"好资源

爱奇艺有着自己先天的优势,据统计,爱奇艺有超过六成的流量来源贡献自百度。只要在百度搜索任何电视剧、电影,排在搜索结果第一位的永远是爱奇艺,加上百度自身基数庞大的流量实力,用户转移的成本可以说非常低。

2. 实现多项智能视频创新技术

爱奇艺已经实现 Video in、Video out 以及 Figure out 等多项智能视频创新技术,引领视频营销进入技术驱动时代。其中通过 Video in 技术,广告主可以随时、及时植入广告,拓宽商业渠道和空间;Video out 技术则连接视频与电商平台,用户可以在一边观看视频的同时,一边关注他所喜欢的商品,通过播放页面上展示的浮条了解商品的图片、名称、价格等具体信息,最终实现一键购买;继 Video in 以及 Video out 之后,爱奇艺推出 Figure out 新技术,通过对于海量明星的自动识别,将该明星所有相关的演出内容同品牌一起推送给客户,满足广告主对于精准人群定位的广告投放需求。

3. 网台联动

以"网台联动"跨媒介的创新营销模式,取得了网台共赢的佳绩。比如,2012 年爱奇艺与浙江卫视强强联手推出的《中国好声音》,迅速掀起一股热潮,得到观众和网民的良好反响。《中国好声音》不但"唱响"了浙江卫视,也让爱奇艺用户量夺得同行业第一的佳绩。

4. "技术+内容"融合发展

"技术+内容"的融合让营销爆发出巨大的想象空间,成就了新体验时代的营销传奇。2014 年,爱奇艺在全球范围内建立起基于搜索和视频数据理解人类行为的视频大脑——爱奇艺大脑,用大数据指导内容的制作、生产、运营、消费。通过强大的云计算能力、带宽储备以及全球性的视频分发网络,为用户提供更好的视频服务。此外,爱奇艺提出了"iJOY 悦享营销"客户服务价值观和方法论。通过多屏触点、创意内容、技术优化、互动参与、实现购买等路径全面提升转化率,让客户享受到创新营销带来的成功与快乐。爱奇艺打造的"纯网内容"《奇葩说》,成为精彩的案例。

【自由思考】

市场上现有视频网站竞争激烈,同质化严重,选取一个综合视频网站,比如乐视网、优酷、爱奇艺等,分析其商业模式应如何突破创新。

【创业实践】 　　　　**大学生贷款项目的可行性**

截至 2017 年 5 月底,运营的网络金融平台有 2 147 家,通过公安部信息系统安全等级保护三级备案认证的网贷平台约 139 家,仅占正常运营平台数量的 6.4%,行业乱象复杂,令人烦扰。同年 9 月 6 日,教育部财务司副司长赵建军在教育部教育金秋系列新闻发布会上表示,根据规范校园贷管理文件,任何网络贷款机构都不允许向在校大学生发放贷款。因为市场上诸多网络机构存在不诚实的宣传、虚假的宣传,学生金融知识还不是很丰富,于是去借了贷款,最终成了高利贷,利滚利,甚至很多学生还不起,最终导致各种悲剧。

要求:

1. 请问大学生贷款是必要性市场行为吗?市场需求量是稳定且必需的吗?

2. 如果第一个问题是肯定的答案，那么请你对银行的大学生贷款产品进行调研，对网络贷款平台进行调研(但要控制住自己的欲望)。了解银行这类产品的优缺点和网络平台产品的优缺点。

3. 根据大学生贷款需求和市场上产品优劣势的对比，总结出一个适合大学生贷款的产品方案，并形成一份项目报告。

4. 完成后填写能力测评表，见表12-2。

表12-2　　　　　　　　　　　评分方法和规划

项目分析方向	具体内容	自评	互评	教师评	高管大咖点评
项目团队	团队成员互补与协调				
	解决问题和资料搜集能力				
	团队组织结构设置方案				
	团队股权结构设置方案				
商业性	生存性和盈利能力				
	可行性和完整性				
	可复制性				
	未来3年可持续发展能力				
创新性	思维创新				
	岗位创新				
	技能创新				
	技术创新				
	产业协同创新				
	模式创新				
带动就业	与当地经济发展紧密结合，促进区域社会经济转型升级				
	预计带动就业人数				

第三节　"互联网+"现代农业：
褚橙/三只松鼠/福建农产品的"互联网+"

一、褚橙

褚时健，一个传奇般的人物，原本低调的开山种橙子的生活，在与电子商务连接之后，一下子成为生鲜电商的旗帜，被标上"励志"的标签——"衡量一个人的成功标志，不是看他登到顶峰的高度，而是看他跌到低谷的反弹力"。曾落马的褚时健再度进入公众的视野，不再是因为红塔集团，而是因为云冠橙，大家亲切地称之为"褚橙"。这让很多想创业的年轻人，也包括那些已经经历过创业的人，为之受到激励。

(一)创业初衷

2002年，褚时健投身冰糖橙这个行业时，云南的冰糖橙市场已经饱和。但当他吃到来自澳洲的进口橙子时，就想创自己的牌子。这与当年他看到国外的万宝路时的反应一样，一个劲儿地想要创造中国自己的高档香烟品牌。周围的亲朋好友全部反对时已70多岁高龄的褚时健,而他依然要把这个想法实现。原因如下:一是自我价值的证明;二是对财富本身的追求,"我也不想晚年过得太贫困";三是始终保持"喜欢干事"、勤劳的特质,这一点在他整个种橙过程中都有体现;四是"中国品牌"意识,这种集体的自豪感并没有因为过去而改变;五是对家乡的责任感,能带领村民改变现状,脱贫致富。

(二)种植过程

2002年,保外就医不久,褚时健便在哀牢山承包2 000多亩荒山,租期30年,年租金14万元。果园集生产、加工、销售于一体,注册名称为新平金泰果品有限公司。董事长是他妻子,两人分工合作,褚时健抓生产,妻子管销售,所有工作人员加起来总共22人。种橙道路并非一帆风顺,承包第二年就因营养不足,大多数果子谢了,产量非常低,新旧问题不断,如营养不良、储存期过短、自然灾害等。于是,褚时健开始了现代化农业的建设与探索,建造了抗旱的水利设施、修山路、配制有机肥料等。褚时健对果园采取"专家+作业长+农户"的管理模式:聘请专家做技术指导,从当地雇用才干出众的农民为作业长进行分片管理,农户负责作业,实施承包制。与此同时,还建立了激励机制:一个果农只要完成规定的任务且质量达标,就能领到8 000元工资,年终还能得到2 000多元奖金。这就极大地提高了果农们的生产积极性。10多年过去了,由于技术、管理得当,品质优良的甜橙投放市场后受到极大的欢迎,褚橙从默默无闻的单品发展到足够强势的品牌。褚橙十二三元1公斤的出厂价,比昆明市面上10元4公斤的橙子价格高出数倍,但往往不出云南就卖完了。

(三)褚橙进京

2012年,与本来生活网合作,实现褚橙进京。10月27日第一篇报道《褚橙进京》写了85岁褚时健汗衫上的泥点、嫁接电商、新农业模式等,该媒体官方微博发了文章后被转发7 000多次。转发的人包括王石等大V。首次在北京市场卖出的橙子是褚橙的特极品,据本来生活网老板胡海卿提供的一组销售数据显示:2012年11月5日上午10点,褚橙开卖,前5分钟卖出近800箱;最多的一个人直接购买20箱,一家机构通过团购电话订了400多箱,24小时之内销售1 500箱。20吨橙子,5天时间即销售一空,最多一天卖出近1 600箱,创造了京城初冬水果市场销售奇迹。如今褚橙已经成为拥有35万株冰糖橙、固定资产8 000多万元、年利润3 000多万元的大型现代农业企业,褚时健因此身家过亿,赢得了"橙王"的美誉,彻底打造出了"励志橙"的概念。

(四)褚橙现有网络销售渠道

包括天猫褚橙水果旗舰店、淘宝实建水果专营店、淘宝实果纪、天猫喵鲜生褚氏新选水果旗舰店、本来生活网。

【自由思考】

1. 根据上文,请分析褚橙的成功因素。褚橙、柳桃(柳传志家乡的桃子)、潘苹果(潘石屹)等现象,对中国农业"互联网+"的发展有什么样的影响?

2. 访问本来生活网,分析该网站的竞争优势和劣势。如何开展商业模式的创新?

【拓展阅读】

2017世界食品农产品电子商务大会与中华人民共和国商务部主办的2017全国农商互联大会合并举办,大会于2017年9月23日在山东潍坊隆重举行。本届大会主题为"全球视野,启动未来"。商务部、财政部、农业部、质检总局、国家标准委等国家部委相关领导人出席大会。本次大会还发布了行业权威市场报告,剖析全球前沿创新商业案例,碰撞世界各国企业商业观点,达成全球性发展共识;通过聚集世界顶尖的商界精英,开展充分的国际合作交流,共享全球产业发展成果,引领全球性食品、农产品行业创新和升级。会议期间,举办了2017全国农商互联展示交易会暨世界食品农产品电子商务博览会。本次大会邀请中国、美国、俄罗斯、英国、德国、荷兰、葡萄牙、澳大利亚、韩国、日本、马来西亚等十几个国家的食品、农产品电商企业掌门人,通过演讲及对话,分享各自独特的产业发展观点及经验。

(资料来源:中国电子商务研究中心. www.100ec.com.)

二、三只松鼠

(一)简介

2012年2月,章燎原联合其他4位合伙人,在安徽芜湖创立"三只松鼠"品牌。随后三只松鼠在阿里电商平台一炮打响,多次蝉联天猫"双十一"坚果类销售冠军。三只松鼠一出生便有资本光环加持。据了解,三只松鼠成立之初,便获得IDG资本150万美元的天使投资。次年5月,又获得今日资本、IDG资本B轮投资,共计融资617万美元。2014年3月,IDG资本、今日资本追加1.2亿元C轮投资。2015年9月,三只松鼠进行D轮融资,峰瑞资本携3亿元参与。按照食品饮料行业目前33倍的市盈率来计算,三只松鼠2.37亿元的净利润对应的市值将达到78.21亿元。而反映到资本投资方身上,他们未来将会获得数十倍乃至几百倍的投资回报。

图12-4

三只松鼠曾借着品牌流量和互联网变革的东风,在线上抢占先机。不过随着线上流量发展遇到"瓶颈",不少电商企业开始把目光投入线下,纷纷布局实体门店。2016年9月,三只松鼠线下首家投食店在芜湖开出,但线下门店成本耗费大,若经验不足,则很容易发生问题。因此,三只松鼠目前仅开出5家门店。章燎原曾对外表示,2017年计划开出100家线下门店,5年内要开出1 000家店。此外,在品牌创立的同时,"三只松鼠"形象IP一直是其无形的资产。开设线下门店,除了承担销售任务外,还有着对其IP实体化的考虑。目前三只松鼠围绕IP,在潮流服饰、游乐园、动漫、松鼠小镇等领域均有所布局。

(二)成功因素分析

1. 注重消费者的细节需求

三只松鼠善于发现消费者的需求,如购买坚果肯定需要一个垃圾袋,于是在包裹里加上一个成本 0.18 元的袋子,虽然增加了额外成本,但是用户却会被三只松鼠的细心体贴关怀打动。除了垃圾袋,还有开壳器、封口夹等,以连续地制造这种惊喜和感动来打动消费者。

2. 售卖人文关怀和主流文化

他们基于消费者考虑,推出鼠小贱、鼠小酷、鼠小美三只可爱的松鼠形象,并赋予它们品牌人格化,让人们感觉像是主人和宠物之间的关系,这样替代了顾客和商家的身份,拉进了顾客和商家的距离。比如,客服是以松鼠的口吻和顾客对话,形成了良好的沟通关系,客服可以撒娇,可以通过独特的语言给顾客留下生动形象的印象。这样的策略,让品牌不再那么高高在上,而是给人以亲切、真实的感觉,增强用户体验。

图 12-5

3. 消费场景多元化

三只松鼠品牌在热播剧《欢乐颂》中的植入,形成白领阶层消费场景构建。未来会针对二次元群体推出一个二次元群体的零食包,消费者在看动漫的时候,应该想起的是吃点三只松鼠零食;出游的时候,会想起三只松鼠,要带上三只松鼠一起去旅游,不然路上饿了怎么办?通过消费场景挖掘和设置,三只松鼠在不断拓展自身的消费层次。

4. 雄厚的资本

已获得 A、B、C、D 共四轮融资。

5. 打造爆款

通过一切手段打造爆款,通过打造单品来抢占流量和市场份额,如直通车、聚划算、"双十一"等各类推广和团购抢占流量。结合社会公益来树立品牌形象,同时,竞争对手的轻视也使三只松鼠得以迅速发展。

6. 企业文化建设

"忠于信仰,敢于改变,不懈坚持,分享协作。"重视员工培训,严格地执行制度,不是用人管人,而是用制度管人。对员工考核侧重企业文化考核,而且使用 360 度考评方法进行全方位考评。

【拓展阅读】　　　　　食品电商的隐伤之痛

2017 年 8 月 15 日,一则国家食药监总局关于"开心果霉菌值超标"的通告,让网红电商三只松鼠上市之路再遇坎坷。国家食药监总局发布《关于 3 批次食品不合格情况的通告》,其中天猫超市在天猫商城销售的标称三只松鼠股份有限公司生产的开心果,霉菌检出值为 70

CFU/g,比国家标准规定(不超过 25 CFU/g)高出 1.8 倍。根据国家食药监总局信息,该批次开心果的生产日期为 2017 年 1 月 22 日,规格型号为 225g/袋,标称生产企业地址为安徽省芜湖市弋江区芜湖高新技术产业开发区。随后三只松鼠发布声明称,在送达通知书后,芜湖市食品药品监督管理局到其公司就该批次产品的生产数量、出入库记录、自检报告记录、留样情况做了详细的调查取证,并对召回后的产品进行无害化销毁处理。三只松鼠认为,原因极可能是在产品出厂后,因存储、运输条件控制不当引起霉菌滋生,导致流通环节抽取样品不合格。值得注意的是,这并不是三只松鼠今年以来首次出现食品不合格问题。

据了解,从去年 7 月到今年 2 月,在短短的 7 个月内,三只松鼠被 14 名消费者起诉至法院,要求退款并进行 3~10 倍赔偿,主要纠纷为产品不符合食品安全国家标准、违反广告法等,索赔金额共约 216 万元。在上述食品诉讼案中,产品涉及茶叶、柠檬片、雪菊、榴莲、和田骏枣、卤藕等,索赔金额最少的 500 元,最多的 98.21 万元。三只松鼠今年 4 月份发布的招股书显示,截至签署之日,公司及其控股子公司存在 15 起尚未了结的诉讼。据了解,在目前已结案的 7 起诉讼中,三只松鼠均已胜诉,剩下 8 起案件目前正在审理当中。

作为"淘品牌"的主要代表,三只松鼠虽然有自己的产品,但是并没有自己的工厂,所有产品均由第三方进行代工。三只松鼠本身则利用技术手段和相关标准,对产品质量进行监测和把控。就在刚刚过去的 7 月份,有媒体曝出三只松鼠压榨供应商:"目前三只松鼠的供应商处境艰难,部分供应商的工厂处于停工状态。"随后三只松鼠回应称,报道严重失实。

不过有业内人士表示,上述情况在一定程度上反映了三只松鼠和供应商之间存在博弈行为。一方面,由于电商平台的压榨,作为强势方的品牌商三只松鼠需要靠压榨供应商来换取利润;另一方面,由于旺季等过于集中的销售特点,三只松鼠可能会产生拖欠供应商款项的情况,这样容易激发供应商与三只松鼠之间的矛盾。

三只松鼠招股书显示,其报告期内的应付账款金额分别高达 3.77 亿元、5.32 亿元和 8.85 亿元,业内人士分析,这些应付账款大多是公司欠供应商的货款。由于过多的应付账款,三只松鼠资产负债率较高。报告期内,三只松鼠资产负债率分别为 80.27%、71.80%和 71.58%,同行业其他品牌的资产负债率均值则不到 40%。

中国电子商务研究中心主任曹磊认为,在产品质量检测方面,企业不能既当"选手"又当"裁判员"。三只松鼠有自己的产品质量检测中心环节是必要的,但对于休闲食品行业包括三只松鼠和其他类似的企业来说,第一是代工方生产厂家需要有出厂质检,第二是平台方自己质检,最后还应该委托第三方建立质检体系,尽量做到体系化、规范化、专业化地进行质检,而不是以自查自纠来代替。

中国食品产业评论员朱丹蓬则表示,由于三只松鼠业务经营并不是全产业链,在原料甄选、生产加工、运输贮存、产品流通环节等产业链上存在食品质量控制的风险。这次三只松鼠的开心果霉菌超标 1.8 倍,从产业角度来说,是大概率事情。在规模不断扩大的情况下,三只松鼠应考虑调整其经营模式,加强对上下游的把关或是帮助上下游提高质控水平。

(资料来源:陷入产品危机的三只松鼠,IPO 之路还会顺利吗? 36 氪官网. http://36kr.com/.)

思考:三只松鼠的电商模式中,如何进一步优化供应链?

三、福建农产品的"互联网十"

"互联网十"农业,是互联网与农业的跨界与融合,挖掘农业市场的巨大潜力。操作方式是将互联网的技术创新、理念创新、模式创新充分应用到农业产业链的生产、流通、消费等各个环节,旨在推动农业的转型与升级,最终把农业引领到智慧农业的道路。

(一)福建省农产品电子商务的发展现状

《2016年(上)中国电子商务市场数据监测报告》中数据显示,2016年上半年,中国电子商务交易规模达10.5万亿元,同比增长37.6%。而随着福建省电子商务交易规模的迅速扩大,区域性、综合性的电子商务平台已逐渐形成并覆盖到各个领域,且其发展趋势呈现出集聚性。中国域名网站统计数据显示,目前福建省与电子商务相关的域名总数位居全国第五,网商发展指数则位居全国第六。

阿里巴巴发布的《2016年中国淘宝村研究报告》显示,截至2016年10月,全国淘宝村首次突破1 000个大关,达到1 311个,淘宝镇达到135个,至少创造84万个就业岗位。淘宝村的经济社会价值日益显著,孵化数十万个草根创业者,创造规模化就业机会,一大批网商通过电商创业,增加收入,摆脱贫困。淘宝村在中国走过第一个十年,而福建省位居全国第五位,共计107个淘宝村、13个淘宝镇,其中福建省泉州市总计68个淘宝村、10个淘宝镇,居福建省首位。但其中真正经营农产品的却不多,因此,福建省着力建设了"福建农业信息网"、"福建三农服务网"、"福建农业科技网"等相关网站,推进农业信息化建设。

1. 福建省农产品的电商优势

福建省地貌多山靠海,农业资源丰富。属于农、林、牧、渔各行业全面发展的综合性农业大省,与北方城市的农业资源有很大不同。福建省众多农产品中,目前电子商务开展较好的是生鲜,包括海鲜、海产品干货、生态蔬菜宅配、水果等。而茶叶和茶叶制品则是网络销售额较高的产品。据《阿里农产品电子商务白皮书(2016)》统计,2016年在阿里平台销售额最高的农产品是坚果,超过100亿元,紧随其后的是茶叶和滋补品,第四至第十位依次为果干、水果、肉类熟食、饮用植物、绿植、水产品和奶制品。福建的安溪、武夷山凭借"铁观音"等茶叶,跻身"2016年农产品电商50强县"且排名在前十之内。

在未来农产品电子商务建设上,茶叶、花卉、蔬菜、水果、食用菌、竹笋、烤烟、中药材、畜禽、水产品和各类干货等产品都可以凭借平台构建灵活网络交易,同时鼓励农户运用综合性平台开展网上贸易。因此,近年来,福建各类农产品热销网络不断涌现,如中闽弘泰、春舞枝、茶多网、美地农业、帝峰商城、三优商城、蓝渔农业、沙县大通蛋业、兰爱珍豆腐皮等一批优秀农产品电子商务企业,促进了福建农产品电子商务的推广和应用。春舞枝集团凭借国内鲜花电商销售网络和花卉电商发展模式,2014年主营业务收入达3.03亿元,实现利润8 647万元,2014年在德国证券交易所挂牌上市,成为该领域产业第一品牌。首批国家电子商务示范企业之一的茶多网在2014年底入驻实体店超过2 300家,通过原产地认证的茶商有60多家,年度平台交易流水达1.8亿元,并率先创立了全国"茶叶价格指数",成为全国农产品电子商务标杆企业。

2. 福建省农产品的电商劣势

虽然福建省农产品电商化资源丰富,但依然可以有更为丰富的资源开发网络销售,利用"互联网+"的影响力也可以有更具创意的电商模式。因此,要了解目前福建省农产品的电商劣势,从而更好地服务地方农业经济、服务农户和消费者。

(1)物流配送网络不完善。我们知道,现代物流企业一般都针对城市客户,这与物流运作成本和企业经营效益是相关的,因此,农村配送体系尚未建立。部分鲜活农产品要求仓储条件严格,但是目前设备、冷链资源不足,各自一体,没有形成完整合适的规模效益。冷链物流能力严重不足,生鲜农产品销售仅以城市范围内的高端消费人群和团购单位为主,这抑制了网络营销快速、便捷、低价等优势。尤其是乡镇的物流体系薄弱,影响了当地农产品通过电子商务进行销售。

(2) 网络信息基础建设薄弱。目前福建中闽弘泰、春舞枝、茶多网等网络平台多数以宣传为主,人气不高,网站更新缓慢,内容单一,无法形成流量平台。而专业性强、知名度高的农产品电子商务平台则更少,大多只能通过天猫、京东、1号店等第三方平台进行销售。

(3) 农产品质量标准认证体系不完善。消费者难以区分农产品的品质、产地,加之网络销售平台的监管力度和标准也不一致,有的网络电商平台要求严格,有的平台则以招商为主,放宽资质核准标准。另外,国内食品安全事件频发,网络环境的安全机制也不够完善,导致质量标准认证、品牌口碑显得异常重要。

(4) 缺乏专业农业电商人才。专业人才的培养数量和能力与市场需求不一致是主要问题。

3. 未来福建省农业电子商务发展的主要趋势

农产品电子商务发展的可能性:第一,"互联网新农人"。以家乡出产的特色产品为主,结合互联网构建电商模式。鼓励有条件的地方建设农业电子商务产业基地,促进传统农产品流通企业和农业生产经销企业发展电子商务。阿里研究院近年统计,全国新农人大约在百万之数。第二,"互联网新农场"。倡导构建新农场,通过网络平台与客户连接,通过新鲜采摘、产地直发,进行产地直销模式。第三,"农业跨境化"。优质的福建农产品不仅在国内具有广阔的市场空间,在国际市场上也有相应需求。因此,农产品与跨境电商融合发展、协同提升的空间巨大。第四,大力促进农村网络信息基础建设投入。尤其要解决资金不足、移动通信网络覆盖面等问题。

(二) 优势政策推动

省政府办公厅发文《福建省"十三五"现代农业发展专项规划》,"十三五"期间,福建省将扶持发展休闲农业,培育发展创意农业,进一步优化休闲农业布局。同时促进国家现代农业示范区、台湾农民创业园和福建农民创业园及示范基地建设,提升福建省农业新模式。

规划中提到,福建省将优化现代农业发展布局,发展三条特色现代农业产业带:福建西北重点推进绿色农业产业带建设,福建东南重点推进高优农业产业带建设,福建沿海重点推进蓝色农业产业带建设。建设三个农业发展功能区域,构建七条特色农业全产业链,打造茶叶、蔬菜、水果、畜禽、水产、林竹、花卉苗木产值超千亿的特色农业产业链,促进产业融合发展。健全质量安全监管机制,建设农资监管平台和农产品可追溯平台。

而在这样的目标下,福建省每年扶持500家省、市、县三级农民合作社示范社,省级家庭农场示范场1 000家。预计到2020年,省级重点龙头企业销售收入总额达3 000亿元。发展生物农业、光伏农业、功能农业,促进高新技术应用。最重要的是,发展"互联网+"现代农业优势企业,开启"互联网+"现代农业的创建。

【创业实践】　　　　　　　　　"田园综合体"

2017年2月5日,"田园综合体"作为乡村新型产业发展的亮点措施被写进中央一号文件,原文如下:支持有条件的乡村建设以农民合作社为主要载体,让农民充分参与和受益,集循环农业、创意农业、农事体验于一体的田园综合体,通过农业综合开发、农村综合改革转移支付等渠道开展试点示范。田园综合体是集现代农业、休闲旅游、田园社区于一体的特色小镇和乡村综合发展模式,是在城乡一体化格局下,顺应农村供给侧结构改革、新型产业发展,结合农村产权制度改革,实现中国乡村现代化、新型城镇化、社会经济全面发展的一种可持续性模式,目前正在全国积极推进中。

请你结合"田园综合体"全国试点项目,为福建省农业"互联网+"的创新创意建设做出思考和规划。

要求:

1. 项目调研:福建省建设"田园综合体"的合适地址、产品项目等。
2. 资料收集:进行项目方案书的资料收集和编制。
3. 结论汇报:制作项目方案PPT,进行课堂汇报,师生互评。
4. 项目评分:按照团队每个成员参与的程度和资料完整度、创新度进行评分,见表12—3。

表12—3　　　　　　　　评分方法和规则

项目分析方向	具体内容	自评	互评	教师评	高管大咖点评
项目团队	团队成员互补与协调				
	解决问题和资料搜集能力				
	团队组织结构设置方案				
	团队股权结构设置方案				
商业性	生存性和盈利能力				
	可行性和完整性				
	可复制性				
	未来3年可持续发展能力				
创新性	思维创新				
	岗位创新				
	技能创新				
	技术创新				
	产业协同创新				
	模式创新				
带动就业	与当地经济发展紧密结合,促进区域社会经济转型升级				
	预计带动就业人数				

第四节　"互联网+"制造业:
智能家居/互联网汽车/基因+互联网

一、智能家居

(一)简介

智能家居以住宅为核心,是在互联网的影响之下的物联化体现,它可以定义为一个过程或者一个硬件和软件集成系统,兼备建筑、网络通信、信息家电、设备自动化,致力于营造舒适、便利的居住环境。美国家庭自动化协会(Home Automation Association,HAA)所定义的智能家居是:一个使用不同的方法或设备的过程,以此来提高人们生活的能力,使家庭变得更舒适、安全和有效。智能家居(Smart Home)的概念最早出现于美国,传统的智能家居涵盖了智能家电控制、智能灯光控制、智能安防、智能影音等方面。而基于物联网的智能家居能够做到涵盖远程监控、家庭医疗保健和监护、讯息服务、网络教育以及联合智慧社区、智慧城市的各项拓展应用,可谓符合"懒"的性格、"智"的生活。

1. 智能影音

智能影音能够控制室内 DVD、VCR、卫星电视、有线电视等影音设备,包括音量、频道、预设、暂停、快进等,实现随时随地的全方位控制,并根据具体的生活场景,自由转换影音配合效果,让家居生活倍感愉悦。

2. 智能家电控制

智能家电在传统智能家居系统中占据重要地位,它主要是通过遥控控制、手机控制、电脑远程控制、定时控制等多种控制,对空调、热水器、饮水机、电视以及电动窗帘等设备进行智能控制。用户可以根据自己的需求,自由地配置和添加家电控制节点。该功能的实现不仅给用户带来了便利,也大大节约了能源。

3. 智能安防

住宅安全一直是人们关注的重点。智能安防是智能家居的首要组成部分,也是住户对智能家居系统的首要要求。智能安防主要是指智能家居通过安防系统中的各种安防探测器(如烟感、移动探测、玻璃破碎探测、门磁等)和门禁、可视对讲、监控录像等组成立体防范系统。举个例子,可视对讲可以使用户很清楚地观察来访者,从而确认是否遥控开门。当遭遇危险或者检测到潜在危险时,报警系统会自动将报警信息发送给小区物业,并以电话或短信形式将报警信息发送给用户。

4. 智能灯光控制

光影变幻是营造现代家居环境的重要手段,智能灯光的出现为家居个性生活添加了一抹神秘的色彩。它主要通过智能开关来替换传统开关,从而实现对家庭灯光进行感应控制,并可创造任意环境氛围和灯光开关场景——家庭影院的放映灯光、浪漫晚宴灯光、朋友聚会的场景灯光、宁静周末的餐后读报灯光等。当你外出或加班的时候,灯光会自动调整到相应的模式。此外,智能灯光控制系统还会根据全天外界的光线以及全天不同的时间段自动调整室内灯光。

5. 基于物联网的远程监控

随着物联网技术的不断发展与完善,传统智能家居范畴被进一步扩展。智能家居系统在电信宽带平台上,通过 IE 或者手机远程调控家居内的摄像头,从而实现远程监视。此外,住户还可以通过 IE 或者手机控制家庭电器,如远程控制电饭锅煮饭、提前烧好洗澡水、提前开启空调调整室内温度等。

6. 基于物联网的信息服务

Internet 让用户可以在任何时间、任何地点获得和交换信息,同样,智能家居联网可以让你畅游网络信息世界。

7. 基于物联网的家庭医疗和监护

利用 Internet,智能家居如今可以实现家庭的远程医疗和监护。这种类型的延伸不仅有助于身心健康,而且会降低医疗保健成本。不需要走进医院,在家中即可以将测量的血压、体温、脉搏、葡萄糖含量等参数传递给医疗保健专家,并与医疗保健专家在线咨询和讨论,省去了在医院排队等候的麻烦。

8. 基于物联网的网络教育

基于物联网的智能家居为网络教育的发展提供了新的契机,学校和家长通过家居中基于

Internet 的教育工具可以实现更加紧密的合作,并在家庭和课堂之间建立桥梁。在智能家居中,不管哪个年龄段的人都可以享受教育资源,进行终身教育和学习。

(二)智慧地球生活的发展

目前智能家居在美国、德国、日本、新加坡已经实现了广泛的运用。在亚洲,日本是家居智能化发展较快的国家,家庭电器联网自动化是普遍的应用,以及通过生物认证技术实现了自动门禁识别系统。如果家庭用户双手提着东西,站在安装于入口处的摄像机前,摄像机仅需大约1秒的时间进行生物识别认证,只要确定为该户户主,门禁便会立即打开。还有房间内的马桶垫圈上安装有智能血压计,当人坐在马桶上时,智能血压计便能检测血压并记录;马桶池还配有血糖检测装置,人们在方便后能截流尿样并测出血糖值。

美国也是家居智能与自动化系统和设备最大的市场,像谷歌、苹果、微软这些行业巨头更是在智能家居领域有所建树。早在 2014 年 6 月,苹果全球开发者大会(WWDC)在美国旧金山举办的时候,用 120 秒的时间展示智能家居平台 HomeKit。HomeKit 为"家居套件"之意,它是开放的 API,家中的每一个物联设备都可以通过 HomeKit 安全匹配,并完成不同场景的组合。例如,智能灯泡、智能锁、智能风扇、智能温控器、智能车库门和智能电源插座等。苹果证实,用户还将可以利用 Siri 操控这些智能设备。苹果为 Apple TV 增添了 HomeKit 支持,这意味着 Apple TV 也可以被用作智能设备控制中心。这次大会标志着苹果正式进军智能家居领域,并带给全世界它一贯的承诺:简洁、明了、易于使用。从手机到电脑,苹果已经成功"绑架"了全球爱好时尚的一族,基于苹果自身优势条件下的智能家居平台具有庞大的客户基础,而苹果正是想利用这一优势构建自己的智能家居围城。

二、互联网汽车

互联网汽车是行业的新商业模式,包括汽车的供应链、销售、售后服务、物流服务、金融服务等方面的互联网化、信息化、社群化等,形成整个汽车行业商业模式的互联网革新。经过作者调研查阅资料,总结目前的互联网汽车商业圈如下:

(一)汽车电商

一是借助网络 B2B 平台,实现汽车零部件的供应。二是借助网络商店或者 APP,实现整车或者二手车的销售,甚至通过一个 APP 平台与众多汽车制造商无缝连接,实现个性化定制汽车,这就是所谓的在大数据支撑下,用户和用户的行为可以支撑用户的个性化定制汽车成为可能,同时一定能打破传统制造模式,形成更为智能化的制造生产线。一个生产线既可以制造量产车,也可以制造个性化的定制车,从而优化整条供应链系统。三是各种汽车配件的电商市场,这是最为广泛的应用,任意一个购物电商平台都可以搜索到很多这类商品,比如轮胎的网络销售。

(二)汽车售后服务的电商化

通过微信公众号或者手机软件的预约服务,用户可以享受线下维护保养汽车、线上优先处理信息的权利。像车享家、途虎这类电商平台更注重线上服务,可当天快速下单完成预约,第二天只需选择离家最近的门店进行服务即可。当然,最方便的是,也可以选择上门保养和维修。这就是互联网时代的服务。

(三)汽车智能化场景应用

通过汽车智能化装备及场景应用,让汽车具有智慧,这是不是一件很酷的事情呢?让汽车服务类、配件类电商的全过程都可以显得智能化和便利化,通过智能化场景应用解决汽车消费和使用全流程的智能化,解决用户的前置需求。比如,通过传感器和云端大数据计算出行驶的车辆即将要发生哪些故障,云端就可以提前告知车主,让车主提前购买服务,既便捷,又可解决用户的刚需。而全球著名企业谷歌非常看重这个市场,谷歌发布 Android 车载互联网系统,构建超越车企的优势资源。而最终得益者有可能是苹果、谷歌、三星、小米等任何参与苹果和 Android 生态系统的公司。

(四)汽车互联网金融

如大众汽车金融 2015 年推出了汽车贷款在线预审平台和经销商在线平台,开启了全新的汽车金融服务模式。另外,以车辆抵押借款为主要业务的 P2P 平台也开始流行于网络。以美国为例,每销售出 18 辆汽车,就有 1 辆汽车的购车贷款来自汽车金融业排第一的 Ally(美国联合汽车金融公司)。而 Ally 的商业模式正是利用互联网金融线上引入资金,配套线下的汽车金融服务,从而形成资金链和资产端的闭环。这既解决了线下传统业务的资本补充问题,同时也扩大了自己的汽车金融业务范围,投资者收益也能得到保障。国内汽车金融情况相比美国而言,也只是刚刚开始的初步阶段。目前是银行和汽车金融公司共同占据这块市场,其中互联网巨头 BAT(百度、阿里和腾讯)的身影在这些公司背后随处可见。

(五)网络社群模式

聚集最重要的车主资源,通过现今网络上的社群平台,聚合并形成新型的社群,让用户获得存在感。如以微信群或者 QQ 群为代表的泛社交型社群,这种社群松散性强,必须通过某个线下活动入群。活动过后,若没有明确维护社群运作的方法,通常就会成为"僵尸群";但若运作得好,群主可以制造也可以刺激群成员制造一个小小的爆点或槽点,激活群里的车主资源,形成一起"嗨嗨嗨"的状态,最终互动、分享、转化、关注,形成车主的朋友圈资源和汽车相关产品的电商互动。

互联网思维以及"互联网+"概念一定会改变汽车产业,改变汽车的用户体验,改变汽车行业的速度,改变车企排名。要面对它带来的变革,无论是互联网企业还是汽车厂商,最需要的还是梦想、勇气以及执行力。

【自由思考】

2017 年 5 月 15 日,由中国创新创业大赛组委会、中国电动汽车百人会、中关村科技园区管理委员会联合指导,卡睿达科技孵化器有限公司(暨中国电动汽车百人会双创中心)承办的"中国创新创业大赛之国际新能源及智能汽车大赛"正式上线,并接受报名。该项赛事是中国创新创业大赛板块内,专注新能源及智能汽车领域初创企业和创新成果的国际化专业赛事。

请结合互联网技术和汽车产业链进行思考,设计参赛项目,尽可能地多设计一些,与同学进行讨论。

三、基因+互联网

(一)简介

随着"互联网+"的持续推进,书中介绍了诸多领域应用互联网的实力产业。如今,互联网已经对传统的各项生物指标检测产生重要影响,借助互联网企业强大的数据采集、存储、计算和分析能力,基因检测服务应用场景来到我们的身边,消费者届时可以获取更为便利的服务,也会享受到更加规范的标准。

【案例分享】

有1基因为大众用户提供消费级个人基因检测服务,同时打造云平台,将基因检测引入运动、减肥、健康管理、营养保健等各类生活场景;为相关企业客户提供定制化基因检测服务,以及以基因检测为核心的项目定制、生物信息分析、遗传咨询、IT开发、数据交互等多样化服务。访问有1基因的官网,可以看到项目全面的检测服务,包含200余项疾病风险、遗传病风险及药物代谢检测,以及100余项成长特质、运动减肥、膳食营养、美容、社交、职场心理等检测。有1基因向客户邮寄样本采集器,客户只需在家采集样本,如口腔内壁或者唾液,采集方式无创无痛,样本常温保存,物流快捷、方便、安全。

(二)国内外发展

最早提供消费级基因检测服务的是美国23andMe公司,创始人是安妮·沃西基。随着基因数据应用的发展,其手中巨大的基因数据库成为众多药企青睐的大金库。目前,公司已成为估值超过11亿美元的"独角兽"级明星公司。谷歌、苹果和亚马逊分别从基础科研、应用和数据存储等领域布局基因服务。谷歌在重组为"字母表"公司后,以基因为首的生命科学公司也被置于集团核心地位,其掷重金发展生命科学,要从基因上延缓衰老,延长人类寿命至500岁。早在2014年,谷歌就推出Google Genomics计划,搭建了应用程序接口API,邀请科学家们将DNA数据转移到谷歌服务器,使用相同的数据库技术索引备份人类的基因数据。苹果公司正在与美国多家研究机构合作,共同开发两款可收集和研究基因数据的ResearchKit应用,计划收集并整理用户的基因数据,帮助iPhone用户进行基因检测。此外,亚马逊和谷歌正针对基因云存储市场展开较量,亚马逊也推出云端服务,并接管国际千人基因组计划数据存储。

目前我国正在酝酿精准医疗计划,并有望进入国家"十三五"重大科技专项。阿里、腾讯、百度等互联网巨头加快布局,先后投资基因公司或设立基因数据部门。2015年10月,阿里云与英特尔、华大基因签署战略合作备忘录,宣布启动精准医疗开放云平台的共建工作。此前,阿里云还与北京贝瑞和康生物技术有限公司达成合作,共同打造以海量的中国人群基因组数据为核心的数据云,实现对个人基因组数据的精准解读。2015年12月,百度与北京协和医院宣布开展食管癌研究,百度利用其大数据与人工智能等技术,一同发现食管癌早期诊断的标志物,为食管癌的早期筛查和诊断提供科学依据,并为食管癌药物的研发提供靶标,此次合作成为国内互联网企业与国家级医学科研机构在癌症领域的首次深度合作。

国内保险公司也在加快布局。2015年7月,国内首家互联网保险公司众安保险宣布与全球最大的基因测序中心华大基因合作,打造国内首款互联网基因检测保险计划"知因保"。它是一系列以基因检测为支撑、以健康体检为手段、以保险为保障的个人健康管理计划。除了众安保险,包括泰康人寿、平安人寿、中国人寿、太平人寿在内的多家险企纷纷推出"买保险送基因检测"增值服务。

WeGene、Hi基因、基因猫、360基因等众多初创公司也蜂拥而起,与华大基因、达安基因、博奥颐和等业务丰富的业内大佬不同,这些初创公司都瞄准零售业务,聚焦于消费级基因数据的解读与个性化健康服务。为了实现公司的大数据梦,基因检测公司都试图借助互联网的力量,将基因检测这个"高大上"的科技服务推向普通消费者市场。华大基因推出了健康咨询与垂直电商平台Genebook,希望在传播健康资讯的同时,利用手中的大数据精准营销健康类产品,Genebook平台上销售的商品主要包括健康食品、保健品、健康检测服务、周边商品和可穿戴设备等。

因此,构建个人及家庭实用性健康管理方案并不难,因为基因数据库和互联网企业强大的数据采集、存储和计算能力,可以在运动健身、饮食营养、日常健康管理、慢性病治疗、美容等方面,为消费者提供个性化建议和精准管理方案,并进行良好的运用转化。难的是,如何持续加强基因数据隐私保护。因为基因数据的非法利用不仅会对个人隐私造成危害,更为严重的是,还会危害国家安全。出台相关技术标准和实施指南,以安全管理标准化降低数据泄露风险,加强基因数据出境评估管理,建立重点领域数据出境安全评估和许可管理制度,确保国家数据安全,这才是"互联网+"基因检测服务的良性发展基础。

(三)行业政策

2015年3月,政府启动了"精准医疗战略"计划,准备在2030年前投入600亿元,其中基因检测是实现战略的核心技术之一。2015年7月,国家发改委发布《国家发改委关于实施新兴产业重大工程包的通知》,基因检测技术被列入"新型健康技术惠民工程"。2005年7月,国家科技部"中国人口健康基因检测科学社会工程"立项,这项旨在实现全民健康的伟大基因工程正以势不可挡的市场态势开创基因新时代。

2016年3月,"基因组学"被列入"十三五"规划纲要草案。在"战略性新兴产业发展行动"中提出,"加速推动基因组学等生物技术大规模应用"。2016年10月,中共中央、国务院印发了《"健康中国2030"规划纲要》,指出中国健康服务业总目标,2020年为8万亿元,2030年为16万亿元。这标志着健康产业将成为我国的经济支柱产业。

2017年1月,国家发改委正式印发《"十三五"生物产业发展规划》,明确了基因检测能力覆盖50%以上出生人口的目标。

当然,缺点也存在。众多网民对基因检测并没有概念和理解,推动面向消费者的基因检测服务持续降价。基因检测高冷,用户无参与感,认知低、无黏性;由于知识普及不足,用户不认为是刚需,购买意愿低;现有基因检测服务模式与消费者/用户隔离,品牌认知度低,无法积累自己的用户和粉丝。这是基因检测面临的三大痛点。

【案例分享】

检爱网是国内首家依托于专业基因检测实验室而成立的互联网基因检测平台。它致力于基因科技的生活普及,以便更好地服务于广大用户。检爱网为广大用户提供专业基因检测服务,业务涵盖儿童基因库、基因身份证、健康基因检测、遗传性肿瘤基因检测、个体特征基因检测、全基因组检测、个人生命说明书、亲子鉴定等基因检测服务。具体如下:

1. 肿瘤易感基因检测(了解肿瘤遗传风险,合理预防与规避);
2. 亲子鉴定(个人隐私、孕期胎儿、落户等司法类鉴定);
3. 无创产前DNA检测(胎儿染色体疾病排查,安全、无风险、准确率高);
4. 儿童天赋检测、儿童健康筛查(个性化教育培养,提高教育成功率);
5. 靶向用药、抗过敏、叶酸代谢、酒精代谢等营养体征检测(合理规范营养摄入,养成良好的生活习惯)。

【自由思考】

查找近年来在互联网医疗方面尤其是基因方面的"双创"大赛、"互联网+"等赛事上的获奖项目,并思考有何突破点,联系下自己医学院方面的同学、朋友,共同思考如何在此基础上设计自己的参赛项目。

【创业实践】 车联网技术的产业链构建

国脉科技是一家具有前瞻性的公司。在2016年3月7日的全国人大会议上,国脉集团董事长陈国鹰代表从时间、市场、技术、商业模式、制造业升级五个方面向李克强总理介绍了物联网的创新发展途径,并向李总理介绍了国脉集团的车联网核心技术、大数据技术,以及国脉科技与福州理工学院"工程师+讲师+股东"产教融合打造协同创新平台的新模式,李总理给予充分肯定。李总理说:"这就是众创模式。"李总理最后表示,福建可以通过发展智能制造、现代服务业等培养新经济,依托"众创模式",探索发展物联网等新业态,以新动能带动改造,提升传统动能。国脉科技转型物联网大数据平台业务,车联网业务有望率先落地。2015年公司拟募集资金总额14.4亿元,用于国脉物联网大数据运营平台和国脉云健康医学中心项目。国脉科技大数据平台项目将以智慧交通为切入点,上海汽车集团股权投资有限公司(上汽投资)和位于马尾的国脉集团旗下福建慧翰微电子股份有限公司举行战略投资签约仪式,入股慧翰微电子。目前,慧翰微电子正为上汽集团研发基于4G LTE的下一代车联网核心技术。国脉集团介绍,慧翰微电子研发的下一代车联网核心技术具有遥控、监控功能,很像飞机的"黑匣子"。这一技术为实现"智能交通"打下了重要基础,该技术可知车辆时速、位置,还能通过传感器的数据分析知晓路面拥堵情况,检测车辆尾气,车主还可以通过手机APP来降低被劫持车辆的时速。

(资料来源:腾讯网和国脉科技官网。)

请对车联网技术的落地应用进行需求调研,对以下问题进行解答:怎么让汽车安装上车联网设备? 用户装了车联网设备有什么好处? 怎么从车联网中赚用户的钱? 搞清楚以上问题之后,尝试进行智能车联网技术公司的组建。

要求:

1. 确定服务对象:在汽车生产厂、智能硬件和软件开发商、无人驾驶技术公司中,确定其中一种客户类型,做好需求调研。

2. 调查上下游合伙的伙伴,研究如何适应供应链发展,并设计具有可持续盈利能力的商业模式。

3. 形成项目报告。

4. 完成后填写能力测评表,见表12—4。

表12—4　　　　　　　　　　评分方法和规则

项目分析方向	具体内容	自评	互评	教师评	高管大咖点评
项目团队	团队成员互补与协调				
	解决问题和资料搜集能力				
	团队组织结构设置方案				
	团队股权结构设置方案				
商业性	生存性和盈利能力				
	可行性和完整性				
	可复制性				
	未来3年可持续发展能力				

续表

项目分析方向	具体内容	自评	互评	教师评	高管大咖点评
创新性	思维创新				
	岗位创新				
	技能创新				
	技术创新				
	产业协同创新				
	模式创新				
带动就业	与当地经济发展紧密结合,促进区域社会经济转型升级				
	预计带动就业人数				

第五节 "互联网＋"公共服务：在线教育/共享单车/BOSS直聘/云医院

一、在线教育

（一）简介

互联网为平台构建教育新模式,在国内外已经取得了相当多的成就,满足应用人群层次丰富的需求。这其中现代信息技术的发展为教育时空界限的打破起到了不可估量的作用,为学校与学习者提供了前所未有的新时空,教、学、评、测等多个环节均因为技术的推动而发生了显著的变化。如今,移动互联、大数据、云计算等已成为教育发展变革重要的推动力量,使教育形式从"线下"到"线上",再到"线上＋线下"的混合式教育。

发展在线教育的优势是教育人群大、教育投入大,以及网民规模巨大且不断增长。目前在线教育覆盖面广、形式多样,具体可分为以下三类：

1. 以内容为主体的互联网教育模式

在线教育内容提供商主要提供包括教育视频、学习资料等在内的学习知识以及教育工具类产品。

（1）视频类教育资源：课堂内容与线下内容没有变化,只是授课形式转移为通过互联网传递视频。这类产品主要由传统教育机构提供,如传统网校和远程教育、MOOC和公开课等。

（2）教育工具类资源：为学习过程提供辅助的一类学习工具产品。包括背单词型产品、题库型产品、笔记型产品、早教类产品、评测与资讯工具等,形态多样。

（3）文档资料类：主要以一种学习资料库的形式存在,提供多种多样的学习资料,人们接收信息进而转化为自身的知识和智慧,如百度百科、维基百科等。

2. 以教育主体构建平台或者第三方平台为主的互联网教育模式

在线教育平台提供商是指为教与学提供中介的平台,多为具有互联网思维的线上机构,如学而思、YY教育等。

3. 以技术支持为主的资源平台

在线教育产业链中,除了提供内容、平台外,还有一些技术支持企业,例如,华平股份为远程教育系统提供支持,立思辰、天喻信息在政府或学校搭建教育云平台等。该类技术提供商虽然本身不输出教育相关的内容,但其技术支持也是整套解决方案不可或缺的,而在大量项目实践过程中所积累的经验则成为其最大的优势。

(二)企业互动案例

1. 学而思网校

2009 年,学而思教育集团设立学而思网校,定位于 0～18 岁学生群体的在线课外辅导。从 2010 年 1 月开始提供在线课程,目前提供包括数学、英语、语文、物理、化学、生物、历史在内的课程,收费标准为 20～100 元人民币每小时。2013 年 8 月改名"好未来",即便目前在线营收占比仅 3%,仍在继续优化自己的门户网站群。

目前,好未来旗下拥有品牌乐加乐、东学堂、智康 1 对 1、学而思网校、摩比思维馆等。在在线教育领域,学而思发展了布局相对完整的中小幼教育专业门户网站群——e 度教育网,e 度教育网由育儿网、幼教网、奥数网、中考网、高考网、留学网等多个网站构成。2012 年,e 度教育网开始逐步向全行业开放,并推出了多款学习 APP。

图 12-6 学而思网校官网

2. YY 教育

YY 教育利用语音软件解决学生互动、学习评估和监督反馈的在线教育难题,并积极吸引各大教育机构入驻,形成平台优势。YY 教育由欢聚时代于 2011 年 6 月推出,学员可以通过登录 YY 客户端或网页版直接进入教育频道接受在线培训。目前,YY 注册用户超过 3 亿,资源优势明显,平台聚集近 800 家国内外知名教学机构和 2 万名著名讲师,开设课程 579 门,已举行超过 100 000 堂网络公开课,月活跃用户量超过 600 万。

3. 中国慕课大学 MOOC

MOOC,顾名思义,"M"代表 Massive(大规模),与传统课程只有几十个或几百个学生不同,一门慕课课程动辄上万人,目前最多的达 16 万人;第二个字母"O"代表 Open(开放),尊崇共享协议,以兴趣为导向,凡是想学习的,都可以进来学,不分国籍,只需一个邮箱,就可注册参与;第三个字母"O"代表 Online(在线),学习在网上完成,不受时空限制;第四个字母"C"代表 Course,就是课程的意思。在慕课的几大平台中,大量数据采集和分析是关键所在。这些技术能够自动把慕课教学过程中与学生互动的相关轨迹,如学生回答的每一道题、修改的每一次作业、参与的每一次论坛讨论等都收集起来。此外，还会定期给教师发报告，分析哪一堂课有效、哪一堂课无效。目前这种教育模式正在中国高校教育主体中如火如荼地展开。

图12—7 中国慕课大学官网

而慕课在国外其实是非常受欢迎的，目前有号称"慕课三巨头"的网站，包括 edX、Coursera 和 Udacity。

第一个是哈佛与麻省理工学院合办的 edX 公司，它是一个非营利性的网络课程开源技术平台。参加的学校都在校名后加一个 X，如哈佛 X 大学、清华 X 大学等。这个平台不但把网络课程资源免费提供给注册学员，建立一个全球性的课堂，同时也为参加联盟的校方成员提供教学的研究工具和数据，在全球探讨如何用技术改变校园学习和在线学习。这里不但有美国的一流学校，也有欧洲和亚洲领先全球的教育机构，包括北京大学、清华大学等 6 所亚洲名校。

第二个是 Coursera 平台，这里聚集着来自普林斯顿大学、哈佛大学、杜克大学、多伦多大学、上海交通大学、复旦大学等上百所大学的课程。在 Coursera 上注册的学生中有 60％来自美国，也有很多中国学生。未来 Coursera 网络教育计划将与更多的大学合作，提供更加多样性的课程，他们还计划在未来几年内，在全世界范围内再吸引几百万学生。

第三个是 Udacity 平台，这其实算是成立时间最早的慕课平台。它以计算机类课程为主，课程数量虽不多，却极为精致，许多细节专为在线授课而设计。Udacity 平台不仅有视频，还有学习管理系统、论坛和社交元素。

其实我们要考虑的是，为什么这些慕课平台如此之火？国内有没有这样的市场需求因子？人们对大学教育现状与日俱增的不满是很重要的一点。比如在美国，一个学士学位的平均"标价"已经飙升到超过 10 万美元。四年的大学生活常常让学生与他们的父母背上一身债。而且，尽管高等教育的价格芝麻开花节节高，但其质量不能与收费对等。在公立大学，辍学率通常很高。美国皮尤研究中心 2011 年的一项调查显示，近六成美国人认为，美国的大学院校提供的教育价值未能与学生及其父母花费的钱财相匹配。慕课的支持者都盼望慕课的高效率、低成本和灵活机制能让孩子与家长多一条明智的选择之路。

【自由思考】

若是以年龄层次划分在线教育市场,你认为哪个市场是中国目前最热的、最有发展前景的?你能设计这类市场中主体的商业模式吗?可以先查阅、调研现有市场的企业优劣势,寻求市场机会。

二、共享单车

(一)简介

共享单车最受人关注的莫过于供应链的共赢模式和解决就业问题。如共享单车公司的盈利模式就是,通过分时租赁来部分变现,通过收取押金来回收资金,实现现金流并进行扩张。押金可以退,所以多数人不会抵制缴纳这笔钱,但公司不会自动退,多数人也不会主动要求退,因为下次用车还得缴,其结果就是大量资金沉淀在公司,等于无偿占用;押金不能动用,不能用作租赁车费的支持,等于这笔钱只会增加,永远不会减少。由于一份押金对应1个注册用户而非1辆车,这意味着投放1辆车就能锁定远超过1个用户。如摩拜目前是1辆车锁定8人,等于投放1辆车就能获得2 400元(300×8)的"存款"。从这个意义上,摩拜投放的每辆单车都类似一个储蓄所。2017年1月23日,富士康成为摩拜新的战略投资者。此次合作将会有望大幅提高摩拜单车产量,每年总产能预计将能超过1 000万辆,而每一辆单车都是一个移动储蓄点。仅以1 000万辆投放为假设,每辆车锁定8人,每人约300元押金,沉淀资金总额将达240亿元——这是最经典的互联网金融的玩法。

而对于供应链上游的自行车制造商和银行,由于共享单车公司的规模扩张带动相应业务量的增加和收入的提升是必然的。对于供应链下游的消费者,方便即是"盈利"。对于沉淀资金的使用对象之一,即投资领域,则有源源不断的资金流动。因此,共享单车的核心优势就是盘活供应链,同时大幅度增加这条供应链上的就业人数和岗位需求。

(二)企业互动案例

1. ofo小黄车

ofo小黄车首创"单车共享"模式,建成全球第一个无桩共享平台。数据显示,在共享单车行业中,ofo的融资额度最高、单车和城市数量最多,拥有的用户数据更具代表性。这样的ofo起源于校园,截至2016年10月,ofo小黄车已来到全国22座城市、200多所高校,累计提供超过4 000万次共享单车服务。ofo提供校园交通代步解决方案,为广大高校师生提供便捷经济、绿色低碳、更高效率的校园共享单车服务。紧接着ofo共享单车怀揣着"随时随地有车骑"的朴素愿景来到城市,试图满足人们短途代步的需求。目前,ofo已在全球投放了超过800万辆共享单车,占据共享单车行业70%的供应链产能,为全球8个国家超过170座城市上亿用户提供了超过30亿次服务。在未来也许ofo会以开放平台和共享精神,欢迎用户共享自己的单车加入ofo,以互联网创新模式调动城市单车存量市场,提高自行车使用效率,为城市节约更多空间。也许在未来,人们可以在全世界的每一个角落通过ofo解锁自行车,随时随地有车骑,满足短途代步的需求。

足量的设备基数不但在很大程度上提高了城市空间的可到达性,更是获取了丰富的出行数据及用户维度。ofo以其庞大的车辆和用户规模加快了物联网商用的进程,而物联网带来的大数据也促进了ofo精细化、智能化运营以及更多层面的自我升级,成为物联网的移动载体。2017年2月,ofo小黄车与中国电信、华为达成合作,共同研发基于NB-IoT技术的新型

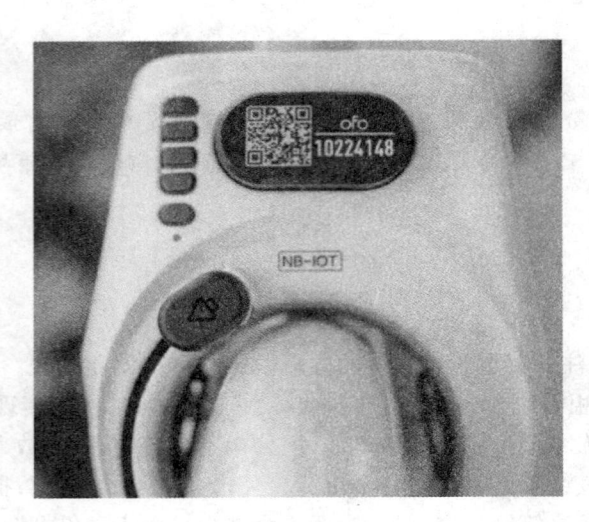

图 12—8

智能锁,并于 6 月全面启动商用。NB-IoT 智能锁使用了华为的 NB-IoT 芯片、电信的通信服务以及阿里云计算,找到了共享单车车锁功耗、传输距离和带宽之间的黄金分割点,具备了行业最领先的物联网技术。ofo 独有的"锁车分离"模块化设计,确保 ofo 更换智能锁时,并不需要进行车体的改动,实现了共享单车行业及产业链中车、设备、物联网的技术整合。甚至在未来,可以通过更多维度的物联网传感器检测自行车附近更为复杂的城市信息,如拥堵状况、人流集中程度、商业客流等,为智慧城市建设提供大数据参考。

2. 摩拜单车

胡玮炜原来是一个记者,2014 年的一天,胡玮炜一个在奔驰中国设计中心工作的朋友告诉她,未来的个性出行工具会有一波革新潮流。蔚来汽车的董事长李斌问她,有没有想过做共享出行项目。"我有一种被击中的感觉,我立刻就说我想做这件事,然后李斌就投资了我。"胡玮炜说,她在国外看到过类似的项目,而且作为用户,对国内公共单车的痛点有深刻体会:车子不好看,办卡很麻烦,取车、还车要到固定地点。于是几经波折,摩拜单车于 2015 年 1 月成立,成为一家自己设计生产自行车、自己设计智能锁的软硬件结合体公司。其自主研发的专利智能锁集成了 GPS 和通信模块,采用了新一代物联网技术,通过智能手机 APP 让用户随时随地可以定位并使用最近的摩拜单车,骑行到达目的地后,就近停放在路边合适的区域,关锁即实现电子付费结算。

2017 年 7 月 25 日,全球智能共享单车首创者与领导者摩拜单车宣布进入意大利,意大利成为摩拜单车在欧洲大陆进驻的第一个国家,也是继新加坡、英国和日本之后的全球第 4 个海外国家,标志着摩拜单车海外拓展的又一里程碑。

3. 永安行

永安行是一个引导城市绿色共享出行的服务平台,覆盖全国 220 多个城市 32 000 多个共享单车服务站的 800 000 多辆共享单车。永安行具有扫码租车、站点车辆信息查询、个人骑行记录查询、个人碳积分查询和个人碳交易等丰富功能。共享单车永安行于 2017 年 8 月 17 日在上交所上市,股票代码为 603776,发行价格为 26.85 元/股,自此,永安行成为中国共享单车第一股。这似乎是继 2016 年以摩拜、ofo 为首的共享单车风暴之后出现的一股独特的清流。其实,永安行早在 2010 年就在我国公共自行车行业布局,目前已攻占 210 个左右的市、县,这些市、县北到黑龙江黑河,南到海南海口,东到浙江舟山,西到新疆阿克苏。甚至连马来西亚、俄罗斯都有其身影。当然,那时候的共享单车的形式是有桩公共自行车系统业务。拥有广泛社会基础的永安行于2016年下半年开始,正式加入"单车大战",在成都、昆明、长沙、南昌、福州、贵阳、北京、上海等永安行尚未覆盖的一二线城市,试点布局共享单车。

【自由思考】

共享单车、共享充电宝、共享篮球、共享雨伞……如果有一款产品叫"共享购物车",你觉得它应该是怎样运作的?

三、BOSS直聘

BOSS直聘创始人赵鹏来自智联招聘,团队成员大部分来自百度招聘和拉勾网,投资方包括今日资本与雷军的顺为资本等。BOSS直聘创立于2014年7月,是一款让求职者以与未来BOSS直接线上开聊的方式找工作的应用。用户可以在APP上采用聊天的方式,与企业高管甚至是创始人一对一沟通,更快速地获得录用。其优势是信息对等,求职者可以跳过海投简历、一面、二面等冗长的应聘环节,通过直接与企业老板在线洽谈入职相关内容的高效方式,简化双方的需求,实现双方盈利。BOSS直聘开启了招聘行业的MDD时代。MDD,即Mobile+Data+Direcruit。Mobile即移动,随时随地的招聘场景,大幅增加了招聘产品的使用频次和覆盖用户。Data即数据驱动,就是基于用户产品使用行为进行的职位技能、公司发展阶段与个人期望等多维度的匹配,以实现精准撮合。Direcruit即直聘,直聘模式消除了招聘求职中大量的冗余环节。最重要的是,这个平台是免费提供给求职者和企业双方使用的。

【案例分享】

2017年5月15日,东北大学资源勘查工程专业毕业生李文星,在BOSS直聘平台上取得了天津一家名为"北京科蓝软件系统股份有限公司"的职位,随后他只身赴天津报到。在他去天津滨海高新区软件园报到就职后,与家人和朋友的联络中出现了反常举动。据亲友描述,报到后的李文星态度冷淡、频繁失联、多次借钱。7月8日,他给母亲打了最后一个电话:"谁打电话要钱,你们都别给。"7月14日,李文星的尸体在天津静海区被发现。警方在他身上发现了传销笔记,分析认为其极有可能"误入传销组织"。在扼腕叹息年轻生命的逝去的同时,BOSS直聘的运作模式和审核机制遭到质疑。

思考:请你上网搜集BOSS直聘、58同城、海峡人才市场等网站或者应用信息,记录其杜绝虚假招聘的处理办法。

四、云医院

(一)简介

云医院即"互联网+"时代医疗资源的最优化配置方案。2015年中国移动医疗市场接近50亿元规模,用户规模于第四季度达到1 707.3万人。目前,百度、阿里巴巴、腾讯三巨头都有了自己的移动医疗平台,或者以投资入股的方式参与移动医疗平台的运作,同时一大批创业者紧随其后。而互联网云医院是会随着移动技术、传感技术、纳米技术、基因技术的发展而变动的,医疗空间和时间限制从此被打破。如今在网上预约、挂号、候诊、取结果等程序借助APP

或者网站大大简化,已成为普遍应用。

【案例分享】

健康之路APP和网站通过多渠道实时采集用户健康数据,整合专业医疗资源,如医院医生、健康城市社区医生、健管中心医生等,为消费者与医生搭建健康医疗服务的第三方平台。健康之路公司与全国各大医院合作,提供预约挂号服务,预约个性化体检工作,不定期地邀请相关专家撰写稿件、录制视频,构建健康管理知识系统,并实现个性化推送服务。此外,还提供个性化的复诊时间及检查项目的提醒服务,以及网页咨询、语音咨询和微信咨询服务。健康之路公司通过自建和合作模式,从远程医疗的特点和优势着眼,建立大众身边的医疗服务机构,为医生和患者打造健全的医疗健康生态环境。未来,通过家庭医生服务理念,建立与患者的可信赖关系,在服务过程中,通过日常采集的数据定制患者所需的个性化服务,逐步推荐高级服务,形成由医生和患者参与的良性生态圈。

(二)互联网医疗发展的优势条件

首先,国家出台了一系列有利于发展"互联网+"医疗服务的各项便利政策。《全国医疗卫生服务体系规划(2015—2020)》强调积极引用移动互联网、云计算、物联网等技术推动健康信息、智慧医疗服务。《关于积极推进"互联网+"行动的指导意见》鼓励互联网与医疗结合,推广在线医疗卫生新模式。《关于推进和规范医师多点执业的若干意见》为方便医生多点执业助力。2015年,共有近4.5万名医生注册了多点执业。

其次,2015年,中国居民人均医疗保健消费支出达到1 165元,超过人均生活用品及服务、衣着消费支出。同时,中国老龄化呈现低龄老龄化特征,老年人平均年龄为70岁,且慢性病严重,像高血压、心脏病、冠心病、颈腰椎病、关节炎、糖尿病和类风湿等发病人群呈现低龄化特征,家庭护理需求明显。

最后,技术的进步是最根本的基础。如AR技术(增强现实技术)在解剖训练、教学、诊疗和图像引导手术等医疗研究方面创新应用明显。医疗机构采用云计算技术削减IT成本,实现组织、分享和保护病患数据。大数据分析和应用深入医疗服务业,提高医疗效率和医疗效果。远程医疗技术实现实时语音和高清晰图像交流,包括会诊、教育、咨询系统等。

因此,目前已有以资源提供者为主体的互联网医疗平台(如医生、药师、医疗机构、药品生产/销售商等)、以医疗运营流程为主体的互联网医疗平台(如问诊、挂号、自诊自查、体检、医疗学术等)、以医药电商为主体的平台(如B2B、B2C、O2O等)、以医疗智能硬件提供者为主体的平台等几类发展区域。

(三)互联网医疗发展的趋势

1. "医+药"综合平台

一站式、定制化医疗健康服务成为主要创新方向。如春雨医生与叮当快药的合作模式,构建从问诊、送药到健康管理的完整式服务。

2. 医生多点执业形成新的共享资源

如大家医联,医生可以在不脱离正规医院的情况下,工作之余加入大家医联平台,多劳多得,加速盈利模式的突破。

3. 线下诊后+移动医疗跟随服务市场

该平台可方便患者获得康复指导,医生通过平台掌握第一手资料以进行统计分析、积累经验,更有利于医学科研的开展和业务水平的提升,如易随诊医生端 APP 和患者端微信号。

4."医疗教学科研一体化"医生端互联网产品

如医学移动课堂 APP、杏仁医生 APP、医口袋 APP 等,推进从学生到从业再到科研的知识平台。

5.慢性病管理成为移动家庭私人医生的重要战场

如掌上糖医 APP、康康血压 APP。慢性病管理是家庭老龄化的常态事务,而移动医疗可以以更为便利的方式,满足病患及病患家属的需求,实现多种细化慢性病管理产品共同发展的态势。

6.平衡医患纠纷

医生线上开方治疗的模式目前很少见,注意医疗互联网服务的虚拟性和法律底线是未来的重点。

【案例分享】

美国多家公司推出了类似"滴滴打车"的手机应用系统,一旦有人呼叫家庭医生、儿科医生等,就会有医生"抢单",主动上门服务,类似中国古代摇铃卖药的江湖郎中模式。今后,居家医疗将成为主流,每个人都会拥有自己的"私人医生","我看医生"变成了"医生看我"。医院的功能会逐渐萎缩,仅限于抢救危急重症患者,甚至成为"临终接待室"。这不是科幻世界,而是未来实景。

【创业实践】　　共享经济体的市场挖掘

在"双创"小镇,优客工场给自己的定位是做一个内容导入者与管理者,而不是开发商,不会承担开发建设的工作。在创始人毛大庆看来,"双创"小镇会是一个轻资产与重资产并存的"混合轻资产"模式,优客工场最终会自己持有一些物业,既能通过持有物业收取租金,获得稳定的现金流,也能将持有物业进行抵押融资或者通过证券化贴现,反哺优客工场发展所需资金,形成轻、重资产的良性互补。两年来入驻优客工场的2 700多家企业中,目前有一批正在寻找新的园区,但成本通常并不便宜。通过与地方政府合作,低价拿地,公司将能够以很低的成本为成长性良好的公司提供更大的发展平台。"当我们的联合办公空间做到100 个、200 个、300 个的时候,入驻的企业会越来越多。""入驻企业达到几千家的时候,总会有一批要扩大发展的公司,我就有一些小镇来承接它们未来的发展。"

这样的发展理念也将"双创"小镇与传统的产业园区发展路径区别开来。过去,产业园区的模式通常是先建园区而后进行招商,但在"双创"小镇,则是先孵化公司、培育产业,然后将优客工场平台上成长起来的公司导入小镇,省去了招商的过程。

而这些小镇的运作模式得以成立的前提则是,拥有足够便宜的土地。这需要相关各方扭转此前的思维习惯。政府部门需要让渡短期的土地出让收益,发展商也需改变做快周转生意的经营思路。

"土地价格合理,带来资产价格相对合理;资产价格合理,你就可以把产业带进来,产业给你的回报就会相对合理;有了合理的回报之后,就会有新的金融产品来接盘。这样的话,对于产品的开发者来说,就没有那么大的资金压力,就愿意做长期的运营工作,整个生态体系就能良性运转。"

(资料来源:中国双创在线. https://www.shuangchuang.org.cn.)

要求：

1. 上网调查共享经济目前的应用领域。例如，传统医院里优质的医生资源借助 APP 实现家庭医生资源共享，人人可以连线名医，为自己服务；学校里的老师借助 APP 实现家庭教师资源共享，人人可以选择名师，为自己服务；把有限的土地资源通过 APP 实现像"双创"小镇那样的模式，扩大社会效益……思考如何挖掘和利用共享经济的本质，设计福州理工团队自己的共享项目平台商业模式。

2. 找准客户群体，试着联系平台上下游相关企业，进行可行性验证。

3. 形成商业策划书，进行汇报。

4. 完成后填写能力测评表，见表12—5。

表12—5　　　　　　　　　　　评分方法和规则

项目分析方向	具体内容	自评	互评	教师评	高管大咖点评
项目团队	团队成员互补与协调				
	解决问题和资料搜集能力				
	团队组织结构设置方案				
	团队股权结构设置方案				
商业性	生存性和盈利能力				
	可行性和完整性				
	可复制性				
	未来3年可持续发展能力				
创新性	思维创新				
	岗位创新				
	技能创新				
	技术创新				
	产业协同创新				
	模式创新				
带动就业	与当地经济发展紧密结合，促进区域社会经济转型升级				
	预计带动就业人数				

第六节　"互联网＋"公益：公益众筹

传统公益项目被人诟病已久，丑闻频出，导致很多人对公益失去了信心。那么，造成这种局面的最大原因是什么？无非就是公益的不透明化。但2011年众筹进入中国、开启公益互联网众筹之后，得到了很多人的支持，它颠覆了传统公益不透明弊端的支点。在众多的公益众筹平台中，众筹网公益可以说是公益众筹的最佳代表，它的出现直接推动了公益众筹透明化的发展。

一、公益众筹的定义

首先要了解公益，什么样性质的公益项目适合做互联网公益众筹？如一些助学贫困儿童、希望图书馆建立、解决非洲儿童健康饮水问题、各类天灾捐赠等。但不同的是，互联网公益众筹并不是像在轻松筹等平台上随便自己写写后再靠熟人朋友圈转发的项目,而是一种需要有创意且具备可持续性的设计。在众筹网,涉及的公益项目都有特别详细的说明,捐赠金额有小至1元,多至上千元,对捐赠者的捐赠路径和回报都有清晰的呈现,如电子感谢信、孩子画作、颁发各种荣誉奖等。众筹网会定期给各位捐赠者报告公益项目的进展,甚至每一笔资金的用途都有很清晰的说明及辅证。

2015年1月25日,众筹网《2014中国公益众筹研究报告》向社会说明了众筹对中国公益事业到底起到了多大的推动作用。单是众筹网在2014年累计上线的公益项目就有500多个,共获得2万名投资人的支持,筹资超过500万元,为许多中小非政府组织和个人解决了公益资金缺乏的难题,如图12-9所示。目前众筹网上的公益募款额多在5万元以内,无法支持大额项目,对中大型公益组织没有吸引力。在传播上,还需要依靠发起人自身的影响力,传播压力较大。

图 12-9　众筹网公益频道正在众筹的项目

二、公益众筹的常见项目类型和程序规则

(一)公益众筹,为公益创新而生

目前公益众筹支持的项目类型有:

1. 支教助学:大学生、社会团体对边远地区的学校进行支教活动。
2. 青年创新:青年人以创新的方式实现公益理想。
3. 绿色环保:保护、改善环境,践行环保理念,提倡绿色生活。
4. 儿童关爱:关爱少年儿童,对他们提供身体和精神上的关怀。
5. 社会企业:鼓励社会企业创新,用商业手段贡献社会价值。
6. 动物保护:保护珍稀动物,改善其生存的环境,进行人道主义关怀。
7. 扶老助孤:扶助老弱病残群体,帮助他们自力更生。
8. 妇女家庭:关爱妇女健康和安全,关注家庭生活。

(二)众筹程序规则

1. 发起:在PC电脑端发起的众筹,必须通过人工审核才可上线,并在众筹网平台公开展示。
2. 筹资:需设置项目回报,项目经审核成功上线后方可开始筹资,需设置项目筹资时间、项目目标筹资金额。筹资项目必须在发起人预设的时间内达到或超过目标金额才算成功。

3. 项目失败：在预设的筹资时间内没有达到目标筹资额的项目，支持款项将全额退回给所有支持者。

4. 成功结束：支持者将得到发起人预先承诺的回报。发起人在项目成功结束后方可申请首款。

5. 款项结算：预先扣除掉平台服务费后按 7∶3 分两次进行，项目成功结束后在个人中心申请。

6. 款项提现：筹资金额满 100 元即可在 APP 端申请提现，提现必须绑定身份证，且必须使用身份证名下的银行卡来进行提现。每次提现，会收取当时提现总金额的 3‰ 作为平台服务费，众筹类网站或者 APP 会在 3~5 个工作日内对发起人提交的提现申请进行审核。

【创业实践】 大学生创新创业瞄准公益

2016 年"创青春"全国大学生创业大赛终审决赛 399 个进入决赛的作品中有 65 个是公益创业赛作品，均是面向高校在校学生，以创办非营利性质社会组织的计划和实践作为参赛项目，这些项目拥有较强的公益特征、创业特征及实践特征。

一、"融冰行动"团队以公益创业

来自电子科技大学的创业团队研发制作了体感类电子产品——渐冻人鼠标，帮助渐冻人解决与人交流困难的问题。"渐冻人的大脑是清醒的，却因为运动神经受到侵袭而逐渐丧失运动能力乃至完全瘫痪。他们可以眨眼睛，但无法说话；他们有情感，但无法表达。"项目负责人宋廷健是电子工程学院 2013 级本科生，当他首次了解到渐冻人这一特殊群体时，就决心做点什么。2015 年 2 月，他和同学创立"融冰行动"团队，走上一条别样的"公益创业"道路。

针对渐冻人的特点和需求设计的"体感鼠标"和"眼控仪"，利用眼球识别、跟踪技术，让视线变成"鼠标"，靠眼球操控智能设备，实现与人交流。"我们希望针对市场需求进行技术衍生品的研发，并成立公司，将产品投放市场，所得利润继续投入公益事业，实现公益的持续运营。"宋廷健说，团队同学分别来自电子科大和西南财大，除了开发渐冻人使用的辅助设备，大家还深入社区、走上街头，开展多次社会调研采访、社会募捐、公益路演等活动，呼吁更多人关注渐冻人。

目前，第二代渐冻人鼠标已完成小批量生产，并送与成都数名渐冻人进行试用，得到患者及其家属的一致好评。

二、为贫困山区搭建方便桥

来自西安交通大学的西安无止桥公益团体是一个旨在帮助贫困山区义务搭建人行便桥、解决当地居民出行问题的非营利性公益组织。

"在建设便桥、生态民居和其他小型村落设施时，我们尽可能自主设计、就地取材，发掘和改良民间智慧，从而减少项目成本，提高资金使用效率。"项目负责人介绍，自 2005 年成立以来，团队在重庆、陕西、甘肃、贵州等地相继设计搭建 8 座人行便桥和 1 座村民活动中心，直接受益人数达 3 万余人，11 年来共投入公益款项约 210 万元。团队项目资金主要来源于香港慈善基金会和西安交通大学教育基金会的专项通道。

为了更好地整合社会资源，拓宽公益事业范围，团队将逐步转型，致力于成为一个资金体系更独立、服务范围更广泛的社会公益组织。

(资料来源：中国双创在线. https://www.shuangchuang.org.cn/index.html.)

要求：

1. 思考公益项目与网络众筹结合的形式和操作流程，访问众筹网公益频道，获得企业资料，分析众筹网的SWOT，从而发掘该领域的新市场、新客户、新形式等。

2. 访问国外相关众筹网站中关于公益的部分，分析SWOT，从而发掘该领域中可以与中国市场特色需求结合的项目。

3. 形成项目报告。

4. 完成后填写能力测评表，见表12—6。

表12—6　　　　　　　　　　评分方法和规则

项目分析方向	具体内容	自评	互评	教师评	高管大咖点评
项目团队	团队成员互补与协调				
	解决问题和资料搜集能力				
	团队组织结构设置方案				
	团队股权结构设置方案				
商业性	生存性和盈利能力				
	可行性和完整性				
	可复制性				
	未来3年可持续发展能力				
创新性	思维创新				
	岗位创新				
	技能创新				
	技术创新				
	产业协同创新				
	模式创新				
带动就业	与当地经济发展紧密结合，促进区域社会经济转型升级				
	预计带动就业人数				

第七节　互联网创业者的万花筒式出路

综合之前六节的内容，我们为创业者归纳总结一条万花筒式出路。所谓万花筒，就是在某种诱因之下千变万化的状态。我们通常很重视有意识创造，比如企业会根据自身优势定位去开发新市场或新产品等，却常常忽视同样甚至更为重要的万花筒式创造力，比如"互联网＋"理念的带入，包括"互联网＋"农业的智慧项目、"互联网＋"工业的智慧生产、"互联网＋"金融的智慧创新、"互联网＋"社区服务的智慧模式、"互联网＋"医疗的智慧生活……万花筒式出路代表着互联网创业者的无尽可能。

一、无尽方向

(一)社会化

移动互联网的普及和发展，使得人们可以随时随地地使用互联网，突破了时间与空间的限制，为人们的生活提供了极大的便利，提升了用户的服务体验。互联网的社会化发展趋势从根本上改变了人与人以及人与信息之间的交互方式，同时也改变了信息的传递模式。此外，互联网也正在加快在社会、经济、政治、文化等领域的渗透和发展，推动社会形态迈向一个新的发展阶段。

从国外社会化网络的发展状况来看，Twitter发展至2014年11月的时候，月活跃用户数达到了2.84亿，每天的信息量已经达到了4亿多条。例如，在2012年美国总统大选日那一天，Twitter用户发布的与大选有关的信息就达到了3 100多万条，并且在开票期间，每分钟产生的与大选相关的信息量达到了327 452条。著名的社交网站Facebook移动端月活跃用户数量已经突破了10亿，Facebook还收购了专门用于移动端照片美化和分享的Instagram。

从国内来看，新浪CEO曹国伟在解读2013年第一季度财报时，表示微博注册用户数达5.36亿，其中有75%的活跃用户选择使用移动终端进行登录。腾讯在社会化网络方面进行了全面撒网和布局，如QQ空间、腾讯微博、微信等，其中尤以微信为布局重点，微信在短短几年的时间里就创造了一个奇迹，并已经成为人们社交中一个必不可少的工具。

（二）移动化

移动互联网的发展以及移动端设备的不断普及，加快了互联网从PC端向移动端转移的脚步，移动端未来将成为互联网的一个重要入口，移动互联网将成为主导未来互联网发展的重要力量。

智能手机的发展速度快，移动设备正在逐渐取代PC成为全球主要的计算终端，并在人们的工作和生活中发挥越来越重要的作用。此外，智能手机已成为我国网民接入互联网的重要终端入口。智能手机市场的火爆以及激烈竞争使得智能手机逐渐进入千元智能机阶段，成为广大消费者可以买得起、用得起的手机。智能手机在手机市场上所占的份额也呈逐年递增趋势，未来智能手机在互联网领域将发挥更大的价值。

（三）开放化

随着互联网的发展和人们生活水平的不断提高，无论是互联网巨头还是创新型互联网企业，仅仅依靠自身的能力与资源不可能满足网民日益多元化的需求。因此，互联网将向第三方开发者开放自身接口，并允许他们运用和组装接口，或者平台与其他第三方服务接口产生新的应用，使得该应用能够在平台上统一运行等。

开放平台面向广大的开发者开放其自身资源，而开发者利用平台上的资源研制和开发创新型的服务和应用，同时利用开放平台开拓市场，最大限度地满足用户的需求。互联网的平台化推动互联网新生态系统的形成和发展，尽可能地发挥互联网资源的价值。

（四）垂直化

互联网产品和服务在满足基本的生活需求之后，消费者的需求开始上升到另外一个高度。针对特定行业、特定领域及特定人群的垂直化的产品与服务逐渐成长起来，并受到了众多消费者的追捧。社交产品从不同的垂直方向进行了深入挖掘，如专门用于密友社交的Path网络、音乐社交的唱吧等产品都属于垂直化的社交产品。垂直化将成为未来互联网企业细分市场开拓和发展，并探索新商业模式的重要方法。

（五）精品化

互联网的繁荣催生了一大批与互联网有关的产品和服务，但是其中很多产品因为同质化的问题而一直停滞不前，而某些能专注于某一个领域的产品和服务，始终围绕产品细节和用户体验来进行产品的研发、改进及营销，从而使产品逐渐走向精品化，并在市场上受到广泛的欢迎。精品化将成为互联网的一个重要走向。

Google Map 作为一款地图服务应用,在上线 7 小时内就获得了很高的下载量,同时也受到了众多用户的欢迎;跑酷游戏 Temple Run 2 在上线 4 天的时间内,下载量就已经突破了 2 000 万次,上线 2 周后,下载量成功突破 5 000 万次。

精品化的产品和应用通常可以在很短的时间内就博得用户的关注和青睐,因此,未来互联网企业应该致力于打造更加精品化的产品和服务,从而为自己在市场竞争中赢得先天优势。

二、丰富的蓝海

(一)电商导购功能的挖掘

电商平台的逐渐发展壮大,使得电子商务在消费者的生活中扮演越来越重要的角色,电商平台上充斥着大量的商品信息流。怎样在大数据的基础上对用户进行精准的信息推送,这是电商平台正在关注并致力于解决的一个问题。欢乐淘、美丽说等的兴起和发展就足以说明,面向特定人群的电商行为拥有更大的发展空间和发展潜力。

(二)跨屏应用功能的挖掘

移动终端设备功能的多样化以及性能的增强,再加上 4G 网络的发展,为移动应用的发展营造了良好的氛围。PC 平台已经拥有了种类丰富的应用内容与模式,随着向移动端转移的脚步逐渐加快,未来的应用将实现多终端跨屏,同一款应用可以同时在多个终端平台发行和应用,并且各个平台上的数据能实现互通,在使产品的应用更具流畅性的同时,提升用户的体验。

(三)O2O 生活服务功能的挖掘

移动互联网正在悄无声息地渗透进人们生活的各个领域,O2O 模式的出现和应用将线上的信息资源与线下的实体资源实现了良好的对接。O2O 生活服务强调以用户生活为中心,致力于满足用户更细分的需求。

(四)移动支付

智能手机的发展和普及推动了移动支付行业的萌芽和发展。中国是一个拥有大量手机用户的互联网大国,这为移动支付行业的发展奠定了良好的基础。移动支付的发展将有可能颠覆传统的商品交易模式。同时,移动支付与二维码、生物识别等的结合将会催生出更多的商业模式。

(五)互动视频

互联网的发展也催生了互动视频模式的出现,在同一个网络视频环境中,人们可以进行聊天、表演、唱歌及教学等活动。这种互动视频模式从根本上改变了传统视频单向传播的维度,为用户带来了一种全新的线上视频体验。YY、9158、各类直播平台等视频业务的兴起为视频行业的发展带来了新的希望,推动视频行业内容互动社交模式的形成。

(六)C2B

随着人们消费水平和消费意识的不断提升,人们的消费需求和眼光发生了很大的变化,原本在工业时代满足人们基本消费需求的标准化产品已经不能适应时代发展的要求,而围绕消费者个性化需求为中心的 C2B 个性化定制将逐渐成为时代发展的趋势,按需生产将成为商业领域一种主要的发展模式。C2B 将普通的消费者凝聚起来组成一个庞大的采购团体,从而让消费者在购物中掌握更大的主动权,在购物时享受批发商购买商品的价格。

(七)大数据分析与挖掘

大数据是最近几年刚兴起的一个概念,主要得益于数据终端以及平台的发展和日益成熟。很多人认为大数据只是一堆数字,没有任何的价值,但是事实上,已经有很多企业享受到了数据红利。大数据对企业的发展来说,具有重要的意义。对于互联网创业者来说,可能在短时间内不能积累和沉淀大量的数据资源,但是,可以利用大数据分析和挖掘技术对数据平台上开放的数据资源进行分析,为企业提供有价值的信息,从而为企业的精准化营销和推广创造良好的条件。

(八)物联网领域的挖掘

移动互联网的发展和移动智能设备的不断普及,让人们突破了时间和空间、人和物之间的界限,可以随时随地地接入互联网,享受互联网带来的一切便利。移动互联网将人与信息之间连接了起来,而物联网的发展将实现人、物与信息之间的连接,智能家居、智能电视及可穿戴智能设备和车载智能平台都是物联网的重要组成部分,在多个平台基础上运行的物联网应用将有效推动物联网的发展。

【创业实践】 不再遥远的二次元经济

86%的95后都是二次元用户,有个二次元社区Kira,意思是"闪闪发光的你"。Kira有个叫"书包"的功能区,用户可以把自己看到的小说、图集或者是原创的文章和漫画放到自己的书包里。在用户已经养成互相翻书包、卖书包的基础上,新推出的feed流能将过去1对1的交互场景变为N对N,这是Kira最核心的UGC体系。平台设置了7个主角、100多个NPC,以每2个月为周期推进新的剧情发展,让Kira与平台上所有用户一同构建一个真实的社区。为了增加用户的黏性与活跃度,Kira为男、女主角设置了互动功能,NPC不仅能主动和用户聊天,会打电话叫用户起床,会在用户不开心的时候用语音来安慰,下个版本还会在用户吃饭、睡觉或是运动的时候开启陪伴功能。因为95后的二次元用户最需要的其实就是陪伴。目前Kira的VIP功能付费率接近12%,服装、语音等购买率超过35%,内置游戏付费率超过25%。

要求:

1. 查找关于二次元产品的网站或者APP,如A站、B站、漫画平台和各大平台的动漫及游戏等板块,以及线下的动漫展和游戏展、B站的线下活动等。分析并绘制二次元的产业链图形。
2. 分析产业链中某个节点的市场需求和市场机会。
3. 围绕上个要求中分析的节点,设计商业模式,形成PPT报告。
4. 完成后填写能力测评表,见表12—7。

表12—7 评分方法和规则

项目分析方向	具体内容	自评	互评	教师评	高管大咖点评
项目团队	团队成员互补与协调				
	解决问题和资料搜集能力				
	团队组织结构设置方案				
	团队股权结构设置方案				
商业性	生存性和盈利能力				
	可行性和完整性				
	可复制性				
	未来3年可持续发展能力				

续表

项目分析方向	具体内容	自评	互评	教师评	高管大咖点评
创新性	思维创新				
	岗位创新				
	技能创新				
	技术创新				
	产业协同创新				
	模式创新				
带动就业	与当地经济发展紧密结合，促进区域社会经济转型升级				
	预计带动就业人数				

第八节　未来互联网产品的诞生、发展、演变和创新

未来的互联网中，将大量出现物联网及智能应用，万物互联必然成为未来产品的基础要件。本质上，物联网是一个数据挑战。物联网创造的真正价值在于，既能够收集数据，又能够利用这些数据，即认知计算，而认知计算是实现物联网真正价值的根本条件。借助认知计算，我们将会找到之前从未想过的一些问题的答案。

一、源起计算机技术和互联网技术的发展

互联网所有应用的前提是世界上第一台计算机的诞生，当时为美国军方解决了计算大量军用数据的难题。随后人们关注计算机可开发利用的个人应用功能，随之兴起了操作系统、浏览器、企业网站、社交网络和社交媒体、终端APP，标志着技术始终趋向于人类的方向发展。近年来的云计算技术中，运用大数据的优势构建基于顶层设计的层级服务，即通过通信和社交应用完成服务，比软件更接近用户。因此，这就意味着将来谁的互联网产品能够更接近用户，谁的产品就能更具有价值，并在市场上占据更大的市场份额。

【案例分享】　　　　　　　IBM的"Watson"之一

学习了海量医学论文的人工智能用了10分钟左右时间为一名60岁女性患者诊断出了很难判断的白血病类型，并向东京大学医科学研究所提出了适当的治疗方案，为这名女性的康复做出了贡献。据日本《东京新闻》报道，研究人员所使用的是曾在美国智力竞赛节目中打败人类冠军、由美国国际商用机器公司IBM研发的"Watson"。"Watson"是一个能够从结构化数据和非结构化数据中获取重要信息并举一反三地给出正确的结果、具备健全认知能力的人工智能。自从2015年IBM收购了Merge Technologies，"Watson"又具备了阅读影像资料的能力。而且这次收购还给"Watson"收获了30亿张影像片子，这又大大地充实了它的知识库。

二、发展于电子商务模式下供应链的进化

一条完整的供应链是指原材料供应商—加工成产品的工厂—代理商的批发和分发—终端商店的销售—用户。在供应链上活跃着信息、仓储、物流以及支付等系统工作。电子商务模式

的产生和发展,将整个供应链过程进行了优化,同时加快推动以用户端为核心的协同发展模式的形成。因此,为用户提供更加满意的产品和服务成为企业生存和发展的法则。

【案例分享】　　　　　　　　　IBM 的"Watson"之二

"绿色地平线"(Green Horizons)计划于 2014 年在中国启动,并在 2015 年下半年推广到印度、南非等多个国家和地区。科学家使用智能机器和高级物联网功能分析由环境监测站、交通系统和天气卫星的传感器产生的海量大数据。"Watson"能够理解这些数据并使用这些数据调节预测模型,进而显示污染的源头、趋势及潜在影响。这些洞察力将有助于城市规划者就空气质量改善做出明智的决策。在 2015 年的前三个季度,北京市政府已将超细颗粒污染物的含量降低了 20%。

三、腾飞于人类信息获取的方式变革

市场上出现的信息类产品逐渐走向简单化,用户在获取信息时采用了越来越智能化的方式,而且信息也更加趋于关联性和准确性,与人的联系也越来越密切。比如,在社交领域最早出现的电子邮件,以及后来的论坛、社交网络 SNS,再到后来可以实现语音对话的应用等,这些产品都是越来越接近人。微信作为一种语音对讲应用,在我们的社交生活中发挥了重要的作用。在广泛范围内的社交可以形成更多有意义的合作。比如,适合社交与合作类的互联网产品将会在市场上占据更大的市场份额。

【案例分享】　　　　　　　　　　Google X

Google X,是谷歌公司最神秘的一个部门,位于美国旧金山的一处秘密地点。该实验室的机密程度使得只有少数几位谷歌高层掌握情况,其中的员工都是谷歌从其他高科技公司、各大高校和科研院所挖过来的顶级专家。Google X 实验室在联合创始人布林的带领下,开发过谷歌眼镜和无人驾驶汽车等项目。谷歌利用这个实验室来追踪 100 个震撼世界的创意。例如,太空电梯长期以来都是谷歌创始人和其他硅谷企业家的梦想,它可以搜集信息,或是把东西带到太空。"谷歌正在搜集全世界的信息,所以现在,他们想要搜集太阳系的数据。"

发展无人驾驶汽车项目、机器人项目、物联网项目,把所有的物品都接入互联网,每当有人使用网络的时候,谷歌就会从中获益。还有其他很多项目,如园艺设备(远程遥控浇水)、咖啡壶(远程遥控煮咖啡)或是一个灯泡(远程控制开关)。谷歌于 2010 年公布了其无人驾驶汽车项目,无人驾驶汽车已经安全行驶超过 20 万英里,内华达州批准谷歌无人驾驶汽车上路。谷歌公司于 2012 年研制的一款智能电子设备,具有网上冲浪、电话通信和读取文件的功能,可以代替智能手机和笔记本电脑的作用。谷歌眼镜的外观类似一个环绕式眼镜,其中一个镜片具有微型显示屏的功能。眼镜可将信息传送至镜片,并且允许用户通过声音控制收发信息。

(资料来源:百度百科)

四、创新点

(一)未来无界化交互产品

互联网逐渐从 PC 端之间发展到移动端,交互的方式也发生着不断的变化。随着万物互联时代的到来,未来交互产品将会在市场上占据越来越多的份额,终将实现交互的无边界化。

1. 情感交互

情感位于大脑最高级的领域,人因为有了情感才产生了比较复杂的社交关系。未来的互联网产品会更多地强调情感的交互,例如,根据用户的心情向其推荐旅行的地点。利用情感社交类应用沉积的大数据进行信息推送,会加强线上线下的社交互动,创造出更丰富的交互场景。因为人会产生情感,所以情感的交互产品是与人的心相贴近的,情感交互领域的互联网产品将拥有比较光明的发展前景。

2. 视机交互(3D 互动)

人与人之间的沟通和互动可以利用人眼与 3D 视频和投影等影像的形式,这种视机交互的产品被广泛应用在头盔和空间游戏中,同时视机交互的发展还对在线教育和培训产生重要的影响,催生更多的颠覆性产品。

3. 脑机交互(脑电波)

2016 年神舟十一号载人飞船上,航天员将在 30 天的太空之旅中,开展一项非常具有科幻色彩的前瞻性实验——由意念控制的脑机交互实验。这一实验希望能够首次获取航天员在太空飞行中脑机交互生理特征的变化模型,初步探索意念控制在航天任务中的可行性。大脑可以朝着各个方向进行延展,因此,针对大脑的互动产品具有巨大的发展潜力。未来在航空领域、医疗领域等可能会应用到脑机交互,如通过人的脑电波对机器人手臂进行控制等实现多种医疗技术突破。

(二)人工智能 AI

在不久之后,机器或许将取代社会中的大部分脑力劳动者,在脑力工作中扮演重要角色。

1. 辅助生活类 AI

这个阶段的机器人的主要功能就是为人们的日常生活提供一定的辅助作用,帮助人们从繁重的生活劳动中解脱出来。这个阶段的机器人处于人工智能的初级发展阶段。如自动扫地机器人,利用 GIS 技术,在机器中专门为实现扫地功能设计了一套算法,机器人可以利用这套算法计算房间的大小和自己所处的方位,从而在精确定位的基础上进行清扫。而这类机器人的应用还是一个蓝海领域,可以通过创设并结合更多的生活和工作场景让产品得到进一步的发展,让机器人接管更多的工作和生活领域。

2. 深度学习类 AI

这个阶段的机器人已经达到了深度学习的阶段。但深度学习的前提条件是,具备云计算和大数据。因此,百度、腾讯、阿里巴巴等在未来会有更大的发展空间。因为百度自身拥有强大的搜索引擎功能和 Wiki 模式,而腾讯在社交网络和语音通信方面拥有绝对性的优势,阿里巴巴则是网络消费者的数据集大成者,三者在这三个领域有开展深度学习的数据基础。

3. 自我学习类 AI

人工智能在经历了深度学习阶段之后,就是自我学习阶段,机器人在发展到这个阶段之后将会成为人们工作和生活中必不可少的一部分,它们会对新知识进行自我学习和更新,为用户提供智能化的便利。

4. 生物+机器人 AI

人工智能、生物无线电技术以及纳米技术都可以在生物科学领域得到广泛的应用,人脑中可以融入网络,同时还将会诞生更多的新技术和新产品。未来的现实有可能是人类的基因可以进行重组,大脑可以随时调取大数据,云计算也可以由人类直接操作,通过 3D 生物打印技术可以打印新器官,将身体上出现问题的器官换掉,还可以融合机器人技术,让人类拥有更强健的体魄,从此人机的界限将逐渐模糊。

(三) IoT(Internet of Things)万物互联的时代

O2O、智能硬件以及关联性大数据是构成万物互联最核心的3个要素。O2O最关键就在于连接线上和线下两个场景的"2"上,需要扩展到线下和线上场景应用的竞争。在IoT体系之下,智能硬件相对比较简单。在定位好合适的应用场景之后,智能硬件的作用就是做好传感器部分,即信息收集的部分,做到对关联性大数据的收集。未来智能硬件产品将普遍集中在超级智能硬件产品上,如汽车、手机、家用电器等。在关联性大数据方面,一个社交应用中拥有大量的关联性大数据,这些大数据包括用户个人的关联信息以及用户之间进行交流和沟通的信息。若社交产品不具备收集关联性大数据的能力,那么在智能硬件上它能发挥的价值也就可以忽略不计了。

因此,利用O2O进行场景切入,通过智能硬件传感器对用户的关联性大数据进行收集,并根据大数据为用户提供更多有效的建议,在未来可能会有对关联性大数据进行更深入学习和处理的相应产品出现。

【创业实践】 威客模式与共享经济

一、威客的出现

威客是指那些利用空闲时间,通过互联网把自己的智慧、知识、能力、经验转换成实际收益的人。而提供这种供应和需求的平台,就称之为威客平台。它是一种空闲时间的共享经济模式,是通过知识转化来形成智慧变现的新模式。知识免费时代将离我们远去。

2005年,威客网建立,想将中国科学院的专家资源及科技成果与社会企业的科技难题进行连接,使得双方通过互联网平台可以解决问题,形成社会效益。它成为我国第一家威客网站,威客的概念吸引了媒体的关注。

随后,央视媒体的报道引发了威客概念的普及以及互联网巨头的涌入,形成独特的一块互联网市场。

(一)威客市场分类

1. 招募能力者模式

企业或者个人在威客网站上发布需要解决的问题,并悬赏招募威客解决问题。感兴趣的威客报名竞争,最后优胜者中标,任务完成后得到赏金,这是目前主流的威客模式。如Google Answer、任务中国、新浪爱问、百度知道、k68等威客网站都是采用这个模式。

2. 能力展示模式

与第一种网站相反,能力者发布知识类型、个人技能、经验等,并标价,然后等待企业或者个人购买。如泛世纪、搜库网等就是采用这个模式。

3. 搜索引擎威客模式

综合前两种模式,形成优势性的威客网站,汇集供应者和需求者的全部内容。如猪八戒网就是采用这个模式。

(二)威客模式的意义

1. 工作方式灵活自由。威客做任务不受地域、时间、工作方式的限制。企业获得威客的知识成果,也不受地域、时间、工作方式的限制。

2. 有利于互联网知识产权的保护。

3. 解决搜索引擎无法解决的问题。威客偏重大脑智力创造性地解决问题,搜索引擎不可与之相比。

4. 提高用户使用互联网的积极性

当然,威客也有问题,比如,个人能力的标价标准问题、展示问题、试用与否问题、作弊问题等。

二、大学生威客创业

一品威客网是大学生创业的理想平台,在这个平台上,大学生主要可以通过3种方式实现盈利。最简单的是参与任务投标或者开通商铺出售创意服务,如果做得好,可以招兵买马组建创业工作室。除此之外,也可以通过参加各平台主办的威客比赛活动来进军大型社交平台。即:(1)参与任务投标及出售创意服务;(2)组建大学生虚拟创业工作室;(3)借助威客平台,参加大赛选秀,进军大型社交平台。

要求:

1. 访问一品威客网和猪八戒网,掌握市场需求的技能和知识。

2. 下载APP,注册成为用户。

3. 对应威客平台上的技能需求,列出自己的技能表。

4. 以背后团队合作模式、线上个人模式展示技能表,或参加竞标,完成一次成功的威客交易(提示:做好充分的准备再开始)。

5. 完成后填写能力测评表,见表12—8。

表12—8　　　　　　　　　　　　评分方法和规则

项目分析方向	具体内容	自评	互评	教师评	高管大咖点评
项目团队	团队成员互补与协调				
	解决问题和资料搜集能力				
	团队组织结构设置方案				
	团队股权结构设置方案				
商业性	生存性和盈利能力				
	可行性和完整性				
	可复制性				
	未来3年可持续发展能力				
创新性	思维创新				
	岗位创新				
	技能创新				
	技术创新				
	产业协同创新				
	模式创新				
带动就业	与当地经济发展紧密结合,促进区域社会经济转型升级				
	预计带动就业人数				

参考文献

[1] 周苏,褚赟. 创新创业:思维、方法与能力[M]. 北京:清华大学出版社,2017.
[2] 缑婷,鲍洪杰,刘泽文. 市场分析与创业机会识别[M]. 北京:经济管理出版社,2017.
[3] 陈晓暾,陈李彬,田敏. 创新创业教育入门与实战[M]. 北京:清华大学出版社,2017.
[4] 毕思勇. 市场营销[M]. 北京:高等教育出版社,2017.
[5] 李肖鸣,朱建新. 大学生创业教育(第3版)[M]. 北京:清华大学出版社,2017.
[6] 施永川. 大学生创业基础[M]. 北京:高等教育出版社,2017.
[7] 侯文华. 大学生创新创业教育教程[M]. 北京:科学出版社,2017.
[8] 汤锐华. 大学生创新创业基础[M]. 北京:高等教育出版社,2016.
[9] 吕爽. 创业基础[M]. 北京:中国铁道出版社,2016.
[10] 吴伟伟,严宁宁. 大学生创新创业教育[M]. 北京:经济科学出版社,2016.
[11] 叶虹,柴始青,占光胜. 大学生创业法律实务(第2版)[M]. 北京:清华大学出版社,2016.
[12] 丹尼尔·伯勒斯,约翰·戴维·曼. 理解未来的7个原则:如何看到不可见,做到不可能[M]. 金丽鑫译. 南昌:江西人民出版社,2016.
[13] (美)海迪·M. 内克等. 如何教创业——基于实践的百森教学法[M]. 薛红志等译. 北京:机械工业出版社,2016.
[14] (美)乔治·S. 戴伊. 沃顿商学院创新课[M]. 北京:中国青年出版社,2016.
[15] 《大学生创新创业基础》编委会. 大学生创新创业基础[M]. 北京:中国林业出版社,2016.
[16] 吴敬琏,陈志武,周其仁. 双创驱动[M]. 北京:中信出版社,2016.
[17] 黑马. 创业小败局[M]. 北京:北京时代华文书局,2016.
[18] 严行方. 跨境电商业务一本通[M]. 北京:人民邮电出版社,2016.
[19] 黄亚生. MIT创新课:麻省理工模式对中国创新创业的启迪[M]. 北京:中信出版社,2015.
[20] 陈一佳. 创客法则:顶级创业公司的创新密码[M]. 北京:中信出版集团股份有限公司,2016.
[21] 内森·伊格尔,凯特·格林. 物联网[M]. 吕荟,陈菁菁译. 北京:中信出版社,2016.
[22] 郭春光,赵月阳. 众筹:互联网+时代的融资新思维[M]. 北京:人民邮电出版社,2016.
[23] 石泽杰. 商业模式创新设计路线图[M]. 北京:中国经济出版社,2016.
[24] 张溪,张富强. 大学生创新创业教材[M]. 北京:人民邮电出版社,2016.
[25] 孙洪义. 创新创业基础[M]. 北京:机械工业出版社,2016.
[26] 王保江. 创新创业导航[M]. 北京:中国经济出版社,2016.
[27] 郑彦云. 大学生创新创业能力培养[M]. 广州:暨南大学出版社,2016.
[28] 马广水. 创新创业基础[M]. 北京:高等教育出版社,2016.
[29] 张志,乔辉. 大学生创新创业入门教程[M]. 北京:人民邮电出版社,2016.
[30] 罗国锋,张超卓,吴兴海. 创新创业融资:天使、风投与众筹[M]. 北京:经济管理出版社,2016.
[31] 郭斌,王成慧. 大学生创新创业案例(第二辑)[M]. 天津:南开大学出版社,2016.
[32] (美)布鲁斯·R. 巴林杰. 创业计划书:从创意到方案(第二版)[M]. 陈忠卫等译. 北京:机械工业出版社,2016.
[33] 陈向东. 做最好的创业团队[M]. 北京:中信出版社,2016.

[34]卢彦.互联网思维2.0:传统企业互联网转型[M].北京:机械工业出版社,2015.

[35]物联网智库.物联网:未来已来[M].北京:机械工业出版社,2015.

[36]医创社.互联网创业:"互联网+"时代的创业方法论[M].北京:人民邮电出版社,2015.

[37](英)东尼·博赞,巴利·博赞.思维导图[M].卜煜婷译.北京:化学工业出版社,2015.

[38]曹培强.大学生创新教程[M].北京:中国人事出版社,2015.

[39]郭强.创新能力培训全案(第三版)[M].北京:人民邮电出版社,2014.

[40]杨凤.创业理论与实务[M].北京:清华大学出版社,2014.

[41]毛光烈.物联网的机遇与利用[M].北京:中信出版社,2014.

[42](美)汤姆·凯利,戴维·凯利.创新自信力[M].北京:中信出版社,2014.

[43]包家新,刘立新.创业政策与法律[M].北京:北京师范大学出版社,2013.

[44]于丽荣,郭艳红.大学生创新教育[M].武汉:武汉大学出版社,2012.

[45]刘亚娟,孙静,徐弥榆.创业融资[M].北京:中国劳动社会保障出版社,2011.

[46](英)理查德·科克.明星法则:如何创立、投资明星企业[M].王海舟译.北京:中信出版社,2010.

[47]爱德华·德·博诺.六顶思考帽[M].冯杨译.山西:山西人民出版社,2008.

[48]王竞一.中国大学生在校期间创业机会识别过程——基于扎根理论的研究[J].中国人力资源开发,2015(18):86-93.

[49]你团队人员都扮演以下9种角色中的哪个?[EB/OL].搜狐网.http://www.sohu.com/a/140021759_175660.

[50]创新工场官网[EB/OL].http://www.chuangxin.com,2017.

[51]双创政策汇集发布解读平台[EB/OL].中国政府网.http://www.gov.cn/zhengce/zhuti/shuangchuang/index.htm,2017.

[52]杨立安.简论我国大学生创业的现状与未来[J].山东青年管理干部学院学报,2005年第3期.

[53]2015年浙江大学生创业政策[EB/OL].应届毕业生网.http://www.yjbys.com,2015.

[54]黑龙江大学生创业人数大增 政策资金服务一项也不少[EB/OL].中国台湾网.http://www.taiwan.cn/chuangye/cyxw/201604/t20160418_11435906_1.html,2016-04-18.

[55]谢少华.战略执行工具(2):商业模式画布与战略地图[EB/OL].www.geo-sun.net,2016-01-26.

[56]中国市场情报中心CMIC[EB/OL].http://www.chinathinktanks.org.cn/content/detail/id/3024682,2017-07-19.

[57]2025解决方案:助力企业实现智能制造与智能产品与服务的应用.IBM中国制造[EB/OL].http://www-31.ibm.com,2017.

[58]李克强在2014夏季达沃斯论坛开幕式发表致辞(全文)[EB/OL].中国新闻网.http://www.chinanews.com,2014-09-10.

[59]中国创新创业大赛官网[EB/OL].http://www.cxcyds.com/.

[60]36氪官方网站[EB/OL].http://www.36kr.com,2017.

[61]陷入产品危机的三只松鼠,IPO之路还会顺利吗?[EB/OL].36氪官网.http://36kr.com/p/5088856.html,2017-8-19.

[62]国脉科技官网[EB/OL].http://www.guomaitech.com/.

[63]中国双创在线[EB/OL].https://www.shuangchuang.org.cn/index.html,2017.